Alberta Mariotti - Maria Concetta Sclafani - Amelia Stancanelli

Conchiglie
Antologia di autori italiani e stranieri
Epica

Codice di sblocco 7BB-458-3A9-5D1

G. D'ANNA
MESSINA·FIRENZE

Copyright © Loescher editore s.r.l. a socio unico 2014
Proprietà letteraria riservata
ISBN: 978-88-810-4970-7

Prima edizione	dicembre 2013
Ristampa	8 7 6 2022 2021 2020 2019 2018
Progetto grafico	Keen s.r.l. - Perugia
Copertina	Leftloft s.r.l. - Milano
Coordinamento redazionale	Marta Bianchetti
Redazione	Annalisa Sita
Videoimpaginazione	IN PAGINA s.a.s.
Ricerca iconografica	Serena Bettini
Materiali multimediali collegati	Keen s.r.l. - Perugia
Segreteria di redazione	Beatrice Bosso
Stampa e legatura	Sograte Litografia s.r.l. - Zona Industriale Regnano 06012 Città di Castello (PG)

Si ringraziano per la preziosa collaborazione Anna Maria Kappler, di cui abbiamo pubblicato il pastello *Ascoltando i segreti del mare* in apertura della sezione *Testi conchiglia*, e Giulia Donini (Archivi Alinari).

Avvertenze
Le eventuali future variazioni e gli aggiornamenti riguardanti la materia saranno pubblicati sulla piattaforma on-line della Casa editrice D'Anna.
Le fotocopie per uso personale del lettore (cioè privato e individuale, con esclusione quindi di strumenti di uso collettivo) possono essere effettuate nei limiti del 15% di ciascun volume dietro pagamento alla SIAE del compenso previsto dall'art. 68, commi 4 e 5, della legge 22 aprile 1941 n. 633.
Le fotocopie effettuate per finalità di carattere professionale, economico o commerciale o comunque per uso diverso da quello personale possono essere effettuate a seguito di specifica autorizzazione rilasciata da CLEARedi, Centro Licenze e Autorizzazioni per le Riproduzioni Editoriali, Corso di Porta Romana 108, 20122 Milano, e-mail autorizzazioni@clearedi.org e sito web www.clearedi.org
In alcune immagini di questo volume potrebbero essere visibili i nomi di prodotti commerciali e dei relativi marchi delle case produttrici. La presenza di tali illustrazioni risponde ovviamente a un'esigenza didattica e non è, in nessun caso, da interpretarsi come una scelta di merito della Casa editrice né, tantomeno, come un invito al consumo di determinati prodotti.
I marchi registrati in copertina sono segni distintivi registrati, anche quando non sono seguiti dal simbolo ®.

G. D'Anna Casa editrice - via Mannelli, 3/5 - 50136 Firenze
tel. 055.93.36.600 - fax 055.93.36.650 - e-mail scrivo@danna.it - web www.danna.it

Premessa

Il rapido sviluppo delle tecnologie digitali con le conseguenti problematiche suscitate nella scuola richiede un frequente aggiornamento degli strumenti didattici allo scopo di fornire a docenti e studenti manuali rispettosi della normativa (in continua evoluzione) e funzionali a ogni tipo di esigenza per l'acquisizione di competenze adeguate, solide e durature.

Pur mantenendo l'impianto tematico e metodologico collaudato nelle nostre antologie precedenti, abbiamo voluto introdurre in questa opera degli elementi di novità, sia sul versante dei contenuti sia su quello degli strumenti metodologici, in modo da renderla ancora piú flessibile, interattiva e fruibile sia per la parte cartacea che per le espansioni digitali.

Il titolo, ***Conchiglie***, invita a rivolgere l'attenzione verso un modo di guardare il testo in consonanza con la lettura ipertestuale cui ci abituano i nuovi strumenti tecnologici. Per questo si troveranno in ciascun volume dell'opera – unitamente agli strumenti di analisi e alle tecniche ormai consolidate – delle sezioni intitolate ***Testi conchiglia***. In esse si propone una modalità di approccio al testo che privilegia la capacità di scoprirne lo «spessore», attraverso la focalizzazione di quell'insieme di rimandi ad altre opere, letterarie, artistiche, cinematografiche, precedenti e successive, che presentino legami contenutistici, formali, tematici con il testo di partenza. Si tratta di un tipo di lavoro che esprime tutte le sue potenzialità attraverso gli strumenti multimediali, i quali permettono di uscire facilmente dal testo per accedere agli altri contenuti, nella specificità della loro forma, ma mantiene il suo valore e la sua funzionalità anche se si lavora solo sul cartaceo. Lo scopo infatti non è solo quello di abituare gli studenti all'uso ragionato, critico e consapevole degli strumenti multimediali, ma soprattutto quello di stimolare e potenziare una mentalità pronta a cogliere le connessioni e a riflettere su di esse, superando l'approccio troppo rapido e superficiale indotto da un uso spesso solo ludico della multimedialità.

La presente antologia è costituita da un volume dedicato alla **narrativa** e al **testo non letterario**, uno alla **poesia** e al **teatro**, e un terzo dedicato all'**epica**.

In ogni volume, le diverse sezioni – cosí come le partizioni interne che raggruppano le letture – sono concepite in modo da perseguire ciascuna uno specifico obiettivo, secondo itinerari didattici ragionati e ordinati, che non impediscono, tuttavia, interventi autonomi del docente nell'intreccio e nella combinazione delle varie parti, per seguire le suggestioni della propria programmazione e degli studenti.

- La sezione ***Primi passi verso il testo...*** spiega di volta in volta il valore e la finalità della lettura dei generi esaminati e ne delinea le caratteristiche fondamentali.
- La sezione ***Come leggere un testo...*** guida lo studente – in modo chiaro, snello ed essenziale – nell'acquisizione degli strumenti indispensabili per la comprensione e l'interpretazione dei testi. Al suo interno, man mano che si procede con l'illustrazione delle tecniche e delle modalità di analisi dei testi, sono presenti degli esempi che guidano all'applicazione delle modalità illustrate (***Per imparare***) e subito dopo un testo per cosí dire «senza rete» (***Per metterti alla prova***); il tutto corredato da esercizi che mettono a fuoco le diverse competenze coinvolte.
- La sezione ***Incontro con il testo...*** offre una panoramica ampia e ragionata dei singoli generi letterari e non letterari (saggio e articolo), presentando testi di autori italiani e stra-

nieri che coprono un'area temporale compresa fra le origini della letteratura e le espressioni della cultura contemporanea. Ogni testo è seguito da un'accurata guida all'analisi e alla comprensione (***Entriamo nel testo***), che consente l'applicazione degli strumenti metodologici già appresi. Un ampio numero di testi è seguito, oltre che dagli esercizi per testare le diverse competenze richieste, da un test strutturato, indicato come **Eugenio** (dal nome del tutor digitale a cui il brano è collegato nella piattaforma di Cloudschooling in cui la medesima attività può essere eseguita), che si offre come strumento di valutazione e di autovalutazione e come preparazione ai test INVALSI.

- La sezione ***Testi conchiglia***, come si è già detto, propone una lettura ipertestuale, a partire da un testo collegato ai generi trattati all'interno del volume.

- Completa il panorama la sezione ***Ritratto d'autore***, nella quale si propone il profilo complessivo di alcuni degli esponenti piú significativi della letteratura italiana collocati all'interno del contesto socio-culturale del loro tempo, il che permetterà, da una parte, una conoscenza piú completa e articolata degli scrittori e delle opere, dall'altra di avviarsi gradatamente allo studio della letteratura italiana.

- Per stimolare e affinare il gusto della lettura in sé, si è pensato di offrire agli studenti parti di alcuni romanzi brevi con un apparato di commento molto leggero (***Leggiamo insieme...***) e brani di sintesi: una lettura che gli allievi potranno svolgere anche in modo autonomo, per il puro gusto di leggere, senza impegnarsi in specifici lavori testuali.

- Non è trascurata l'importanza di una guida alle ***Strategie di scrittura***, almeno di quelle cui piú di frequente si fa ricorso nella scuola, con un occhio lungimirante anche alle forme previste dall'esame di Stato. A esse è dedicata una sintetica appendice nel volume di narrativa e testi non letterari.

- Lo studio delle **prime forme della letteratura italiana**, previsto dalle Indicazioni Nazionali nel periodo conclusivo del primo biennio, viene proposto in apposita sezione del volume di poesia e teatro, con un approccio adeguato all'età, alle conoscenze e alle competenze acquisite dagli studenti nei due anni.

I contenuti di apprendimento reperibili **online** hanno una funzione integrativa, di approfondimento e personalizzazione dei percorsi. Essi non consistono solo in contenuti «in piú» rispetto a quelli forniti dal testo cartaceo, ma consentono un forte collegamento con la rete e il coinvolgimento dei discenti, nonché l'uso di strumenti interattivi (come il tutor di italiano Eugenio) e la consultazione di fonti nei piú svariati linguaggi (visivo, musicale, cinematografico) con un effetto di moltiplicazione delle risorse di apprendimento disponibili, e anche dei punti di vista e delle voci. Non ultima, l'importanza della presenza di audio, corredati da supporto guidato di visualizzazione del testo; in essi sono lette alcune parti di brani al fine di offrire una diversa modalità di fruizione del testo che sia di sostegno all'apprendimento. Confidiamo, con questa nostra fatica, di poter offrire al lavoro didattico un percorso di riferimento non solo conforme alle indicazioni dei piani di studio, ma che agevoli l'acquisizione delle competenze richieste agli studenti attraverso strumenti scientificamente rigorosi e al contempo agili, flessibili, e – perché no? – piacevoli e accattivanti.

Le Autrici

Indice

Come leggere un testo...

1 Perché leggere i poemi epici — 2

2 Il primo nucleo della narrazione epica: il mito — 4
- I miti esistono ancora oggi? — 4

3 Dal mito all'epica — 5
- Il genere letterario dell'epica — 5

4 La lettura del testo epico — 6
- La parafrasi — 6

Per metterti alla prova **Omero** ▪ L'isola di Calipso — 8

Per metterti alla prova **Omero** ▪ Una terribile tempesta nel mare — 9

5 L'analisi della struttura narrativa — 10

5.1 Il livello delle azioni — 10
- La struttura del testo narrativo — 10
- Le sequenze — 11

Per imparare **Omero** ▪ Nella reggia di Itaca — 12

Per metterti alla prova **Omero** ▪ L'incantesimo della maga Circe — 15

- L'ordine del racconto — 17

Per imparare **Omero** ▪ Glauco e Diomede — 18

- Il ritmo del racconto — 22

5.2 Il livello dei personaggi — 22
- La caratterizzazione e la presentazione dei personaggi — 22
- I ruoli dei personaggi — 23

5.3 Narratore e punto di vista — 23
5.4 Lo stile dei poemi epici — 24
5.5 Le similitudini omeriche — 25

Per metterti alla prova **Omero** ▪ Telemaco riconosce Odisseo — 28

Incontro con il testo...

Mito e testi sacri — 32

- Le caratteristiche dei miti — 33
- La differenza tra mitologia e testi «sacri» — 34

L'epopea di Gilgamesh — 36

- L'autore — 36
- L'opera — 36
- Il contenuto — 36

Anonimo ▪ L'amicizia degli eroi — 38
Anonimo ▪ La ricerca della vita eterna — 43
PER L'INVALSI CON *Eugenio* — 50

Schede: *Gli abitanti dell'antica Mesopotamia*

La Bibbia — 53

- L'autore e l'epoca — 53
- L'opera — 53
- Il libro della *Genesi* — 53

Anonimo ▪ ... E Dio creò il cielo e la terra... — 55
Anonimo ▪ Il serpente tentatore — 60
PER L'INVALSI CON *Eugenio* — 65
Anonimo ▪ Noè e il diluvio — 67

Mitologia greca e latina — 72

- Epica e mito a confronto — 72

Apollodoro ▪ Una nuova stirpe dalle pietre — 73
PER L'INVALSI CON *Eugenio* — 76

Dal libro al film L'alba del giorno dopo — 77

Apollodoro ▪ Come gli dèi punivano gli uomini: Tantalo e Sisifo — 79
Apollonio Rodio ▪ Gli argonauti e le sirene — 82
Ovidio ▪ Eco e Narciso — 86

Schede: *Il diluvio universale • La testimonianza archeologica del diluvio nella Mesopotamia*

Epica classica — 92

- Le caratteristiche dei poemi epici classici — 94

L'Iliade — 95

- L'autore — 95
- Il poema *Iliade* — 96
- La trama dell'*Iliade* — 96
- Le traduzioni dell'*Iliade* — 98

- L'invocazione alla Musa — 99
- La causa dell'ira — 101
- Lo scontro tra Achille e Agamennone — 105
- **PER L'INVALSI CON** *Eugenio* — 111

- Il pianto di Achille — 113
- Ettore e Andromaca — 118
- La morte di Patroclo — 122
- La morte di Ettore — 127
- Achille e Priamo — 137

Leggiamo insieme...
Alessandro Baricco: Omero, Iliade — 142

Testi: *Tra gli dèi dell'Olimpo* (Libro I, vv. 493-600) • *Il compianto funebre di Ettore* (Libro XXIV, vv. 695-776)
Schede: *Achille protagonista di miti*

L'Odissea — 147

- L'autore — 147
- Il poema *Odissea* — 147
- La trama dell'*Odissea* — 147
- Le differenze tra l'*Iliade* e l'*Odissea* — 150
- Le traduzioni dell'*Odissea* — 151

- L'invocazione alla Musa — 152
- Calipso e Odisseo — 154
- Odisseo e Nausicaa — 157
- **PER L'INVALSI CON** *Eugenio* — 162

- Demodoco, l'aèdo della reggia di Alcinoo — 164
- Polifemo — 169
- L'incontro con la madre — 177
- Le Sirene — 180
- Il cane Argo — 184
- La tela di Penelope — 186
- Euriclea, la nutrice di Odisseo — 189
- La gara dell'arco e la vendetta — 192
- Penelope riconosce Odisseo — 196

Dal libro al film L'ultima Odissea - *2001: Odissea nello spazio* — 200

Schede: *Polifemo; L'eroe nell'Iliade e nell'Odissea: dalla* mènis *(«ira») di Achille alla* mètis *(«mente») di Odisseo*

L'Eneide — 206

- L'autore — 206
- L'opera — 206
- La trama dell'*Eneide* — 207

- Le traduzioni dell'*Eneide* — 209
- E Il proemio — 209
- E L'ostilità di Giunone — 211
- E Il cavallo di legno — 213
  PER L'INVALSI CON *Eugenio* — 217
  Laocoonte — 219
  L'ultima notte di Troia — 222
  Polidoro — 227
  Le Arpie — 230
  Didone innamorata — 233
  La maledizione e la morte di Didone — 236
  L'ultimo incontro con Didone — 242
  Anchise e la futura gloria di Roma — 245
  Eurialo e Niso — 249
  La morte di Pallante — 255
  La morte di Turno — 260

Leggiamo insieme...

Anonimo ▪ Il Cantare dei Nibelunghi — 266

Testi: La protezione di Venere e la garanzia di Giove (Libro I, vv. 223-242; 254-296) • Achemenide e i Ciclopi (Libro III, vv. 568-683) • Enea nell'Ade: Cronte, Cerbero e Minosse (Libro IV, vv. 295-332; 417-444) • Camilla, la giovane guerriera (Libro XI, vv. 768-831)
Schede: Che succede dopo? Uno sguardo al racconto epico nel Medioevo; Virgilio e Dante

Testi conchiglia

L'incanto delle sirene — 274

Heinrich Heine ▪ Lorelei — 274

La voce del mare — 276

Usciamo dal testo — 277
- Le Sirene di Omero
- Le Sirene di Apollonio Rodio
- Dalla mitologia latina all'epoca cristiana
- Le sirene e l'amore: dalla *Sirenetta* a *Lighea*

Strumenti di analisi

Come leggere un testo...

... epico

1 Perché leggere i poemi epici

Perché oggi leggiamo i poemi epici, e in particolare i poemi epici creati dai popoli antichi? Per trovare la risposta è bene chiarire che cosa sono i poemi epici.

I **poemi epici** sono **ampie narrazioni** che raccontano le imprese straordinarie compiute da uomini eccezionali e superiori a tutti gli altri, chiamati **eroi**.

Alla loro **antichissima origine**, le narrazioni epiche sono nate perché le **gesta degli eroi** destavano la meraviglia e l'ammirazione di tutti gli altri uomini, i quali amavano raccontarle e non si stancavano di ascoltarle. Immaginiamo le notti oscure illuminate solo da piccoli fuochi, immaginiamo occasioni in cui un gruppo di famiglie si riuniva per mangiare insieme o per celebrare una festa religiosa: era, allora, un grande piacere ascoltare un bravo narratore che raccontava qualche impresa eccezionale affrontata da un eroe.

Leggiamo il breve brano tratto dal saggio in cui uno studioso di fenomeni sociali ha interpretato l'antica origine dei racconti degli eroi. In esso si racconta la nascita degli eroi, legata al bisogno dell'uomo di rappresentare in maniera fantastica il sogno di superiorità e di creare un simbolo che incarni gli ideali del gruppo sociale.

Da dove dobbiamo cominciare la riflessione sulle storie di quei personaggi dotati di particolari poteri chiamati «supereroi»? Se proviamo a guardare verso la nascita delle pratiche narrative troveremo i racconti della caccia, ripetuti oralmente intorno al fuoco di sere primordiali, e le prime creazioni di personaggi fantastici.

Ecco, intorno alle gesta del cacciatore-guerriero cominciano a essere intessute le trame dell'immaginario, cioè dell'immaginazione comune a tutto il gruppo sociale, il corpo delle fantasie condiviso dagli individui.

Nel buio di quelle notti (l'oscurità è una condizione importante nei processi dell'immaginario) nacque il racconto, che portava a conoscenza di tutto quello che accadeva quotidianamente (gli episodi della caccia, gli incidenti, i fenomeni atmosferici...), che illustravano il difficile rapporto tra gli uomini e il mondo, l'idea stupefacente delle strategie coordinate tese a conseguire un obiettivo comune, l'ipotizzabile sacralità dell'uccisione della preda[1], il mito nascente dell'eroe.

Il primo eroe di cui ci sia giunta notizia è Gilgamesh[2], protagonista della saga assiro-babilonese databile intorno al 3500 a.C., che probabilmente non differisce molto dai suoi archetipi[3] preistorici e che sicuramente «modella» quelle narrazioni successive che troveranno in lui l'archetipo[4].

Gilgamesh è bello, forte, fiero, virile, guerriero invincibile, legittimato da un'ascendenza divina. Il suo potere da superuomo è teso a spiegare il mondo, indicando alla normale umanità la strada da seguire e i valori da assumere.

L'eroe, che nasce dal cacciatore primitivo, si definisce in una forma relativamente stabile fin dall'antichità, giungendo fin dentro il cuore dell'immaginario contemporaneo. Esso è quindi una costante della specie[5], una sua funzione e un suo bisogno.

S. Brancato, *Archetipi e prototipi*, in *Il crepuscolo degli eroi*, a cura di D. Brolli, Edizioni Telemaco, Bologna, 1992 (con alcune modifiche e tagli)

---

1. l'ipotizzabile sacralità dell'uccisione della preda: nelle società primitive e preistoriche gli uomini cacciavano e uccidevano i grandi animali (*prede*) in gruppo e, per i pericoli e l'importanza di questa impresa, la consideravano un rito sacro. L'uomo che appariva particolarmente coraggioso e valoroso era considerato un eroe.
2. Gilgamesh: il protagonista dell'epopea, o *saga*, che è una delle più antiche storie mitiche conosciute, creata nel IV millennio a.C.

3. archetipi: modelli.
4. non differisce ... l'archetipo: ha caratteristiche simili al modello (*archetipo*) nato nella Preistoria, e a sua volta si pone come modello per la figura di eroe nelle narrazioni successive, come, per esempio, Achille, l'eroe protagonista dell'*Iliade*.
5. costante della specie: un elemento che caratterizza costantemente la tipologia dell'eroe.

Come leggere un testo... ... epico

Gli antichi racconti, che nascevano per lo piú traendo spunto da fatti realmente accaduti e venivano arricchiti con elementi di fantasia, si inserivano nell'insieme delle **credenze elaborate e possedute dalla popolazione**, che non aveva ancora le conoscenze che abbiamo oggi.
Infatti, di fronte alle grandi domande sull'origine del mondo e sui fenomeni naturali e meteorologici, di fronte al mistero della vita e della morte, del dolore e della felicità, gli uomini antichi hanno cercato delle risposte con i loro mezzi, configurando l'esistenza di molte divinità che regolano il mondo e la vita degli esseri viventi. Tutte queste spiegazioni costituiscono i **miti**, che nel loro insieme chiamiamo «mitologia».

Con il passare del tempo, il ricordo di questi racconti non si perdeva, perché venivano **conservati a memoria** e tramandati, come narrazione orale, di generazione in generazione. Nacquero i **poeti**, che ebbero la funzione di ricordare, mettere in versi e recitare i brani delle avventure eroiche, divenute ormai antiche e collocate in un tempo lontano e remoto. In seguito, i vari racconti furono organizzati insieme per formare un'ampia **narrazione continua**, il poema epico.
Dopo che i poemi epici furono **scritti**, si sono trasmessi per secoli e millenni e sono giunti sino a noi. I poemi epici, organizzati in un testo definitivo e affidato alla scrittura, costituiscono il **genere letterario** dell'**epica**.

Per noi, oggi, **leggere un poema epico** significa immergersi in un'epoca lontana, conoscere gli eroi antichi e appassionarsi alla narrazione delle loro imprese e avventure; leggendo un poema epico entriamo nel mondo fantastico di un popolo antico e veniamo in contatto con le sue tradizioni e i suoi miti (cioè il suo modo di configurare il mondo e di interpretare la vita umana, la sua religione e le sue credenze sulle divinità), conosciamo gli elementi che caratterizzavano la sua civiltà, i suoi modi di vivere, di combattere, di viaggiare.

Lawrence Alma-Tadema, *Un passo di Omero*, 1885. Philadelfia, Philadelphia Museum of Art.

2 Il primo nucleo della narrazione epica: il mito

Sin dai tempi piú antichi gli uomini hanno sentito l'esigenza di interrogarsi sul modo in cui poteva essersi formato l'universo, sulla nascita del genere umano e sulle cause dei fenomeni naturali che accompagnavano, ma spesso anche sconvolgevano, la loro vita. Non possedendo ancora gli strumenti del pensiero filosofico e scientifico, essi si affidarono alla fantasia, personificarono e divinizzarono le forze benigne e maligne da cui si sentivano circondati e diedero vita a un vasto patrimonio di storie, per loro sacre e veritiere, che sono giunte a noi attraverso le piú svariate fonti letterarie e artistiche: poemi, inni, rappresentazioni teatrali, pitture, sculture, bassorilievi. Questi racconti terribili e meravigliosi, che narrano le origini dell'universo, degli uomini e degli dèi e hanno per protagonisti esseri soprannaturali, prendono il nome di **miti**, dal greco *mýthos,* che originariamente designava la «parola» e in particolare la «parola sacra di un dio».

Gli antichi greci con il termine **mito** indicarono un «racconto», e piú precisamente **racconto orale** scaturito dalla fantasia, attraverso il quale veniva data una **risposta alle antiche ed eterne domande dell'uomo sull'origine del mondo e sui principi morali** che regolavano la vita sociale. I miti fornivano delle **spiegazioni fantastiche dei fenomeni naturali**, dai piú consueti e rassicuranti, come il sorgere e il tramontare del sole o l'avvicendarsi delle stagioni, ai piú sconvolgenti, come tempeste e terremoti.

I miti, pertanto, non sono racconti del tutto favolosi e inverosimili (come potrebbero apparire agli occhi di un uomo moderno abituato a vivere in un mondo dominato dalla scienza e dal pensiero razionale), ma racchiudono una loro «verità», poiché rappresentano le conoscenze delle società primitive e antiche e il loro modo di appropriazione della realtà.

I miti esistono ancora oggi?

I miti esistono anche nel mondo moderno, ma si configurano in modo differente. Con il tempo, infatti, la ragione e la scienza hanno sostituito le spiegazioni fantastiche e l'uomo ha cercato in altre forme di pensiero la risposta alle sue eterne domande; la filosofia e la scienza hanno preso il posto delle antiche conoscenze espresse nella mitologia. Il patrimonio degli antichi racconti mitici, che fanno parte delle radici culturali di ogni popolo, si è tramandato e continua a vivere nelle opere che leggiamo e nella sfera del nostro immaginario individuale.

Tuttavia, la nostra epoca, che sembra dominata dal razionalismo, dalla macchina e dalla tecnologia, non è insensibile al fascino dei miti e ne ha prodotti di nuovi, adatti al nostro modello culturale. Il **mito moderno** non idealizza piú divinità ed eroi, ma personaggi del cinema, della canzone, dello sport, senza però trascurare figure carismatiche sotto il profilo politico, sociale, religioso.

Questi nostri miti moderni, come quelli antichi, riflettono i valori sociali e rispondono all'esigenza dell'uomo di identificarsi con qualcuno che incarni i suoi sogni e suoi desideri e di proiettarsi oltre il mondo banale e ripetitivo della quotidianità. Tuttavia, diversamente dai miti antichi, quelli moderni, prodotti dalla società dei consumi che li moltiplica e li distrugge con la stessa facilità con cui li crea, scompaiono con una rapidità proporzionale all'entusiasmo che hanno suscitato.

3 Dal mito all'epica

Il termine **epica** deriva dal greco *épos* che vuol dire «parola», più precisamente una parola solenne; gli antichi Greci definirono con questo termine le narrazioni cantate da un poeta con l'accompagnamento di uno strumento musicale a corde, la cetra.
Anche oggi chiamiamo «epica» il **genere letterario** rappresentato dai **poemi epici**, ampie composizioni poetiche che narrano di fatti grandi ed eroici, appartenenti alla storia o alla tradizione mitica e leggendaria di un popolo.

Il genere letterario dell'epica

I poemi epici costituiscono un genere letterario molto antico, anzi sono stati la prima forma di creazione letteraria dell'antichità, nata e diffusa in varie culture e aree geografiche. Per esempio, la cultura greca ha prodotto i due poemi *Iliade* e *Odissea*, mentre il principale poema epico del mondo romano è l'*Eneide*. Il filosofo greco Aristotele nel IV secolo a.C. definì l'epica una «narrazione di fatti nobili eseguita in versi» e sottolineò che in essa la narrazione si affiancava a parti dialogate.
Dunque, un poema epico:

- è un **testo narrativo di ampie dimensioni**, formato da parti narrate e dialoghi tra i personaggi;
- è **scritto in versi e in uno stile alto e solenne**;
- racconta **vicende antiche, legate al passato lontano di un popolo**;
- nelle vicende **intervengono gli dèi**, che condizionano gli eventi e determinano i destini degli eroi e degli uomini in generale;
- i **protagonisti sono gli eroi**, e cioè personaggi fuori dalla norma, eccezionali per forza, coraggio, nobiltà di sentimenti, che l'uomo comune può solo ammirare da rispettosa distanza, ma con i quali non può assolutamente identificarsi; questi personaggi rappresentano anche i valori di un'intera comunità e operano all'interno di un mondo che viene raffigurato in tutti i suoi aspetti, nelle sue consuetudini, nelle leggi non scritte che lo regolano, nei suoi riti pubblici e privati.

Ogni poema epico compiuto e appartenente al genere letterario dell'epica ha tre caratteristiche:

- offre al lettore una **visione completa del mondo** rappresentato, caratteristica che condivide col romanzo;
- presenta una **narrazione oggettiva** dei fatti: la voce del narratore infatti svolge una funzione esclusivamente informativa, non esprime sentimenti o considerazioni personali, né interviene nel racconto;
- il mondo rappresentato si trova a una **distanza assoluta e incolmabile** rispetto a quello a cui appartiene il suo pubblico.

4 La lettura del testo epico

I poemi epici sono testi narrativi scritti in versi e in forma poetica. Noi leggiamo questi poemi non nella loro lingua originale (greco o latino), ma in traduzione italiana, che può essere formulata in prosa oppure in una forma poetica, che rispecchia quella originale.

Quando leggiamo i poemi epici in una traduzione italiana formulata in un linguaggio poetico, ci troviamo talvolta di fronte alle medesime difficoltà linguistiche che incontriamo nel leggere le poesie. Pertanto, la prima operazione da svolgere è l'interpretazione del testo e la comprensione delle espressioni con cui esso è formulato: si tratta, cioè, di fare la parafrasi.

La parafrasi

La parafrasi è l'operazione che trasforma il linguaggio di un testo, mantenendone i significati ma esprimendoli in un linguaggio più vicino agli usi quotidiani. Il termine «parafrasi», infatti, deriva dal verbo greco *paraphràzein*, che significa «**dire con altre parole**», e si configura come una vera e propria traduzione.

Si ricorre alla parafrasi quando incontriamo, e non solo nelle letture scolastiche, un testo che non riusciamo a capire bene per la presenza di periodi lunghi e complessi, di parole poco usuali o collocate in maniera insolita. In questi casi la difficoltà di comprensione non deriva dai contenuti ma dal linguaggio, che può essere arcaico, poetico, tecnico ecc. e deve, quindi, essere trasformato in uno a noi più vicino.

Solitamente si riscontra la necessità della parafrasi in un testo poetico, come ad esempio un poema epico in versi, poiché questo si serve di figure retoriche, termini inconsueti, inversioni di predicato e soggetto, e via dicendo.

Prendiamo, ad esempio, i cinque versi con cui comincia l'*Odissea*:

> L'uomo ricco d'astuzie raccontami, o Musa, che a lungo
> errò dopo ch'ebbe distrutto la rocca sacra di Troia;
> di molti uomini le città vide e conobbe la mente,
> molti dolori patí in cuore sul mare,
> lottando per la vita e pel ritorno dei suoi.
>
> Omero, *Odissea*, trad. di R. Calzecchi Onesti, Einaudi, Torino, 1963, Libro I, vv. 1-5

- Per prima cosa occorre **disporre le parole in un ordine simile a quello della prosa**, inserendo, dove occorre, parole sottintese e necessarie per la completezza delle informazioni:

> O Musa, raccontami l'uomo ricco di astuzie, che errò a lungo dopo ch'ebbe distrutto la rocca sacra di Troia; egli vide le città e conobbe la mente di molti uomini, patí nel cuore molti dolori sul mare, lottando per la vita e per il ritorno dei suoi.

- Si procede poi alla **spiegazione delle espressioni e delle parole**, per le quali diventa spesso necessario l'**aiuto delle note** per conoscere o il valore di certi termini o il contesto indispensabile per capire il motivo di talune espressioni. Ad esempio:
  - si sostituisce il verbo *errò* con «viaggiò» o «andò vagando»;

- si spiega che l'espressione *conobbe la mente* si riferisce al fatto che Odisseo nel suo viaggio venne a conoscenza del carattere e dei pensieri di molti uomini e genti;
- si cerca una risposta alle domande: chi è *l'uomo*? Chi è la *Musa*? Perché il narratore si rivolge alla Musa dicendo *raccontami*? Che cos'è la *rocca sacra di Troia*? Chi sono *i suoi*?

Comprenderemo meglio il significato dei versi dopo aver appreso che *l'uomo* è Odisseo (l'eroe protagonista del poema, il quale, ritornando dalla guerra di Troia, affrontò svariate avventure e pericoli che superò con ingegno e spesso con astuzia); che la *Musa* è Calliope, una delle nove dee chiamate Muse; che il poeta narratore invoca da lei sostegno e ispirazione perché Calliope è la Musa protettrice della poesia epica; che la *rocca sacra* era l'altura della città di Troia in cui stavano i templi degli dèi; che *i suoi* sono i compagni di Odisseo nel viaggio di ritorno in patria dopo la guerra.

- A questo punto saremo in grado di effettuare una parafrasi che può essere arricchita con gli elementi acquisiti con la comprensione di tutte le parole e di tutti i fatti. È, questa, una **parafrasi esplicativa**, che rappresenta il modo migliore per illustrare il contenuto e i significati del breve brano:

> O Musa, ispirami nel mio racconto sull'uomo (Odisseo) ricco di astuzie, che viaggiò a lungo dopo che ebbe distrutto la rocca sacra di Troia; egli vide le città di molti uomini e ne conobbe la mente (cioè conobbe le loro caratteristiche, i loro pensieri), incontrò e dovette sopportare nel cuore la sofferenza di molti dolori nel suo viaggio sul mare, lottando per salvare la vita e per garantire il ritorno dei suoi compagni.

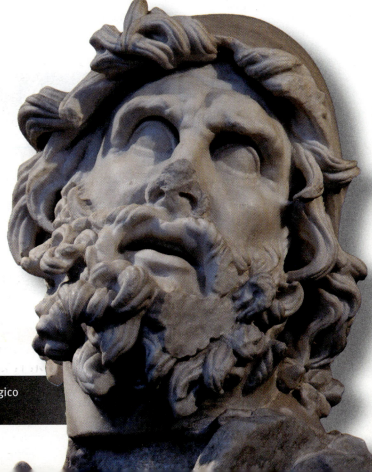

Odisseo, II secolo a.C. Sperlonga, Museo Archeologico Nazionale.

Per metterti alla prova

Omero
L'isola di Calipso

- Omero, *Odissea*, trad. di R. Calzecchi Onesti, Einaudi, Torino, 1963, Libro V, vv. 59-74

IN SINTESI: Il brano è tratto dall'*Odissea* e contiene la descrizione dell'isola di Ogigia, dove vive la ninfa Calipso.

60. fissile tuia: la tuia è una pianta simile al cipresso; è detta fissile per indicare che il suo legno si spacca facilmente.
61. lei: la ninfa Calipso; essa abitava in una grotta di questa isola.
62. percorrendo ... tesseva: la tessitura consiste nel far passare orizzontalmente il filo inserito nella spola (come nell'ago da cucire) attraverso la trama di fili disposti nel telaio verticalmente; pertanto la spola «percorre» il telaio.
64. ontano: l'ontàno è un albero con chioma larga e legno duro.
66. ghiandaie: la ghiandaia è un piccolo uccello cantatore, dal piumaggio di vari colori e con il capo ornato da un ciuffo di piume; si ciba di ghiande, da cui trae il nome. – **a lingua distesa**: ininterrottamente.
69. feconda di grappoli: ricca di grappoli.
70. polle: la polla è una sorgente d'acqua che sgorga dal suolo.
73. un nume: una divinità.

60 Gran fuoco nel focolare bruciava e lontano un odore
di cedro e di fissile tuia odorava per l'isola,
ardenti; lei dentro, cantando con bella voce
e percorrendo il telaio con spola d'oro, tesseva.
Un bosco intorno alla grotta cresceva, lussureggiante:
65 ontano, pioppo e cipresso odoroso.
Qui uccelli dall'ampie ali facevano il nido,
ghiandaie, sparvieri, cornacchie che gracchiano a lingua distesa,
le cornacchie marine, cui piace la vita del mare.
Si distendeva intorno alla grotta profonda
una vite domestica, florida, feconda di grappoli.
70 Quattro polle sgorgavano in fila, di limpida acqua,
una vicino all'altra, ma in parti opposte volgendosi.
Intorno molli prati di viola e di sedano
erano in fiore; a venir qui anche un nume immortale
doveva incantarsi guardando, e godere nel cuore.

Max Beckmann, *Ulisse e Calipso*, particolare 1943. Amburgo, Hamburger Kunsthalle.

Esercizi

- **Comprensione e produzione**

1. Esegui per scritto la parafrasi del brano, ponendo le parole in un ordine simile alla prosa e sostituendo, dove ti sembra necessario, le espressioni difficili.

Come leggere un testo... ... epico

Per metterti alla prova

Omero
Una terribile tempesta nel mare

- Omero, *Odissea*, trad. di R. Calzecchi Onesti, Einaudi, Torino, 1963, Libro V, vv. 315-330

IN SINTESI: L'eroe Odisseo è solo su una zattera in mezzo al mare; è partito dall'isola della ninfa Calipso e si dirige verso la sua patria, l'isola di Itaca. Tuttavia, all'improvviso infuria una violenta tempesta, voluta dal dio del mare Poseidone che ha scatenato tutti i venti.
Il brano racconta che Odisseo viene sbalzato in acqua ma riesce a recuperare la zattera e risalirvi sopra.

315 Lontano, fuori dalla zattera fu sbalzato e il timone
lasciò andare di mano: in mezzo si spezzò l'albero
sotto l'orrenda raffica dei venti lottanti,
lontano la vela e l'antenna caddero in mare.
Molto tempo rimase sommerso, non fu capace
320 di tornar subito a galla, sotto l'assalto della grande onda:
le vesti l'appesantivano, che Calipso lucente gli aveva donate.
Finalmente riemerse e dalla bocca sputò l'acqua salsa,
amara, che a rivi gli grondava dal capo.
Ma pur cosí affranto, non si scordò della zattera,
325 e slanciandosi dietro fra l'onde la rafferrò,
vi sedette nel mezzo, evitando la fine.
La portavano sulla corrente l'onde enormi qua e là;
come quando Borea autunnale porta i fiori del cardo
per la pianura, e stanno stretti, attaccati uno all'altro;
330 cosí per il mare la zattera portavan i venti qua e là.

316. l'albero: è chiamato cosí il «palo» che, nelle imbarcazioni, regge le vele.
317. raffica dei venti lottanti: la forza (il termine *ràffica* indica il soffio violento del vento) dei venti che soffiano da diverse direzioni.
318. l'antenna: l'asta legata orizzontalmente in cima all'albero della nave; la vela della zattera di Odisseo è quadrata ed è retta per due lati dall'albero e dall'antenna. Dopo che l'albero si è spezzato, anche l'antenna e la vela, entrambe legate a quello, cadono in mare lasciando la zattera di Odisseo completamente in balia dei venti e delle onde.
321. Calipso lucente: la splendida Calipso.
322. salsa: salata.
324. affranto: abbattuto, tormentato.
326. la fine: la morte.
328-330. come quando ... qua e là: è una similitudine in cui viene fatto un paragone di somiglianza: la zattera che viene spinta dai venti sulle acque del mare è un'immagine simile ai fiori del cardo (una pianta di piccole dimensioni che cresce tra l'erba) trascinati per la pianura dal forte vento del nord (*Borea*, equivalente alla nostra tramontana).

Esercizi

- **Comprensione e produzione**

  1. Esegui per scritto la parafrasi del brano.
  2. Racconta con parole tue ciò che accade a Odisseo in questo brano.

5 L'analisi della struttura narrativa

Per analizzare la struttura della narrazione epica, occorre prendere in considerazione i seguenti livelli fondamentali: le azioni, i personaggi, il narratore, lo stile. Queste caratteristiche, che sono per alcuni aspetti comuni a quelle del testo narrativo, saranno qui esaminate in riferimento agli elementi fondamentali tipici del testo epico.

5.1 Il livello delle azioni

Il livello delle azioni costituisce l'ossatura essenziale del racconto; l'origine di una narrazione epica, infatti, consiste proprio nel desiderio di **raccontare fatti e avvenimenti**.
Per analizzare un testo epico sotto il profilo delle azioni raccontate occorre esaminare:

- la struttura del testo;
- le sequenze;
- l'ordine del racconto, cioè il rapporto tra *fabula* e intreccio;
- il ritmo del racconto.

La struttura del testo narrativo

In ogni testo narrativo, esaminato **nella sua intera estensione** (un'opera o un racconto inserito all'interno di un'opera piú ampia), è riconoscibile una struttura ricorrente che ne costituisce l'ossatura di base. Essa risulta articolata in sei momenti fondamentali:

- **esposizione**: consiste nella presentazione dei personaggi, dei luoghi, degli ambienti e della situazione iniziale; quest'ultima può essere contrassegnata o da una condizione di equilibrio (ad esempio, la permanenza di Odisseo presso la ninfa Calipso nell'*Odissea*) o da una situazione conflittuale (ad esempio, l'ira di Apollo nei confronti dei Greci, che segna l'inizio dell'*Iliade*);
- **esordio**: è l'avvenimento che mette in moto l'azione, modificando la situazione iniziale; ad esempio, nell'*Odissea*, l'intervento degli dèi, che stabiliscono che Odisseo debba partire per ritornare nella sua patria, oppure, nell'*Iliade*, l'oltraggio arrecato da Agamennone ad Achille, che crea ulteriori tensioni nel campo greco;
- **peripezie** o **mutamenti**: si indica con questi termini, che sono intercambiabili, l'insieme degli avvenimenti che modificano di volta in volta la situazione in cui opera il protagonista, determinando un miglioramento o un peggioramento delle sue condizioni; esempi di peripezie sono, nell'*Odissea*, le traversie affrontate da Odisseo nel suo viaggio di ritorno in patria; nel corso delle peripezie possono entrare in azione altri personaggi che svolgono il ruolo di *aiutanti* o di *oppositori*, secondo che agevolino o ostacolino il protagonista nel conseguimento del suo obiettivo;
- la ***Spannung***: è il momento di massima tensione e coincide con l'evento che determina lo scioglimento, lieto o tragico, della vicenda; per convenzione viene indicato con la parola tedesca di genere femminile *Spannung*, che significa appunto «tensione»; nell'*Iliade* la *Spannung* è rappresentata dall'uccisione di Ettore;
- **scioglimento**: è il momento conclusivo, che elimina tutti i fattori di turbamento e porta alla ricomposizione dell'equilibrio in positivo (lieto fine) o in negativo (morte o degradamento del protagonista); nell'*Iliade* lo scioglimento è dato dalla restituzione del cadavere

di Ettore al padre Priamo, nell'*Odissea* le vicende trovano lo scioglimento nell'uccisione dei Proci da parte di Odisseo e nel suo abbraccio con la moglie Penelope;

- **conclusione**: narrazione degli eventi seguiti alla risoluzione del conflitto su cui si è fondata la narrazione; la conclusione dell'*Iliade* è configurata dai funerali di Ettore da parte dei Troiani, quella dell'*Odissea* è costituita dalla rappacificazione di Odisseo con le famiglie di Itaca adirate per la strage dei Proci.

Le sequenze

La divisione in sequenze è il punto di partenza per una corretta sintesi scritta e/o orale, perché permette di ricostruire l'impalcatura del testo e di individuarne gli elementi fondamentali.

La **sequenza**:

- è una porzione di testo che sviluppa un discorso in sé compiuto;
- può contenere un segmento dell'azione in sé concluso, un dialogo, una descrizione, una riflessione;
- è legata da rapporti logici e/o temporali alle sequenze che la precedono e la seguono;
- ha un inizio e una fine delimitati (è conclusa da un segno di punteggiatura forte);
- è definibile mediante un titolo costituito da una breve frase nominale o verbale.

In base al loro contenuto le sequenze si distinguono in **quattro tipologie**:

- sequenze **narrative**: contengono il racconto di un'azione o di un evento e hanno la funzione di portare avanti la vicenda;
- sequenze **descrittive**: contengono la descrizione di luoghi, oggetti, personaggi; non sviluppano l'azione, ma forniscono informazioni utili a inquadrare la vicenda e i personaggi;
- sequenze **riflessive**: contengono un ragionamento, una riflessione;
- sequenze **dialogiche**: sono costituite da parti dialogate e si caratterizzano per la presenza del discorso diretto, che nei testi scritti è introdotto e concluso dalle virgolette o dalla lineetta.

Ogni sequenza si può suddividere in porzioni piú piccole, dette **microsequenze**, che possono coincidere addirittura con i singoli enunciati.

A loro volta piú sequenze che sviluppano un unico tema e sono abbastanza omogenee sul piano delle azioni, del tempo, dello spazio, dei rapporti logici costituiscono una **macrosequenza**.

Come dividere un testo in sequenze

Per dividere un testo in sequenze bisogna compiere le operazioni indicate di seguito.

1. Individuare **l'inizio e la fine di ciascuna sequenza**, che sono segnalati da un segno forte di punteggiatura. Esaminando il contenuto del brano, in linea generale si individua il passaggio da una sequenza a quella successiva in presenza di uno dei seguenti fatti:
   - il **cambiamento dei luoghi** in cui si svolgono le azioni;
   - il **cambiamento del tempo** in cui accadono gli eventi;
   - l'entrata in azione di un **nuovo personaggio**;
   - l'inserimento di un **racconto di eventi** che si sono svolti **in un tempo precedente** rispetto al tempo in cui si colloca la narrazione o la descrizione;
   - l'introduzione di **azioni nuove** o di **fatti nuovi** che si aggiungono a quanto è stato già detto;

Come leggere un testo… …epico

- l'introduzione di una **parte descrittiva** all'interno di una narrazione;
- l'introduzione di una **parte riflessiva** all'interno di una narrazione o di una descrizione;
- l'introduzione di una **parte dialogata** all'interno di una narrazione fatta dal narratore.

2. Individuare il **tema centrale della sequenza** e sintetizzarlo in un titolo espresso mediante un enunciato o una forma nominale. I titoli delle sequenze forniranno lo schema dell'articolazione del testo e permetteranno di esporre il contenuto in modo ordinato e lineare.

Per imparare

Omero
Nella reggia di Itaca

- Omero, *Odissea*, trad. di R. Calzecchi Onesti, Einaudi, Torino, 1963, Libro I, vv. 325-365

IN SINTESI: Siamo nella reggia di Itaca, dove Odisseo non è ancora ritornato dopo la fine della guerra di Troia. Qui passano le giornate i giovani delle nobili famiglie dell'isola, gozzovigliando in banchetti: sono i giovani che aspirano a sposare Penelope, ritenendola ormai vedova di Odisseo.
Il cantore Femio, come era usanza tra gli antichi, accompagna il banchetto narrando le vicende della guerra di Troia. Nelle sue stanze, poste sul piano superiore della reggia, giunge a Penelope il canto di Femio; la regina, sempre addolorata per l'assenza di Odisseo, scende nella sala del banchetto e rimprovera il cantore per aver scelto questo argomento che rinnova il suo dolore. Telemaco, figlio di Odisseo, invita la madre a ritornare nelle sue stanze perché, egli dice, la causa delle sventure non sono i poeti che le cantano ma gli dèi. Dopo che Penelope si è allontanata, i pretendenti riprendono il loro banchetto continuando a rumoreggiare.

Prima sequenza narrativa
Il canto di Femio

Per essi il cantore famoso cantava: e in silenzio   325
quelli sedevano, intenti; cantava il ritorno degli Achei,
che penoso a loro inflisse da Troia Pallade Atena.

Seconda sequenza narrativa
Penelope scende nella sala del banchetto

Dalle stanze di sopra intese quel canto divino
la figlia d'Icario, la saggia Penelope,
e l'alta scala del suo palazzo discese,   330
non sola, con lei andavano anche due ancelle.
Come fra i pretendenti fu la donna bellissima,
si fermò in piedi accanto a un pilastro del solido tetto,
davanti alle guance tirando i veli lucenti:
da un lato e dall'altro le stava un'ancella fedele.   335
Piangendo, dunque, parlò al cantore divino:

---

325. essi: i pretendenti di Penelope, che stanno a banchetto nella reggia. – **il cantore famoso cantava**: è Femio, il poeta che allieta i commensali con il suo canto accompagnandosi con uno strumento musicale a corde. L'immagine di Femio offre ai lettori moderni l'esempio del modo in cui gli aedi eseguivano e tramandarono oralmente i canti epici che sono poi confluiti nei due poemi omerici.
326. cantava il ritorno degli Achei: Femio cantava le avventure affrontate dai guerrieri Achei (cioè, Greci) nei loro viaggi di ritorno da Troia. Tutti, infatti, sono tornati in patria eccetto Odisseo.
327. che penoso … Atena: che Pallade Atena rese per loro doloroso (il verbo *infliggere* equivale ad «assegnare, imporre qualcosa di doloroso»). I racconti mitici narravano che la dea Atena, detta Pallade, aveva creato molte difficoltà e sventure a molti guerrieri nel loro ritorno da Troia.
329. la figlia … Penelope: Penelope, figlia di Icario, è la moglie di Odisseo e la madre di Telemaco.
332. Come fra i pretendenti fu: quando entrò nella sala in cui i pretendenti erano a banchetto.

Come leggere un testo... ... epico

Terza sequenza dialogica
Il discorso di Penelope

«Femio, molti altri canti tu sai, affascinatori degli uomini,
fatti d'eroi, di numi, che gli aedi glorificano:
uno di quelli canta a costoro, sedendo, e in silenzio
essi bevano il vino. Ma smetti questo cantare   340
straziante, che sempre in petto il mio cuore
spezza, perché a me soprattutto venne pazzo dolore,
cosí cara testa rimpiango, sempre pensando a quell'uomo,
di cui va larga la gloria per l'Ellade e nel cuore d'Argo».

                                                        345

Allora il saggio Telemaco rispondendo diceva:
«Madre mia, perché vieti che il gradito cantore
diletti come la mente lo ispira? Non certo i cantori
son causa, Zeus è la causa: lui dà
la sorte agli uomini industri, come vuole a ciascuno.
Costui non ha biasimo, cantando la mala sorte dei Danai,   350

Quarta sequenza dialogica
Il discorso di Telemaco

perché quel canto piú lodano gli uomini,
che agli uditori suona intorno piú nuovo.
Sopporti il tuo cuore, la mente, l'udire,
che non il solo Odisseo perdette il ritorno
a Troia, ma molti altri eroi vi perirono.   355
Su, torna alle tue stanze e pensa all'opere tue,
telaio e fuso; e alle ancelle comanda
di badare al lavoro; al canto pensino gli uomini
tutti, e io sopra tutti: mio qui in casa è il comando».

Quinta sequenza narrativa
Penelope ritorna nelle sue stanze

Lei stupefatta tornò alle sue stanze,   360
e la prudente parola del figlio si tenne in cuore.
Al piano di sopra salí, con le donne sue ancelle,
e pianse a lungo Odisseo, il caro sposo, fin che soave
sonno sopra le ciglia le gettò Atena occhio azzurro.

Sesta sequenza narrativa
Il banchetto prosegue

Ma i pretendenti rumoreggiarono dentro la sala ombrosa   365
[...]

Domenico Beccafumi, *Penelope*, 1519.
Venezia, Pinacoteca Manfrediniana.

---

338. numi: dèi. – **che gli aedi glorificano**: erano chiamati aèdi quei poeti che, come Femio, cantavano le imprese degli eroi e in tal modo davano loro gloria e fama (*glorificano*).
343. cosí cara testa rimpiango: soffro la mancanza di una tanto cara persona (*cara testa*). – **quell'uomo**: Odisseo.

344. di cui ... d'Argo: la fama del quale si è estesa tra tutte le popolazioni della Grecia (dagli antichi detta *Ellade*) e della terra intorno ad Argo (città situata nella penisola del Peloponneso).
347-349. Non certo i cantori ... a ciascuno: Telemaco attribuisce a Zeus il destino degli uomini:

i poeti, infatti, non inventano gli argomenti del loro canto (e quindi non ne sono responsabili), ma cantano le azioni compiute dagli uomini.
350. Costui ... Danai: Femio (*Costui*) non deve essere incolpato (*non ha biasimo*) se canta le sventure dei Greci (definiti anche *Danai*).

351-352. perché ... piú nuovo: Telemaco esprime l'idea che gli uomini apprezzano e lodano maggiormente il canto di fatti piú nuovi e recenti. Tra i molti argomenti cantati dai poeti quelli relativi alla guerra di Troia e ai ritorni degli eroi riguardavano fatti accaduti in un tempo piú vicino.

Entriamo nel testo

La divisione in sequenze

Il brano presenta una breve scena che si svolge nella reggia di Itaca e si compone di sei sequenze, di cui quattro sono narrative e due contengono un discorso diretto ciascuna.

Prima sequenza: *Il canto di Femio nella sala del banchetto*. All'inizio del brano viene presentata la situazione: l'ambiente è la sala del banchetto; sono presenti il cantore Femio e i pretendenti che, durante il banchetto, ascoltano l'esecuzione del canto.

Seconda sequenza: *Penelope scende nella sala del banchetto*. Vi è un cambiamento del luogo: dalla sala del banchetto si passa alle stanze della regina Penelope che, udendo il canto, scende nella sala.

Terza sequenza: *Il discorso di Penelope*. Nella sala, Penelope si rivolge a Femio, esprimendo il desiderio che il canto cessi, perché le accresce il dolore per l'assenza del marito Odisseo.

Quarta sequenza: *Il discorso di Telemaco*. Entra in scena Telemaco che, come adesso apprendiamo, era presente nella sala del banchetto. Egli risponde alla madre, invitandola a non incolpare Femio per il suo canto, perché gli eventi dolorosi vengono dagli dèi, non dai poeti che li cantano. Aggiunge l'esortazione a ritornare nella sue stanze rasserenandosi e applicandosi ai lavori femminili.

Quinta sequenza: *Penelope ritorna nelle sue stanze*. Presenta lo spostamento di Penelope dalla sala del banchetto verso le sue stanze, dove trova tranquillità nel sonno donatole dalla dea Atena. Si ricompone, pertanto, la suddivisione dei personaggi nello spazio come all'inizio del brano.

Sesta sequenza: *Nella sala prosegue il banchetto dei pretendenti*. L'attenzione della narrazione si rivolge nuovamente alla sala del banchetto, dove i pretendenti riprendono gli atteggiamenti tenuti prima dell'intervento di Penelope.

Esercizi

- **Comprensione**

1. Esegui per scritto la parafrasi del brano. Te ne proponiamo l'inizio, quindi continua tu.

   Per i pretendenti il cantore famoso cantava: quelli sedevano in silenzio, attenti; (Femio, il cantore) raccontava con il suo canto il ritorno da Troia degli Achei, che Pallade Atena rese a loro doloroso...

2. Qual è l'argomento del canto di Femio?

3. In quale parte della sala del banchetto si ferma Penelope?

4. Perché Penelope chiede a Femio di smettere il suo canto?

5. Quali sentimenti manifesta Penelope nei riguardi del marito assente? Con quali espressioni? Con quali parole lo descrive?

6. Perché, secondo Telemaco, Femio non deve essere rimproverato?

7. Telemaco esorta la madre a tornare nelle sue stanze:
   a. affinché trovi conforto dedicandosi ai lavori femminili;
   b. affinché la sua presenza non ecciti gli animi dei pretendenti;
   c. perché le donne non devono restare nella sala del banchetto.

- **Produzione**

8. Seguendo la divisione in sequenze, racconta con parole tue lo svolgimento di questo episodio.

Come leggere un testo... ... epico

Per metterti alla prova

Omero
L'incantesimo della maga Circe

• Omero, *Odissea*, trad. di R. Calzecchi Onesti, Einaudi, Torino, 1963, Libro X, vv. 210-243

IN SINTESI: Odisseo sta raccontando le vicende che hanno segnato il suo viaggio di ritorno da Troia; tra queste vi è l'incontro con la maga Circe. Mentre Odisseo è rimasto presso navi ancorate, i suoi compagni sono arrivati nella valle in cui è situata la dimora della maga. Ci sono lupi e leoni che – come Odisseo apprenderà in seguito – sono tutti uomini trasformati dalla maga in animali. I compagni di Odisseo giungono davanti al palazzo di Circe, da cui proviene la dolce melodia del canto della donna; chiamano la maga e questa esce fuori invitandoli a entrare. Tutti, tranne Euriloco, la seguono; ella offre loro cibo prelibato al quale subdolamente mescola filtri magici perché essi cadano nell'oblio; infine, toccandoli con una bacchetta magica, li trasforma in porci e li rinchiude dentro un recinto.

210 Trovarono in un vallone la casa di Circe,
fatta di pietre lisce, in posizione scoperta.
E intorno c'erano lupi montani e leoni,
che lei stregò, dando farmachi tristi.
Questi non si lanciarono sugli uomini, anzi,
215 con le code diritte a carezzarli si alzarono.
Come i cani intorno al padrone, che dal banchetto ritorna,
si sfregano; perché porta sempre qualche dolce boccone,
cosí intorno a loro i lupi zampe gagliarde e i leoni
si sfregavano, allibirono quelli a veder mostri paurosi.
220 Si fermarono nell'atrio della dea trecce belle,
e Circe dentro cantare con bella voce sentivano,
tela tessendo grande e immortale, come sono i lavori
delle dee, sottili e splendenti e graziosi.
Fra loro prendeva a parlare Polite capo di forti,
225 ch'era il piú caro per me dei compagni e il piú accorto:
«O cari, qui dentro una che tesse gran tela
soave canta, e tutto il paese ne suona;
o donna o dea. Su, presto, chiamiamo!».
Cosí disse e quelli gridarono chiamando.
230 Subito lei, uscita fuori, aperse le porte splendenti

---

210. Trovarono: il soggetto è «i compagni di Odisseo». – **vallone**: una valle.
211. in posizione scoperta: in un luogo aperto.
212-213. lupi montani ... tristi: è un'anticipazione di quanto Odisseo conoscerà piú avanti; le bestie che si trovano nell'isola di Circe sono in realtà uomini trasformati in animali dalla maga. – **stregò**:

aveva stregato, aveva trasformato con la magia. – **farmachi tristi**: pozioni, filtri nocivi.
215. si alzarono: perché sotto il corpo di animali la natura umana resta ancora viva in loro.
216-217. Come i cani ... boccone: è una similitudine, che paragona il comportamento di questi animali ai cani che

vanno incontro al padrone aspettando un buon boccone.
218-219. cosí intorno ... paurosi: come i cani domestici, questi animali selvatici si sfregano ai compagni di Odisseo, i quali provano meraviglia e timore (*allibirono*) nel vedere quegli animali per natura aggressivi e feroci (*paurosi*).
220. Si fermarono: il soggetto è «i compagni di Odisseo». –

nell'atrio della dea trecce belle: nell'atrio del palazzo di Circe, definita «dea dalle belle trecce».
225. per me: è Odisseo, che sta narrando l'avvenimento. – **il piú accorto**: attento, prudente, esperto.
227. soave: soavemente.
228. chiamiamo!: mandiamo un grido per richiamare l'attenzione della donna.

e li invitava; e tutti stoltamente le tennero dietro.
Ma Euriloco restò fuori, che temeva un inganno.
Li condusse a sedere sopra troni e divani
e per loro del cacio, della farina d'orzo e del miele
235 nel vino di Pramno mischiò: ma univa nel vaso
farmachi tristi, perché del tutto scordassero la terra paterna.
E appena ne diede loro e ne bevvero, ecco che subito,
con la bacchetta battendoli, nei porcili li chiuse.
Essi di porci avevano testa, e setole e voce
240 e corpo: solo la mente era sempre quella di prima.
Così quelli piangenti furono chiusi; e a loro Circe
ghiande di leccio e di quercia gettava e corniole
a mangiare, come mangiano i porci che a terra si voltolano.

231. stoltamente: l'avverbio esprime il pensiero di Odisseo che vive con partecipazione personale la disavventura capitata ai suoi compagni. – **le tennero dietro**: la seguirono ascoltando il suo invito.
233. Li condusse: il soggetto è «la donna». – **troni**: sedili con alto schienale e braccioli.
235. Pramno: una zona dell'Asia Minore celebre per il suo vino.
236. farmachi tristi: bevande magiche e nocive.
238. la bacchetta: strumento di magia con cui la maga trasforma i compagni di Odisseo in porci.
239. Essi di porci avevano testa: e subito essi si trovarono la testa di porci. – **setole**: i peli duri, rigidi e resistenti del dorso dei maiali e dei cinghiali.
242. ghiande di leccio: il leccio è un albero sempreverde che produce piccole ghiande. – **corniole**: frutti, dalla forma di oliva, del corniolo; hanno colore rossastro e sono commestibili.
243. che a terra si voltolano: che si rotolano per terra.

Esercizi

- **Comprensione**

1. Esegui per scritto la parafrasi del brano.
2. Come si comportano gli animali selvatici con i compagni di Odisseo?
3. Che cosa sta facendo Circe quando i compagni di Odisseo arrivano?
4. Di quali compagni viene fatto il nome nel brano? Quale di essi non entra nella reggia di Circe?
5. In quale modo Circe accoglie i compagni di Odisseo? Che cosa offre loro?
6. Circe fa i suoi incantesimi ricorrendo a due mezzi, bevande e bacchetta. Quale espressione indica nel testo le bevande magiche? Quale effetto ottiene con esse? Quale effetto ottiene con la bacchetta magica?
7. Alla fine del brano quale aspetto hanno assunto i compagni di Odisseo e in quale luogo si vengono a trovare?

- **Competenza testuale e produzione**

8. Fai la divisione del brano in sequenze, individua la tipologia di ciascuna sequenza e stabilisci il titolo mediante un breve enunciato.
9. Seguendo la divisione in sequenze, racconta con parole tue lo svolgimento di questo episodio.

L'ordine del racconto

La narrazione di una storia può essere condotta in due modi diversi: o seguendo l'ordine cronologico degli avvenimenti dall'inizio alla fine, oppure alterando la successione naturale di essi. Faremo, pertanto, la distinzione tra i termini seguenti:

- la **fabula** è la storia, ovvero la trama della vicenda considerata secondo il suo sviluppo cronologico e le sue connessioni causali; gli studiosi di tecniche narrative hanno adottato questo termine latino che significa appunto «storiella, favola»;
- l'**intreccio** è il racconto della storia nel modo in cui viene elaborata e proposta dal narratore.

Se il racconto segue l'**ordine naturale** dei fatti, vi sarà **coincidenza tra fabula e intreccio**. Se, invece, nella narrazione l'ordine naturale viene alterato e a esso viene sostituito un **ordine artificiale**, **non** vi sarà **coincidenza tra fabula e intreccio**, e toccherà al lettore ricostruire la successione cronologica degli avvenimenti. L'ordine naturale degli eventi viene alterato nel racconto mediante alcune tecniche.

Tecniche per alterare l'ordine del racconto

- L'**analessi** (dal greco *anà-lepsis*, «ritorno all'indietro») o **flashback** («lampo all'indietro») indica il «racconto retrospettivo» ed è la narrazione di fatti accaduti in precedenza. In questo caso il racconto che viene fatto dal narratore non comincia dall'inizio della vicenda, ma da un punto intermedio, e gli avvenimenti precedenti vengono recuperati mediante un racconto retrospettivo.

  Ad esempio, all'inizio dell'*Iliade*, il poeta prima parla della diffusione della peste nel campo degli Achei e dopo racconta i fatti che si sono svolti precedentemente e che hanno causato questa peste. Nell'*Odissea* le peripezie di Odisseo nel suo viaggio di ritorno in patria da Troia sono narrate, mediante il racconto fatto di esse dallo stesso eroe, quando si sono concluse e Odisseo sta per essere ricondotto in patria dai Feaci. Anche nell'*Eneide* il racconto della caduta di Troia e delle peregrinazioni dei fuggiaschi Troiani è narrata da Enea dopo essere arrivato nella reggia della regina Didone.

- La **prolessi** (dal greco *prò-lepsis*, «anticipazione») consiste nell'anticipare fatti successivi al momento della narrazione. Talvolta le anticipazioni vengono introdotte con il pretesto di un sogno, di una visione, di una profezia; altre volte sono presentate direttamente dalla voce narrante. Ad esempio, nell'*Iliade* l'uccisione di Ettore per mano di Achille viene preannunciata a lui da Patroclo morente:

  Altro ti voglio dire e tientelo in mente:
  davvero tu non andrai molto lontano, ma ecco
  ti s'appressa la morte e il destino invincibile:
  cadrai per mano d'Achille, dell'Eacide perfetto.

  Omero, *Iliade*, trad. di R. Calzecchi Onesti, Einaudi, Torino, 1963, Libro XVI, vv. 851-854

- L'**intreccio dei filoni narrativi**. Nei poemi epici, come in tutti gli ampi testi narrativi, avviene spesso che il narratore racconti i fatti accaduti in luoghi diversi alternandone lo sviluppo. Ad esempio, nell'*Odissea*, prima dell'arrivo a Itaca di Odisseo, si alternano due filoni narrativi, uno relativo a quanto si svolge nella reggia di Itaca e al viaggio del figlio di Odisseo, Telemaco, in cerca di notizie sul padre, l'altro relativo alle vicende del viaggio di ritorno dell'eroe.

Per imparare

Omero
Glauco e Diomede

- Omero, *Iliade*, trad. di R. Calzecchi Onesti, Einaudi, Torino, 1963, Libro VI, vv. 119-131; 138-151; 206-236

IN SINTESI: Siamo sul campo di battaglia e tra i Greci e i Troiani infuria lo scontro. I combattenti degli opposti schieramenti si affrontano con furia e spesso si svolgono singoli duelli. Accade così che si trovino di fronte l'eroe greco Diomede e Glauco, re dei Lici e alleato dei Troiani. Prima di incrociare le armi i due si dichiarano reciprocamente l'identità e la famiglia da cui discendono; apprendono così che le loro famiglie sono legate dal rapporto di ospitalità, dagli antichi considerato sacro e valido anche per tutti i discendenti. I due eroi sospendono lo scontro e si scambiano le armi, come segno visibile del sacro vincolo che li lega: è, questo, un «duello mancato», unico episodio dell'*Iliade* la cui grandezza consiste proprio nell'assenza dell'uso delle armi.

Ma Glauco figliuolo d'Ippòloco e il figlio di Tideo
s'incontrarono entrambi nel mezzo, avidi di combattere;   120
e quando già eran vicini, marciando l'un contro l'altro,
Diomede potente nel grido parlò all'altro per primo:
«Chi sei tu, nobilissimo, fra gli uomini mortali?
Mai t'ho veduto nella battaglia gloria dei forti
prima d'ora; ed ecco tu molto ti sei fatto avanti fra tutti   125
col tuo coraggio, sfidi la mia asta ombra lunga.
Figli di miseri padri affrontano il mio furore!...
Ma se un immortale tu sei e qui venisti dal cielo,
io non voglio combattere con i numi celesti.
Ah no, il figlio di Drìante, il forte Licurgo   130
non visse a lungo, egli che combatté con i numi celesti;

Flashback
Narrazione di un evento mitico collocato in un tempo anteriore

Licurgo, figlio del re di Tracia, aveva perseguitato le seguaci del dio Dioniso, le Baccanti, e aveva cacciato dalla Tracia lo stesso dio.

Ma s'adirarono contro di lui gli dèi che vivon giocondi,
e cieco il figlio di Crono lo rese; né a lungo
visse, poi ch'era in odio a tutti i numi immortali.   140
E dunque coi numi beati io non voglio combattere.
Se però sei mortale, di quelli che mangiano il frutto del campo,

---

119. Glauco: re dei Lici, popolo alleato dei Troiani. La Licia è un regione dell'Asia Minore.
– **il figlio di Tideo**: Diomede, eroe greco.
120. nel mezzo: nel mezzo del campo di battaglia. – **avidi di combattere**: desiderosi di scontrarsi tra loro.
122. potente nel grido: «dalla voce possente», espressione usata accanto al nome di Diomede per indicarne l'energia e la potenza fisica.
124. battaglia gloria dei forti: la battaglia procura onore ai combattenti valorosi.
126. asta ombra lunga: lancia la cui dimensione è dimostrata dalla lunghezza dell'ombra.
129. io non voglio ... celesti: si comprende il motivo per cui Diomede ha chiesto a Glauco chi egli sia: poiché non lo ha mai visto, teme che egli sia uno degli dèi (*numi celesti*). A volte, infatti, le divinità intervengono nel campo di battaglia sotto l'apparenza di esseri umani.
130-131. Ah no, ... celesti: inizia una breve narrazione mitica in forma di *flashback* che ha lo scopo di dimostrare quanto sia una sciagura sfidare gli dèi. Per fare un esempio di una tale sciagura, Diomede racconta in breve la storia di Licurgo, figlio del re della Tracia Driante, che aveva oltraggiato il dio Dioniso, ricevendo come punizione dagli dèi la cecità e la morte.
139. il figlio di Crono: Zeus.
142. che mangiano il frutto del campo: che si nutrono dei cibi coltivati nei campi. È un modo per indicare gli uomini, dato

Come leggere un testo... ... epico

avvicinati subito, che presto al confine di morte tu giunga!».
E parlò pure il figlio luminoso di Ippòloco:
«Tidide magnanimo, perché mi domandi la stirpe?   145
Come stirpi di foglie, cosí le stirpi degli uomini;
le foglie, alcune ne getta il vento a terra, altre la selva
fiorente le nutre al tempo di primavera;
cosí le stirpi degli uomini: nasce una, l'altra dilegua.
Se anche questo però vuoi sapere, per conoscerla bene   150
la stirpe mia, molti la sanno fra gli uomini.

◼ Glauco illustra la propria stirpe, soffermandosi sulle imprese del suo antenato Bellerofonte, il cui figlio Ippòloco era il padre dello stesso Glauco.

Flashback
Esposizione della discendenza di Glauco

Ippòloco generò me, d'esser suo figlio io dichiaro,
e m'inviò a Troia e molto e molto raccomandava,
ch'io sempre fossi fra gli altri il migliore e il piú bravo,
non facessi vergogna alla stirpe dei padri, che furono
fortissimi a Efira e nella vasta Licia.   210
Ecco la stirpe e il sangue di cui mi vanto d'essere».
Disse cosí, gioí Diomede potente nel grido,
piantò la lancia dentro la terra nutrice di molti,
e parlò con parole di miele al pastore d'eserciti:
«Ma dunque tu sei ospite ereditario e antico per me!   215

Flashback
Esposizione di eventi anteriori, che vedono gli antichi rapporti tra gli antenati di Diomede e quelli di Glauco

Oineo glorioso, una volta, Bellerofonte senza macchia
ospitò nel palazzo, lo tenne con sé venti giorni;
essi si fecero splendidi doni ospitali:
Oineo gli diede una fascia splendente di porpora,
Bellerofonte una coppa d'oro a due manici,   220
che io partendo nella mia casa ho lasciato.
Non rammento Tideo, perché tuttora in fasce
m'abbandonò, quando perí a Tebe l'esercito acheo.
Ed ecco, che un ospite grato ora per te, laggiú nell'Argolide

che gli dèi, invece, si nutrono di nettare e di ambrosia.
143. confine di morte: è un'espressione poetica per indicare «la morte»; talvolta incontriamo con lo stesso valore *la soglia della morte*.
145. Tidide: Glauco, osserviamo, conosce l'identità di Diomede, a cui si rivolge con l'aggettivo di *Tidide*, che equivale a «figlio di Tideo». – **magnanimo**: dal grande animo, dall'animo coraggioso. – **stirpe**: famiglia d'origine, discendenza.
146-149. Come stirpi ... dilegua: i versi contengono una digressione meditativa, formulata mediante una similitudine che accosta il ciclico avvicendarsi delle foglie sugli alberi con il susseguirsi

delle generazioni umane. La vita umana è fragile e transitoria come quella delle foglie e le generazioni degli uomini si succedono come le foglie: quelle che in autunno cadono in terra morendo sono sostituite da altre che spuntano sui rami in primavera. – **dilegua**: si estingue, finisce.
150-151. Se anche ... gli uomini: i due versi hanno la funzione di introdurre l'esposizione della genealogia di Glauco.
209. non facessi vergogna: non disonorassi la stirpe, non mi mostrassi indegno dei miei antenati.
210. Efira: antico nome di Corinto, città greca situata nella parte nord-orientale del Peloponneso. – **Licia**: la regione dell'Asia Minore di cui

Glauco è re.
213. piantò la lancia: piantando la lancia in terra Diomede compie un chiaro segno di rifiutarsi di scontrarsi con Glauco.
214. parole ... d'eserciti: sono due espressioni frequentemente usate come formule fisse nel linguaggio epico per esprimere il medesimo concetto; *parlare con parole di miele* esprime il concetto del «parlare con parole dolci e amichevoli»; l'epiteto *pastore d'eserciti* è usato per indicare un re che guida il suo esercito.
215. tu sei ... per me: Diomede ha riconosciuto il sacro e antico legame di ospitalità che lo lega a Glauco e che ha ricevuto in eredità dagli

antenati. Nei versi che seguiranno, Diomede illustra l'origine di questo legame.
216-217. Oineo ... palazzo: il rapporto di ospitalità nacque quando Oineo, padre di Tideo e quindi nonno di Diomede, ospitò nella propria dimora Bellerofonte, nonno di Glauco.
– **senza macchia**: onesto, retto, senza colpe.
219. fascia ... porpora: cintura del pregiato tessuto chiamato porpora.
222. tuttora: ancóra.
223. quando ... acheo: Tideo, il padre di Diomede, quando il figlio era ancora in fasce, aveva partecipato alla spedizione contro Tebe in cui aveva perso la vita. – **acheo**: greco.
224. grato: riconoscente, obbligato dal vincolo.

io sono, e tu nella Licia, quand'io giungessi a quel popolo;   225
dunque evitiamo l'asta l'un dell'altro anche in battaglia,
ché vi son per me molti Teucri, molti alleati gloriosi
da uccidere, quelli che manda un dio o che raggiungo correndo.
E anche per te molti Achei ci sono da uccidere, quelli che puoi.
E scambiamoci l'armi l'un l'altro; anche costoro   230
sappiano che ci vantiamo d'essere ospiti antichi».
Parlando cosí, balzarono giú dai cavalli,
e presero l'uno la mano dell'altro, si dettero fede.
A Glauco allora, però, Zeus Cronide levò il senno,
ché scambiò con Diomede Tidide armi d'oro   235
con armi di bronzo, cento buoi con nove buoi.

227. Teucri: altro nome con cui sono chiamati i Troiani (dal nome dell'antico re Teucro).
229. Achei: Greci. Al tempo della guerra di Troia i Greci definivano se stessi Achei.
230-231. anche ... antichi: che tutti gli altri guerrieri sappiano che siamo legati da un antico e sacro vincolo di ospitalità. Ciò allo scopo non solo di rendere ufficiale tale vincolo ma anche per giustificare il mancato duello.
232. dai cavalli: dai carri, tirati dai cavalli, su cui i capi andavano a battaglia.
233. si dettero fede: si promisero lealtà e fedeltà con una stretta di mano.
234. Zeus Cronide: Zeus, il re degli dèi, era figlio di Crono, e perciò detto anche *Cronide*.
235-236. scambiò ... nove buoi: Glauco dette a Diomede armi d'oro, del valore di cento buoi, in cambio di armi di bronzo, del valore di nove buoi.

Entriamo nel testo

La struttura del testo
Il brano presenta una certa complessità strutturale e l'alternanza di varie tipologie di temi; riconosciamo, infatti:
- il *racconto di base*, costituito dalle azioni compiute dai due protagonisti: essi si incontrano, dialogano tra loro, quindi si stringono la mano e si scambiano le armi;
- tre *digressioni narrative* (la cui ampiezza è stata da noi presentata in sintesi), che, in forma di *flashback*, contengono vicende accadute precedentemente: la storia mitica di Licurgo (vv. 130-140), la successione degli antenati di Glauco (vv. 152-210) e l'incontro tra Oineo e Bellerofonte (vv. 216-223);
- una *digressione meditativa* (vv. 146-149) sulla breve vita degli uomini, attribuita a Glauco.

La divisione in sequenze
Poiché le varie tipologie di temi nel racconto sono intrecciate, alcune delle sequenze del testo possono essere, a loro volta, suddivise in microsequenze.
Prima sequenza: *Glauco e Diomede si incontrano*. È una breve sequenza narrativa che presenta la situazione: i due combattenti si trovano di fronte e Diomede desidera dialogare con l'avversario.
Seconda sequenza: *Il discorso di Diomede*. Questa sequenza dialogica occupa venti versi e si articola in due modalità; il tema di base è la richiesta fatta da Diomede che l'avversario dichiari la sua identità. All'interno di questo discorso si apre una digressione in forma di *flashback* che costituisce una microsequenza. Infatti l'eroe, dichiarando che non vorrebbe combattere contro un dio, giustifica tale volontà con il racconto mitico dell'antico re Licurgo punito da Zeus per aver combattuto contro gli dèi.
Terza sequenza: *Il discorso di Glauco*. Questo discorso, che possiamo considerare come un'unica sequenza, può essere suddiviso in due microsequenze di diversa tipologia: la prima (vv. 145-151) è di natura riflessiva (Glauco considera che le stirpi umane sono fragili e passeggere come le foglie), la seconda (vv. 152-210) è narrativa e costituita da un *flashback*, relativo alla storia degli antenati di Glauco.
Quarta sequenza: *Il discorso di Diomede*. Questa sequenza dialogica si articola in tre

microsequenze: la prima (vv. 212-214) costituisce l'introduzione al discorso diretto di Diomede; la seconda (vv. 216-223) contiene un breve *flashback* in cui sono ricordati i rapporti di amicizia che avevano stretto tra loro Oineo e Bellerofonte, nonni di Diomede e Glauco; la terza (vv. 224-231) contiene l'esortazione di Diomede a Glauco affinché, grazie agli antichi rapporti che legano i loro antenati, evitino di combattersi e rinnovino l'antico vincolo.
Quinta sequenza: *Glauco e Diomede si scambiano le armi*. Sequenza narrativa (vv. 232-236) che segna la conclusione dell'episodio con lo scambio delle armi tra i due eroi.

Glauco e Diomede si scambiano le armi, pelike attica a figure rosse, 420 a.C. circa. Gela, Museo Archeologico Regionale.

 ## Esercizi

- **Comprensione**

1. Esegui per scritto la parafrasi del brano.
2. Perché Diomede prima di combattere chiede all'avversario il suo nome e la sua stirpe?
3. Con quale scopo Diomede introduce nel suo primo discorso la rievocazione della vicenda mitica di Licurgo?
4. Quale evento ha, nel passato, stabilito il vincolo di ospitalità tra Diomede e Glauco?
5. Come si chiamano il nonno e il padre di Glauco? E il nonno e il padre di Diomede?
6. Perché i due eroi si scambiano le armi?
7. Perché, al termine dell'episodio, il narratore afferma che Zeus levò il senno a Glauco (verso 234)?

- **Produzione**

8. Seguendo la divisione in sequenze, racconta con parole tue lo svolgimento di questo episodio.
9. Ricostruisci le vicende dell'amicizia e della reciproca ospitalità tra le due stirpi di Glauco e di Diomede ponendole in un naturale ordine di tempo, cioè iniziando con i due nonni, quindi i due padri, e infine i due nipoti, che la sorte fa incontrare in schieramenti avversari.

Il ritmo del racconto

Nella narrazione talvolta osserviamo che essa non procede con lo stesso ritmo: in alcuni momenti gli eventi vengono raccontati rapidamente, in poche frasi, su altri invece l'autore si sofferma piú a lungo, li narra in modo dettagliato, oppure inserisce descrizioni di luoghi e personaggi bloccando per un certo tempo la narrazione dei fatti; altre volte invece tralascia del tutto il racconto di determinate azioni che non gli sembrano importanti per lo sviluppo della vicenda. Pertanto, incontrando un'alterazione nel ritmo del racconto, potremo usare i seguenti termini specifici per indicare particolari modalità.

- **Sommario**: consiste nel raccontare in poco spazio avvenimenti che si sono svolti in un arco di tempo lungo (anni, mesi, giorni).
- **Narrazione rallentata**: è la tecnica opposta al sommario e si verifica quando viene raccontata minuziosamente un'azione che si svolge in tempi molto brevi oppure la riflessione di un personaggio, in modo da dilatare il tempo della narrazione. La narrazione rallentata si può riconoscere facilmente se, dopo aver diviso il testo in sequenze, si confronta lo spazio narrativo dedicato alle azioni o alle riflessioni del personaggio con il tempo reale in cui si suppone che esse si siano svolte.
- **Pausa**: sono cosí chiamate tutte le parti descrittive. L'autore, infatti, blocca la narrazione degli avvenimenti e si sofferma a descrivere un luogo, un personaggio, un oggetto o quant'altro; sul piano dei fatti non accade nulla, mentre il tempo del racconto ha una lunghezza variabile. Una pausa narrativa solitamente costituisce una sequenza descrittiva.
- **Scena**: vengono indicati con questo nome i dialoghi contenuti in un testo che riproducono esattamente le parole pronunciate dai personaggi. Gli studiosi indicano una scena costituita da dialoghi come «mimetica», che significa «che imita» (dal greco *mimèomai*, «imitare») per sottolineare che le frasi e le parole pronunciate vengono riprodotte esattamente.
- **Ellissi**: si verifica quando l'autore tralascia di narrare alcuni avvenimenti che si sono effettivamente svolti nella storia, o perché li considera scarsamente rilevanti per lo sviluppo della vicenda o perché preferisce che sia il lettore a immaginare ciò che è accaduto.

5.2 Il livello dei personaggi

I personaggi sono le colonne portanti del testo narrativo, perché permettono lo sviluppo dell'azione e determinano le diverse situazioni ponendosi in relazione fra loro. I poemi epici sono caratterizzati dalla presenza degli eroi, protagonisti di imprese eccezionali e tali da destare la meraviglia e l'ammirazione, ma anche da suscitare una forte partecipazione emotiva. Accanto agli eroi operano gli dèi, le cui caratteristiche e il cui modo di agire sono coerenti con la tradizione mitica consolidata.

La caratterizzazione e la presentazione dei personaggi

Ogni personaggio può essere descritto per le sue **caratteristiche**:

- **fisiche**: l'aspetto del volto e del corpo, la voce, l'abbigliamento e la pettinatura, il modo di muoversi e di avanzare ecc.;
- **morali**: il carattere, i sentimenti, lo stato d'animo, la mentalità, le opinioni sul mondo e sulla vita ecc.;
- **sociali**: la posizione occupata nel suo gruppo sociale, l'attività svolta, l'autorità in grado di esercitare oppure l'obbligo all'obbedienza ecc.

La **presentazione** di un personaggio può avvenire in piú modi:

- può essere fatta in modo diretto dal narratore, che ne descrive l'aspetto, il carattere, il ruolo sociale ecc.;
- può essere indiretta, cioè provenire dall'osservazione delle sue azioni, dei suoi discorsi e comportamenti che si rilevano nel corso dell'azione anche in momenti diversi;
- può emergere attraverso l'immagine che altri personaggi hanno di lui; in questi casi un personaggio può apparire differente a seconda del modo in cui gli altri lo vedono e giudicano.

I ruoli dei personaggi

Il ruolo di un personaggio si stabilisce in base alle sue relazioni rispetto agli altri personaggi. I ruoli principali che i personaggi possono ricoprire sono:

- **protagonista**: è il personaggio principale intorno a cui ruotano tutti gli eventi; nell'*Iliade* il protagonista fondamentale è Achille, nell'*Odissea* e nell'*Eneide* protagonisti sono rispettivamente Odisseo ed Enea;
- **antagonista**: si contrappone al protagonista e ne ostacola le azioni. Ad esempio, all'inizio dell'*Iliade*, Agamennone assume il ruolo di antagonista di Achille quando sorge un tremendo litigio tra i due, perché entrambi vogliono dimostrare un maggiore prestigio tra gli Achei; nell'*Odissea* il ruolo di antagonista è da ravvisare nei Proci, che Odisseo uccide per vendicare l'affronto da essi compiuto nei riguardi della moglie Penelope e della reggia intera; nell'*Eneide*, Turno è l'antagonista di Enea e lo affronta per impedirgli di diventare lo sposo di Lavinia; nei duelli il ruolo di antagonista è assunto dall'avversario dell'eroe protagonista;
- **aiutante**: propriamente amico del protagonista, contribuisce al buon esito delle imprese da questi compiute. Nei poemi epici spesso l'aiutante è una divinità che protegge l'eroe: nell'*Odissea* la dea Atena spesso guida e consiglia Odisseo; nell'*Eneide* la dea Venere, madre di Enea, costantemente sostiene e protegge l'eroe;
- **oppositore**: è nemico del protagonista, gli dimostra la sua ostilità in ogni occasione e crea difficoltà all'eroe per impedirgli di raggiungere il successo di un'impresa o la salvezza. Nei poemi epici l'oppositore è un personaggio potente o una divinità: ad esempio, nell'*Odissea* il dio Poseidone suscita una grande tempesta nel mare mentre Odisseo sta finalmente tornando nella sua patria, allo scopo di impedirgli la navigazione o di causare la sua morte; nell'*Eneide* la dea Giunone si adopera costantemente per impedire a Enea il compimento della sua missione di eroe.

5.3 Narratore e punto di vista

Nell'epica, come in tutti i testi narrativi, il racconto è affidato alla voce del **narratore**.
Nel testo epico possono essere presenti piú narratori che si collocano a livelli differenti: infatti, possiamo avere il narratore di primo grado e il narratore di secondo grado.

Il **narratore di primo grado** è colui che racconta l'intera storia. Nei poemi epici il narratore si identifica con l'autore, che può essere anonimo, come nell'*Epopea di Gilgamesh*, o conosciuto e determinato, come nell'*Eneide*, oppure convenzionale, come nel caso dell'*Iliade* e dell'*Odissea* che, nati da una lunga tradizione di poeti, sono attribuiti a Omero.
Il narratore dei poemi epici racconta i fatti in terza persona, non fa parte della vicenda ma ne conosce tutti gli aspetti, è al corrente dei pensieri dei personaggi, sa ciò che accade in

luoghi e tempi tra loro distanti; per questi motivi questo **narratore** è detto **onnisciente** (termine che significa «che sa tutte le cose»).
Un chiaro esempio di narratore onnisciente si rileva nel brano *Nella reggia di Itaca* (pag. 12), in cui sono presentati eventi che si svolgono in luoghi diversi (la sala del banchetto e le stanze di Penelope).

Il **narratore di secondo grado** viene introdotto dal narratore di primo grado e racconta una storia, piú o meno ampia, inserita in quella principale. Il narratore di secondo grado è sempre un personaggio, pertanto osserva e giudica attraverso i suoi occhi e la sua mente e racconta i fatti secondo il proprio punto di vista.
In questi casi si dice che il narratore è **interno**, o perché racconta vicende che lo riguardano direttamente e di cui è protagonista, o perché racconta fatti a cui ha assistito o che gli sono stati raccontati.
Nell'*Odissea* è un narratore di secondo grado Odisseo che racconta ad Alcinoo le sue vicissitudini; nell'*Eneide* Enea è narratore di secondo grado nella narrazione fatta a Didone della caduta di Troia e delle sue peripezie di viaggio.
Un esempio di narratore interno è presentato nel brano *L'incantesimo della maga Circe* (pag. 15), in cui il narratore di secondo grado Odisseo racconta, dopo averla appresa da loro, la disavventura dei suoi compagni, con partecipazione emotiva e ricostruendo tutte le tappe dell'inganno fatato.

Come il narratore dà la parola ai personaggi

Nei poemi epici generalmente il narratore dà la parola ai personaggi mediante il **discorso diretto**, per esprimere non solo le parole pronunciate ma anche i pensieri dei personaggi. Il discorso diretto, come sappiamo, consiste nel riportare le parole effettivamente pronunciate da uno o piú personaggi; è accompagnato da un verbo di comunicazione (*disse, rispose, pensò* ecc.) che solitamente serve a introdurre il discorso. Le parole pronunciate o pensate dal personaggio sono marcate, all'inizio e alla fine, dalle virgolette «...» oppure "..."

5.4 Lo stile dei poemi epici

La forma linguistica dei poemi epici classici come l'*Iliade*, l'*Odissea* e l'*Eneide* è caratterizzata da alcuni elementi ricorrenti e tipici di questo genere letterario.

- Il **linguaggio** è **elegante**, solenne ed elevato, privo di espressioni trasandate tipiche del linguaggio quotidiano; i poemi epici, infatti, furono considerati un genere artistico di livello alto, anche se conosciuto e diffuso tra tutta la popolazione.

- La **sintassi** è **poco complessa**: i periodi tendono alla brevità e in essi le proposizioni sono collegate preferibilmente mediante la coordinazione, mentre le proposizioni subordinate sono di modesta complessità; ciò rispecchia non solo gli antichi moduli espressivi, ma anche la necessità di facilitare la comprensione della struttura sintattica per coloro che ascoltavano l'esecuzione orale della narrazione epica.

- Si incontra un gran numero di **interi versi** o **mezzi versi ripetuti**; ciò costituisce la traccia della tradizione orale dell'antico testo epico: infatti, ripetere determinati versi per esprimere situazioni simili aiutava l'esecutore orale a tenere a memoria il testo.

- Ricorrono numerose **formule fisse**, cioè espressioni strutturate sempre allo stesso modo che vengono utilizzate per esprimere ogni volta il medesimo concetto. Ad esempio:

articolando la voce disse, oppure *diceva parole che volano*, per introdurre un discorso diretto;
quando sorse l'Aurora dalle dita di rosa, per indicare le prime luci del nuovo giorno.

L'uso di queste formule fisse, oltre ad agevolare la memoria dell'esecutore orale, contribuiva a rendere elegante e solenne lo stile della narrazione.

- Sono spesso usati **epiteti**, ovvero aggettivi, sostantivi o intere espressioni, che accompagnano i nomi propri di eroi o divinità non solo per indicarne una particolare caratteristica ma soprattutto per sottolineare in modo solenne l'importanza di questi personaggi. Ad esempio:

Achille dal piede veloce
Andromaca dalle bianche braccia
Apollo saettatore
Latona dalla bella chioma
Diomede potente nel grido.

Gli epiteti, inoltre, sono posti vicino a nomi comuni di uomini, luoghi o animali con funzione ornamentale (*rapide navi*, *navi ricurve*, *mare sonoro*).

- I nomi propri sono spesso accompagnati dal **patronimico**, cioè l'aggettivo derivato dal nome del padre; ad esempio:

Achille Pelíde, cioè Achille figlio di Peleo
Diomede Tidíde, cioè Diomede figlio di Tideo
Agamennone Atríde, cioè Agamennone figlio di Atreo
Zeus Cronìde, cioè Zeus figlio di Crono.

Pietro da Cortona, *Apollo*, XVI secolo. Roma, Villa Chigi.

5.5 Le similitudini omeriche

Quando uno scrittore vuole rendere più comprensibile e vivace un'idea, una situazione, un comportamento, ricorre spesso a dei paragoni mediante i quali accosta due realtà differenti e spesso assai lontane fra loro, che hanno, però, qualcosa in comune. Il paragone viene fatto sottolineando l'elemento somigliante, allo scopo di rendere più comprensibile o più efficace ciò di cui si parla. Infatti, delle due realtà messe a confronto, la prima, usualmente definita primo termine di paragone, è più difficile da rappresentare, perché è astratta o lontana dalle esperienze comuni, oppure perché esprime concetti complessi; la seconda, ovvero il secondo termine di paragone, utilizza immagini concrete e vicine alle esperienze comuni.

I paragoni sono assai frequenti in tutti i tipi di testi, letterari e non letterari; nella pratica quotidiana e nei testi non letterari sono solitamente semplici e snelli («correva *come un matto*»; «gli sta attaccata *come la vite a un albero*»), mentre nei testi letterari sono più ampi, soprattutto se intendono raggiungere anche uno scopo estetico. In questo caso prendono il nome di **similitudini**.

Nei **poemi omerici**, accanto a un gran numero di paragoni brevi (*come un leone*, *simile a un germoglio*, *simile a una fiamma*), si trovano molte similitudini ampie e complesse (se ne contano circa 200 nell'*Iliade*, soprattutto in descrizioni di battaglie, e circa 50 nell'*Odissea*), che rappresentano un aspetto tipico di questi testi perché nella letteratura greca non se ne incontrano quasi mai al di fuori del genere epico. In queste similitudini omeriche usualmente **prima viene espresso il secondo termine di paragone** (costituito dall'immagine descritta nella similitudine), introdotto da *come*, e viene dopo il primo termine (e cioè l'evento della narrazione difficile da descrivere in modo concreto) introdotto da *cosí*, *tale*, *ugualmente*, *nello stesso modo*.

Le similitudini omeriche occupano solitamente lo spazio di alcuni versi e sono costruite come un racconto in miniatura; ispirate al mondo reale e ad aspetti della natura, della vita quotidiana e delle attività umane, visualizzano una scena che viene paragonata per somiglianza alla scena rappresentata nella narrazione, creando un contatto tra il lontano passato eroico e le esperienze dirette e ben note al pubblico. Ecco alcuni esempi di similitudini omeriche.

I Troiani assalirono in massa e di fronte li conduceva
Ettore, pieno di furia, **come** dall'alto di una rupe rotola
un macigno, che un fiume torrenziale ha spinto giú,
infranti tutti gli ostacoli per la gran pioggia;
dalla cima vola rimbalzando; al suo passaggio
la selva risuona, ed esso precipita senza sosta
e senza ostacoli, fin che giunge nella pianura;
allora non rotola piú, nonostante il suo slancio;
cosí Ettore minacciava di giungere senza fatica al mare,
alle tende e alle navi degli Achei, facendone scempio;
ma quando si scontrò con le fitte falangi, si fermò,
malgrado il suo impeto.

Omero, *Iliade*, trad. di I. Biondi, G. D'Anna, Messina-Firenze, 2003, Libro XIII, vv. 136-146

In questo brano l'assalto dell'eroe troiano Ettore contro i Greci (qui chiamati *Achei*) viene paragonato a un macigno che rotola dall'alto di una rupe travolgendo tutto ciò che incontra. Esaminiamo in particolare gli aspetti che sono evidenziati tra i due termini che vengono accostati nel paragone.

Il macigno che rotola «secondo termine di paragone»	L'assalto di Ettore «primo termine di paragone»
• il macigno precipita dall'alto di una rupe, travolge senza fermarsi tutti gli ostacoli che incontra; • quando giunge in basso, il suolo piatto della pianura interrompe lo slancio del macigno, che si ferma.	• Ettore, pieno di furia e di energia, arriva combattendo fino alle tende e alle navi dei Greci uccidendo tutti i nemici che via via incontra; • quando si trova di fronte a un folto gruppo di nemici, è costretto a interrompere l'impeto del suo assalto e della sua corsa.

Osserviamo come nel testo la similitudine che descrive la caduta del macigno occupi uno spazio maggiore rispetto alla descrizione dell'assalto di Ettore; inoltre, la similitudine è arricchita di molti particolari descrittivi (come la gran pioggia che favorisce la caduta e il risuonare della selva), mentre l'assalto di Ettore è narrato nei suoi elementi fondamentali, con l'indicazione degli eventi senza l'aggiunta di descrizioni. Ciò spiega bene la funzione e lo scopo della similitudine: essa, con i suoi particolari descrittivi, vuole essere «la descrizione» dell'assalto di Ettore, rappresentata mediante il paragone con immagini concrete che raggiungono piú facilmente la mente e la fantasia dei destinatari del racconto.

Come leggere un testo... ... epico

Esaminiamo un altro esempio di similitudine omerica.

Come lupi divoratori di carne cruda, che hanno forza immensa
nel cuore, e che, abbattuto sui monti un cervo dalle alte corna,
lo sbranano; tutti hanno il muso rosso di sangue e in branco
si avviano verso l'acqua cupa di una sorgente, per lambirne
con lingue sottili la fosca superficie, ruttando grumi di sangue;
nel petto il cuore è intrepido e il ventre è satollo; **cosí**
i condottieri e i capi dei Mirmídoni si raccoglievano
intorno al valente scudiero di Achille piè veloce.

Omero, *Iliade*, trad. di I. Biondi, G. D'Anna, Messina-Firenze, 2003, Libro XVI, vv. 156-166

Anche questa similitudine occupa uno spazio narrativo molto maggiore rispetto all'evento a cui viene accostata. Qui la similitudine ha lo scopo di descrivere in modo indiretto, ma piú concreto e di efficace crudezza, l'immagine dei Mirmídoni (la schiera di militari che Achille ha portato con sé per combattere contro Troia) che, eseguendo l'ordine del loro condottiero, si raccolgono per combattere. L'ansia per la battaglia e la sete del sangue nemico, che caratterizza in questo momento lo stato d'animo dei Mirmídoni, viene descritta mediante il paragone con il comportamento dei lupi divoratori che, soddisfatti della preda e con il muso imbrattato di sangue, si affrettano verso le acque di una sorgente per saziare la propria sete.

Charles-Antoine Coypel, *La furia di Achille*, 1737. San Pietroburgo, Museo dell'Ermitage.

Come leggere un testo... ... epico

Per metterti alla prova

Omero
Telemaco riconosce Odisseo

• Omero, *Odissea*, trad. di R. Calzecchi Onesti, Einaudi, Torino, 1963, Libro XVI, 177-239

IN SINTESI: Siamo a Itaca, la patria di Odisseo. Dopo il suo lungo e avventuroso viaggio di ritorno da Troia, l'eroe è finalmente arrivato. È giunto solo, privo dei compagni; vi è stato condotto su una nave del re dell'isola dei Feaci, sulle cui coste Odisseo era stato sbattuto da una terribile tempesta.
La dea Atena, protettrice dell'eroe, lo ha trasformato nell'aspetto, mutandolo in un vecchio e misero mendicante, affinché non venga riconosciuto e non subisca qualche danno da persone nemiche.
Nella capanna in cui si è rifugiato presso un pastore che gli è rimasto fedele, Odisseo si è già incontrato con il figlio Telemaco (che aveva lasciato piccolo partendo per Troia), ma non si è ancora fatto riconoscere. Adesso, la dea Atena ritiene che egli debba rivelarsi a Telemaco e restituisce all'eroe il suo vero aspetto. L'episodio che leggiamo racconta il commovente riconoscimento tra padre e figlio, che insieme iniziano a preparare il modo di liberare la reggia dagli arroganti pretendenti.

Odisseo
nella capanna rientrò; senza fiato restò il figlio a vederlo,
distolse gli occhi, pauroso che si trattasse d'un nume,
180 e a lui rivolto disse parole fugaci:
«Ospite, ben diverso m'appari ora da prima:
hai altre vesti e non è uguale l'aspetto.
Tu sei un nume, di quelli che il cielo vasto possiedono.
Ah, síici propizio, che ti facciamo offerte gradite
185 e doni d'oro ben lavorato: rispàrmiaci!».
E gli rispose Odisseo costante, glorioso:
«Non sono un dio, no: perché m'assomigli agli eterni?
Il padre tuo sono, per cui singhiozzando,
soffri tanti dolori per le violenze dei príncipi».
190 Cosí dicendo baciò il figlio e per le guance
il pianto a terra scorreva: prima l'aveva frenato.
Telemaco – poiché non ancora credeva che fosse il padre –
gli disse di nuovo, rispondendo, parole:
«No, tu non sei Odisseo, non sei il padre mio, ma m'incanta
195 un nume perché io soffra e singhiozzi di piú.
Mai un mortale poteva far questo
con la sua sola mente, a meno che un dio,
senza fatica, a sua voglia venisse a farlo giovane o vecchio;
tu poco fa eri un vecchio e malamente vestivi,

---

178. rientrò: dopo che Atena, fuori della capanna, gli ha restituito il suo vero aspetto.
179. un nume: un dio.
184. síici: sii a noi.
185. risparmiaci!: non ci creare danno. Telemaco teme la potenza di quest'uomo che crede un dio.
187. m'assomigli agli eterni: mi attribuisci la somiglianza con gli dèi.
189. príncipi: i figli delle nobili famiglie di Itaca, i quali si comportavano in modo arrogante e prepotente nella reggia e volevano obbligare Penelope, che ritenevano vedova di Odisseo, a scegliere come nuovo marito uno di loro. Sono, dunque, i pretendenti, per liberarsi dei quali Odisseo dovrà usare le armi con l'aiuto di Telemaco.
194-195. m'incanta ... di piú: mi illude, mi inganna, per accrescere la mia sofferenza.
196. questo: una cosí rapida trasformazione dell'aspetto.
198. a sua voglia ... vecchio: intervenisse a trasformare qualcuno in un giovane o in un

Come leggere un testo... ... epico

200 e ora somigli agli dèi che il cielo vasto possiedono».
E ricambiandolo disse l'accorto Odisseo:
«Telemaco, non va che tu, avendo qui il caro padre tornato,
lo guardi stordito, con troppo stupore.
Un altro Odisseo non potrà mai venire,
205 perché son io, proprio io, che dopo aver tanto errato e sofferto,
arrivo dopo vent'anni alla terra dei padri.
E questa è azione d'Atena, la Predatrice,
che mi fa come vuole, e può farlo,
a volte simile a un mendicante, altre volte
210 a un uomo giovane, con belle vesti sul corpo:
facile ai numi, che il cielo vasto possiedono,
fare splendido o miserabile un uomo mortale».
E cosí detto sedeva: allora Telemaco,
stretto al suo nobile padre, singhiozzava piangendo.
215 A entrambi nacque dentro bisogno di pianto:
piangevano forte, piú fitto che uccelli, piú che aquile
marine o unghiuti avvoltoi, quando i piccoli
ruban loro i villani, prima che penne abbian l'ali:
cosí misero pianto sotto le ciglia versavano.
220 E certo calava il raggio del sole che ancora piangevano,
ma Telemaco a un tratto parlò al padre suo:
«Con quale nave, padre mio caro, i marinai
ti condussero in Itaca? e chi si vantavano d'essere?
a piedi non penso che tu potessi venirci!».
225 E gli rispose il costante Odisseo luminoso:
«Certo, creatura, ti dirò il vero:
m'han condotto i Feaci, navigatori gloriosi, che tutti
accompagnano gli uomini, chi arriva fra loro.
Addormentato nell'agile nave sul mare guidandomi,
230 mi deposero in Itaca, mi fecero splendidi doni
bronzo e oro e molte vesti tessute:
questi là nelle grotte stanno, per volere dei numi.
Poi venni qui, per consiglio d'Atena,
perché insieme facciamo piani di morte ai nemici.
235 Dimmi dunque a uno a uno i pretendenti, contandoli,
che sappia quanti e quali uomini sono:
poi, riflettendo nel mio cuore glorioso,
penserò se noi due potremo assalirli da soli,
senza l'aiuto altrui, o se cercheremo anche altri».

vecchio a proprio piacimento.
207. la Predatrice: uno degli epiteti che accompagnano il nome della dea Atena.
208. che mi fa: che mi trasforma.
211. facile: sottinteso è.
216. piú fitto: in modo piú intenso.
217. unghiuti: forniti di unghie o, meglio, artigli.
218. i villani: i contadini.
218. prima che penne abbian l'ali: prima che abbiano sviluppato le ali, e quindi piccoli e incapaci di volare.
220. E certo ... piangevano: e avrebbero pianto ininterrottamente fino al tramonto.
223. si vantavano d'essere: dichiaravano di essere; è l'espressione usata da Telemaco per chiedere chi essi fossero.
224. a piedi non penso che tu potessi venirci!: la definiremmo una «battuta», che dimostra come Telemaco si sia ormai rasserenato.
227-228. che tutti ... fra loro: è un'espressione con cui Odisseo dichiara apprezzamento per l'ospitalità e la generosità dei Feaci.
229. Addormentato: Odisseo si era addormentato sulla nave dei Feaci che lo conduceva a Itaca.
232. questi là nelle grotte stanno: i doni ricevuti (*questi*) si trovano nelle grotte dove al suo risveglio Odisseo li aveva nascosti.

Esercizi

- **Comprensione**

1. Esegui per scritto la parafrasi del brano.
2. Come viene descritta la prima reazione di Telemaco nel vedere Odisseo nel suo nuovo aspetto?
3. Perché Telemaco ha paura di trovarsi di fronte a un dio e non a un uomo?
4. Che cosa vuole dire Odisseo a Telemaco con le parole *Un altro Odisseo non potrà mai venire* (v. 204)?
5. L'aggettivo *misero* (v. 219) può, mantenendo lo stesso significato, essere sostituito con:
   a. povero;
   b. infelice;
   c. vergognoso.
6. Dopo che Telemaco si è convinto che suo padre è ritornato, quale informazione gli chiede?
7. Con quale espressione vengono definiti i Feaci?
8. Dopo aver abbracciato Telemaco e pianto assieme a lui, qual è la prima preoccupazione di Odisseo? A che cosa è rivolta la sua mente?
9. Quali aggettivi accompagnano, nel brano, il nome di Odisseo? Quali caratteristiche mettono in evidenza?
10. Analizzando il comportamento di Telemaco quali, tra le seguenti espressioni, ritieni di condividere?
    a. Telemaco è un giovane distratto e superficiale;
    b. Telemaco è un giovane prudente e timoroso degli dèi;
    c. Telemaco non desidera che il padre ritorni;
    d. Telemaco desidera che il padre ritorni ma teme che ciò non avvenga;
    e. Telemaco cede al pianto per la gioia di rivedere il padre.

- **Competenza testuale e produzione**

11. Fai la divisione del brano in sequenze e stabilisci il titolo di ognuna di esse.
12. Quale formula fissa viene usata nel verso 180? Che cosa significa?
13. Quale epiteto accompagna nel brano il nome della dea Atena?
14. I versi 216-219 contengono una similitudine. Spiega con le tue parole il significato che essa esprime mettendo in evidenza i due termini che vi vengono posti a confronto.
15. Nel brano i discorsi dei personaggi sono riportati mediante il discorso diretto oppure il discorso indiretto?
16. Seguendo la divisione in sequenze, racconta con parole tue lo svolgimento di questo episodio.

John Flaxman, *Odisseo e Telemaco*, 1793. Ilustrazione tratta dall'Odissea di Omero, edizione Mifflin & Co., Riverside Press, 1905.

Elementi fondamentali dei generi

Incontro con il testo...

... epico

Mito e testi sacri

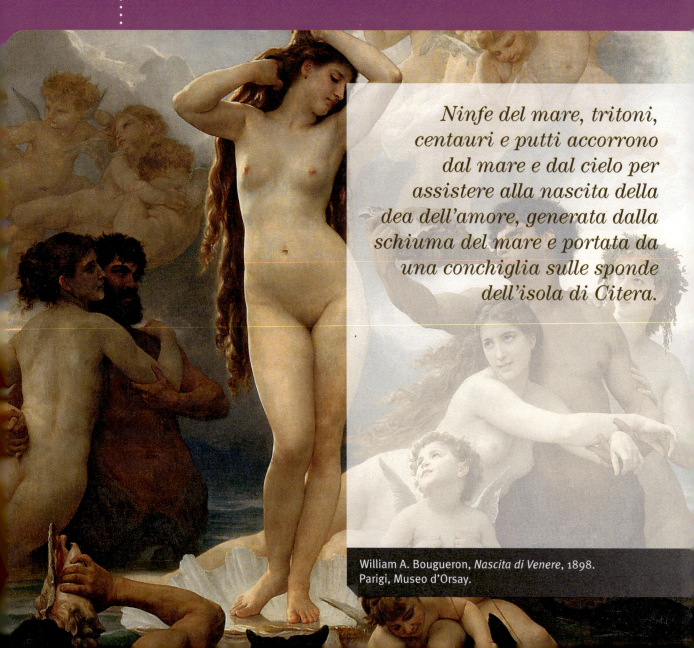

Ninfe del mare, tritoni, centauri e putti accorrono dal mare e dal cielo per assistere alla nascita della dea dell'amore, generata dalla schiuma del mare e portata da una conchiglia sulle sponde dell'isola di Citera.

William A. Bougueron, *Nascita di Venere*, 1898. Parigi, Museo d'Orsay.

Mito e testi sacri

In questa sezione:

- L'epopea di Gilgamesh
- La *Bibbia*
- Mitologia greca e latina

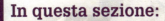

Le caratteristiche dei miti

1. Il mito si presenta come un **racconto venuto dalla notte dei tempi**; esso vive nelle menti degli esseri umani appartenenti a un gruppo sociale e viene tramandato grazie alla **memoria** e alla **trasmissione orale**.
2. Una narrazione mitologica non è **mai fissata in una forma definitiva**.
   Un mito può essere tramandato in diverse varianti che il narratore sceglie (a seconda delle circostanze, delle sue preferenze, del pubblico a cui si rivolge) e che egli stesso di volta in volta può modificare, aggiungendo o togliendo ciò che gli sembra necessario.
3. I miti contengono un **patrimonio di conoscenze, di precetti morali e di modelli di comportamento**.
   Essi offrono, in forma fantastica, una spiegazione del mondo o un concetto morale nato prima delle conoscenze scientifiche e delle elaborazioni razionali e filosofiche. I miti, inoltre, sono strettamente collegati con le credenze sugli dèi e sulla religione.
4. I miti possono essere **raggruppati** in base ad alcune **tematiche** fondamentali.
   Essi riguardano, infatti, l'**origine dell'universo** (miti «cosmogonici»: dal greco *kòsmos*, «l'universo, il cosmo», e *ghénos*, «generazione, origine»), l'**origine delle** diverse **divinità** (miti «teogonici»: dal greco *theòs*, «dio, divinità», e *ghénos*, «generazione, origine»), l'**origine** e il **destino dell'uomo** (detti miti «di origine»), l'**origine di un nome o di un'istituzione**, come un rito, un'usanza, una città, un tempio ecc. (miti «eziologici»: dal greco *àition*, «causa, origine»).
5. I miti **sono presenti in tutte le civiltà e hanno caratteristiche comuni**.
   I grandi miti, infatti, tendono a ripetersi in popolazioni esistite anche a grande distanza, come se esistessero modelli di pensiero comuni a tutta l'umanità. Le leggende greche, che costituiscono il patrimonio mitologico della cultura mediterranea, non sono l'unica e originale forma di mito, ma si apparentano ai racconti tradizionali di altri popoli appartenenti a culture ed epoche anche molto diverse, dal Vicino Oriente alla Cina, dall'America precolombiana all'Africa. Questo dimostra che dovunque gli uomini si sono posti le stesse domande, alle quali hanno dato risposte simili.
6. I miti **sono giunti a noi attraverso opere di diverso genere**.
   La mitologia mesopotamica, che è la più antica, ha prodotto l'*Epopea di Gilgamesh*. Il

patrimonio della mitologia greca è stato tramandato attraverso le opere letterarie piú importanti di ciascun genere (epica, tragedia, poesia, storia, filosofia), tra i quali i testi piú antichi sono sicuramente i poemi epici, l'*Iliade* e l'*Odissea*, che inizialmente furono trasmessi oralmente. Tuttavia, un mito si differenzia dalle altre forme di racconto: ad esempio, nell'antica Grecia il mito si differenzia dal *racconto storico* perché quest'ultimo si presenta come il resoconto preciso di avvenimenti abbastanza vicini nel tempo e tali da poter essere attestati da testimoni affidabili; si differenzia dal *racconto letterario* perché questo si presenta come pura finzione, è prodotto da un autore che non si propone l'intento di fornire una spiegazione del mondo e, una volta composto, rimane identico e non può subire modifiche.

La differenza tra mitologia e testi «sacri»

Abbiamo appreso che nelle epoche antiche gli uomini, per spiegare il problema delle origini del mondo e della vita umana, facevano ricorso a racconti nei quali attribuivano un'origine divina sia alle forze primordiali della natura sia agli eventi che scandivano la vita degli uomini.

Marc Chagall, *Il sacrificio di Isacco*, 1960-1966. Nizza, Musée National du Message Biblique «Marc Chagall».

Occorre però fare alcune distinzioni fondamentali, in modo da affrontare correttamente i testi che si trovano al confine tra mitologia, letteratura e religione.

Per prima cosa bisogna distinguere fra mitologia e testi sacri.

La **mitologia** è un insieme di racconti sulle origini del mondo e delle divinità che, nel tempo in cui furono elaborati, erano considerati sacri e veritieri, ma con il progredire degli studi scientifici e con l'affermarsi di nuove religioni hanno perso la loro sacralità e oggi vengono ritenuti per quello che effettivamente sono, cioè narrazioni del tutto fantastiche, anche se importanti sia sul piano culturale sia come testimonianze letterarie.

I **testi sacri**, invece, sono le opere che costituiscono il fondamento delle più importanti religioni monoteiste oggi praticate; essi sono ritenuti dai credenti direttamente ispirati o addirittura «dettati» da Dio e, oltre a contenere la narrazione delle origini del mondo e degli eventi religiosi più antichi, comunicano anche le prescrizioni di culto e le norme morali a cui i credenti devono attenersi.

Un'altra importante distinzione, strettamente connessa alla precedente, è quella fra religioni politeiste e monoteiste.

- Una **religione politeista** è basata sul culto di molte divinità. Sono politeisti (termine che deriva dal greco e significa «che credono in più divinità») i popoli che hanno creato inizialmente un complesso di divinità identificate con le primigenie forze naturali e intorno a queste hanno costruito i **miti**. Nelle narrazioni mitiche tutti gli aspetti della realtà vengono spiegati attraverso gli dèi e le loro vicende. Queste religioni sono spesso accompagnate da **riti**, cioè cerimonie religiose con preghiere, offerte e sacrifici, per «sollecitare» gli dèi a intervenire in favore degli uomini.
- Una **religione monoteista** è caratterizzata dalla credenza in una sola divinità. Sono **monoteisti** (termine derivante dal greco, «che credono in un solo dio») i popoli che hanno trovato risposta a tutte le proprie domande esistenziali in un solo Essere, unico, eterno e soprannaturale, che non può essere definito in termini umani né rappresentato. Nei tempi più remoti fu il **popolo ebraico** a considerarsi il «popolo eletto» di Jahwè, «colui che è», per il quale ogni cosa è stata creata e viene giustificata. Dalla religione ebraica presero le mosse altre due fondamentali religioni monoteiste, il **Cristianesimo** e l'**Islamismo**.

Le religioni e i miti delle origini ci sono stati tramandati attraverso testi antichissimi, talvolta ritrovati in maniera fortuita e spesso frammentari; i testi che raccolgono le storie mitologiche di antichi dèi ed eroi sono oggi solo delle testimonianze letterarie.

I testi sacri, invece, hanno per i credenti un importante significato religioso, oltre a farsi apprezzare per le loro qualità letterarie. Essi ricorrono a narrazioni che possono apparire fantastiche e talora richiamano i racconti mitologici; in realtà, però, tali contenuti vanno interpretati in chiave simbolica in quanto adombrano verità religiose. I testi sacri più importanti sono la *Bibbia* e il *Corano*.

La *Bibbia*, il «Libro dei libri», «Parola di Dio», è il libro sacro degli **ebrei** e dei **cristiani**, considerato come ispirato da Dio stesso, in circostanze e momenti diversi, a uomini (profeti, agiografi) usati come suoi strumenti. È un insieme di libri tra loro apparentati per origine e contenuto, il nome deriva dal plurale greco *tà biblía*, che significa appunto «i libri». Mentre però gli Ebrei riconoscono solo l'autorità del *Primo* (o *Antico*) *Testamento*, per i cristiani (sia cattolici che protestanti, pur con qualche differenza) il canone, cioè l'elenco dei libri accettati, ne comprende 47 del *Primo* e 27 del *Secondo* (o *Nuovo*) *Testamento*.

Per i seguaci dell'Islam, o **musulmani**, il libro sacro è il *Corano*, che essi ritengono dettato direttamente da Dio al profeta Maometto per mezzo dell'arcangelo Gabriele. Esso è diviso in capitoli o *sure*, ed è allo stesso tempo un codice religioso e la fonte principale del diritto per i popoli islamici.

L'epopea di Gilgamesh

L'autore

L'autore dell'*Epopea di Gilgamesh* non è definibile, perché l'opera è il frutto di una lunga e complessa tradizione.

L'opera

L'*Epopea di Gilgamesh* (il nome si legge con la *gh*- iniziale: «ghilgamesh») è il titolo che i moderni hanno attribuito all'ampia composizione letteraria che raccoglie e racconta in modo ordinato le varie avventure di Gilgamesh, eroe mitico.
Le vicende dell'eroe Gilgamesh furono oggetto di vari racconti indipendenti e separati, elaborati dai Sumeri, nella Mesopotamia meridionale, almeno a partire dall'inizio del III millennio a.C., trasmessi oralmente per generazioni e quindi organizzati in un unico racconto epico nel millennio successivo. Le redazioni scritte sono diverse e di differenti età: le prime sono babilonesi, risalenti al II millennio a.C., a cui seguirono quelle assire del II e del I millennio a.C. Il testo oggi considerato come definitivo utilizza come base una piú recente redazione assira con integrazioni dai vari frammenti rinvenuti.
Di quest'opera non possediamo testi scritti dai Sumeri, anche perché la maggior parte della tradizione piú antica fu trasmessa oralmente, tuttavia numerose illustrazioni artistiche dell'epoca riguardanti le imprese di Gilgamesh testimoniano quanto queste dovevano essere conosciute e diffuse. A noi sono giunte, invece, varie redazioni babilonesi e assire successive, composte tra il II e il I millennio a.C. dopo che i vari racconti erano stati fusi e organizzati in una storia omogenea e coerente. In seguito, l'*Epopea di Gilgamesh* costituí in tutto l'antico Medio Oriente un concreto punto di riferimento letterario, come dimostra il fatto che anche altri popoli, come gli Ittiti e i Khurriti, elaborarono narrazioni ispirate alle vicende dell'eroe sumero.

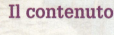

Il contenuto

L'*Epopea di Gilgamesh* racconta le vicende di Gilgamesh che, essendo re di Erech (altro nome della città sumera Uruk), opprime i suoi sudditi, sicché questi si rivolgono al dio Anu per ricevere aiuto. Il dio crea dall'argilla il fortissimo guerriero Enkidu, perché sia un antagonista di Gilgamesh e riesca a vincerlo nella lotta. I due eroi si scontrano, ma riconoscendo il rispettivo valore, diventano amici inseparabili e decidono di combattere insieme per raddrizzare i torti che vengono commessi nel paese. Per prima cosa, si dirigono contro il crudele mostro Humbaba, custode della foresta dei cedri, e lo distruggono con una dura lotta. Tornati da vincitori a Erech, devono scontrarsi con il toro celeste, che viene scatenato dalla dea Ishtar offesa con Gilgamesh perché da lui rifiutata nelle sue offerte d'amore; Ishtar, quindi, maledice Enkidu che ha dato il colpo mortale al toro. Per volere degli dèi, il destino di Enkidu è ormai segnato: una pesante malattia lo affligge e lo conduce inesorabilmente alla morte.
Gilgamesh è profondamente addolorato e colpito dalla perdita dell'amico, e comprende che il destino degli uomini è stabilito dagli dèi e che è impossibile sottrarsi alla morte.

Mito e testi sacri | **L'epopea di Gilgamesh**

Tuttavia non si dà per vinto e decide di andare in cerca del segreto dell'immortalità. Intraprende un lungo viaggio, che lo porta al giardino del dio Sole, posto ai confini della terra con gli Inferi, e custodito da esseri per metà uomini e per metà scorpioni. Il Sole esorta Gilgamesh a non cercare ciò che gli uomini non potranno mai avere; ma l'eroe prosegue nel suo percorso finché, giunto alla casa di Siduri, una dea che vive ai confini con l'oceano, viene da questa affidato al nocchiero delle acque della morte, che lo conduce con la sua barca all'isola in cui vive il vecchissimo Utnapishtim, l'unico essere umano a cui gli dèi hanno dato l'immortalità. Alla richiesta di conoscere il segreto della vita eterna, Utnapishtim gli racconta la storia del diluvio universale e aggiunge che egli ha raggiunto l'immortalità non per proprie virtù ma per dono degli dèi. Gilgamesh, sconfortato, si accinge al viaggio di ritorno, ma prima riceve dal vecchio l'invito a tuffarsi nel mare e raccogliere la pianta della gioventù, che regala anni di vita a chi la assaggia. Con questo dono, Gilgamesh prende la via di Erech, ma un serpente gli sottrae la pianta magica: così l'eroe rimane con la triste consapevolezza di essere destinato alla morte come tutti gli uomini.

Questa epopea costituisce un testo molto importante perché **rappresenta le caratteristiche sociali e spirituali della Mesopotamia dell'epoca** in cui il racconto ha preso vita; sono presenti i valori dell'amicizia, dell'eroismo senza debolezze o cedimenti e del desiderio di gloria, ma accanto emerge la malinconia per la sorte umana, limitata dal tempo e dalla morte. L'uomo mesopotamico è timoroso e rispettoso degli dèi, ma attribuisce loro solo la capacità di migliorare la vita; egli ha consapevolezza che l'individuo deve trarre la gioia e il significato esistenziale solo dal tempo in cui dura la vita. L'immagine della morte è accompagnata dalla solitudine e dal buio; non entra nella mentalità mesopotamica l'idea che dopo la morte possa esserci un'altra forma di esistenza positiva o una giustizia che assegni premi o punizioni per i comportamenti tenuti in vita. In questo contesto, la ricerca di Gilgamesh del segreto della vita eterna appare come rappresentativa dello spirito dell'uomo mesopotamico antico, insieme alla desolazione per la consapevolezza che non è possibile fermare il corso degli anni della vita e la gioventù.

Il brano che proponiamo costituisce la parte iniziale dell'epopea. Esso è tratto da una edizione moderna, redatta dallo studioso anglo-statunitense Theodor Gaster al fine di offrire una struttura narrativa in un linguaggio di facile comprensione; il testo è tuttavia attendibile e rigorosamente fondato sugli antichi testi pervenuti, costituiti da varie tavolette di argilla e scritti nei caratteri cuneiformi mesopotamici.

Vaso rituale da Uruk, seconda metà del IV millennio a.C. Baghdad, Iraq Museum.

Anonimo
L'amicizia degli eroi

• Th. H. Gaster, *Le avventure di Gilgamesh*, in *Le piú antiche storie del mondo*, trad. di N. Coppini, Einaudi, Torino, 1960

IN SINTESI: Gli dèi creano un essere mostruoso, Enkidu, per frenare la prepotenza del re Gilgamesh, ma inizialmente sono i cacciatori e i contadini a subire il danno. Il re consiglia un espediente per liberare la campagna dalle incursioni del mostro: questi, dopo aver acquisito comportamenti piú umani, si reca nella città per sfidare e abbattere Gilgamesh e la sua arroganza. I due forti esseri si scontrano a duello, finché riconoscono il reciproco valore e decidono di diventare amici.

---

1. Erech: altro nome con cui nelle tradizioni viene chiamata Uruk, antichissima città dei Sumeri situata nella Mesopotamia meridionale.
2. Il Signore del cielo: Anu, che tra le divinità mesopotamiche occupa un posto importante come dio del cielo.
3. Aruru: questa dea è il simbolo della dea madre, alla quale veniva attribuita la facoltà di creare gli uomini, nello stesso modo in cui la madre genera i figli.

C'era una volta nella città di Erech[1] un essere grande e terribile che aveva nome Gilgamesh. Per due terzi egli era divino, e solo per un terzo era umano. Era il piú potente guerriero di tutto l'Oriente; nessuno poteva uguagliarlo nel combattimento, nessuno poteva vincerlo con la lancia. L'intera popolazione di Erech era dominata dal suo potere e dalla sua forza; egli governava gli abitanti con mano di ferro, prendendo tutti i giovani al suo servizio e facendo sua ogni donna che desiderava.

Alla fine, gli abitanti di Erech, non potendo piú oltre sopportare le sue sopraffazioni, implorarono aiuto dal cielo. Il Signore del cielo[2] intese la loro preghiera e chiamò la dea Aruru[3], quella stessa dea che nei tempi antichi aveva plasmato l'uomo dall'argilla.

– Vai, – disse il Signore del cielo, – e plasma dall'argilla un essere che abbia la stessa forza di questo tiranno, affinché lo combatta e lo vinca, e liberi la popolazione di Erech dal suo dominio.

Udite tali parole, la dea si inumidí le mani e, presa dell'argilla dal suolo, la impastò, dandole la forma di una mostruosa creatura, alla quale impose il nome di Enkidu.

Fiero e violento era Enkidu, come il dio della battaglia, e l'intero suo corpo era coperto di pelo. Aveva trecce lunghe come quelle di una donna, e andava vestito di pelli. Trascorreva le giornate vagando per la campagna insieme con gli animali, e come questi si nutriva di erbe selvatiche e si dissetava all'acqua dei ruscelli.

Ma nessuno ancora ad Erech sapeva della sua esistenza.

Un giorno, un cacciatore che era andato a posare delle trappole, scorse la strana creatura che, accanto alle

Gilgamesh atterra una coppia di leoni, disco del VII secolo a.C. Teheran, Museo Nazionale.

mandrie, si dissetava a una sorgente. Al solo vederla, il cacciatore impallidí dallo spavento. Con il volto teso e contratto e con il cuore in tumulto, si precipitò verso casa terrorizzato, gridando di paura.

Il giorno seguente, il cacciatore ritornò nei campi, per continuare il suo
35 lavoro, e trovò che tutte le fosse che aveva scavato erano state nuovamente riempite di terra e tutti i lacci che aveva teso erano stati strappati, ed ecco che lí c'era lo stesso Enkidu, intento a liberare gli animali caduti nelle trappole!

Al terzo giorno, l'incidente si ripeté ancora; allora il cacciatore andò a do-
40 mandar consiglio a suo padre, e questi gli suggerí di andare ad Erech e di riferire il fatto a Gilgamesh.

Quando Gilgamesh udí quanto era accaduto e apprese l'esistenza della selvaggia creatura che ostacolava i lavori dei suoi sudditi, ordinò al cacciatore di trovare una ragazza di strada e di condurla seco al luogo ove le mandrie
45 andavano ad abbeverarsi. Quando Enkidu fosse giunto sul posto in cerca di acqua, la ragazza avrebbe dovuto spogliarsi delle sue vesti e sedurlo con le sue grazie. Non appena egli le si fosse avvicinato per stringerla a sé, gli animali avrebbero compreso che Enkidu non apparteneva alla loro razza e lo avrebbero immediatamente abbandonato[4]. Cosí sarebbe stato
50 forzatamente spinto nel mondo degli uomini, e sarebbe stato costretto a rinunciare alle sue abitudini selvagge.

Il cacciatore fece quanto gli era stato ordinato e, dopo un viaggio di tre giorni, giunse con la ragazza al luogo nel quale le mandrie andavano ad abbeverarsi. Per due giorni, essi attesero. Al terzo giorno, la strana creatura
55 selvaggia venne con le mandrie in cerca di acqua. Non appena la ragazza lo scorse, gli si rivelò in tutte le sue grazie. Il mostro, incantato e rapito, l'attirò a sé e la strinse in un abbraccio appassionato.

Per una settimana intera egli si accompagnò a lei, fino a quando, stanco di lei, si accinse a raggiungere nuovamente le mandrie. Ma cervi e gazzelle
60 non lo riconobbero piú per uno dei loro e al suo avvicinarsi si spaventarono e rapidi si diedero alla fuga. Enkidu tentò di inseguirli, ma, durante la corsa, sentí le gambe mancargli e le membra intorpidirsi, e d'improvviso comprese di non essere piú un animale, ma di essere divenuto un uomo.

Stanco e senza fiato, tornò dalla ragazza. Ma ormai l'essere che sedeva ai
65 piedi della donna era mutato, e la guardava fisso negli occhi, intento a ogni sua parola.

Dopo poco, la ragazza si volse verso di lui.

– Enkidu, – disse dolcemente, – sei divenuto bello come un dio. Perché vuoi continuare a errare in compagnia degli animali? Suvvia, vieni con me,
70 che io ti condurrò a Erech, la grande città degli uomini. Io ti condurrò al tempio sfavillante, dove il dio e la dea seggono sul loro trono. È lí, appunto, che Gilgamesh infuria come un toro, tenendo tutti gli abitanti sotto il suo ferreo dominio.

A tali parole, Enkidu fu preso da una grande gioia. Ormai, infatti, non era
75 piú come una bestia selvaggia, e desiderava la compagnia degli uomini.

– Guidami, – egli disse, – alla città di Erech, al tempio sfavillante del dio e della dea. In quanto a Gilgamesh e al suo crudele dominio, io muterò ben presto questo stato di cose. Io lo provocherò e lo sfiderò, e gli mostrerò, una volta per tutte, che i giovanotti campagnoli non sono degli imbecilli!

80 Era la vigilia dell'Anno Nuovo, quando raggiunsero la città. I festeggiamen-

4. gli animali ... abbandonato: se Enkidu mostra di comportarsi come gli esseri umani lasciandosi allettare dalla fanciulla, dimostrerà agli animali selvatici di essere diverso da loro; quindi lo stratagemma suggerito da Gilgamesh ha lo scopo di isolare Enkidu creando una barriera tra lui e gli animali.

5. la parte ... con la dea: apparteneva ai piú sacri riti previsti nella religiosità mesopotamica l'annuale unione del re con la piú alta sacerdotessa, allo scopo di ricevere dagli dèi il rinnovamento della regalità e della saggezza.

6. Aveva sognato ... amico: nelle società antiche si dava grande importanza ai sogni; infatti gli uomini antichi ritenevano che i sogni fossero inviati dagli dèi per indicare la loro volontà o per dare premonizioni sul futuro. Erano, quindi, molto stimate le persone che possedevano la capacità, come la madre di Gilgamesh, di interpretare i significati dei sogni.

ti erano al culmine, e il momento era giunto in cui il re doveva dirigersi al tempio, per rappresentarvi la parte dello sposo, che si unisce in sacro matrimonio con la dea[5]. Le strade erano addobbate di allegri festoni e ovunque le grida dei giovani festanti salivano nell'aria, impedendo il sonno ai piú anziani. Improvvisamente, al di sopra del fragore e del chiasso, si udí un suono di tintinnanti cembali e la debole eco di flauti lontani. Il suono si faceva sempre piú forte e piú vicino, fino a quando, infine, la grande processione apparve a una svolta della strada: Gilgamesh ne era la figura centrale. La processione si aprí un passaggio lungo la strada e nel cortile del tempio. Poi si fermò, e Gilgamesh si fece avanti.

Ma, proprio mentre era sul punto di entrare nel tempio, un movimento improvviso si fece nella folla, e poco dopo Enkidu fu visto ergersi dinanzi alla porta scintillante, lanciando la sua sfida e sbarrando il passaggio col piede. La folla arretrò stupita, ma al suo stupore si accompagnava un segreto senso di sollievo.

– Ora finalmente, – sussurrava ciascuno al suo vicino, – Gilgamesh ha trovato un avversario degno di lui. Guardate, costui è il suo stesso ritratto! Forse un poco piú basso, ma forte ugualmente, poiché ha succhiato il latte degli animali selvaggi. Finalmente vedremo delle novità a Erech!

Gilgamesh, tuttavia, non provò nessuna sorpresa: infatti, già in sogno gli era stato rivelato quanto stava maturando. Aveva sognato di trovarsi sotto alle stelle, quando improvvisamente dal cielo cadeva sopra di lui un grosso macigno, che egli non riusciva a rimuovere. E poi, aveva sognato che una gigantesca, misteriosa ascia veniva improvvisamente scagliata nel centro della città, e nessuno sapeva donde venisse. Gilgamesh aveva riferito tali sogni alla madre, ed essa gli aveva spiegato come questi presagissero la venuta di un uomo potente, al quale egli non avrebbe saputo resistere, ma che, passato qualche tempo, sarebbe divenuto il suo migliore e piú intimo amico[6].

Gilgamesh avanzò dunque verso il suo avversario e, dopo pochi istanti, eccoli entrambi avvinghiati nella lotta, impetuosi e selvaggi come tori. Alla fine, Gilgamesh si abbatté al suolo e comprese di aver trovato il suo degno avversario.

Ma Enkidu era altrettanto generoso quanto forte; comprese subito che il suo avversario non era soltanto un millantatore e un tiranno, come gli si era voluto far credere, ma che era un valoroso e fiero guerriero, il quale aveva coraggiosamente accettato la sua sfida, senza indietreggiare di fronte al combattimento.

– Gilgamesh, – egli disse, – mi hai dato chiara prova di essere stato generato da una dea; il cielo stesso ti ha posto sul trono. Non sarò dunque piú tuo nemico. Stringiamo piuttosto un patto di amicizia.

E, rialzatolo da terra, lo abbracciò.

Mito e testi sacri | L'epopea di Gilgamesh

Entriamo nel testo

La struttura del testo
Il brano si compone di tre macrosequenze.
- **Prima macrosequenza**: la presentazione di Gilgamesh e la creazione del mostro Enkidu per volere divino. In essa si alternano sequenze descrittive (presentazione di Gilgamesh e descrizione di Enkidu) con sequenze narrative, che espongono le prime azioni da cui trae origine la vicenda.
- **Seconda macrosequenza**: la trasformazione di Enkidu da mostro selvaggio a essere umano. È composta di sequenze narrative che propongono gli eventi in ordine progressivo: prima le lamentele dei cacciatori, poi il suggerimento di Gilgamesh, quindi l'intervento della donna che alletta Enkidu, infine la decisione di abbandonare la vita selvatica recandosi in città.
- **Terza macrosequenza**: lo scontro e l'amicizia tra Gilgamesh ed Enkidu. È composta di sequenze narrative in cui è inserito un breve *flashback*, in cui è narrato il sogno precedentemente fatto da Gilgamesh.

I temi del racconto
L'*Epopea di Gilgamesh* è il piú antico poema epico-eroico che si conosca ed è universalmente considerato un testo molto importante per la sua complessità e ampiezza, per la ricchezza dei nuclei narrativi e dei simboli che confluiscono in varie forme in tutte le letterature dell'Antico Oriente. Questo brano costituisce l'inizio dell'opera e racconta gli eventi da cui prendono origine le imprese avventurose degli eroi mesopotamici; tutte le vicende ruoteranno intorno al re Gilgamesh, dal suo vigore straordinario ma funesto per i cittadini di Uruk, dallo scontro con il mostruoso Enkidu, creato per distruggerlo e poi divenuto suo amico e compagno di eccezionali imprese, fino alla morte di Enkidu e alla ricerca del modo per superare la morte.

Sebbene questo poema sia una narrazione piú breve rispetto alle composizioni epiche che furono successivamente prodotte soprattutto nel mondo greco, esso rappresenta la complessità delle concezioni delle popolazioni semitiche che l'hanno creato; l'*Epopea di Gilgamesh* da un lato raffigura l'ideale eroico, basato sulla forza e sull'energia interiore, ma soprattutto affronta le questioni piú profonde della vita umana e della morte.

Alla figura di Gilgamesh, eroe cittadino, duro e bellicoso ma anche promotore di civiltà e protagonista di elaborati riti sacri, viene contrapposto dagli dèi un essere primordiale e selvatico, che freni i lati peggiori del re. Lo scontro fisico è tremendo, ma si risolve non con la sconfitta e la morte di uno dei due, ma con il riconoscimento reciproco del valore; strana fine, per un duello eroico, ma tale da rappresentare un altro valore, quello dell'amicizia destinata a durare per tutta la vita. Un nuovo sentimento ha fatto breccia nell'animo del violento re, che insieme a Enkidu decide di dedicarsi solo a imprese benefiche per il proprio popolo; la volontà degli dèi è stata esaudita e il nuovo Gilgamesh è pronto per affrontare in modo diverso le nuove imprese e le domande sul significato della vita.

Esercizi

■ **Comprensione**

1. Per ciascuna delle tre macrosequenze che caratterizzano la struttura del testo fa' la divisione in sequenze, indicando l'argomento di ognuna di esse.
2. Come viene descritto Gilgamesh, il protagonista del mito? Quali sue caratteristiche vengono messe in evidenza? Quali suoi comportamenti fanno indignare gli abitanti di Erech? Quale tempo verbale viene utilizzato per la descrizione dell'eroe?
3. Al termine della descrizione di Gilgamesh, l'espressione *Alla fine* (riga 8) segna l'inizio degli eventi da cui si sviluppa la storia: quali sono i personaggi che intervengono e compiono le azioni? Quale tempo verbale viene usato?

4. Come viene descritto Enkidu? Viene descritto maggiormente nel suo aspetto fisico o nei suoi comportamenti? Quale tempo verbale viene utilizzato?

5. In quale momento e perché Enkidu si accorge di essere piú simile agli uomini che alle bestie selvagge?

6. Per quale motivo e con quale scopo Enkidu si reca in città?

7. Qual è il sogno fatto da Gilgamesh e quale interpretazione ne dà la madre?

8. Al termine del loro duello, quali sentimenti prova ciascuno dei due contendenti nei riguardi dell'avversario?

- **Interpretazione**

9. Per quali aspetti si differenziano i due personaggi Gilgamesh ed Enkidu? Hanno qualcosa in comune?

10. Per quale motivo Enkidu liberava gli animali caduti nelle trappole?

11. L'abbandono da parte di Enkidu della sua natura ferina e selvaggia, che rappresenta il processo di umanizzazione degli esseri viventi, è stato astutamente programmato da Gilgamesh: in che cosa consisteva questo piano? Perché, secondo te, è risultato efficace?

12. Secondo te, il piano di Gilgamesh prevedeva la venuta di Enkidu in città per sfidarlo? Oppure mirava a rendere il mostro meno nocivo e pericoloso per i cacciatori?

13. Il mostro Enkidu è stato oggetto di due diversi progetti, uno da parte degli dèi, uno da parte di Gilgamesh: quale dei due è stato pienamente realizzato?

14. Alla fine del brano Enkidu manifesta caratteristiche pienamente umane: quali sono queste caratteristiche? Quali sentimenti dimostra?

- **Competenza semantica**

15. Il verbo *plasmare* (riga 11) significa propriamente:

    a. inventare una cosa nuova e precedentemente inesistente;
    b. imitare e copiare i comportamenti degli altri;
    c. dare una forma definita a un materiale.

16. Il termine *millantatore* (riga 116) indica un uomo che:

    a. si vanta di qualità superiori a quelle che possiede realmente;
    b. si comporta con prepotenza e durezza;
    c. teme di perdere il proprio potere.

- **Produzione e confronto**

17. Nelle righe 46-52 (*Quando Enkidu... abitudini selvagge*) il narratore utilizza i modi congiuntivo (*fosse giunto*, *si fosse avvicinato*), e condizionale (*avrebbe dovuto*, *avrebbero compreso*, *avrebbero abbandonato*, *sarebbe stato spinto*, *sarebbe stato costretto*); ciò accade perché riporta il discorso pronunciato da Gilgamesh in maniera indiretta. Trasformalo in discorso diretto, iniziando con «Gilgamesh disse:» e ponendo il discorso tra virgolette.

18. Scrivi un riassunto del brano, mettendo in evidenza gli elementi che ti sembrano piú importanti per lo svolgimento della storia.

Mito e testi sacri | L'epopea di Gilgamesh

Anonimo
La ricerca della vita eterna

• Th. H. Gaster, *Le avventure di Gilgamesh*, op. cit.

IN SINTESI: Gilgamesh ed Enkidu, divenuti amici, affrontano insieme avventure e duri scontri nell'intento di liberare il paese dalle paure e dalle ingiustizie: è un'alleanza tra due forti eroi che sembra inattaccabile anche dalle sventure. Ma una dea, irata con Gilgamesh, si vendica privandolo dell'amico: Enkidu cade in una malattia inspiegabile ma implacabile fino all'esaurimento totale e alla morte.
Il re non si dà pace, comincia a meditare sulla vita e sulla morte e decide di scoprire il segreto della vita eterna; si reca perciò in cerca del vecchio Utnapishtim a cui gli dèi hanno dato l'immortalità. Dopo un viaggio lungo e avventuroso, giunto all'isola di Utnapishtim, apprende che è impossibile per gli esseri umani acquisire la vita eterna. Prima della sua partenza Gilgamesh come consolazione riceve da Utnapishtim le indicazioni per raccogliere la pianta della gioventú, ma, durante il viaggio di ritorno, un serpente ruba il magico ramo: l'eroe comprende, allora, che gli esseri umani non possono né avere la vita eterna né conservare la giovinezza.

Correva fama che in un'isola, ai remoti confini della terra, vivesse l'unico mortale che era sempre sfuggito alla morte, un vecchio, vecchissimo uomo, il cui nome era Utnapishtim. Gilgamesh decise di andarlo a visitare, per apprendere da lui il segreto della vita eterna.

5 Non appena sorse il sole, Gilgamesh si mise dunque in viaggio, e finalmente, dopo aver percorso una lunga strada, giunse alla fine del mondo e vide dinanzi a sé un'alta montagna, le cui due vette toccavano il cielo, e le cui radici arrivavano fino agli Inferi. Davanti alla montagna, era un massiccio cancello, e il cancello era difeso da creature spaventose e terribili, mezze
10 uomini e mezze scorpioni.

Per un attimo, Gilgamesh esitò e riparò i suoi occhi dal loro orribile sguardo. Poi si riprese, e avanzò coraggiosamente per affrontarle.

Quando i mostri videro che l'eroe non aveva alcun timore, e quando scorsero la bellezza della sua persona, subito compresero che di fronte ad essi
15 non stava un comune mortale. Cionondimeno[1], essi gli impedirono il passaggio, e domandarono la ragione della sua venuta.

Gilgamesh disse loro di voler andare da Utnapishtim, per apprendere il segreto della vita eterna.

– Questa, – rispose il loro capo, – è una cosa che nessuno ha mai appreso;
20 né alcun mortale ha mai potuto raggiungere questo saggio che non ha età. Infatti, il sentiero del quale stiamo a difesa, è il sentiero del Sole[2], una oscura galleria lunga dodici leghe, una strada che il piede dell'uomo non può calpestare.

– Fosse essa anche piú lunga e piú oscura, – replicò l'eroe, – fossero i peri-
25 coli e le pene anche piú ardui, fosse il calore anche piú intenso e il freddo piú pungente, io sono deciso a calpestarla!

Al suono di quelle parole, le sentinelle compresero che stava di fronte a loro un essere superiore ai mortali, e immediatamente aprirono il cancello. Con coraggio e ardire, Gilgamesh entrò nella galleria; ma ad ogni passo la
30 strada si faceva piú oscura, finché alla fine l'eroe non poté piú distinguere nulla, né davanti né dietro a sé. Cionondimeno, continuò ad avanzare, e proprio mentre cominciava a pensare che la strada non avrebbe mai avuto

---

1. Ciononodimeno: avverbio con funzione di connettivo testuale; equivale a «nonostante ciò».

2. Sole: il nome sumero del dio era Utu, ritenuto una delle piú importanti divinità nonché il capostipite della dinastia reale di Uruk, a cui apparteneva Gilgamesh. In seguito, le popolazioni semite che abitarono la Mesopotamia dettero a questo dio il nome di Shamash, continuando ad attribuirgli le medesime caratteristiche e a considerarlo, come i Sumeri, una delle piú importanti divinità.

fine, un alito di vento gli sfiorò il volto, e un sottile raggio di luce traversò le tenebre.

Quando uscí alla luce del sole, una vista meravigliosa si offrí al suo sguardo: si trovava nel mezzo di un giardino incantato, dagli alberi del quale pendevano pietre preziose. E mentre li contemplava rapito, la voce del dio del Sole pervenne dal cielo alle sue orecchie.

– Gilgamesh, – disse la voce, – non avanzare oltre. Questo è il giardino delle Delizie. Trattieniti qui un poco, e godi di queste bellezze. Mai, prima di ora, gli dèi hanno concesso a un mortale cosí grande favore, e non puoi sperare di piú. La vita eterna, che tu vai cercando, non riuscirai mai a trovarla.

Ma neppure queste parole poterono distogliere l'eroe dal suo proposito, e lasciandosi dietro il paradiso terrestre, proseguí nel suo viaggio.

Era molto affaticato e stanco, quando giunse in vista di una casa, che sembrava essere una locanda. Avanzò lentamente verso di essa, e avrebbe voluto entrarvi.

Ma la locandiera, il cui nome era Siduri, aveva scorto da lontano Gilgamesh che si avvicinava e, giudicando dal suo aspetto trasandato che egli fosse un qualsiasi vagabondo, aveva dato ordine di chiudergli la porta in faccia. Gilgamesh, dapprima offeso, minacciò di abbattere la porta, ma quando la donna si affacciò alla finestra per spiegargli il motivo del suo timore, la collera lo abbandonò, e si affrettò a rassicurare la locandiera, spiegandole chi egli era e la ragione del suo viaggio e del suo aspetto trasandato. Allora ella gli aprí la porta e gli diede il benvenuto.

Piú tardi, a sera, Gilgamesh e la locandiera cominciarono a discorrere e quest'ultima cercò di dissuadere l'eroe dal suo proposito.

– Gilgamesh, – ella disse, – ciò che tu cerchi, non lo troverai mai. Infatti, allorché gli dèi crearono l'uomo, a lui dettero la morte, e tennero per sé la vita eterna. Perciò, godi di quanto ti è concesso: mangia, bevi, sii allegro; è per questo che sei nato!

Ma neppure questa volta l'eroe si lasciò persuadere, e subito si informò dalla locandiera del cammino per raggiungere Utnapishtim.

– Egli vive, – rispose la donna, – in una remota isola, e per raggiungerla devi attraversare un oceano. Ma questo oceano, è l'oceano della morte, e nessun essere vivente vi ha mai navigato. Però si trova ora qui, in questa locanda, un uomo, che ha nome Urshanabi. Egli è il nocchiero del vecchio saggio ed è venuto qui per una faccenda: forse puoi indurlo a trasportarti sull'isola.

Cosí la locandiera presentò Gilgamesh al nocchiero, che accettò di trasportarlo sull'isola.

– Però, – egli disse, – vi è una condizione. Le tue mani non dovranno mai toccare le acque della morte[3], e quando in esse avrai immerso una volta il tuo remo, dovrai

Gilgamesh con leoncino in braccio, fine dell'VIII secolo a.C. Parigi, Museo del Louvre.

Mito e testi sacri · L'epopea di Gilgamesh

subito gettarlo via e usarne un altro, perché neppure una goccia d'acqua
85 cada sulle tue dita. Perciò, prendi l'ascia e taglia sei ventine[4] di remi. Infatti, il viaggio è lungo, e ne avrai bisogno.
Gilgamesh fece quanto gli era stato detto, e in breve tempo allestirono la barca e presero il mare.
Ma, dopo alcuni giorni di navigazione, i remi vennero a mancare, e i due
90 compagni avrebbero sicuramente fatto naufragio, se Gilgamesh non avesse lacerato la sua camicia, issandola come vela.

Nel frattempo, Utnapishtim sedeva sulla spiaggia dell'isola, sorvegliando la grande distesa d'acqua, quando improvvisamente i suoi occhi scorsero il ben noto naviglio[5], che oscillava pericolosamente sulle acque.
95 – C'è qualche cosa di strano, – mormorò il vegliardo; – forse il timone è rotto.
E, mentre l'imbarcazione si avvicinava, scorse la bizzarra figura di Gilgamesh che reggeva alta contro il vento la camicia.
– Questi non è il mio nocchiero, – mormorò il vegliardo; – vi è certamente
100 qualche cosa di strano.
Appena toccarono terra, Urshanabi condusse il suo passeggero alla presenza di Utnapishtim, al quale Gilgamesh narrò perché era venuto e che cosa cercava.
– Giovanotto, – rispose il vegliardo, – ciò che tu cerchi, non lo troverai mai.
105 Infatti, sulla terra non vi è nulla di eterno. Quando gli uomini sottoscrivono un contratto, essi fissano un termine. Ciò che oggi acquistano, domani lo devono cedere ad altri. Privilegi antichissimi si estinguono con il tempo. Fiumi che oggi son gonfi e straripano, alla fine rientreranno nel loro letto. Quando la farfalla lascia il bozzolo, vive per un solo giorno. Tempo e stagio-
110 ne sono stabiliti per ogni cosa.
– È vero, – rispose l'eroe, – ma tu stesso sei un mortale, e in nulla differisci da me; eppure sei eterno. Dimmi come hai trovato il segreto della vita eterna che ti ha reso simile agli dèi.
Gli occhi del vegliardo fissarono un punto lontano. Parve che tutti i giorni
115 di tutti gli anni della sua vita sfilassero in processione dinanzi a lui. Poi, dopo una lunga pausa, sollevò il capo, e sorrise.
– Gilgamesh, – disse lentamente, – ti svelerò il segreto: un segreto grande e sacro che nessuno conosce, eccettuati gli dèi e io stesso.

E gli narrò la storia del diluvio universale, che gli dèi avevano mandato
120 sulla terra nei tempi antichi: e gli disse come Ea[6], il dolce signore della sapienza, gli avesse fatto pervenire il suo avvertimento con una folata di vento, che aveva fatto stormire le frasche della sua capanna. Per ordine di Ea, Utnapishtim aveva fatto costruire un'arca[7], e aveva chiuso ogni apertura con pece e catrame, e su di essa aveva caricato la famiglia e gli animali
125 e aveva navigato per sette giorni e sette notti, mentre le acque salivano, le tempeste infuriavano e i fulmini guizzavano nelle tenebre. E al settimo giorno l'arca aveva approdato su una montagna agli estremi limiti della terra, ed egli aveva aperto una finestra nell'arca, e ne aveva fatto uscire una colomba, per vedere se il livello delle acque fosse sceso. Ma la colomba era
130 tornata perché non aveva potuto trovare un luogo ove posarsi. Poi aveva fatto uscire una rondine, e anche la rondine era tornata. Infine, aveva fatto uscire un corvo, e il corvo non aveva fatto ritorno. Allora aveva condotto

3. le acque della morte: erano tali le acque che Gilgamesh avrebbe dovuto superare nell'imbarcazione di Urshanabi per giungere all'isola.

4. sei ventine: sei volte venti, e cioè centoventi.

5. noto naviglio: imbarcazione; era *nota* perché era la sola che giungeva all'isola di Utnapishtim.

6. Ea: dio del Cielo, saggio e prudente, che con Enlil ed Enki costituiva la triade degli dèi cosmici.

7. arca: barcone fornito di tetto; ha forma di cassa, dalla quale trae, per le somiglianza, il nome.

8. formula arcana: insegnamento misterioso.

fuori la propria famiglia e gli animali, e aveva offerto doni di ringraziamento agli dèi. Ma, d'improvviso, il dio dei Venti era sceso dal cielo, lo aveva ricondotto nell'arca e con lui sua moglie, e ancora una volta aveva spinto 135 l'arca sulle acque, finché non aveva raggiunto un'isola sul lontano orizzonte, dove gli dèi lo avevano condotto perché vi abitasse in eterno.

Quando Gilgamesh ebbe udito il racconto, comprese che la sua richiesta era stata vana, perché era chiaro che il vegliardo non aveva alcuna formula arcana[8] da offrirgli. Egli era divenuto immortale, come ora aveva rivelato, 140 per una grazia particolare accordatagli dagli dèi, e non perché, come aveva creduto Gilgamesh, egli fosse in possesso di qualche segreta conoscenza. Il dio del Sole aveva avuto ragione, e avevano avuto ragione gli uomini-scorpione, e aveva avuto ragione la locandiera; ciò che cercava non lo avrebbe trovato, almeno non in questo mondo. 145

Quando il vegliardo ebbe terminato il suo racconto, fissò intensamente il volto tirato e gli occhi stanchi dell'eroe. – Gilgamesh, – egli disse gentilmente, – tu devi riposare un poco. Stenditi, e dormi per sei giorni e sette notti –. E, appena ebbe pronunciato queste parole, ecco, oh meraviglia, Gilgamesh cadde in un profondo sonno. 150

Allora Utnapishtim si rivolse a sua moglie. – Vedi, – egli disse, – costui vuole la vita eterna e non può neppure privarsi del sonno. Quando si sveglierà, negherà certamente di aver dormito: gli uomini sono sempre stati bugiardi, e perciò ti prego di dargli una prova tangibile del suo sonno. Per ogni giorno in cui dorme, cuoci una pagnotta di pane e mettigliela vicino. Un giorno 155 dopo l'altro, queste pagnotte diverranno sempre piú dure e stantie, e dopo sette notti (trovandole in fila accanto a sé) egli stesso potrà constatare per quanto tempo ha dormito dallo stato di ciascuna di esse.

Cosí, ogni mattina, la moglie di Utnapishtim fece cuocere una pagnotta e fece un segno sul muro per mostrare che un altro giorno era trascorso: e, 160 naturalmente, allo spirare del sesto giorno, la prima pagnotta era completamente secca, la seconda era come cuoio, la terza era umida, la quarta aveva la crosta bianca, la quinta era piena di chiazze, e soltanto la sesta appariva fresca.

Quando Gilgamesh si svegliò, negò naturalmente di avere mai dormito. – 165 Perché, – egli disse ad Utnapishtim, – proprio nel momento in cui sto per appisolarmi mi tiri per un braccio e mi svegli? – Ma Utnapishtim gli mostrò le pagnotte, e allora Gilgamesh seppe di avere davvero dormito sei giorni e sette notti.

Allora Utnapishtim gli ordinò di alzarsi, di lavarsi e di prepararsi per il 170 viaggio di ritorno. Ma proprio quando l'eroe stava per salire sulla barca per ripartire, la moglie di Utnapishtim si avvicinò:

– Utnapishtim, – ella disse, – non puoi mandarlo via a mani vuote. Per giungere qui, Gilgamesh ha affrontato un viaggio duro e pericoloso, e tu devi dargli un dono di addio. 175

Il vegliardo alzò gli occhi e fissò seriamente in volto l'eroe. – Gilgamesh, – egli disse, – ti svelerò un segreto. Nelle profondità del mare vi è una pianta. Ha l'aspetto di un biancospino, e le sue spine pungono come quelle di una rosa. Se un uomo riesce a impossessarsene, egli può, assaggiandola, riacquistare la gioventú. 180

Quando Gilgamesh udí queste parole, si legò ai piedi delle grosse pietre e si tuffò nei profondi abissi del mare: e lí, sul letto dell'oceano, scorse la

Mito e testi sacri : L'epopea di Gilgamesh

pianta. Non curandosi delle sue spine, l'afferrò tra le dita, si liberò dalle pietre, e attese che la marea lo riconducesse a riva.
185 Allora, mostrò la pianta a Urshanabi, il nocchiero. – Guarda, – egli disse, – ecco la famosa pianta che ha nome *Vecchio, ringiovanisci!* Chiunque la assaggi acquista altri anni di vita! Io la porterò ad Erech, e la darò da mangiare agli uomini: cosí, per lo meno, avrò una ricompensa alle mie fatiche.

Dopo aver riattraversato le insidiose acque e aver raggiunto la riva, Gilga-
190 mesh e il suo compagno intrapresero il lungo viaggio a piedi che doveva condurli alla città di Erech. Dopo aver percorso cinquanta leghe, videro che il sole stava per tramontare e cercarono un luogo dove poter trascorrere la notte. Videro una fresca sorgente. – Fermiamoci qui, – disse l'eroe, – e io mi bagnerò nelle acque di questa sorgente.
195 Cosí, si tolse di dosso le vesti, posò la pianta in terra e andò a bagnarsi nella fresca sorgente. Ma, appena ebbe voltato la schiena, ecco, un serpente uscí dalle acque e, odorato il profumo della pianta, la rapí. E non appena l'ebbe assaggiata, subito mutò la pelle e riacquistò la gioventú.
Quando Gilgamesh vide che la preziosa pianta era ora perduta per sem-
200 pre, si mise a sedere e pianse. Ma dopo poco si alzò e, rassegnato infine al destino di tutta l'umanità, fece ritorno alla città di Erech, al paese da dove era venuto.

Entriamo nel testo

La struttura del testo
La narrazione si articola in tre macrosequenze, che corrispondono ai tre momenti del viaggio di Gilgamesh: l'andata, la permanenza presso Utnapishtim, il ritorno.
La seconda macrosequenza fa da cornice al racconto del diluvio universale, fatta dal vecchio Utnapishtim.
Nel corso della narrazione tornano spesso gli stessi temi, con una tecnica tipica della narrativa piú arcaica e popolare, caratterizzata dalla ripetizione di concetti, simboli ed espressioni.

I significati e i nuclei mitici del racconto
Il brano, che costituisce la parte finale dell'opera, è particolarmente ricco di significati. Esaminiamone i principali.

La concezione della vita e della morte.
Gilgamesh ha perduto l'amico inseparabile Enkidu, la cui malattia mortale ha proceduto in modo lento ma inesorabile e ha posto Gilgamesh, per la prima volta, di fronte al mistero e all'ineluttabilità della morte. È nato in lui il bisogno di scoprire il segreto per non morire e quindi si reca a cercarlo presso Utnapishtim, che tutti dicono possieda la vita eterna. Durante il viaggio Gilgamesh non incontra difficoltà insormontabili o terribili prove da superare: i custodi del giardino del Sole, mostri per metà scorpioni, sono terribili a prima vista ma diventano inoffensivi di fronte all'autorevole figura dell'eroe; l'attraversamento dell'oscura galleria richiede coraggio e ardimento, ma non si configura come prova particolarmente tremenda; il dio del Sole fa sentire la propria voce divina senza però frapporre ostacoli al viaggio; la divina locandiera Siduri abbandona presto l'atteggiamento minaccioso e offre all'eroe l'aiuto del nocchiero Urshanabi; l'attraversamento delle acque della morte è pericoloso, ma i precisi consigli del nocchiero consentono all'eroe di attraversarle incolume.
L'elemento che, invece, accompagna tutto il viaggio di Gilgamesh è il tentativo, da parte di tutti i personaggi incontrati, di distogliere l'eroe dalla sua ricerca, ricordando che la vita eterna non è consentita agli uomini e che la morte è inevitabile. Il segreto della vita eterna – dice il capo dei mostri – *è una cosa che nessuno ha mai appreso*. Anche il Sole dice: *La vita eterna, che tu vai*

cercando, *non riuscirai mai a trovarla* aggiungendo come esortazione: *godi di queste bellezze... non puoi sperare di piú*. In maniera piú completa il concetto viene esposto da Siduri: *ciò che tu cerchi, non lo troverai mai. Infatti, allorché gli dèi crearono l'uomo, a lui dettero la morte, e tennero per sé la vita eterna. Perciò, godi di quanto ti è concesso: mangia, bevi, sii allegro; è per questo che sei nato!* La conferma definitiva viene da Utnapishtim, colui che avrebbe dovuto possedere il grande segreto dell'immortalità: *ciò che tu cerchi, non lo troverai mai. Infatti, sulla terra non vi è nulla di eterno*; lo stesso Utnapishtim possiede, è vero, la prerogativa di non morire, ma non come frutto di una conoscenza segreta o premio per un buon comportamento, bensí come gratuito dono da parte degli dèi, concesso senza contropartita o motivazione apparente.

È chiaro, cosí, che Gilgamesh è arrivato alla meta: non all'acquisizione dell'immortalità, ma alla comprensione che l'immortalità non è per gli uomini, ma solo per gli dèi, e che è necessario

accettare questa verità con tutta l'amarezza e il dolore che porta con sé. La durezza inesorabile di questa sentenza emerge anche attraverso gli eventi conclusivi dell'avventura: il dono della pianta della gioventú, fatto da Utnapishtim come compensazione delle fatiche, viene sottratto subdolamente da un serpente, togliendo anche l'ultima speranza e riconfermando che niente può essere mutato da parte dell'uomo sul destino limitato della propria vita. Quello che rimane all'essere umano è godere della propria esistenza e trarre da essa quanto vi è di meglio: se non si possiede niente in modo definitivo (*Quando gli uomini sottoscrivono un contratto, essi fissano un termine. Ciò che oggi acquistano, domani lo devono cedere ad altri*, dichiara Utnapishtim), se la vita è breve e passeggeri sono i suoi benefici, è bene goderne finché c'è tempo (*godi di quanto ti è concesso: mangia, bevi, sii allegro; è per questo che sei nato!* secondo l'esortazione di Siduri) e considerare la propria breve esistenza come l'unico possesso a cui attribuire valore.

Da tutto ciò emerge chiaramente che gli abitanti della Mesopotamia attribuivano la massima importanza al destino, sentito come un potere immutabile e ferreo; gli dèi decretano il destino del mondo senza che sia concesso all'uomo di comprendere le decisioni divine o di influirvi con preghiere e suppliche; il volere degli dèi arreca agli uomini dolore, morte e infelicità, ma non come pene per i peccati, dato che le divinità sono insensibili alle azioni e alle sofferenze umane, nonostante i tentativi da parte degli uomini di influire favorevolmente sul destino con templi, preghiere, riti e offerte votive.

Il mito del diluvio universale. Molti studiosi interpretano la storia del diluvio come un racconto a sé, nato in maniera autonoma e poi inserito nell'insieme dell'epopea; in effetti, come appare anche dalle raffigurazioni artistiche, il diluvio era un motivo ricorrente nell'immaginario delle popolazioni mesopotamiche, destinato a esercitare influenza anche nella tradizione ebraica (nel libro della *Genesi* Noè salva sé e i suoi dal diluvio galleggiando su un'arca di ispirazione divina). Peraltro, numerose tracce evidenziate nel corso di scavi archeologici in varie città sumere mostrano che la Mesopotamia meridionale è stata soggetta ad alcune grandi inondazioni, dovute a momenti di particolare

La costruzione dell'arca e il diluvio universale, pagina della *Bibbia Maciejovski*, 1250 circa. New York, The Pierpoint Morgan Library.

Mito e testi sacri : L'epopea di Gilgamesh

49

abbondanza di acque portate dall'Eufrate, il cui drammatico ricordo si è trasfigurato divenendo epopea narrativa. L'origine di questa narrazione è molto antica e risale sicuramente alle primitive tradizioni sumere; un testo inscritto su una tavoletta d'argilla rinvenuta a Nippur racconta la leggenda di Ziusudra, (che nei testi babilonesi sarà chiamato Utnapishtim), re della città di Shuruppak: quando gli dèi si accordarono per distruggere il genere umano mediante un grande diluvio, il saggio dio Enki avvisò il re Ziusudra e lo consigliò di costruire una nave con cui salvarsi insieme alla sua famiglia e ai suoi animali; il re ascoltò il consiglio divino e iniziò il suo viaggio dal porto di Shuruppak sul mare in tempesta.

Elementi simbolici confluiti nelle tradizioni successive. In questo antico racconto sono presenti vari elementi che appartenevano evidentemente al mondo fantastico elaborato dalla cultura mesopotamica e che sono confluiti, in seguito, nelle tradizioni da essa derivate. In maniera particolare, la *Genesi* e tutta la tradizione del popolo ebraico (che sappiamo trasse la sua origine storica dalla Mesopotamia meridionale) mostra chiaramente di aver conservato questi elementi, rielaborandoli e adattandoli alla propria religiosità. Nel brano letto il giardino delle Delizie, sede dell'importante dio del Sole, si trasfigura nel giardino dell'Eden, che il Dio ebraico dette come sede originaria ad Adamo ed Eva. Il serpente che sottrae a Gilgamesh la pianta della gioventù ritorna nel racconto biblico col ruolo di astuto tentatore che spinge Eva a disobbedire al comando divino e a mangiare i frutti del giardino dell'Eden. Anche il numero sette, che ricorre più volte per indicare la quantità dei giorni del diluvio e del sonno di Gilgamesh, si ripropone simbolicamente in tutta la tradizione ebraica e successivamente cristiana, a cominciare dal numero dei giorni impiegati da Dio per creare il mondo.

 Esercizi

- **Comprensione**

1. Dopo aver attentamente letto il racconto, rispondi alle domande che seguono.
   a. Con quale scopo Gilgamesh intraprende il suo viaggio?
   b. Riesce a raggiungere il suo scopo?
   c. Quali personaggi incontra nel suo viaggio di andata?
   d. Riesce a vedere l'aspetto fisico di tutti i personaggi incontrati?
   e. Quale tipo di esortazione riceve da questi personaggi?
   f. Quale, fra i personaggi incontrati, offre all'eroe un aiuto concreto?
   g. In quale luogo vive Utnapishtim?
   h. Grazie a quali accorgimenti Gilgamesh riesce a superare le acque della morte?
   i. In quale maniera Utnapishtim riesce, mentre naviga nell'arca durante il diluvio, a sapere quando il livello delle acque è sceso?
   l. Quale sistema utilizza Utnapishtim per far sapere a Gilgamesh, al suo risveglio, per quanti giorni ha dormito?
   m. Quali azioni compie Gilgamesh per venire in possesso della pianta della gioventù?
   n. Quali sono le divinità che vengono citate in tutto il corso della narrazione?

2. Ricerca e spiega le similitudini con cui Utnapishtim accompagna l'illustrazione del concetto che nessuna delle cose umane è eterna (righe 105-110).

- **Interpretazione**

3. Indica con parole tue l'origine dell'immortalità posseduta da Utnapishtim.

4. Esponi con parole tue le motivazioni per cui Gilgamesh non riesce a ottenere il segreto della vita eterna.

5. Prendi in esame la porzione del testo che qui riportiamo (righe 140-145) e quindi rispondi alle domande che seguono.

Egli era divenuto immortale, come ora aveva rivelato, per una grazia particolare accordatagli dagli dèi, e non perché, come aveva creduto Gilgamesh, egli fosse in possesso di qualche segreta conoscenza. Il dio del Sole aveva avuto ragione, e avevano avuto ragione gli uomini-scorpione, e aveva avuto ragione la locandiera; ciò che cercava non lo avrebbe trovato, almeno non in questo mondo.

a. Questi due periodi esprimono il pensiero del narratore-autore del testo oppure sono l'interpretazione delle riflessioni di Gilgamesh?

b. Discorso diretto, discorso indiretto libero, discorso indiretto: quale ti sembra piú adatto per indicare la formulazione usata in questa porzione di testo?

c. Che cosa significa e come si spiega la frase *Il dio del Sole aveva avuto ragione, e avevano avuto ragione gli uomini-scorpione, e aveva avuto ragione la locandiera*?

- **Competenza testuale**

6. Per ciascuna delle tre macrosequenze che caratterizzano la struttura del testo fa' la divisione in sequenze, indicando l'argomento di ognuna di esse.

- **Produzione**

7. Scrivi un riassunto del brano ponendone in evidenza l'articolazione e le tematiche.

---

per l'**INVALSI** con *Eugenio*

1. Gilgamesh ha intrapreso il suo viaggio per uno scopo. Riesce a raggiungerlo?
- **a.** ☐ Sí, perché arriva dal vecchio saggio che abita ai confini della Terra.
- **b.** ☐ Sí, perché riesce a conquistare la pianta della giovinezza.
- **c.** ☐ No, perché un serpente gli ruba la pianta della giovinezza.
- **d.** ☐ No, perché gli uomini non possono avere la vita eterna.

2. Nel testo si parla di «mostri» (riga 13). Sapresti descriverne l'aspetto?

....

....

....

3. Quali luoghi percorre Gilgamesh prima di arrivare alla casa di Siduri?
- **a.** ☐ Il sentiero del Sole e il giardino delle Delizie.
- **b.** ☐ Un'alta montagna e il giardino delle Delizie.
- **c.** ☐ Un'alta montagna e il sentiero del Sole.
- **d.** ☐ Un'alta montagna, il sentiero del Sole e il giardino delle Delizie.

Mito e testi sacri **L'epopea di Gilgamesh**

4. La locandiera Siduri, affacciata alla finestra, spiega a Gilgamesh il motivo per cui gli ha chiuso la porta. Rintraccia nel testo le parole che descrivono il motivo del suo timore.

....

....

....

5. Siduri spiega a Gilgamesh che egli non troverà mai ciò che cerca. Perché Siduri afferma ciò?
- **a.** ☐ Perché Gilgamesh non potrà arrivare fino ai confini della Terra.
- **b.** ☐ Perché Gilgamesh non riuscirà a attraversare le acque della morte.
- **c.** ☐ Perché Gilgamesh, come tutti gli uomini, è destinato alla morte.
- **d.** ☐ Perché l'uomo saggio che Gilgamesh sta cercando era troppo vecchio ed è morto.

6. Perché Gilgamesh deve procurarsi, per la navigazione sulla barca di Urshanabi, sei ventine di remi?
- **a.** ☐ Perché i remi si spezzano facilmente per la densità delle acque della morte.
- **b.** ☐ Per usarne ognuno una sola volta e non bagnarsi con l'acqua della morte.
- **c.** ☐ Perché la navigazione sarà lunga e i remi possono cadere in acqua.
- **d.** ☐ Perché occorre usare tutti i remi insieme a causa della grande distanza da percorrere.

7. Per quale motivo Gilgamesh arriva all'isola di Utnapishtim reggendo distesa al vento la sua camicia?
- **a.** ☐ Perché il timone si è rotto e occorre dare una direzione alla barca.
- **b.** ☐ Perché i remi sono finiti e la camicia funziona come vela.
- **c.** ☐ Perché Gilgamesh vuole attirare l'attenzione di Utnapishtim.
- **d.** ☐ Perché Gilgamesh vuole segnalare di venire con intenzioni pacifiche.

8. Utnapishtim, per dimostrare che nulla è eterno, aggiunge due esempi tratti da aspetti naturali. Rintracciali.

....

....

....

9. Osserva la forma del racconto del diluvio universale (righe 119-137). Da che cosa è costituito?
- **a.** ☐ Da un discorso diretto.
- **b.** ☐ Da un *flashback*.
- **c.** ☐ Da un'anticipazione.
- **d.** ☐ Da una sequenza descrittiva.

10. Il racconto del diluvio universale dimostra a Gilgamesh che:
- **a.** ☐ Utnapishtim conosce solo il passato ma non il futuro.
- **b.** ☐ Utnapishtim è immortale per un particolare dono divino.
- **c.** ☐ solo gli dèi possono decidere il destino degli uomini.
- **d.** ☐ Utnapishtim è immortale perché è sopravvissuto al diluvio.

11. Nel periodo «Il dio del Sole aveva avuto ragione, e ... non in questo mondo» (righe 142-145) è presentato:
- **a.** ☐ il pensiero di Gilgamesh in forma di discorso diretto.
- **b.** ☐ un discorso indiretto che riflette il pensiero di Gilgamesh.

c. ☐ un discorso indiretto che riflette il pensiero di Utnapishtim.
d. ☐ il commento che il narratore fa sulla vicenda di Gilgamesh.

12. In quale modo Utnapishtim fa sapere a Gilgamesh, al suo risveglio, per quanti giorni ha dormito?

....

....

....

13. Per quale motivo Utnapishtim fa trovare a Gilgamesh la pianta della giovinezza?
  a. ☐ Per compensare Gilgamesh dell'inutilità del viaggio.
  b. ☐ Per dare ascolto alle parole della moglie.
  c. ☐ Per premiare l'eroismo di Gilgamesh.
  d. ☐ Per mettere alla prova l'eroismo di Gilgamesh.

14. Dove trova Gilgamesh la pianta della gioventú?
  a. ☐ In fondo al mare.
  b. ☐ Tra le pietre sulla riva del mare.
  c. ☐ Portata dalla marea sulla riva del mare.
  d. ☐ Tra i rami spinosi dei cespugli.

15. Gilgamesh è entrato in possesso della pianta della gioventú. Che cosa ne è conseguito?
  a. ☐ Gilgamesh ha conservato la gioventú per molti anni.
  b. ☐ Tutti gli abitanti di Erech poterono conservare la gioventú.
  c. ☐ Non è accaduto niente e tutto è rimasto identico.
  d. ☐ Il serpente mutò la pelle e riacquistò la gioventú.

 ON LINE: L'epopea di Gilgamesh
   Schede: *Gli abitanti dell'antica Mesopotamia*

La Bibbia

L'autore e l'epoca

I libri contenuti nella *Bibbia* non furono scritti tutti da un medesimo autore e neanche in una medesima epoca, ma da vari uomini, in un arco di tempo di sedici secoli.
Le parti piú antiche dell'*Antico Testamento* furono scritte nella lingua ebraica antica all'inizio del I millennio a.C. da autori non identificati. Questa lingua venne usata con una serie di mutamenti in un arco di circa 1500 anni, dalla metà del II millennio fino all'era cristiana, ma dal VI secolo a.C. iniziò a essere gradualmente sostituita dall'aramaico, rimanendo praticata solo nelle scuole e nella liturgia. L'*Antico Testamento* ha avuto poi una traduzione in greco nel III secolo a.C., chiamata «dei Settanta» dal numero di coloro che la portarono a termine.

L'opera

La *Bibbia* è la raccolta di quei libri che cristiani ed ebrei considerano sacri, come ispirati da Dio, anzi, ancor piú, come *parola di Dio*. La *Bibbia* si divide in *Antico Testamento* e *Nuovo Testamento*. Il termine «testamento» (dal latino *testamentum* che traduce il greco *diathèke* e l'ebraico *berít*, «alleanza») si riferisce tanto al patto stabilito fra Dio e Israele con le tavole della Legge consegnate a Mosè sul monte Sinai, quanto al nuovo patto stretto tra tutti gli uomini e Dio grazie alla mediazione di Gesú Cristo.
Gli Ebrei riconoscono solo l'autorità dell'*Antico Testamento*, che per loro costituisce l'intero corpo della *Bibbia*. Il *Nuovo Testamento* è il testo sacro solo dei credenti cristiani (cattolici, protestanti, ortodossi), per i quali l'*Antico Testamento* costituisce la prima parte della *Bibbia*. L'*Antico Testamento*, la *Bibbia* ebraica, si divide in tre parti:

1. la *Toràh* (in ebraico «dottrina, insegnamento», usualmente tradotto «la Legge»), che indica il *Pentateuco*, ovvero i primi cinque libri dal titolo *Genesi*, *Esodo*, *Levitico*, *Numeri* e *Deuteronomio*;
2. *Kethuvím*, gli Agiografi, che comprende i Libri Didattici o Sapienziali, scritti quasi totalmente in poesia;
3. *Neviím*, i Profeti, che raccolgono gli oracoli e talvolta le vicende dei profeti del popolo ebraico.

Il titolo *Bibbia* iniziò a essere usato piú recentemente, nel III secolo d.C., e ha una storia particolare. Poiché la traduzione greca dei libri sacri era molto diffusa fra i primi cristiani (in quei tempi il greco era, nell'area mediterranea, la lingua internazionale) i libri vennero chiamati, con un nome greco plurale, *biblía*, «i libri», semplicemente, cioè i libri per eccellenza, senza bisogno di altra indicazione. Questa parola greca passò poi, senza modifiche, nel latino ecclesiastico, diventando un femminile singolare: *Bíbia*, da cui l'italiano *Bibbia*.

Il libro della *Genesi*

Il primo dei libri sacri che formano l'*Antico Testamento* ha il titolo di *Gènesi*, dal greco *ghènesis* che significa «origine, nascita», mentre in ebraico il libro si intitola *Bereshíth*, cioè «in principio», dalla parola di inizio del testo.

Il libro della *Genesi* comincia con il racconto della creazione dell'universo e prosegue con la storia dell'umanità primitiva fino alla dispersione dei popoli; quindi si appunta sulle vicende del popolo eletto, gli Ebrei, a partire da quando Abramo li guidò da Ur (l'antica città fondata dai Sumeri nella Mesopotamia meridionale) fino alla terra di Canaan, in Palestina. Dopo Abramo, vennero Isacco e Giacobbe; quindi la numerosa famiglia di Giuseppe, ultimo figlio di Giacobbe, si trasferí in Egitto, dove gli ebrei dovranno attendere un lungo arco di tempo per ritornare in Palestina sotto la guida di Mosè.

La raffigurazione della creazione dell'universo nel testo biblico è simbolica e non deve essere presa alla lettera. Scandita in giorni, che sono la piú semplice misura umana del tempo, la narrazione della creazione deve essere interpretata come una successione di momenti alla quale la scienza moderna ha attribuito un qualche fondo di verità: ad esempio, il passaggio da una materia disorganizzata verso livelli progressivi di organizzazione individua nel mondo acquatico marino l'ambiente di nascita delle prime forme di vita e riconosce all'uomo l'appartenenza al gradino cronologicamente ultimo e piú complesso tra gli esseri viventi che hanno fatto la loro comparsa sulla terra. Vi è, tuttavia, una sostanziale differenza tra la raffigurazione biblica e quella della scienza moderna: mentre per quest'ultima l'universo è il prodotto di una continua trasformazione della materia e dell'energia, nel testo biblico vi sono vari atti di creazione che derivano solo dalla volontà creatrice divina.

Il linguaggio della *Genesi* è caratterizzato da semplicità nella sintassi (i periodi sono molto brevi e prevale il rapporto di coordinazione rispetto alla subordinazione), nel lessico (che è relativamente ristretto, ricorrendo per lo piú alle ripetizioni e non ai sinonimi), nello stile (chiaro e semplice nell'espressione, vivace nel racconto).

Benedetto Castiglione detto Il Grechetto, *La partenza di Abramo per la terra di Canaan*, XVII secolo. Genova, Galleria di Palazzo Rosso.

Mito e testi sacri | La Bibbia

Anonimo
... E Dio creò il cielo e la terra...

• *La Sacra Bibbia*, Edizioni Paoline, Roma, 1962 (*Genesi*, 1; 2, 1-3)

IN SINTESI: La *Bibbia* racconta che all'inizio di tutto, quando la terra era solo una massa informe di acque circondata dalle tenebre, Dio creò il mondo; in sei giorni l'opera progressiva della creazione fu portata a compimento: la luce, il cielo, la terraferma, il sole e la luna, gli animali, gli esseri umani. Infine, il settimo giorno tutto il mondo creato ricevette la benedizione divina.

In principio[1] Dio creò il cielo e la terra[2]. La terra era una massa senza forma e vuota; le tenebre ricoprivano l'abisso[3], e sulle acque aleggiava lo Spirito di Dio[4].
Iddio disse[5]: «Sia[6] la luce»: e la luce fu. Vide Iddio che la luce era buona e
5 separò la luce dalle tenebre; e chiamò la luce «giorno», e le tenebre «notte». Cosí fu sera, poi fu mattina: primo giorno[7].
Dio disse ancora: «Vi sia fra le acque un firmamento[8], il quale separi le acque *superiori* da quelle *inferiori*». E cosí fu. E Iddio fece il firmamento, separò le acque che sono sotto il firmamento, da quelle che sono al di sopra; e
10 chiamò il firmamento «cielo». Di nuovo fu sera, poi mattina: secondo giorno[9].
Poi Iddio disse: «Si radunino tutte le acque, che sono sotto il cielo, in un sol luogo e apparisca l'Asciutto». E cosí fu. E chiamò l'Asciutto Terra e la raccolta delle acque chiamò Mari. E Iddio vide che ciò era buono.
Dio disse ancora: «Produca la terra erbe, piante, che facciano semi e al-
15 beri fruttiferi che diano frutti secondo la loro specie e che abbiano in sé la propria semenza sopra la terra». E cosí fu. Quindi la terra produsse erbe, piante, che fanno seme secondo la loro specie, alberi che danno frutti se-

---

1. In principio: all'inizio di tutto. Narrando della creazione del mondo, prima di questo istante non esisteva niente, neppure il tempo, che soltanto da questo momento inizia la sua esistenza e il suo trascorrere.
2. Dio ... terra: prima dell'inizio delle cose e del tempo esisteva già Dio, che è l'artefice della creazione. L'uso del verbo *creare* è significativo: il testo sottolinea che l'azione divina produsse dal nulla qualcosa che prima non esisteva (mentre verbi come, ad esempio, *modellare*, *generare*, *trasformare* ecc. indicano un'operazione eseguita su una materia già da prima esistente). L'espressione *il cielo e la terra* costituisce una sorta di preannuncio e di sintesi di quanto verrà esposto piú avanti nel testo: inizialmente Dio creò la materia primordiale, destinata a formare il cielo e la terra, ossia il cosmo ordinato.
3. La terra ... l'abisso: la prima forma di esistenza del cosmo è una grande distesa di acque circondata dalle tenebre e dalle paurose profondità.
4. aleggiava ... Dio: la presenza di Dio, che esiste prima della creazione, è diffusa su qualunque parte della primordiale massa abissale. Sin dall'inizio della *Genesi*, e quindi di tutta la *Bibbia*, viene affermata la convinzione non solo riguardo all'eterna esistenza di Dio, ma anche riguardo al fatto che il mondo è il risultato della sua volontà creatrice.
5. disse: Dio creò non con i gesti ma con la parola: l'ordine di Dio è espresso con la parola e subito le cose esistono. Presso le antiche popolazioni semitiche esisteva la concezione secondo cui qualcosa comincia a esistere quando ne viene pronunciato il nome; cosí anche il Dio degli ebrei mette in atto la creazione del mondo utilizzando la potenza creatrice delle parole.
6. Sia: in tutto il processo della creazione l'ordine divino è espresso mediante il congiuntivo esortativo.
7. primo giorno: il termine *giorno* non deve essere inteso come l'arco di tempo di ventiquattr'ore, ma come una grande epoca storica, dalla vasta e non definita ampiezza cronologica.
8. firmamento: la volta celeste, il cielo; il nome è formato sul tema dell'aggettivo *fermo* e deriva dal latino *firmamentum*, «sostegno, appoggio». Le antiche popolazioni semitiche immaginavano che la volta celeste fosse un'immensa cupola su cui erano fissate le stelle e che sostenevano l'Oceano celeste ovvero le acque del cielo (*le acque superiori*) destinate a cadere sulla terra sotto forma di pioggia formando l'Oceano terrestre (*le acque inferiori*), cioè fiumi, laghi e mari.
9. secondo giorno: la creazione prosegue secondo una direzione che mira a elementi e creature via via piú nobili e perfetti, che culminerà con la creazione dell'uomo.

10. luminari: il sole (*luminare maggiore*) e la luna (*luminare minore*), utilizzati da sempre, nella storia dell'umanità, per scandire la ciclicità dei giorni e delle stagioni e calcolare il procedere degli anni.
11. servano: abbiano la funzione.
12. Brulichino: il verbo *brulicare* indica propriamente il muoversi disordinatamente di una moltitudine di cose, di insetti o di persone; qui viene usato con lo scopo di sottolineare l'abbondanza di animali di cui Dio intende arricchire la terra.
13. Prolificate, moltiplicatevi: pronunciando queste parole Dio attribuisce agli esseri viventi l'istinto e la capacità di generare altri esseri simili per specie.
14. Facciamo ... somiglianza: è il momento più alto della creazione, come sottolineato anche dalla presenza del verbo *facciamo* al plurale detto «di maestà». Il fatto che Dio abbia creato l'uomo a sua *immagine* non indica la somiglianza dell'uomo a Dio nel corpo: infatti nella religione ebraica Dio è incorporeo, tanto che di lui

condo la loro specie e che hanno in sé la propria semenza. E Iddio vide che ciò era buono. Di nuovo fu sera, poi fu mattina: terzo giorno.
Poi Iddio disse: «Siano dei luminari[10] nel firmamento del cielo per separare il giorno dalla notte, e siano come segni per distinguere le stagioni, i giorni e gli anni, e servano[11] come luminari nel firmamento del cielo per dare la luce sopra la terra». E cosí fu. E Iddio fece i due grandi luminari: il luminare maggiore per presiedere al giorno e il luminare minore per presiedere alla notte, e le stelle. E Iddio li pose nel firmamento del cielo per dar luce sopra la terra, e presiedere al giorno e alla notte e per separare la luce dalle tenebre. E Iddio vide che ciò era buono. Di nuovo fu sera, poi fu mattina: quarto giorno.
Poi disse Iddio: «Brulichino[12] le acque di una moltitudine di esseri viventi, e volino gli uccelli al disopra della terra in faccia al firmamento del cielo». Cosí Iddio creò i grandi animali acquatici e tutti gli esseri viventi che si muovono e di cui brulicano le acque, secondo la loro specie, e tutti i volatili secondo la loro specie. Ed egli vide che ciò era buono. E Iddio li benedí, dicendo: «Prolificate, moltiplicatevi[13] e riempite le acque dei mari: e si moltiplichino pure gli uccelli sopra la terra». Di nuovo fu sera, poi fu mattina: quinto giorno.
Poi Iddio disse: «Produca la terra animali viventi secondo la loro specie: animali domestici, rettili, bestie selvagge della terra, secondo la loro specie». E cosí fu. Cosí Iddio fece le bestie selvagge della terra, secondo la loro specie, gli animali domestici, secondo la loro specie e tutti i rettili della terra, secondo la loro specie. Ed egli vide che ciò era buono.
Poi Iddio disse: «Facciamo l'uomo a nostra immagine, secondo la nostra somiglianza[14]: domini sopra i pesci del mare e su gli uccelli del cielo, su gli animali domestici, su tutte le fiere della terra e sopra tutti i rettili che strisciano sopra la sua superficie».

Michelangelo, *Creazione di Adamo*, particolare, 1510 circa. Città del Vaticano, Cappella Sistina.

Iddio creò l'uomo a sua immagine,
a immagine di Dio lo creò;
tali creò l'uomo e la donna.
E Dio li benedí e disse loro: «Prolificate, moltiplicatevi e riempite il mondo,
50 assoggettatelo e dominate sopra i pesci del mare e su tutti gli uccelli del
cielo e sopra tutti gli animali che si muovono sopra la terra». Iddio disse
ancora: «Ecco, io vi do ogni pianta che fa seme, su tutta la superficie della
terra, e ogni albero fruttifero, che fa seme: questi vi serviranno per cibo.
E a tutti gli animali della terra e a tutti gli uccelli del cielo e a tutto ciò che
55 sulla terra si muove, e che ha in sé anima vivente, io do l'erba verde per
cibo». E cosí fu. E Iddio vide tutto quello che aveva fatto, ed ecco, era molto buono. Di nuovo fu sera, poi fu mattina: sesto giorno.
Furono cosí compiuti il cielo e la terra e l'organizzazione di tutti gli altri
esseri. Avendo Iddio ritenuta finita, al settimo giorno, l'opera che aveva
60 compiuto, il giorno settimo cessò da ogni opera da lui fatta, e benedí questo giorno e lo santificò[15], perché in esso aveva cessato da ogni opera da lui
compiuta, creando.

non esistono immagini di alcun genere; l'espressione invece si riferisce al possesso, da parte degli esseri umani, delle doti spirituali (l'anima, l'intelligenza, l'amore, la libera volontà) che rispecchiano le qualità divine e che rendono l'uomo, tra tutte le creature, la piú simile a Dio. Inoltre, con il termine *somiglianza* viene precisato che le doti spirituali possedute dall'uomo sono della stessa natura, ma non nella stessa misura, di quelle di Dio, sicché l'uomo è simile, ma non identico a Dio.

15. il settimo giorno ... santificò: il settimo giorno della settimana, dedicato al riposo e al culto divino, è per gli ebrei il sabato, in ebraico *shabbàth* («riposo»); la sua origine viene rappresentata in questo brano biblico con il «riposo» divino del settimo giorno. I cristiani poi lo sostituirono con la domenica, in latino *dies Dominica* (giorno del *Dominus*, il «Signore») in ricordo del giorno della resurrezione di Cristo.

Entriamo nel testo

La struttura del testo
È riconoscibile nell'impianto del brano la struttura base del testo narrativo:
- il racconto si apre con la presentazione della *situazione iniziale* contrassegnata da due elementi: Dio, che esiste da sempre, e il mondo da lui creato, che è ancora allo stato di massa informe;
- a questa seguono sei *mutamenti*, corrispondenti ai sei giorni della creazione;
- il riposo del settimo giorno, costituisce lo *scioglimento* dell'azione.

La particolare religiosità del testo biblico
Il racconto della creazione contenuto nel testo biblico presenta vari elementi comuni alle leggende sumero-babilonesi riguardo all'origine del mondo. In effetti, esistono reali condizioni storiche che rendono legittimo l'accostamento tra la tradizione mitica delle antiche popolazioni mesopotamiche e il racconto delle origini del mondo con cui inizia il testo sacro degli ebrei: si tratta di popoli accomunati dalla medesima appartenenza alla razza semitica, come è testimoniato anche dallo stesso racconto biblico, secondo cui Abramo, primo patriarca del popolo ebraico, era originario della città di Ur, nella Mesopotamia meridionale. È logico, quindi, ritenere che, quando gli ebrei migrarono da Ur verso la Palestina, portassero con sé anche i nuclei delle antiche narrazioni diffuse nella terra tra i due fiumi. Tuttavia, dopo il loro distacco dalla sede di provenienza, essi si caratterizzarono per un aspetto religioso di grande rilievo: unici nel mondo antico per molti secoli, furono *monoteisti*. Adorarono cioè un unico Dio, che è chiamato *Elohím*, «Signore», ma il cui nome proprio, scritto in ebraico mediante quattro consonanti (e cioè «YHWH»), non viene mai né letto né pronunciato in segno di rispetto per la superiorità divina. Da questa concezione monoteista derivano gli elementi che caratterizzano il racconto della creazione nella *Genesi*.
- Nel testo biblico protagonista assoluto è il Creatore del mondo e di tutte le cose, senza il cui intervento e la cui volontà niente sarebbe mai esistito. Il mondo, quindi, prende forma man mano che Dio ne comanda l'esistenza mediante la sua parola (*Iddio disse: «Sia la luce»: e la luce fu*).

Hyeronimus Bosch, *Trittico delle delizie*, particolare dell'*Eden*, 1503-1504. Madrid, Museo del Prado.

- Gli elementi naturali che vengono creati sono individuati e definiti nella loro reale concretezza (il cielo, la terra, la luce, le acque, il firmamento), e non, come nelle altre mitologie, mediante personificazioni divine.
- Dal caos iniziale, Dio ordina e organizza tutto il creato per tappe successive con un ritmo che avanza nel tempo in modo progressivo: la designazione del tempo non è generica, come nelle altre narrazioni della creazione, ma segue una definizione concreta e una suddivisione in giorni, che è una misura del tempo facilmente comprensibile a tutti. L'atto della creazione è compiuto in sette giorni, nell'ultimo dei quali Dio *cessò da ogni opera da lui fatta*: è cosí che, tra gli ebrei, nasce il concetto della settimana, che culmina e si conclude nello *shabbàth*, il sabato, giorno designato da Dio, mediante la sua benedizione e santificazione, per il riposo e la preghiera.
- Un'altra grande novità del modello di creazione biblica è l'attenzione rivolta al mondo vegetale e animale, nonché all'uomo. Diversamente da altre mitologie, come quelle mesopotamica e greca, nella *Genesi* vi sono specifici atti creativi dell'esistenza di tutte le piante e di tutti gli animali, ben distinti tra acquatici, terrestri e del cielo. Ciò per un verso rispecchia una visione ampia e approfondita degli aspetti del mondo, per l'altro sottolinea l'intenzione divina di affidare all'uomo un grande dominio; Dio infatti, mostrò all'uomo e alla donna tutte le piante e tutti gli animali, e glieli consegnò come cibo e risorsa di vita per tutti i loro discendenti. È l'uomo, dunque, il fine ultimo e vero della creazione divina, è per lui che Dio ha dotato di piante e animali il mondo, con lo scopo che il genere umano *prolifichi, si moltiplichi, riempia e assoggetti il mondo*.
- Il Dio creatore della *Bibbia*, dunque, è privo delle connotazioni di egoismo, litigiosità e violenza che caratterizzano gli dèi nelle altre mitologie e li rendono simili alle bassezze umane. Questo Dio, unico e senza limiti di spazio e di tempo, crea il mondo in funzione non di se stesso, ma di altri frutti della sua creazione: gli uomini, plasmati *a sua immagine e somiglianza*, e cioè arricchiti delle medesime, seppur piú limitate, doti spirituali dello stesso Creatore.

Mito e testi sacri | La Bibbia

Esercizi

Competenza trasversale:

- **a** Acquisire ed interpretare l'informazione
- **b** Individuare collegamenti e relazioni
- **c** Comunicare
- **d** Comunicare nelle lingue straniere

- **Comprensione e interpretazione**

1. Indica per ognuno dei giorni della creazione le cose che in esso vengono create.
2. Mediante quale verbo viene segnalato ogni volta l'atto della creazione da parte di Dio?
3. Che cosa significa l'espressione *E cosí fu*, che ricorre piú volte nei vari momenti della creazione divina?
4. Qual è l'essere vivente creato per ultimo da Dio?
5. Che cosa fece Dio nel settimo giorno? Quale giorno della settimana cristiana gli è dedicato?
6. Spiega con le tue parole il significato di *Prolificate, moltiplicatevi...* che ricorre due volte nel testo.
7. Spiega il significato che, secondo te, ha l'espressione *E Dio vide che ciò era buono*, che ricorre spesso durante le fasi della creazione.
8. Per quale motivo, secondo la tua opinione, l'uomo viene creato solo alla fine, nel sesto giorno?
9. Indica il significato dei due verbi *benedire* e *santificare*, sulla base della loro etimologia. Secondo la tua opinione, perché compaiono soltanto a proposito della creazione dell'uomo e dell'istituzione del sabato?

- **Competenza testuale e linguistica**

10. Suddividi il testo in sequenze indicando il contenuto di ognuno di esse.
11. Sottolinea nel testo tutte le forme di congiuntivo esortativo che esprimono gli ordini creativi di Dio (cfr. la nota n. 6).
12. Spiega il significato dell'espressione *secondo la loro specie* che accompagna i momenti creativi delle piante e degli animali.
13. Esaminando i singoli periodi che compongono il testo, rispondi alle domande seguenti:
    a. Le proposizioni subordinate sono frequenti quanto le proposizioni autonome e coordinate?
    b. Quali tipi di proposizioni subordinate sono usate nel testo (oggettive, relative, finali, causali ecc.)?

- **Produzione**

b 14. Poni a confronto la creazione biblica del primo uomo con la creazione di Enkidu a opera della dea Aruru, descritta nella parte iniziale dell'*Epopea di Gilgamesh*.

Anonimo
Il serpente tentatore

• *La Sacra Bibbia*, trad. a cura della C.E.I., Edizioni PIEMME, Casale Monferrato, 1988 (*Genesi*, 2, 46-3)

> **IN SINTESI:** Dopo aver creato il mondo, Dio, con la polvere del suolo, plasma il primo uomo, Adamo, e lo colloca nel giardino dell'Eden; quindi, da una costola di lui, forma Eva, la prima donna. Nell'Eden crescono spontaneamente alberi di tutti i tipi, da cui Eva e Adamo possono liberamente servirsi. Dio, però, proibisce loro di cogliere i frutti dall'albero della conoscenza del bene e del male, pena la perdita dell'immortalità. Ma il serpente mette in atto un astuto inganno e convince Eva e Adamo a mangiare il frutto dell'albero proibito. Presi dal senso di colpa, essi cercano di nascondersi agli occhi di Dio che, però, ha già compreso la loro disobbedienza. Egli, pertanto, maledice il serpente per essere stato maligno e condanna duramente Eva e Adamo per il loro peccato: la punizione è pesante e consiste nella cacciata dal giardino dell'Eden e nell'assunzione di un destino caratterizzato da fatiche e dolori.

Il paradiso terrestre

Quando il Signore Dio fece la terra e il cielo, nessun cespuglio campestre era sulla terra, nessuna erba campestre era spuntata – perché il Signore Dio non aveva fatto piovere sulla terra e nessuno lavorava il suolo e faceva salire dalla terra l'acqua dei canali per irrigare tutto il suolo[1] –; allora il Signore Dio plasmò l'uomo[2] con polvere del suolo e soffiò nelle sue narici un alito di vita e l'uomo divenne un essere vivente.

Poi il Signore Dio piantò un giardino in Eden[3], a oriente, e vi collocò l'uomo che aveva plasmato. Il Signore Dio fece germogliare dal suolo ogni sorta di alberi graditi alla vista e buoni da mangiare, tra cui l'albero della vita in mezzo al giardino e l'albero della conoscenza del bene e del male[4]. [...]

Il Signore Dio prese l'uomo e lo pose nel giardino di Eden, perché lo coltivasse e lo custodisse.

Il Signore Dio diede questo comando all'uomo: «Tu potrai mangiare di tutti gli alberi del giardino, ma dell'albero della conoscenza del bene e del male non devi mangiare, perché, quando tu ne mangiassi, certamente moriresti[5]».

E il Signore Dio disse: «Non è bene che l'uomo sia solo: gli voglio fare un aiuto che gli sia simile[6]». [...]

Allora il Signore Dio fece scendere un torpore[7] sull'uomo, che si addormentò; gli tolse una delle costole e richiuse la carne al suo posto. Il Signore Dio plasmò con la costola, che aveva tolto all'uomo, una donna[8] e la condusse all'uomo. [...]

Ora tutti e due erano nudi, l'uomo e sua moglie, ma non ne provavano vergogna.

---

1. faceva salire ... il suolo: questa è una traccia che ci segnala che l'ambiente fisico in cui è stato elaborato questo testo è il mondo mesopotamico, la cui economia agricola si basava sulla capacità di fertilizzare la terra mediante un'intensa opera di canalizzazione delle acque.

2. uomo: il nome comune per indicare la specie umana in ebraico è *adàm*, che diventa poi il nome proprio del primo uomo.

3. un giardino in Eden: è il giardino che noi chiamiamo «Paradiso terrestre»; l'espressione «giardino dell'Eden» corrisponde all'ebraico *gan 'eden*, che significa «giardino di delizia». Nella traduzione, dunque, *'eden* (che significa «delizia») è divenuto il nome proprio di questo particolare giardino biblico. In merito alla sua collocazione reale sono state formulate molte ipotesi: oggi per lo piú si ritiene che si tratti di un luogo a noi sconosciuto, ma realmente esistito e poi idealizzato.

4. l'albero della ... male: è la pianta che rappresenta il simbolo dell'attributo proprio di Dio, l'unico che può stabilire le leggi morali.

5. quando tu ... moriresti: la proibizione divina ha un significato morale, perché vieta all'uomo di voler acquisire le prerogative dello stesso dio, e la punizione è costituita dalla perdita dell'immortalità.

6. gli voglio ... simile: dunque Dio pensa di dar vita a una nuova creatura che abbia questi due requisiti: che possa aiutare l'uomo e che gli somigli.

7. torpore: sonnolenza.

8. una donna: inizialmente designata col nome comune, solo piú avanti riceve il proprio nome di Eva, dall'ebraico *hauà*.

La tentazione e la caduta

Il serpente era la piú astuta di tutte le bestie selvatiche fatte dal Signore Dio. Egli disse alla donna: «È vero che Dio ha detto: Non dovete mangiare di nessun albero del giardino?». Rispose la donna al serpente: «Dei frutti degli alberi del giardino noi possiamo mangiare, ma del frutto dell'albero che sta in mezzo al giardino Dio ha detto: Non ne dovete mangiare e non lo dovete toccare, altrimenti morirete». Ma il serpente disse alla donna: «Non morirete affatto! Anzi, Dio sa che, quando voi ne mangiaste, si aprirebbero i vostri occhi e diventereste come Dio, conoscendo il bene e il male».

Allora la donna vide che l'albero era buono da mangiare, gradito agli occhi e desiderabile per acquistare saggezza; prese del suo frutto e ne mangiò, poi ne diede anche al marito, che era con lei, e anch'egli ne mangiò[9].

Allora si aprirono gli occhi di tutti e due e si accorsero di essere nudi; intrecciarono foglie di fico e se ne fecero cinture[10]. [...]

Poi udirono il Signore Dio che passeggiava nel giardino alla brezza del giorno e l'uomo con sua moglie si nascosero dal Signore Dio, in mezzo agli alberi del giardino. Ma il Signore Dio chiamò l'uomo e gli disse: «Dove sei?».

Rispose: «Ho udito il tuo passo nel giardino: ho avuto paura, perché sono nudo, e mi sono nascosto».

Riprese: «Chi ti ha fatto sapere che eri nudo? Hai forse mangiato dell'albero di cui ti avevo comandato di non mangiare[11]?».

Rispose l'uomo: «La donna che tu mi hai posta accanto mi ha dato dell'albero e io ne ho mangiato». Il Signore Dio disse alla donna: «Che hai fatto?».

Rispose la donna: «Il serpente mi ha ingannata e io ho mangiato».

Allora il Signore Dio disse al serpente:

«Poiché tu hai fatto questo, sii tu maledetto piú di tutto il bestiame e piú di tutte le bestie selvatiche; sul tuo ventre camminerai e polvere mangerai per tutti i giorni della tua vita. Io porrò inimicizia tra te e la donna, tra la tua stirpe e la sua stirpe: questa ti schiaccerà la testa[12] e tu le insidierai il calcagno».

Alla donna disse: «Moltiplicherò i tuoi dolori e le tue gravidanze, con dolore partorirai figli. Verso tuo marito sarà il tuo istinto, ma egli ti dominerà[13]».

All'uomo disse: «Poiché hai ascoltato la voce di tua moglie e hai mangiato dell'albero, di cui ti avevo comandato: "Non ne devi mangiare", maledetto sia il suolo per causa tua! Con dolore ne trarrai il cibo per tutti i giorni della tua vita. Spine e cardi[14] produrrà per te e mangerai l'erba campestre. Con il sudore del tuo volto mangerai il pane; finché tornerai alla terra, perché da essa sei stato tratto: polvere tu sei e in polvere tornerai!».

L'uomo chiamò la moglie Eva, perché essa fu la madre di tutti i viventi.

Il Signore Dio fece all'uomo e alla donna tuniche di pelli e li vestí. Il Signore Dio disse allora: «Ecco l'uomo è diventato come uno di noi, per la cono-

Masolino, *Peccato originale*, 1424-1425. Firenze, Chiesa del Carmine, Cappella Brancacci.

---

9. ne mangiò: la proibizione che l'uomo e la donna infrangono, cedendo all'inganno del serpente, significa che la distinzione del bene e del male spetta solo a Dio. Con la loro colpa le due creature si attribuiscono il diritto di decidere da soli nell'ambito della morale. Cosí facendo, rinnegano la condizione di creature dipendenti dal Creatore; il loro peccato, dunque, piú che di disobbedienza, è di orgoglio e di ribellione.

10. si aprirono ... cinture: con il loro peccato, l'uomo e la donna hanno perduto la loro innocenza morale e sono divenuti incapaci di considerare con purezza la nudità dei propri corpi.

11. Hai forse ... non mangiare: il senso della vergogna per la nudità del corpo è per Dio il segnale che i due hanno perduto il senso dell'innocenza, e ciò può essere avvenuto solo per la disobbedienza all'ordine di astenersi dal mangiare i frutti dell'albero della conoscenza.

12. Io porrò ... testa: secondo la tradizione cristiana, queste parole preannunciano la salvezza del genere umano mediante la presenza di Maria, madre di Gesú.

13. Verso tuo marito ... ti dominerà: il rapporto tra i due sessi, che doveva essere di aiuto e di vicendevole completamento, dopo la colpa viene modificato con l'introduzione della sensualità e del desiderio di potere.

14. cardi: nome generico di varie piante erbacee dalle foglie spinose.

15. l'uomo è diventato ... e del male: si tratta di un'espressione ironica, perché Adamo ed Eva non hanno acquisito, come promesso dal serpente, la saggezza pari a Dio; al contrario, essi hanno perduto il bene piú grande concesso da Dio, e cioè l'immortalità, sicché, come espresso subito dopo, hanno il divieto di mangiare dall'albero della vita e cosí vivere sempre.

scenza del bene e del male[15]. Ora, egli non stenda piú la mano e non prenda anche dell'albero della vita, ne mangi e viva sempre[16]!». Il Signore Dio lo scacciò dal giardino di Eden, perché lavorasse il suolo da dove era stato tratto. Scacciò l'uomo e pose ad oriente del giardino di Eden i cherubini[17] e la fiamma della spada folgorante, per custodire la via all'albero della vita[18].

16. ne mangi e viva sempre: per dare esecuzione alla propria condanna, Dio negò all'uomo l'immortalità, ma gliene lasciò il desiderio.

17. i cherubini: angeli che la *Bibbia* chiama cosí con reminiscenza di figure divine mesopotamiche, rappresentate con teste umane, corpo di toro e ali di aquila.

18. per custodire ... vita: per impedire di avvicinarsi all'albero della vita.

Entriamo nel testo

Il racconto della creazione

L'atto della creazione narrato in questo brano può sembrare una ripetizione del racconto del passo precedente; in effetti esso costituisce un ampliamento del racconto della creazione originariamente composta da un autore diverso dal primo, ma presto entrata a far parte del sacro e intoccabile testo biblico. Non si pone, dunque, in contraddizione con il racconto precedente, ma ne rappresenta l'approfondimento, narrando i particolari della creazione dell'uomo, creatura centrale nell'universo, e subito dopo della sua compagna. La *Genesi* presenta, dunque, la donna come complemento necessario dell'uomo e pone cosí le basi dell'istituto familiare che Dio stesso santifica.

I significati e i simboli dell'episodio

Dopo aver dato origine al mondo nei suoi aspetti cosmici e naturali, Dio crea l'umanità, con l'intenzione di renderla sovrana sulla terra. Ma il male, che prende la forma di un serpente, si insinua negli esseri umani e crea il motivo per la punizione divina, sicché la neonata stirpe umana viene relegata al rango di essere vivente tormentato dal dolore, dalle malattie e dalla morte, incapace di comprendere il proprio destino perché privato della possibilità di avere una natura simile, seppur inferiore, a quella divina. Questa è, dunque, la spiegazione che la religione ebraica offre dei limiti angusti dentro i quali si muove l'umanità: l'uomo è stato creato da Dio per essere felice, ma non si è mostrato degno dei doni divini, si è macchiato di una grave colpa sin dalle origini della sua storia (il **peccato originale**)

ed è cosí obbligato a vivere un'esistenza di sacrifici e a guadagnarsi con sforzi e dolori tutto ciò che vuole ottenere.
La grande novità della morale monoteista ebraica, rispetto alla visione dei popoli mesopotamici precedenti, consiste nella concezione di un Dio creatore che è stato buono e generoso, ma che toglie i suoi doni agli uomini perché se ne sono resi indegni; diversamente, l'uomo mesopotamico – come abbiamo visto attraverso la storia di Gilgamesh – si trova di fronte a divinità capricciose e a un destino di malattie e di morte, a cui non può in alcun modo sottrarsi.
Nella *Genesi* confluiscono vari elementi appartenenti alla tradizione culturale mesopotamica, che sono rielaborati secondo lo spirito religioso del popolo ebraico. Esaminiamoli singolarmente.

- Il **giardino delle delizie**. Nella Mesopotamia arida e ardente, in cui la vegetazione e i prodotti della terra sono ottenuti solo mediante il faticoso lavoro di canalizzazione delle acque dei fiumi, un giardino verdeggiante e rigoglioso è raro e prezioso cosicché diventa, nell'immaginario collettivo, il simbolo di ogni luogo perfetto in cui vivere felice e senza preoccupazioni. Le tradizioni culturali successive hanno conservato questo nucleo mitico, adattandolo alle proprie necessità narrative: nella *Genesi* diviene il luogo fertile e rigoglioso in cui Dio colloca il primo uomo creato, affinché possa viverci con serenità e senza alcun problema esistenziale.
La grande portata simbolica dell'Eden è manifestata dal fatto che essere cacciati

da questo luogo è, per Adamo ed Eva, la massima punizione che Dio decreta per la loro disobbedienza; fuori da esso, gli esseri umani andranno incontro a ogni dolore: la donna conoscerà il dolore nella procreazione e nel parto, e l'uomo dovrà procurarsi i mezzi della sopravvivenza con sudore e fatica.
Il giardino è divenuto, nella traduzione greca del testo biblico, *paràdeisos*, da cui si è diffusa l'espressione *paradiso terrestre* per indicare l'Eden; inoltre, in tutta la tradizione cristiana successiva, il termine *paradiso* (che originariamente significa «giardino»), è stata usata per indicare il luogo della massima felicità che le anime dei buoni raggiungono dopo la morte.
Il mito del giardino delle delizie è presente anche in altri contesti religiosi, come il buddismo e l'islamismo, in cui sempre è raffigurato come la sede dei giusti, esonerati dalle malattie, dal dolore e dalla morte. Nella cultura greca l'equivalente di questo mito è rappresentato dalla pianura Elisia, situata all'estremo occidente del mondo e destinata alle anime dei buoni e giusti per una felice vita ultraterrena.

- L'**albero della conoscenza** costituisce un elemento di forte valore simbolico, sia perché si collega a tutta una tradizione mitica relativa a una pianta cosmica o della vita, sia perché è legato alla grande problematica dei limiti della conoscenza umana. In tutte le tradizioni culturali, sin dalle più antiche, l'albero è fonte di ispirazione di miti. Abbiamo visto, nelle vicende di Gilgamesh, che la sola possibilità concessa per riacquistare e mantenere giovinezza e vigore è rappresentata dalla pianta della gioventù, perdendo la quale cade ogni altra speranza di prolungare il tempo della vita umana. Peraltro, le molte raffigurazioni di alberi della vita presenti in varie forme artistiche mesopotamiche (sculture, sigilli, bassorilievi) testimoniano che in questa area geografica era comune e diffusa l'associazione delle piante con la vitalità. Sono presenti piante cosmiche e della vita anche in differenti e lontane mitologie, come quelle germaniche e scandinave, nelle quali il frassino Yggdrasil è capace di mettere in comunicazione i mondi sotterraneo, terrestre e celeste.

Anche la tradizione ebraica fa ruotare attorno a un albero la vicenda che costituisce l'elemento determinante per spiegare la limitazione dell'identità esistenziale umana: il divieto divino, infatti, si appunta su un particolare albero e sui suoi frutti. Tuttavia, questo albero biblico si discosta dalle altre tradizioni per una particolare connotazione: esso non ha solo un potere di dare vitalità o sopravvivenza fisica, ma addirittura un potere morale, quello della conoscenza del bene e del male. Questa conoscenza è posseduta solo da Dio, l'unico giudice supremo che può determinare che cosa è bene e che cosa è male, e quindi stabilire tutte le leggi morali. Pertanto, infrangendo il divieto divino di mangiare il frutto proibito, Adamo ed Eva non hanno commesso un semplice atto di disobbedienza, ma hanno voluto superare il confine invalicabile che separa gli uomini dalla divinità e hanno tentato di usurpare il privilegio di stabilire autonomamente i propri valori morali e di possedere la saggezza. Ma nell'istante del peccato la condizione umana mutò radicalmente e perdette la propria

Tiziano, *Adamo e Eva*, 1550 circa. Madrid, Museo Nazionale del Prado.

innocenza: la nudità non fu piú avvertita con purezza, ma come colpa e quindi come capacità di errore. Nacque cosí la necessità di procurare una copertura per i corpi che la nudità ha reso fragili e capaci di sbagliare. Inoltre, invece di arricchirsi di ogni forma di sapere, l'uomo acquisí solo la consapevolezza della propria fragilità e limitatezza.

- Al **serpente** il mondo semitico attribuiva una serie di caratteri sovrumani derivanti dall'osservazione della sua forma e del suo comportamento: avanza strisciando per terra, si avvicina e si insinua nei luoghi nascostamente, colpisce di sorpresa. Era, quindi, considerato una divinità capace di custodire i templi e la vegetazione, ma anche subdolo aggressore e simbolo della magia nera e diabolica. È proprio il serpente che segna la sconfitta definitiva delle ricerche di Gilgamesh: ghermisce il ramoscello che assicura l'eterna giovinezza e lo sottrae all'eroe traendo per sé il miracolo della vita rinvigorita. Anche nell'epopea mesopotamica, come in tutta la tradizione biblica, l'animale rappresenta un ostacolo sulla via del raggiungimento del benessere e un subdolo nemico dell'uomo.

Esercizi

- **Comprensione e interpretazione**

1. Con quale materiale Dio crea l'uomo? Con quale gesto gli dà la vita?
2. Come viene creata la donna? Qual è la sua funzione originaria?
3. I vari elementi del mondo, astrali e naturali, sono creati, come visto nel brano ... *E Dio creò il cielo e la terra...* (vedi pag. 55) dal Dio biblico dal nulla: i due primi esseri umani, l'uomo e la donna, vengono creati dal nulla, oppure prendono forma mediante l'utilizzazione di materiali già esistenti?
4. A quale scopo Dio colloca l'uomo nel giardino dell'Eden? Quali sono le condizioni di vita di Adamo ed Eva nell'Eden?
5. Per quale motivo, secondo te, l'uomo e la donna, pur essendo nudi, non provano alcuna vergogna? Indica, tra le seguenti, la risposta che riflette maggiormente il tuo pensiero:
    a. perché non si sono accorti di essere diversi;
    b. perché si comportano come le altre creature viventi;
    c. perché non danno importanza alla loro diversità;
    d. perché la loro mente è pura e incapace di pensare il male;
    e. perché non esistono ancora i vestiti.
6. Con quali argomenti il serpente convince Eva a mangiare il frutto proibito?
7. In quale momento Adamo ed Eva si accorgono di essere nudi? Quali azioni compiono come conseguenza della nudità?
8. Cerca di spiegare il motivo per cui Adamo prova paura quando sente la presenza di Dio nel giardino: si vergogna di mostrare a Dio la forma del suo corpo? Teme che Dio scopra la sua disobbedienza? Suppone che Dio conosca la sua disobbedienza?
9. Per quale motivo il Signore chiede se essi abbiano mangiato il frutto dell'albero proibito?
10. È Adamo o Eva a rispondere alla domanda del Signore?
11. Con quali maledizioni Dio esprime la sua condanna nei riguardi del serpente?
12. Qual è la punizione decretata per la donna? E quale per l'uomo?

Mito e testi sacri : **La Bibbia**

13. Spiega con parole tue il significato dell'espressione rivolta all'uomo da Dio: *polvere tu sei e in polvere tornerai* (riga 61).

14. Che cosa fa Dio per impedire che gli esseri umani possano avvicinarsi all'albero della vita?

- **Competenza testuale**

15. Suddividi il testo in sequenze, indicando sinteticamente il contenuto di ciascuna di esse.

16. Ricerca nel testo tutte le espressioni che servono a indicare e definire le caratteristiche dell'albero della conoscenza.

17. Sono presenti nel testo discorsi indiretti, oppure le parole dei personaggi sono riportate solo mediante i discorsi diretti?

- **Produzione**

18. Racconta in un riassunto il contenuto del brano trasformando i discorsi diretti in forma di discorsi indiretti.

---

per l'**INVALSI** con *Eugenio*

1. Quale evento viene descritto con maggiore ampiezza nel testo?

- **a.** ☐ La creazione di Adamo.
- **b.** ☐ La creazione di Eva.
- **c.** ☐ La tentazione del serpente a Eva.
- **d.** ☐ La maledizione e la condanna di Dio.

2. Il testo, nella sua interezza, presenta un tema centrale. Quale?

- **a.** ☐ Il comportamento colpevole del serpente tentatore.
- **b.** ☐ L'origine della presenza del dolore e della morte nella vita umana.
- **c.** ☐ La cacciata dal paradiso terrestre di Adamo ed Eva.
- **d.** ☐ L'inizio dei rapporti tra Dio e gli esseri umani.

3. In quale modo Dio dà origine e vita all'uomo? Rintraccia nel testo le parole che descrivono i gesti di Dio.

....
....
....

4. In quale modo Dio crea la donna? Rintraccia nel testo le parole che lo descrivono.

....
....
....

5. Che cosa ordina Dio all'uomo dopo averlo collocato nel giardino di Eden?

- **a.** ☐ Di custodire e coltivare insieme alla donna gli alberi del giardino.
- **b.** ☐ Di vivere con la donna nel giardino senza però uscire dai suoi confini.

c. ☐ Di nutrirsi mangiando i frutti prodotti da tutti gli alberi presenti nel giardino.
d. ☐ Di mangiare i frutti di tutti gli alberi eccetto quelli dell'albero della conoscenza.

6. La donna, rivolgendosi al serpente, parla di un albero «che sta in mezzo al giardino di Dio» (riga 29). A quale albero si riferisce?

....

....

....

7. Il serpente esorta la donna a mangiare un frutto dell'albero proibito sostenendo che:
a. ☐ è il piú bello e il piú buono tra tutti i frutti del giardino.
b. ☐ mangiandolo, lei e l'uomo acquisteranno la vita eterna.
c. ☐ non è vero che Dio ha proibito di mangiare quel frutto.
d. ☐ mangiandolo, lei e l'uomo acquisteranno la conoscenza.

8. Dio comprende che l'uomo ha mangiato il frutto proibito per il fatto che:
a. ☐ l'uomo si è nascosto tra gli alberi.
b. ☐ vede che l'uomo è nudo.
c. ☐ l'uomo ha avuto paura di lui.
d. ☐ l'uomo si è accorto di essere nudo.

9. Perché l'uomo e la donna, prima di aver mangiato il frutto proibito, non si sono accorti di essere nudi?
a. ☐ Perché ancora gli esseri umani non usano coprirsi.
b. ☐ Perché non hanno fatto a attenzione al loro corpo.
c. ☐ Perché non credono di essere diversi dagli animali.
d. ☐ Perché non hanno ancora l'idea del male.

10. Nella frase «Poiché tu hai fatto questo, sii tu maledetto piú di tutto il bestiame e piú di tutte le bestie selvatiche» (righe 49-50) a che cosa si riferisce il pronome «questo»?
a. ☐ Al fatto che il serpente si è avvicinato alla donna e ha parlato con lei.
b. ☐ Al fatto che il serpente è salito lungo il tronco dell'albero della conoscenza.
c. ☐ Al fatto che il serpente ha convinto la donna e l'uomo a disobbedire a Dio.
d. ☐ Al fatto che il serpente ha rivelato alla donna il segreto dell'albero della conoscenza.

11. L'autore del testo riporta le parole dei personaggi mediante:
a. ☐ discorsi diretti.
b. ☐ discorsi indiretti.
c. ☐ un commento personale.
d. ☐ una descrizione.

12. Come ultima punizione Dio condanna gli esseri umani a:
a. ☐ non avere la conoscenza del bene e del male.
b. ☐ non avere l'immortalità.
c. ☐ provare vergogna della nudità del corpo.
d. ☐ lavorare la terra per nutrirsi.

Mito e testi sacri | La Bibbia

Anonimo
Noè e il diluvio

• *La Sacra Bibbia*, trad. a cura della C.E.I., Edizioni PIEMME, Casale Monferrato, 1988 (*Genesi*, 6, 9-8)

IN SINTESI: Gli uomini si sono moltiplicati sulla terra, ma sono diventati sempre più malvagi. Il Signore si pente di averli creati e decide di sterminarli. Il solo Noè si è mantenuto buono e giusto e il Signore decide di salvare lui e la sua famiglia. Gli dà, quindi, istruzioni su come costruire una grande imbarcazione, capace di contenere anche gli animali di tutte le specie a coppie, sicché possano riprodursi e ripopolare la terra, una volta esaurito il diluvio. Noè esegue fedelmente le istruzioni del Signore e rimane sull'arca per tutto il tempo in cui le acque inondano la terra annientando tutte le forme di vita, uomini e animali. Infine, quando le acque iniziano a ritirarsi e l'arca si posa sui monti dell'Ararat, Noè sbarca e compie un solenne rito di ringraziamento a Dio.

Questa è la storia di Noè. Noè era uomo giusto e integro tra i suoi contemporanei e camminava con Dio[1]. Noè generò tre figli: Sem, Cam e Iafet[2]. Ma la terra era corrotta davanti a Dio e piena di violenza. Dio guardò la terra ed ecco essa era corrotta, perché ogni uomo aveva pervertito la sua
5 condotta[3] sulla terra.
Allora Dio disse a Noè: «È venuta per me[4] la fine di ogni uomo perché la terra, per causa loro, è piena di violenza; ecco, io li distruggerò insieme con la terra. Fatti un'arca[5] di legno di cipresso, dividerai l'arca in scompartimenti e la spalmerai di bitume dentro e fuori. Ecco come devi farla: l'arca
10 avrà trecento cubiti di lunghezza, cinquanta di larghezza e trenta di altezza[6]. Farai nell'arca un tetto e a un cubito più sopra la terminerai; da un lato metterai la porta dell'arca. La farai a piani: inferiore, medio e superiore. Ecco, io manderò il diluvio, cioè le acque, sulla terra, per distruggere sotto il cielo ogni carne in cui è alito di vita[7], quanto è sulla terra perirà. Ma con
15 te io stabilisco la mia alleanza[8]. Entrerai nell'arca tu e con te i tuoi figli, tua moglie e le mogli dei tuoi figli. Di quanto vive, di ogni carne[9], introdurrai nell'arca due di ogni specie, per conservarli in vita con te: siano maschio e femmina. Degli uccelli secondo la loro specie, del bestiame secondo la propria specie e di tutti i rettili della terra secondo la loro specie, due d'o-
20 gnuna verranno con te, per essere conservati in vita. Quanto a te, prenditi ogni sorta di cibo da mangiare e raccoglilo presso di te: sarà di nutrimento per te e per loro». [...]

---

1. camminava con Dio: espressione biblica usata per dire che Noè viveva rispettando le regole e i principi morali coerenti con la volontà di Dio.
2. Sem, Cam e Iafet: secondo la tradizione biblica dai discendenti dei tre figli di Noè derivarono le popolazioni che si diffusero sulla terra dopo il diluvio. I discendenti di Sem furono i Semiti, che abitarono le regioni del Vicino Oriente, ovvero la Mesopotamia, la penisola arabica e la Palestina; da Cam derivarono i Camiti, che popolarono l'Africa; i discendenti di Iafet si sparsero nell'Europa e in parte dell'Asia.
3. aveva ... condotta: aveva cominciato a vivere in disaccordo con i principi morali.
4. È venuta per me: ho deciso.
5. arca: vedi nota 7 a pag. 45.
6. l'arca ... altezza: il cubito era una unità di misura equivalente a circa 50 centimetri. Pertanto, l'arca misurava circa 156 metri di lunghezza, 26 di larghezza e 15 di altezza, con una superficie di circa 4.000 metri quadri.
7. ogni carne ... vita: ogni essere vivente, uomini e animali.
8. con te ... alleanza: l'espressione «stabilire l'alleanza» si ripropone più volte nell'*Antico Testamento*, nelle occasioni in cui Dio dichiara il proprio favore e la propria protezione nei riguardi di un singolo uomo (Noè, Abramo) o dell'intero popolo di Israele.
9. di ogni carne: di ogni animale.

10. nell'anno ... Noè: l'età è quantificata in modo irreale, secondo un criterio di misurazione evidentemente differente dal nostro.

11. nel secondo mese: secondo il calendario su cui è basato questo racconto, l'anno si divide in 12 mesi di circa 30 giorni, ciascuno secondo il corso della luna; il primo mese corrisponde all'inizio della primavera, tra marzo e aprile.

12. le sorgenti ... si aprirono: durante la creazione, Dio aveva diviso la massa oceanica (l'*abisso*) in acque superiori o celesti e acque inferiori o terrestri; dal ritirarsi di queste ultime era emersa la terra asciutta. Adesso le acque inferiori e sotterranee invadono di nuovo la terra attraverso le sorgenti, mentre le acque del cielo precipitano sulla terra aprendosi dei passaggi (*le cateratte*). Le acque che sommergono la terra, distruggendo uomini e animali, rappresentano un ritorno alla situazione iniziale dell'universo, come conseguenza dello sdegno divino per la corruzione in cui è caduto il creato.

13. il Signore ... lui: è il segnale della benedizione di Dio, una sorta di sigillo, all'operazione di imbarco messa in atto da Noè.

Dopo sette giorni, le acque del diluvio furono sopra la terra; nell'anno seicentesimo della vita di Noè[10], nel secondo mese[11], il diciassette del mese, proprio in quello stesso giorno eruppero tutte le sorgenti del grande abisso 25 e le cateratte del cielo si aprirono[12]. Cadde la pioggia sulla terra per quaranta giorni e quaranta notti. In quello stesso giorno entrò nell'arca Noè con i figli Sem, Cam e Iafet, la moglie di Noè, le tre mogli dei suoi tre figli: essi e tutti i viventi secondo la loro specie e tutto il bestiame secondo la sua specie e tutti i rettili che strisciano sulla terra secondo la loro specie, tutti i 30 volatili secondo la loro specie, tutti gli uccelli, tutti gli esseri alati. Vennero dunque a Noè nell'arca, a due a due, di ogni carne in cui è il soffio di vita. Quelli che venivano, maschio e femmina d'ogni carne, entrarono come gli aveva comandato Dio: il Signore chiuse la porta dietro di lui[13].

Il diluvio durò sulla terra quaranta giorni: le acque crebbero e sollevarono 35 l'arca che si innalzò sulla terra. Le acque divennero poderose e crebbero molto sopra la terra e l'arca galleggiava sulle acque. Le acque si innalzarono sempre piú sopra la terra e coprirono tutti i monti piú alti che sono sotto tutto il cielo. Le acque superarono in altezza di quindici cubiti i monti che avevano ricoperto. 40

Perí ogni essere vivente che si muove sulla terra, uccelli, bestiame e fiere e tutti gli esseri che brulicano sulla terra e tutti gli uomini. Ogni essere che ha un alito di vita nelle narici, cioè quanto era sulla terra asciutta, morí. Cosí fu sterminato ogni essere che era sulla terra: dagli uomini agli animali domestici, i rettili e gli uccelli del cielo; essi furono sterminati dalla terra e 45

Michelangelo, *Diluvio Universale*, particolare, 1508-1509. Città del Vaticano, Cappella Sistina.

Mito e testi sacri — La Bibbia

rimase solo Noè e chi stava con lui nell'arca. Le acque restarono alte sopra la terra centocinquanta giorni.
Dio si ricordò di Noè, di tutte le fiere e di tutti gli animali domestici che erano con lui nell'arca. Dio fece passare un vento sulla terra e le acque si
50 abbassarono. Le fonti dell'abisso e le cateratte del cielo furono chiuse e fu trattenuta la pioggia dal cielo; le acque andarono via via ritirandosi dalla terra e calarono dopo centocinquanta giorni. Nel settimo mese, il diciassette del mese, l'arca si posò sui monti dell'Ararat[14]. Le acque andarono via via diminuendo fino al decimo mese. Nel decimo mese, il primo giorno del
55 mese, apparvero le cime dei monti.
Trascorsi quaranta giorni, Noè aprí la finestra che aveva fatta nell'arca e fece uscire un corvo per vedere se le acque si fossero ritirate. Esso uscí andando e tornando finché si prosciugarono le acque sulla terra. Noè poi fece uscire una colomba, per vedere se le acque si fossero ritirate dal suo-
60 lo; ma la colomba, non trovando dove posare la pianta del piede, tornò a lui nell'arca, perché c'era ancora l'acqua su tutta la terra. Egli stese la mano, la prese e la fece rientrare presso di sé nell'arca. Attese altri sette giorni e di nuovo fece uscire la colomba dall'arca e la colomba tornò a lui sul far della sera; ecco, essa aveva nel becco un ramoscello di ulivo. Noè comprese che
65 le acque si erano ritirate dalla terra. Aspettò altri sette giorni, poi lasciò andare la colomba; essa non tornò piú da lui.
L'anno seicento uno della vita di Noè[15], il primo mese, il primo giorno del mese, le acque si erano prosciugate sulla terra; Noè tolse la copertura dell'arca ed ecco la superficie del suolo era asciutta. Nel secondo mese,
70 il ventisette del mese, tutta la terra fu asciutta. Dio ordinò a Noè: «Esci dall'arca tu e tua moglie, i tuoi figli e le mogli dei tuoi figli con te. Tutti gli animali d'ogni specie che hai con te, uccelli, bestiame e tutti i rettili che strisciano sulla terra, falli uscire con te, perché possano diffondersi sulla terra, siano fecondi e si moltiplichino su di essa».
75 Noè uscí con i figli, la moglie e le mogli dei figli.
Tutti i viventi e tutto il bestiame e tutti gli uccelli e tutti i rettili che strisciano sulla terra, secondo la loro specie, uscirono dall'arca.
Allora Noè edificò un altare al Signore; prese ogni sorta di animali e di uccelli e offrí olocausti[16] sull'altare.
80 Il Signore ne odorò la soave fragranza e disse tra sé: «Non maledirò piú il suolo a causa dell'uomo, perché l'istinto del cuore umano è incline al male fin dall'adolescenza[17]; né colpirò piú ogni essere vivente come ho fatto. Finché durerà la terra, seme e messe[18], freddo e caldo, estate e inverno, giorno e notte non cesseranno».

14. monti dell'Ararat: regione montuosa che è chiamata nei testi assiri Urartu ed è situata nell'Armenia, nella parte orientale della Turchia presso i confini con l'Iran.
15. L'anno ... Noè: Noè è dunque rimasto nell'arca circa un anno, tanto quanto è durato il dilagare delle acque sulla terra.
16. olocausti: rito sacro consistente nel bruciare gli animali sacrificati. Questo sostantivo deriva dall'aggettivo greco *holocàustos* che significa «completamente bruciato», ed è composto dall'aggettivo *hòlos*, «tutto intero», e dal verbo *kàio*, «bruciare».
17. l'istinto ... adolescenza: a causa del primo ma fondamentale peccato, detto infatti «originale», di Adamo ed Eva, la natura degli esseri umani ha perduto la primitiva purezza divenendo debole e incline al male.
18. seme e messe: semina e raccolto.

Entriamo nel testo

Caratteristiche del testo biblico
La tradizione del popolo ebraico, come quella cristiana, considera sacro il testo biblico ritenendolo ispirato da Dio, e quindi gli attribuisce la proprietà di esporre la vera storia dell'umanità e in particolare del «popolo eletto», gli ebrei. Anche i fatti piú antichi, a partire dalla creazione del mondo e degli uomini, non sono interpretati come miti o leggende (come accade, invece, nelle civiltà mesopotamiche e nella cultura greca), ma come storia: questo fatto è la base per spiegare le particolari caratteristiche del testo biblico e della *Genesi* in particolare.

La concezione progressiva del tempo

Il racconto delle vicende dei primi esseri umani e dei discendenti di Adamo ha l'andamento di un vero testo storico, caratterizzato da precise indicazioni temporali, anche se i criteri utilizzati producono risultati per noi incredibili: ad esempio, il fatto che Adamo visse per 930 anni e suo figlio Set per 905 e che Noè affrontò il diluvio a 600 anni di età.

La prima caratteristica della tradizione culturale ebraica è che essa ha del tempo una *concezione progressiva*: ciò significa che il progredire del tempo è visto come una linea che si dirige sempre in avanti. Questo è un aspetto rilevante perché, diversamente da quella ebraica, le culture più antiche ebbero riguardo al tempo anche una *visione ciclica* (cioè «che si ripete a intervalli periodici»), tipica delle narrazioni mitologiche. Questa visione attribuisce agli avvenimenti la proprietà di svilupparsi compiendo cicli che si ripetono a intervalli regolari in modo analogo a quanto accade in molti aspetti della natura: il corso del sole si verifica puntualmente ogni giorno, la luna fa il suo ciclo completo in un mese, le stagioni si ripropongono ogni anno apportando in un ciclo continuo il rinnovarsi degli stessi prodotti del suolo, gli animali si riproducono e hanno un genere di esistenza apparentemente uguale e ripetitivo. Sulla base di queste osservazioni, queste antiche culture attribuivano anche agli eventi degli dèi e degli uomini la capacità di ripetersi come se compissero giri completi. Nel testo biblico, invece, questa visione ciclica è completamente assente, perché le vicende del mondo, dopo l'iniziale creazione da parte di Dio, hanno assunto un movimento sempre rivolto in avanti, in coerenza con la morale religiosa: il mondo ha avuto un preciso momento di inizio con la creazione divina, e da allora procede verso la realizzazione del disegno formulato dal Creatore, cioè la salvezza e la glorificazione di tutti gli uomini della terra.

Le leggi morali usate per spiegare gli eventi

Il racconto del diluvio, dunque, rappresenta un momento di evoluzione nella storia dei rapporti tra Dio e gli uomini: gli esseri umani si sono corrotti e il Creatore, sdegnato con essi, decide di punirli, salvando però un uomo giusto al quale affidare il ripopolamento della terra (secondo una visione ciclica, invece, Dio avrebbe potuto annientare l'umanità e ripetere la creazione). Il diluvio, che apparentemente sembra una catastrofe naturale, in realtà è un castigo voluto da Dio.

Anche nel racconto delle imprese di Gilgamesh è presente l'evento del diluvio; tuttavia nel poema mesopotamico esso appare stabilito dagli dèi senza una giustificazione o un motivo rapportato al comportamento degli uomini, e anche la sopravvivenza a Utnapishtim viene offerta dal dio Ea come un dono gratuito e privo di motivazione. Appare chiaro, dunque, che il popolo ebraico riteneva che gli eventi della storia accadessero per volere di Dio, che premiava o puniva gli uomini secondo il valore morale dei loro comportamenti.

Le componenti mitiche della storia di Noè

Il racconto del diluvio biblico è finalizzato a evidenziare l'atto morale della punizione divina, tuttavia esso è plasmato su un nucleo narrativo già esistente nella tradizione mesopotamica, utilizzato anche nel racconto di Gilgamesh. Si possono riconoscere facilmente gli elementi derivanti dalla tradizione narrativa popolare: la struttura dell'arca, la durata del diluvio, l'estensione delle acque sulla terra, la presenza degli animali sull'arca, l'approdo dell'arca su un monte, l'utilizzazione di un volatile per scoprire la presenza della terra asciutta. Tutti questi elementi erano stati elaborati nell'ambito dell'antica cultura sumerica e sono stati conservati nella memoria dei discendenti di Abramo anche quando si sono allontanati dalla terra di Ur; infine, al momento della sua composizione, sono confluiti nel racconto biblico, mescolandosi con altri elementi che caratterizzano il modo narrativo di questo, come l'elencazione degli animali scelti per entrare nell'arca, che si modella sulle descrizioni delle famiglie di animali nell'atto della creazione.

Mito e testi sacri | La Bibbia

Esercizi

Competenza trasversale:

ⓐ Acquisire ed interpretare l'informazione
ⓑ Individuare collegamenti e relazioni
ⓒ Comunicare
ⓓ Comunicare nelle lingue straniere

- **Comprensione e interpretazione**

1. Per quale motivo Dio stabilisce di sterminare il genere umano? Perché invece offre la salvezza a Noè?
2. Descrivi l'arca costruita da Noè.
3. Seguendo le indicazioni presenti nel testo relative al passare del tempo, fai uno schema in cui emerga la durata di ognuna delle fasi in cui si articolano gli eventi della storia del diluvio.
4. Che cosa fa Dio per porre termine al diluvio?
5. In quale modo Noè sa che le acque si sono ritirate e il suolo è asciutto?
6. Che cosa fa Noè appena uscito dall'arca? Quale promessa riceve da parte di Dio?

- **Competenza testuale**

7. Fai l'elenco degli animali che vengono imbarcati da Noè sull'arca, quindi ponilo a confronto con quello relativo alla creazione degli animali presente in ... *E Dio creò il cielo e la terra...* (vedi pag. 55), mettendo in evidenza le somiglianze e le differenze tra le espressioni usate nei due testi.
8. Suddividi il testo in sequenze indicando il contenuto di ognuna di esse.
9. Indica quali, tra le sequenze, sono di natura narrativa e quali di natura descrittiva.

- **Produzione**

10. Poni a confronto il racconto dell'arca di Noè con quello del diluvio fatto da Utnapishtim secondo il percorso che ti proponiamo.
    - Da chi viene esortato a costruire l'arca?
    - Qual è la forma dell'arca?
    - Quali persone si imbarcano sull'arca?
    - Quali animali entrano nell'arca?
    - Quanto tempo dura il diluvio?
    - Dove approda l'arca?
    - Quali animali sono inviati in avanscoperta?
    - In quale modo è descritto lo sbarco?
    - Come si realizza il ringraziamento alla divinità?
    - Quale dono riceve dalla divinità dopo il diluvio?

11. Racconta in un riassunto il contenuto del brano trasformando i discorsi diretti in forma di discorsi indiretti.

Mitologia greca e latina

È nei primi secoli dopo Cristo che l'intero patrimonio mitologico greco è stato unificato e organizzato. Quest'opera è stata compiuta da Apollodoro, che mise insieme molteplici, e spesso divergenti, versioni dei miti nella sua *Biblioteca*, che costituisce il più completo repertorio di motologia greca. Un'altra opera, questa volta latina, che raccoglie il patrimonio mitologico classico è quella del poeta latino Ovidio intitolata le *Metamorfosi*. Al mito si sono ispirati inoltre artisti di tutte le epoche, da quelli del mondo greco-latino ai moderni.

Epica e mito a confronto

Il poema epico e il mito hanno molto in comune, ma non sono la stessa cosa.
I **poemi epici** sono composizioni che appartengono al **genere letterario** dell'*epica*, e di questo genere possiedono i caratteri distintivi:

- sono narrazioni in *versi*;
- il linguaggio ha uno *stile alto e solenne*;
- raccontano vicende di cui sono protagonisti *personaggi eccezionali*;
- rappresentano i *valori dell'intera comunità* in cui sono elaborati;
- si attribuiscono un'*ispirazione divina*, espressa dall'invocazione alla Musa all'inizio del proemio;
- presentano una *narrazione oggettiva* dei fatti, il narratore dei quali è esterno e onnisciente.

Diversamente, **i miti** non costituiscono un genere letterario autonomo, definito mediante proprie caratteristiche: essi costituiscono un **tipo particolare di racconti** che riguardano un evento, una vicenda o un personaggio e forniscono la **materia per** svariati **generi letterari e artistici**.
I miti, e in particolare i racconti mitici, hanno caratteristiche simili ma non identiche all'epica:

- riguardano fatti meravigliosi o personaggi eccezionali, straordinari e lontani dal normale mondo umano (dèi, eroi), che acquistano il valore di *modelli esemplari*;
- sono elaborati dalle *società primitive* antiche come *risposte a domande* sugli aspetti ignoti del mondo e della vita;
- sono elaborati anche nella *cultura moderna e contemporanea*, trasformandosi in *simboli*, attraverso l'attribuzione a persone o a oggetti di un significato e di un valore superiore a quello che hanno nella vita quotidiana;
- rappresentano i *valori e la mentalità della società* che li elabora.

I miti, dunque, nascono in ogni epoca e in ogni cultura, ogni volta assumendo l'aspetto adatto al loro tempo, mentre l'epica è un genere letterario che ha utilizzato il materiale (e cioè le narrazioni e i personaggi) elaborato dai racconti mitici; inoltre, il genere dell'epica non è esistito in tutte le epoche, ma solo in alcune, in dipendenza di vari fattori, fra i quali il livello di gradimento da parte del pubblico dei lettori. Vi sono stati anche alcuni scrittori di opere che parlavano soltanto dei miti o per fornirne un catalogo o una sistemazione, oppure per comporre un'opera letteraria fatta di materiale mitico; tuttavia ciò non significa che questi autori abbiano creato un genere letterario autonomo.
Il materiale mitico costituisce, dunque, un grande serbatoio di racconti che sono stati utilizzati non solo dagli autori di ogni epoca e di tanti generi letterari (l'epica, la tragedia, la lirica, la filosofia, la storiografia, l'oratoria), ma anche dagli artisti: dal mondo antico sino all'età moderna un gran numero di pittori, scultori, tessitori, vasai, artefici di oggetti di metallo hanno tratto dai miti lo spunto per le rappresentazioni nelle loro creazioni artistiche.

Mito e testi sacri | Mitologia greca e latina

Apollodoro
Una nuova stirpe dalle pietre

- Apollodoro, *Biblioteca – Il libro dei miti*, trad. di M. Cavalli, Mondadori, Milano, 1998, Libro I, 7, 2

IN SINTESI: Le prime generazioni di esseri umani meritarono, con le loro cattive azioni, l'ira del re degli dèi, il quale scatenò un grande diluvio per annientare l'umanità. Deucalione e Pirra furono tra i pochi che si salvarono, grazie alla costruzione di un'arca, e ottennero da Zeus di poter generare una nuova stirpe di uomini.

Quando Zeus[1] decise di far scomparire la stirpe umana del bronzo[2], Deucalione[3], su consiglio di Prometeo[4], costruí un'arca[5], vi imbarcò tutto il necessario, poi vi salí insieme a Pirra.
Zeus riversò dal cielo una pioggia infinita, e sommerse quasi tutta la terra
5 di Grecia: tutti gli uomini vennero distrutti, tranne quei pochi che erano fuggiti sulle cime piú alte dei monti vicini. Le montagne della Tessaglia[6] restarono isolate, e tutte le regioni fuori dall'Istmo e dal Peloponneso[7] vennero sommerse dalle acque.
L'arca di Deucalione navigò in balia del mare per nove giorni e nove notti, e
10 alla fine si fermò sul monte Parnaso[8]. Quando la pioggia cessò, Deucalione uscí e offrí un sacrificio a Zeus protettore dei fuggiaschi.
Allora il dio gli inviò Ermes[9], con l'ambasciata[10] che qualunque cosa avesse voluto gli sarebbe stata concessa: e Deucalione chiese di poter avere degli uomini. Zeus diede il suo assenso, e Deucalione cominciò a raccogliere
15 dei sassi e a gettarseli dietro le spalle: cosí, le pietre tirate da Deucalione divennero uomini, e quelle tirate da Pirra divennero donne.

---

1. Zeus: il dio ritenuto dai Greci padre e sovrano degli dèi, corrispondente al Giove romano.
2. la stirpe umana del bronzo: secondo la tradizione mitologica greca, lo sviluppo della civiltà umana è suddiviso in età che progressivamente peggiorano, e prendono il nome dai metalli: sono le età dell'oro, dell'argento, del bronzo, del ferro.
3. Deucalione: re di Ftia, è figlio di Prometeo. Ha per moglie Pirra, sua cugina in quanto figlia di Epimeteo, fratello di Prometeo, e di Pandora.
4. Prometeo: figlio del titano Giapeto, a sua volta generato da Urano e da Gea, è una figura mitica intorno a cui si è sviluppato un complesso di miti che lo vede protagonista di grandi benefici agli uomini, tra cui il dono del fuoco rubato agli dèi.
5. arca: vedi nota 7 a pag. 45.
6. Le montagne della Tessaglia: la regione della Tessaglia è situata nella Grecia settentrionale.
7. dall'Istmo e dal Peloponneso: l'Istmo è la stretta striscia di terra che collega la terra dell'Attica con la grande penisola del Peloponneso, posta a sud della Grecia. Questo istmo prende il nome dalla vicina città Corinto.
8. monte Parnaso: situato tra le regioni della Fòcide e della Beozia, a nord del golfo di Corinto. Il Parnaso, monte alto 2500 metri, era considerato dagli antichi Greci la sede delle Muse.
9. Ermes: figlio di Zeus, aveva calzature dotate di ali che gli consentivano di spostarsi a grandissima velocità; per questo era il messaggero degli dèi. I Romani lo chiamarono Mercurio.
10. ambasciata: il messaggio.

L'OPERA

Il mito di Deucalione e Pirra era noto e diffuso nel mondo greco-romano, ma a noi è pervenuto solamente attraverso l'esposizione sintetica e narrativa fatta dal greco Apollodoro e dalla composizione poetica elaborata dal romano Ovidio nelle *Metamorfosi*. La vicenda di Deucalione e Pirra si colloca in un tempo mitico molto antico, appena successivo alla nascita del mondo, degli dèi e degli uomini.

Incontro con il testo... ... epico

L'autore

Apollodoro è il nome tradizionalmente attribuito all'anonimo autore di una raccolta di narrazioni mitologiche composta in greco tra il I e il II secolo d.C., che ci è pervenuta con il titolo di *Biblioteca*. Questa opera è la sintesi di una più antica e più ampia che non ci è pervenuta se non nel titolo, *Sugli dèi*, e che comprendeva una raccolta sistematica di genealogie di dèi ed eroi (cioè la narrazione della loro origine e discendenza) con l'intento di mettere ordine nell'enorme quantità di narrazioni della mitologia greca.

Entriamo nel testo

I temi del mito
Il brano è molto sintetico, perché è stato composto all'unico scopo di presentare il semplice contenuto del mito, e dunque senza nessuna intenzione letteraria. Sono, perciò, assenti del tutto abbellimenti o elementi superflui, sicché la citazione dei personaggi e degli eventi è fitta e stringente, e tuttavia sono presenti vari elementi su cui appuntare l'attenzione.

La costruzione dell'arca. L'imbarcazione, sulla cui costruzione non sono forniti i particolari, è il frutto del suggerimento dato a Deucalione dal proprio padre Prometeo; la sua salvezza, quindi, non è motivata come premio per un buon comportamento verso gli dèi, ma evidentemente come conseguenza della protezione paterna.

Il diluvio sulla terra. L'ambiente geografico in cui viene situato l'evento è quello della Grecia, di cui sono citati anche precisi luoghi: la regione della Tessaglia, dell'Istmo di Corinto e del Peloponneso, il monte Parnaso. L'inondazione delle terre dura nove giorni, durante i quali l'umanità viene distrutta; diversamente dalle precedenti tradizioni, tra cui la *Genesi* dell'*Antico Testamento*, non viene fatto alcun accenno agli animali, ma l'attenzione si appunta solo sugli esseri umani, dei quali si salva casualmente un certo numero sulle montagne: questo particolare, che sembra sminuire la singolarità della vicenda di Deucalione e Pirra, sostiene l'idea della casualità, perché mancherebbe l'intenzione di un preciso favore divino nella salvezza dal diluvio.

La continuità della specie umana. La capacità di ripopolare la terra appare come un dono concesso da Zeus a Deucalione in cambio del suo sacrificio di ringraziamento, e non come il frutto di un precedente disegno divino. La scelta di gettare le pietre per ottenere nuove generazioni di uomini e donne è un motivo del tutto nuovo e originale, assente nelle tradizioni precedenti.

Esercizi

Competenza trasversale:

- **a** Acquisire ed interpretare l'informazione
- **b** Individuare collegamenti e relazioni
- **c** Comunicare
- **d** Comunicare nelle lingue straniere

■ **Comprensione**

1. Indica l'espressione del testo che ci spiega il motivo per cui è a Zeus che Deucalione e Pirra rivolgono il sacrificio di ringraziamento.

2. Con quale espressione viene indicata la fine del diluvio? Questo appare finire per l'intervento di una divinità?

Mito e testi sacri | Mitologia greca e latina

3. Indica, tra quelle proposte, la spiegazione che ti sembra di dover trarre dal testo riguardo alla trasformazione «miracolosa» delle pietre in esseri umani:
   a. si tratta di pietre dotate di particolari proprietà;
   b. è una maniera di poter generare esseri umani in poco tempo;
   c. Zeus opera un intervento «miracoloso» per mantenere la promessa a Deucalione;
   d. dopo il diluvio Deucalione e Pirra hanno acquisito poteri particolari.

- **Competenza testuale**

4. Il testo, pur nella sua brevità, contiene molte informazioni, tra le quali c'è un netto stacco temporale, e pertanto si può dividere in brevi sequenze. Suddividi il testo in sequenze e assegna un breve titolo a ciascuna di esse.

- **Produzione**

  5. Poni a confronto il racconto di Apollodoro con la narrazione del diluvio fatta da Utnapishtim nell'*Epopea di Gilgamesh* (vedi pag. 45), ricercando gli elementi che si presentano comuni ai due testi.

6. Racconta il contenuto della narrazione aggiungendovi anche le spiegazioni che hai potuto ricavare dalle note.

7. La parola *arca* può avere diversi significati: «cassa, sarcofago, imbarcazione». Con l'aiuto di un vocabolario, attribuisci il corretto significato con cui il termine viene usato nelle espressioni che seguono; quindi indica il significato con cui è usato nel nostro testo.
   a. L'Arca dell'alleanza conteneva le tavole della Legge degli antichi Ebrei.
   b. Quando non c'erano armadi gli abiti si conservavano in un'arca di legno.
   c. L'arca di Noè, al termine del diluvio, si posò sul monte Ararat.
   d. Nelle cattedrali si possono spesso ammirare splendide arche di marmo.

Andrea del Minga, *Deucalione e Pirra*, XVI secolo.
Firenze, Palazzo Vecchio, Studiolo.

per l'INVALSI con Eugenio

1. Il testo che hai letto è:

a. ☐ una fiaba di magia, scritta per dilettare i lettori.

b. ☐ un racconto mitico, appartenente a una tradizione culturale.

c. ☐ una favola di fantasia, scritta per dare un insegnamento.

d. ☐ la narrazione di un evento appartenente alla storia antica e realmente accaduto.

2. Dopo che l'arca è stata costruita, chi vi sale sopra?

....

3. Non tutti gli uomini vengono distrutti dalle acque della pioggia. Rintraccia nel testo le parole che descrivono gli uomini che non vennero distrutti.

....

....

....

4. Per quanto tempo Deucalione rimane sull'imbarcazione?

a. ☐ Per nove giorni e nove notti.

b. ☐ Per tutto il tempo in cui continua a piovere.

c. ☐ Finché non si ferma sul monte Parnaso.

d. ☐ Durante l'arco di quaranta giorni.

5. In quale luogo Deucalione compie un sacrifico a Zeus, dopo che la pioggia è cessata?

....

6. Analizza il periodo «Allora il dio gli inviò Ermes, con l'ambasciata che qualunque cosa avesse voluto gli sarebbe stata concessa» (righe 12-13). La proposizione «qualunque cosa avesse voluto» è una:

a. ☐ interrogativa indiretta.

b. ☐ oggettiva.

c. ☐ relativa.

d. ☐ dichiarativa.

7. Secondo questo racconto, dopo il diluvio la terra è stata popolata:

a. ☐ dai figli e dai discendenti di Deucalione e Pirra.

b. ☐ dai pochi uomini che si sono salvati sulle vette dei monti.

c. ☐ dagli esseri umani nati dalla trasformazione delle pietre.

d. ☐ dagli individui appartenenti alla stirpe umana del bronzo.

8. Gli esseri umani che popolano la terra dopo il diluvio non sono solo di sesso maschile. Rintraccia nel testo la frase che mette in evidenza questo fatto.

....

....

....

Mito e testi sacri | Mitologia greca e latina

Dal libro al film

L'alba del giorno dopo

nazione:	U.S.A.
anno:	2004
genere:	catastrofico
durata:	124'
regia:	Roland Emmerich
prodotto da:	20th Century Fox
attori:	Dennis Quaid, Jake Gyllenhaal, Emmy Rossum, Dash Mihok

Locandina del film *The Day After Tomorrow*.

La trama e i personaggi

Nell'America del 2000 il professor Jack Hall, studioso del clima, in una conferenza mondiale lancia l'allarme ecologico: a causa del surriscaldamento globale del clima le calotte polari si stanno sciogliendo; se non si correrà ai ripari le conseguenze saranno catastrofiche. Tutta la Terra sarà sommersa e distrutta dai piú disastrosi cataclismi, alla fine dei quali si andrà incontro a una nuova era glaciale. Naturalmente nessuno dà retta allo scienziato, ma le sue previsioni si avverano anche molto prima del temuto. Appena compresa la tragica fine che incombe su tutta la parte settentrionale del pianeta, Jack è doppiamente impegnato ad adoperarsi:

- per la salvezza dell'America, dato che, con la sua azione di convincimento sul presidente, cerca di fare evacuare le terre minacciate e al contempo di far sí che la lezione possa servire per le future scelte di politica ambientale;
- per la salvezza del figlio Sam, che proprio in quei giorni si è recato a New York con la sua squadra di rugby e con la ragazza che ama, Laura.

Man mano che le calotte polari si sciolgono, a una velocità impressionante, le acque del mare raggiungono il punto critico di desalinizzazione, e questo provoca una serie ininterrotta di cataclismi: chicchi di grandine grossi come arance, uragani e tornado a catena, enormi onde di maremoto, nevicate e immediate glaciazioni. Il ghiaccio gela i serbatoi di carburante di auto, aerei ed elicotteri, uccide istantaneamente ogni essere, fa sgretolare nella sua morsa ogni cosa. I modelli matematici vanno in tilt, ma alla fine Jack riesce a fare la previsione esatta: «*A tempesta finita (fra 7-10 giorni) saremo in una nuova era glaciale*». L'unica salvezza per chi si trova nelle zone critiche è rimanere in casa cercando con ogni mezzo di scaldarsi in attesa che il peggio sia passato, e, per chi ancora è nelle aree minacciate, scendere il piú possibile verso sud. Sam, in una New York invasa prima dalle acque poi dai ghiacci, trova rifugio, con Laura e uno sparuto gruppo che segue i consigli di Jack, nella biblioteca pubblica, dove riescono a sopravvivere bruciando libri e suppellettili, finché il padre non arriva a salvarli mentre la natura finalmente si placa.

La vicenda percorre dunque contemporaneamente vari binari paralleli:

- le peripezie personali di Jack, di sua moglie Lucy e del figlio Sam;
- le azioni degli scienziati e dei politici, nei centri di studi meteorologici, al centro NASA di Houston, alla Casa Bianca, all'Ambasciata americana in Messico;
- il disastro che colpisce il pianeta e le sue catastrofiche conseguenze.

A questi tre filoni si intrecciano le piccole storie di uomini e donne qualunque colpiti dai cataclismi: dall'anonima folla in fuga a un barbone nero con il suo cane, dagli amici che accompagnano Jack nella sua impresa al presidente incapace di ascoltare la scienza con l'animo sgombro da tornaconti politici, dai bibliotecari sgomenti perché la loro salvezza è in qualche modo legata alla distruzione dei libri che custodiscono al piccolo leucemico curato da Lucy e messo in salvo all'ultimo minuto.

Il linguaggio del film

Il regista Roland Emmerich si è affermato, con varie sue opere (*Independence day*, *Godzilla*, *2012*), come uno specialista del *disaster movie*, del cinema kolossal catastrofico, di cui questo **The day after tomorrow** (è il titolo originale) è un capitolo veramente grandioso. Qui le dimensioni del disastro si dilatano fino ad assumere proporzioni planetarie: tra le scene di maggiore effetto ci sono quelle di due astronauti che, bloccati nella loro navicella, guardano dallo spazio la Terra in preda a un uragano che la copre tutta, in un vortice – come comunicano alla base spaziale – di almeno 50 miglia di diametro. La computer grafica ci mostra scene fantascientifiche, ma al contempo straordinariamente realistiche: onde che sovrastano i grattacieli, nubifragi, tempeste, tifoni, acque che sommergono intere città, crolli e distruzioni di ogni genere. Di contro, la parte riservata alla recitazione è davvero minima, e non ci sono molti spazi per disegnare i caratteri dei personaggi. Soltanto Jack è analizzato nella sua personalità e nei suoi affetti familiari. In sostanza però il regista vuole lanciare un preciso messaggio sociale e politico-ambientalista, e dunque le storie dei singoli gli offrono un semplice spunto per calcare la mano sugli effetti tremendi che un comportamento umano incosciente e scelte politiche sconsiderate rischiano di provocare in un futuro non lontano. Tuttavia serpeggia in tutta la vicenda una leggera forma di *humour* che riesce a far sí che il film non abbia un tono predicatorio e retorico.

Il messaggio del nuovo «diluvio universale»

La pellicola è ricca di richiami simbolici e metafore abbastanza esplicite. Non è casuale l'accostamento biblico, tanto che lo stesso regista mette in bocca al barbone che si rifugia con il suo cane nella biblioteca la battuta «*C'è il diluvio universale, là fuori!*». Come il Dio terribile della *Genesi* vuole punire gli uomini per le loro colpe, cosí **la Natura** con la sua forza scatenata annienta e distrugge gli esseri umani che l'hanno offesa con il loro comportamento tanto incosciente quanto autolesionista.

- Il novello **Noè**, che ha meritato di sopravvivere con uno sparuto gruppo di superstiti, è lo scienziato che ha compreso l'importanza di rispettare la natura e salvaguardarne gli equilibri. A lui il presidente affida la missione: «*Salvare piú vite possibile*».
- Un altro richiamo fortemente simbolico è al valore e all'importanza della **cultura** per la salvezza

della civiltà. La moderna «arca» è una biblioteca, dove, tra l'altro, i rifugiati si scaldano grazie ai libri e devono vincere profonde remore prima di decidersi a bruciarli. Le scelte fatte sono significative, poiché salvano opere fondamentali per la società occidentale, come una preziosa edizione della Bibbia di Gutenberg.

Al messaggio ecologista si unisce la critica per il mondo occidentale eccessivamente industrializzato e preda degli interessi economici, come si coglie nelle chiare allusioni rivolte in particolare agli Stati Uniti.

- Pur colpendo tutto l'emisfero settentrionale del pianeta, il cataclisma si concentra in due città **emblematiche della civiltà globalizzata**: Los Angeles e New York. Tra le prime cose a essere spazzata via è la gigantesca scritta HOLLYWOOD che sovrasta la collina di Beverly Hills e sintetizza tutta l'industria del cinema, mentre una delle ultime immagini catastrofiche è quella della statua della Libertà che, sommersa dapprima dalle acque, è poi imprigionata nei ghiacci che ne lasciano vedere soltanto la corona e la fiaccola! E nello sbriciolarsi di tante cose per effetto del gelo, spicca – ironicamente – una bandiera americana in primo piano.
- Una **nave russa** abbandonata dall'equipaggio si insinua, come un enorme vascello fantasma, tra i grattacieli sommersi dal diluvio, ed è là che Sam trova farmaci e provviste per la sopravvivenza.
- Il **Sud del mondo** diventa il luogo della salvezza: per un grottesco contrappasso, gli americani in fuga, compreso il presidente, si accalcano alle frontiere del Messico (da dove per decenni migliaia di profughi provenienti dall'America latina e da Cuba sono entrati clandestinamente negli Stati Uniti). È proprio quest'ultimo a sottolineare la gratitudine che essi devono al terzo mondo per averli accolti.

Cogliamo, in conclusione, un monito molto esplicito all'umanità, che deve avere, come infine ammetterà, suo malgrado, il presidente: «*un profondo senso di umiltà di fronte al potere della Natura*». Purché, ci avverte lo scienziato, «*l'uomo... si rimbocchi le maniche e impari a non ripetere gli stessi errori*». Ma l'ironia del regista non abbandona fino all'ultimo lo spettatore. La battuta finale infatti viene dalla navicella spaziale nella quale gli astronauti hanno seguito l'evolversi della tragedia, e vedono adesso il pianeta nuovamente sgombro di nubi: «*Avevi mai visto un cielo tanto sereno?*». Come dire che solo quando l'uomo è stato punito l'equilibrio planetario si ricompone...

Mito e testi sacri | **Mitologia greca e latina**

Apollodoro
Come gli dèi punivano gli uomini: Tantalo e Sisifo

• Apollodoro, *Biblioteca – Il libro dei miti*, op. cit., Epit. 2, 1; Libro I, 9, 3

IN SINTESI: Il re Tantalo, essendo figlio di Zeus, era stato ammesso ai banchetti che gli dèi tenevano nella loro sede sul monte Olimpo a base di ambrosia, il mitico nutrimento riservato agli immortali. Però Tantalo si lasciò montare la testa da tanta fortuna e tradí i segreti divini rubando il cibo degli dèi per distribuirlo ai suoi amici mortali. Per questo motivo il colpevole, dopo la sua morte, fu punito da Zeus a essere tormentato dalla fame e dalla sete: è appeso ai rami di un albero da cui pendono frutti che egli non può mangiare, ha i piedi immersi nell'acqua che egli non può bere.

Tantalo sconta la sua pena nell'Ade[1], con una pietra sospesa sulla testa, perennemente immerso in una palude, e alle sue spalle guarda un albero da frutta cresciuto sulla riva. L'acqua gli arriva al mento, ma quando vuole berla, essa si ritira; e quando vuole cogliere un frutto, l'albero e i suoi
5 frutti vengono spinti dal vento fino alle nuvole.
Alcuni dicono che Tantalo viene punito perché rivelò agli uomini i misteri degli dèi, e perché diede l'ambrosia[2] ai suoi compagni.

1. Ade: il regno dei morti, chiamato anche regno degli Inferi.
2. ambrosia: era il nutrimento degli dèi che procurava loro l'immortalità e l'eterna giovinezza.

IN SINTESI: Sisifo, re di Corinto, attirò su di sé la collera di Zeus perché rivelò al dio-fiume Asopo che sua figlia Egina era stata rapita proprio da Zeus. Il dio, allora, lo colpí con la folgore e lo fece precipitare negli Inferi, dove gli impose un esemplare castigo eterno: sospingere verso la sommità di un monte un enorme masso rotondo che, quando giungeva in prossimità della cima, rotolava di nuovo fino a valle e Sisifo rincominciava la sua fatica.

Sisifo sconta le sue colpe nell'Ade con la pena di un'enorme pietra che egli deve far rotolare, spingendola in salita con le mani e con la testa,
10 per farla poi scendere dall'altra parte: ma una volta che sia riuscito a spingere il masso, questo poi rotola sempre indietro.
Questa è la pena che Sisifo deve scontare a causa di Egina[3], la figlia di Asopo[4]: quando Zeus rapí di nascosto la fanciulla, infatti, si dice che Sisifo fece la spia ad Asopo, che la stava cercando.

3. Egina: figlia del dio Asopo e di una Ninfa, fu rapita e amata da Zeus; questi la condusse nell'isola di Enone (situata a circa 50 chilometri dalla costa di Atene) che da allora cambiò nome e fu chiamata Egina.
4. Asopo: nome di un fiume della Grecia che fu considerato un dio e venerato, quindi, come il dio-fiume. Era figlio di Oceano e Teti.

L'OPERA

Gli antichi Greci rappresentavano gli dèi come entità immortali che tutelavano con cura la loro superiorità rispetto agli uomini; gli dèi punivano severamente tutti i mortali che insidiavano la suprema distanza delle divinità rivelandone i segreti o ostacolandone i voleri e le imprese. Nella mitologia vi sono numerosi racconti di esseri umani che hanno pagato a caro prezzo la loro mancanza di rispetto per le divinità. Molti protagonisti di queste storie sono rimasti famosi sino ai giorni nostri e sono tuttora usati come simboli per illustrare un comportamento o una situazione angosciante. Ricordiamo, tra questi, Tantalo e Sisifo.

Entriamo nel testo

La natura dei due miti

I due brevi brani presentano, in modo sintetico ma completo, la natura dei due miti, di ognuno dei quali viene prima illustrata la pena e poi la causa per cui i due protagonisti sono stati puniti da Zeus.
Entrambi hanno commesso una colpa gravissima nei riguardi della divinità ed è significativo il fatto che sono puniti non per gli altri loro numerosi misfatti, ma perché hanno avuto l'ardire di contrastare la superiorità divina.
La tradizione mitica, infatti, comprende anche altre azioni delittuose commesse da ciascuno di essi. Si racconta almeno un altro grave misfatto compiuto da Tantalo: per onorare gli dèi durante un festino, egli uccise il figlio Pèlope, lo cucinò e lo offrí ai suoi ospiti divini, i quali riconobbero quella carne e non ne mangiarono, e poi risuscitarono Pèlope. Il racconto di Apollodoro, tuttavia, tralascia questo fatto, che pure è moralmente molto grave, mentre si sofferma su quello che per gli antichi era ritenuto piú sacrilego perché costituiva un attentato alla superiorità degli dèi sugli esseri umani.
Anche a Sisifo la tradizione attribuisce rapine e assassini a scopo di rapina, oltre a imprese caratterizzate da inganni e astuzie di ogni tipo. Narra, ad esempio, come egli riuscí a recuperare le sue mandrie di buoi, che gli erano state rubate da un ladro famoso e mai scoperto, grazie ai segni che aveva inciso sotto gli zoccoli di ogni animale. In nessun caso, però, la disonestà e l'astuzia di Sisifo diventarono motivo di critica o condanna da parte degli dèi, mentre Zeus, invece, non gli perdonò di essersi intromesso nelle sue vicende amorose.

I due personaggi mitici come simboli moderni

Accade cosí che di Tantalo e di Sisifo dalla tradizione sia emerso in primo piano il modo in cui si realizza la loro punizione; essa è costituita, per il primo, dai tentativi inutili di raggiungere il nutrimento che pure sembra a portata di mano; per il secondo, dalla disperazione per l'impossibilità di raggiungere la meta nonostante gli sforzi sovrumani.
È per il significato di questa pena che i due personaggi si sono trasformati in simboli sempre attuali, entrambi collegati alle difficoltà per raggiungere un obiettivo: Tantalo è rammentato quando si vuol descrivere il tormento di chi ha vicino a sé qualcosa che non può toccare e di cui non può fruire; il detto «la fatica di Sisifo» è un'espressione usata per indicare uno sforzo che appare vano perché sembra non arrivare mai a una conclusione.

Esercizi

 Competenza trasversale:

ⓐ Acquisire ed interpretare l'informazione
ⓑ Individuare collegamenti e relazioni
ⓒ Comunicare
ⓓ Comunicare nelle lingue straniere

- **Comprensione e interpretazione**

1. Descrivi con parole tue l'immagine di Tantalo punito nell'Ade.
2. Racconta, disponendo i fatti in ordine cronologico, il motivo per cui Tantalo ha meritato la punizione di Zeus.
3. Descrivi con parole tue le azioni che Sisifo compie per scontare la sua pena.
4. Racconta, disponendo i fatti in ordine cronologico, il motivo per cui Sisifo ha meritato la punizione di Zeus.

- **Produzione**

 ⓒ 5. Ti è accaduto di trovarti in una situazione o condizione nella quale ti saresti potuto paragonare a Tantalo o a Sisifo? Esponila in forma di narrazione in un testo scritto.

Sandro Chia, *L'ozio di Sisifo*, 1981. New York, Museum of Modern Art.

Apollonio Rodio
Gli Argonauti e le sirene

Testo conchiglia: **L'incanto delle sirene**

• Apollonio Rodio, *Le Argonautiche*, trad. di G. Paduano, Rizzoli, Milano, 1986. Libro IV, vv. 891-921.

IN SINTESI: Durante la navigazione lungo la costa campana, la nave Argo attraversa il mare delle Sirene, creature per metà donne e per metà uccelli, che incantano con la loro voce soave i naviganti attirandoli a sé. Però il poeta Orfeo, che navigava con gli Argonauti, intona con la cetra una melodia cosí bella che i naviganti non sentono alcun desiderio di farsi sedurre dal richiamo delle Sirene, escluso Bute, che si lancia in mare e sarebbe morto senza l'aiuto della pietosa dea Afrodite.

Un vento propizio spingeva la nave, e ben presto
furono in vista di Antemoessa, l'isola bella
dove le melodiose Sirene, figlie dell'Acheloo,
incantano e uccidono col loro canto soave
chiunque vi approdi. Le partorí ad Acheloo   5
la bella Tersicore, una Musa; un tempo servivano
la grande figlia di Deò, quando ancora era vergine,
e cantavano insieme; ma ora sembravano
in parte uccelli, in parte giovani donne.
E stando sempre in agguato al di sopra del porto,   10
tolsero a molti, consumandoli nel languore,
il dolce ritorno. E anche per loro, senza esitare
mandavano l'incantevole voce, e quelli già stavano
per gettare a terra le gomene, se il figlio di Eagro,
il tracio Orfeo, non avesse teso nelle sue mani   15
la cetra bistonica, e intonato un canto vivace,
con rapido ritmo, in modo che le loro orecchie
rimbombassero di quel rumore, e la cetra
ebbe la meglio sulla voce delle fanciulle;
Zefiro e l'onda sonora che spingeva da poppa   20
portavano avanti la nave, e le Sirene mandavano suoni indistinti.
Ma anche cosí uno di loro, il nobile figlio di Teleonte,

Antica sirena, metà donna e metà uccello; rilievo dalla *Tomba delle Arpie*, 470-460 a.C. Londra, The British Museum.

2. Antemoessa: isola che la leggenda situava nel golfo di Sorrento.
3. figlie dell'Acheloo: le Sirene erano figlie di Acheloo, un fiume della Grecia, oggi chiamato Aspropotamo, che sfocia nel mar Ionio, all'entrata del golfo di Patrasso.
6. Tersicore: la musa della danza e del canto corale. Secondo un'altra tradizione la madre delle Sirene era Calliope, la musa del canto.
11-12. tolsero a molti ... ritorno: impedirono a molti di tornare a casa (l'espressione *togliere il ritorno* equivale a «far morire»), vincendo la loro volontà con il loro canto irresistibile.
14. gettare a terra le gomene: dirigersi verso terra per gettarvi i cavi di ormeggio (*gomene*).
15. il tracio Orfeo: si era unito agli Argonauti anche Orfeo, un poeta originario della Tracia che cantava le sue composizioni poetiche accompagnandosi con la cetra. Secondo la tradizione, produceva un suono cosí incantevole che ammansiva gli animali feroci, lo ascoltavano tutti gli elementi della natura e perfino i fiumi fermavano il loro corso. Intorno alla figura di Orfeo sono stati tramandati vari episodi mitici, tra i quali il più famoso riguarda la sua discesa nel Regno dei morti: quando la moglie Euridice morí per il morso di un serpente, Orfeo scese negli Inferi e con il suo canto convinse gli dèi dei morti a rimandare sulla terra Euridice.
16. cetra bistonica: Orfeo aveva aumentato il numero delle corde della cetra, per ampliarne le potenzialità toniche.
21. le Sirene mandavano suoni indistinti: superato dal suono della cetra di Orfeo, il canto delle Sirene arrivava alle orecchie degli Argonauti come un suono vago e privo di fascino.

Bute, fu lesto a saltare in acqua dal banco,
preso dalla voce soave delle Sirene, e nuotava
25 attraverso le onde agitate per giungere a riva,
infelice! Subito le Sirene gli avrebbero tolto il ritorno,
ma Afrodite, la dea protettrice di Erice, ebbe pietà:
gli venne incontro benigna, lo salvò strappandolo ai gorghi,
e gli assegnò il promontorio di Lilibeo per dimora.
30 Gli eroi si allontanarono afflitti, ma altre cose piú dure
li aspettavano, altre minacce alla nave sul quadrivio del mare.

23. Bute: uno degli eroi partiti con Giasone, originario dell'Attica.
27. Erice: città della Sicilia occidentale, vicina a Trapani.
29. Lilibeo: antica città della Sicilia occidentale, nel sito dell'attuale Marsala.
31. sul quadrivio del mare: espressione poetica per indicare gli spazi marini.

L'OPERA

Il titolo del poema *Le Argonautiche* indica «le imprese degli argonauti», cioè dei naviganti (dal greco *nàutai*) sulla nave chiamata Argo. Questa nave fu il mezzo di trasporto di cui si servirono numerosi eroi che intrapresero un lungo viaggio di andata e ritorno dalla Tracia, nel nord della Grecia, fino alla Colchide, regione situata sulla estrema costa orientale del mar Nero. L'impresa fu promossa da Giasone, obbligato dallo zio a recarsi in una terra tanto lontana per procurarsi il «vello d'oro», ovvero una mitica pelle di ariete fatta d'oro.
Le vicende del poema, suddiviso in quattro Libri, si articolano in tre fasi: il viaggio d'andata, la conquista del vello d'oro, il viaggio di ritorno.
Il viaggio di andata, preceduto dal catalogo degli eroi che partecipano all'impresa, è segnato da varie avventure. Tra queste, è importante la sosta presso Fineo, l'indovino che gli dèi hanno reso cieco; egli è tormentato dalle Arpie, mostri alati dal volto di donne, che gli impediscono di mangiare sporcandogli il cibo. Giasone e i suoi cacciano per sempre le Arpie e ottengono in cambio il suggerimento necessario per attraversare indenni il passaggio tra le terribili rocce Simplegadi, che si separano e si restringono inaspettatamente.
Arrivati nella terra Colchide, meta del viaggio, gli Argonauti scoprono che il vello d'oro è gelosamente custodito dal re Eeta, che protegge l'oggetto prezioso mediante una serie di ostacoli magici cha causano la morte di chiunque tenti di superarli. La figlia del re, Medea, innamoratasi di Giasone, gli offre il mezzo per superare gli ostacoli in cambio della promessa di portarla con sé in Grecia sposandola. Cosí Giasone riesce a impadronirsi del vello d'oro, fuggendo subito dopo insieme a Medea, inutilmente inseguito dalla flotta di Eeta.

Giasone prende commiato dallo zio Pelia, I secolo d.C. Napoli, Museo Archeologico Nazionale.

Il viaggio di ritorno vede gli Argonauti impegnati in un itinerario tortuoso non solo per mare ma anche nei fiumi, attraverso il Danubio, il Reno e il Rodano, fino al mar Tirreno, dove si recano dalla maga Circe per ottenere la purificazione. A questo punto la navigazione della nave Argo procede per luoghi che aveva già attraversato Odisseo nell'*Odissea*: la terra delle Sirene, Scilla e Cariddi, la terra dove pascolano i buoi del Sole, l'isola dei Feaci. Ormai in vista del Peloponneso, gli Argonauti vengono spinti da una tempesta sulle coste della Libia, in una zona di bassifondi da cui si salvano attraversando il deserto con la nave in spalla fino a un lago da cui possono raggiungere il mare. Alle varie divinità che costantemente hanno aiutato gli Argonauti si aggiunge Apollo, che permette infine di fare ritorno in patria.

L'autore

Apollonio Rodio è un poeta vissuto nel III secolo a.C. in Egitto, e precisamente nella città che ricevette il nome dal suo fondatore, il re Alessandro Magno. In questa città, presso la reggia reale, vi era una grande e famosa biblioteca che, tra i secoli III e I a.C., costituí il centro di intensi e appassionati studi dei testi letterari prodotti nei secoli precedenti dalla cultura greca. Profondi conoscitori della cultura greca, i filologi e poeti che operarono nell'ambito della biblioteca alessandrina, approfondirono da un lato l'interpretazione dei testi, dall'altro composero opere che si inserivano nel solco della tradizione culturale della Grecia classica, mostrando uno spiccato e particolare interesse per il patrimonio mitico greco. Tra questi poeti, Apollonio Rodio compose come sua opera principale *Le Argonautiche*, in cui, attingendo a un filone mitico tradizionale, riprese il genere dell'epica omerica elaborando un modello di poema epico rispondente ai canoni estetici della sua epoca.

 ## Entriamo nel testo

Il canto e l'aspetto delle Sirene

Nel racconto delle avventure degli Argonauti nel loro viaggio di ritorno dalla Colchide Apollonio Rodio rielabora eventi e miti che, come vedremo, erano già presenti nell'*Odissea*. Al poema omerico si ispira anche l'incontro con le Sirene, seppure con alcune differenze significative.
In primo luogo, il diverso modo in cui i due equipaggi si sottraggono al canto ammaliatore di queste creature marine: in Omero i marinai evitano di ascoltare il canto delle Sirene tappando le orecchie con la cera, mentre Odisseo – in modo coerente alla curiosità e alla sete di conoscenza che lo caratterizzano – escogita il modo di ascoltare la voce magica senza venirne portato alla rovina; Apollonio Rodio, invece, impedisce agli Argonauti di ascoltare le Sirene grazie al potere di un altro canto, quello di Orfeo, che possiede la capacità di produrre la musica piú melodiosa che possa esistere. Il poeta alessandrino, dunque, per superare l'ostacolo, ricorre a una soluzione di natura culturale: invece di sottrarsi al pericolo negando l'ascolto, i naviganti contrappongono un altro ascolto, quello di una musica di natura benefica che annulla il canto rovinoso sopraffacendo il suo potere malefico.
L'altra differenza che distingue i due racconti è data dalla descrizione delle Sirene. Mentre il testo omerico si sofferma sul canto delle Sirene e sul suo potere distruttivo, Apollonio descrive anche l'aspetto di queste creature. Quando, infatti, Circe preavvisa Odisseo sul pericolo delle Sirene si sofferma solo sulla loro voce (*Odissea*, Libro XII, vv. 39-46):

Alle Sirene prima verrai, che gli uomini
stregano tutti, chi le avvicina.
Chi ignaro approda e ascolta la voce
delle Sirene, mai piú la sposa e i piccoli figli,
tornato a casa, festosi l'attorniano,
ma le Sirene col canto armonioso lo stregano,
sedute sul prato: pullula in giro la riva di scheletri
umani marcenti; sull'ossa le carni si disfano.

Apollonio Rodio aggiunge anche che le Sirene appaiono *in parte uccelli, in parte giovani donne*, confermando in modo esplicito l'aspetto di queste creature nella tradizione mitica greca.
Il motivo per cui Omero non parla del loro aspetto si ritiene dovuto al fatto che esso fosse comunque noto nell'età micenea in cui il poema fu creato. Peraltro, secondo una leggenda collegata all'episodio omerico, le sirene, indispettite per non essere riuscite ad ammaliare e uccidere Ulisse e i suoi uomini, si sarebbero gettate in mare e sarebbero morte; anche se Omero non descrive il loro aspetto, questo particolare dimostra che nell'antichità le sirene erano donne-uccello: infatti non avrebbero potuto uccidersi gettandosi in mare se fossero state donne-pesce.

Esercizi

Competenza trasversale:

a Acquisire ed interpretare l'informazione
b Individuare collegamenti e relazioni
c Comunicare
d Comunicare nelle lingue straniere

- **Comprensione e interpretazione**

1. Chi è il padre e chi la madre delle Sirene, secondo la tradizione seguita nel testo?
2. In quale luogo gli Argonauti incontrano le Sirene?
3. Per quale motivo gli Argonauti non odono il canto delle Sirene?
4. Perché Bute si getta in acqua dalla nave? Che cosa gli accade?
5. Mediante quale espressione il poeta indica la morte a cui sono destinati coloro che ascoltano le Sirene?

- **Produzione**

6. Sia nell'*Odissea* che nelle *Argonautiche* vi è un personaggio che ascolta il canto delle Sirene. Componi un breve testo in cui descrivi il modo in cui ognuno di questi due personaggi ascolta la voce delle Sirene e ciò che accade, come conseguenza, a ognuno di essi.

Orfeo suona la cetra attirando a sé gli animali, mosaico del III secolo d.C. Antakya, Museo dei Mosaici.

Ovidio
Eco e Narciso

• Publio Ovidio Nasone, *Metamorfosi*, trad. di P. Bernardini Marzolla, Einaudi, Torino, 1979, Libro III, vv. 339-510 (con tagli)

> **IN SINTESI:** Eco è una fanciulla serena e graziosa, ma troppo chiacchierona, sicché la dea Giunone l'ha condannata a poter pronunciare solo le ultime parole che ode dagli altri. Narciso è un bel giovane, ma è sdegnoso e rifiuta l'amore di coloro che glielo offrono; anche Eco s'infiamma d'amore, ma viene mortificata dal giovane: per il dolore la fanciulla perde il suo corpo e rimane solo come voce che risuona nelle vallate. Anche Narciso subisce la punizione divina per la sua arroganza: è preso da grande amore per... la propria immagine vista di riflesso in uno specchio d'acqua. Per la vanità di questo sentimento, il giovane si sfinisce finché il suo corpo si dissolve, lasciando al suo posto un bel fiore, il narciso.

---

1. Tiresia: è un celebre indovino, a cui il mito attribuisce varie e importanti profezie. Secondo la leggenda egli era stato reso cieco dalla dea Atena come punizione per aver visto la dea nuda, ma come risarcimento aveva anche ottenuto il dono della capacità profetica.
2. Aonia: nome della regione montuosa della Beozia, qui usato per indicare tutta la Grecia.
3. l'azzurrina Liriope: Liriope era una ninfa delle acque.
4. Cefiso: un fiume della Grecia, al quale, come spesso avviene nelle narrazioni mitiche, sono attribuiti comportamenti umani.
5. Se non conoscerà se stesso: frase ambigua, come per lo piú risultano le sentenze profetiche e solo nel corso della vicenda ne emerge il significato.
6. la figlia di Saturno: Giunone.

E Tiresia[1], divenuto famosissimo per le città dell'Aonia[2] dava ineccepibili responsi alla gente che lo consultava.
La prima a saggiare la veridicità delle sue parole fu l'azzurrina Liriope[3], che un giorno il Cefiso[4] aveva intrappolato nelle curve della propria corrente, imprigionato tra le onde e violentato. La bellissima ninfa, rimasta incinta, aveva partorito un bambino che già appena nato meritava di essere amato, e lo aveva chiamato Narciso. Interrogato se Narciso sarebbe giunto a vedere una lunga, tarda vecchiaia, l'indovino aveva risposto: «Se non conoscerà se stesso[5]». Per un pezzo quella predizione sembrò vuota, ma poi fu confermata dal modo come finirono le cose, dal tipo di morte in seguito a una singolare passione. E infatti il figlio di Cefiso aveva superato di un anno i quindici anni, e si poteva prendere tanto per un fanciullo quanto per un giovinetto. Molti giovani, molte fanciulle lo desiderarono; ma quella tenera bellezza era di una superbia cosí ostinata, che nessun giovane, nessuna fanciulla mai lo toccò. 15
Un giorno, mentre spaventava i cervi per spingerli nelle reti, lo vide una ninfa dotata di una voce sonora, che non sapeva tacere quando uno parlava, ma neppure sapeva parlare per prima: Eco che rimanda i suoni. Eco aveva ancora un corpo, non era una voce soltanto; ma benché loquace, usava la bocca in modo non diverso da come fa ora, riuscendo a rimandare, 20 di molte parole, solamente le ultime. Questo fatto si doveva a Giunone, poiché tante volte Giunone avrebbe potuto sorprendere sui monti le ninfe a far l'amore col suo Giove, se quella astutamente non l'avesse trattenuta con lunghi discorsi, per dar tempo alle ninfe di fuggire. Quando la figlia di Saturno[6] se ne accorse, disse: «Di questa lingua che mi ha ingannato potrai 25 disporre poco: farai della voce un uso ridottissimo». E alle minacce fece seguire i fatti: solo quando uno finisce di parlare, Eco duplica i suoni ripetendo le parole che ha udito.
Ora, quando vide Narciso vagare per solitarie campagne, Eco se ne infiammò, e ne seguí di nascosto le orme. E quanto piú lo seguiva, tanto piú, per 30 l'accorciarsi della distanza, si scaldava, come lo zolfo vivo e tenace spalmato in cima a una fiaccola divampa se si accosta al fuoco. Oh quante volte avrebbe voluto abbordarlo con dolci parole e rivolgergli tenere preghiere! La sua natura si oppone, non le permette di cominciare; però – questo le è permesso – sta pronta ad afferrare i suoni, per rimandargli le sue stesse 35

Mito e testi sacri : Mitologia greca e latina

L'OPERA

Il testo è tratto da *Metamorfosi*, un poema latino in 15 libri che deve il suo titolo al fatto di raccontare più di 200 storie di trasformazioni (la parola *metamorfosi* deriva dal greco e significa appunto «trasformazione»), i cui protagonisti sono celebri personaggi del mito. Il lettore finisce quasi per smarrirsi in un labirinto di storie che si incastrano l'una nell'altra e sono tenute insieme dal filo tenue ma continuo della trasformazione subita dai protagonisti. Ci sono esseri viventi che si trasformano in animali, altri che si mutano in piante o in fiori, in fiumi o in fonti; ci sono statue che si animano e persone che diventano statue o sassi, come Niobe; formiche che si trasformano in uomini, guerrieri che nascono dalla terra, e cosí via in una vivace successione di storie che sembra non avere fine. Ne scaturisce l'impressione di un universo in continuo mutamento, nel quale una parentela segreta accomuna tutti gli esseri, tanto che la metamorfosi sembra rientrare nell'ordine naturale delle cose. Il poeta comincia la sua narrazione dalla creazione dell'universo che emerge dal caos informe, trasformandosi gradualmente in cosmo, cioè in ordine. Quindi passa alle prime fasi del genere mano, scomparso in seguito al diluvio e rigenerato dalle pietre che Deucalone e Pirra si gettano dietro le spalle, e di mito in mito giunge fino alle soglie della storia romana per concludere la sua narrazione con la divinizzazione di Cesare e la celebrazione di Augusto. Le fonti da cui Ovidio ha tratto i materiali per le sue narrazioni sono molteplici; alcune di esse sono costituite da testi che erano diffusi al suo tempo ma che poi sono andati perduti, cosicché la narrazione fatta da Ovidio rimane per noi un'essenziale testimonianza di alcune tradizioni mitiche, seppure poeticamente elaborata e arricchita dall'apporto della fantasia compositiva dell'autore.

---

parole. Per caso il fanciullo si sperde dai suoi fedeli compagni e dice: «C'è qualcuno?», ed Eco risponde: «Qualcuno». Lui si meraviglia, e cercando con gli occhi da tutte le parti grida a gran voce «Vieni!». E lei chiama lui che la chiama. Egli si guarda dietro le spalle, e poiché anche questa volta
40 nessuno vien fuori, «Perché – dice – mi fuggi?», e quante parole pronuncia, altrettante ne riceve. Insiste, e smarrito dal rimbalzare della voce dice: «Qui riuniamoci!», ed Eco, che a nessun suono mai risponderebbe piú volentieri, «Uniamoci!» ripete. E decisa a far come dice esce dal bosco e si fa avanti per gettargli bramosamente le braccia al collo. Lui fugge, e
45 nel fuggire: «Giú le mani, non mi abbracciare! – esclama. – Preferisco morire piuttosto che darmi a te!». Eco non risponde altro che «Darmi a te!». Disprezzata essa si nasconde nei boschi occultando dietro le frasche il volto per la vergogna e da allora vive in antri solitari.
Ma l'amore resta confitto in lei e cresce per il dolore del rifiuto. I pensieri
50 la tengono desta e la fanno deperire in modo pietoso, la pelle si raggrinzisce per la magrezza e tutti gli umori del corpo si disperdono nell'aria. Non rimangono che la voce e le ossa. La voce esiste ancora; le ossa, dicono, presero l'aspetto di sassi. E cosí sta celata nei boschi e non si vede su nessun monte, ma dappertutto si sente: è il suono, che vive in lei.
55 Cosí Narciso aveva deluso costei, cosí altre ninfe, nate dalle acque o dai monti, cosí, prima, frotte di maschi. Finché un giorno uno, disprezzato, levò le mani al cielo e disse: «Che possa innamorarsi anche lui e non possedere chi ama!». Cosí disse, e la dea di Ramnunte[7] assentí a quella giusta preghiera.
60 C'era una fonte senza un filo di fango, dalle acque argentate e trasparenti, a cui mai si erano accostati pastori o caprette portate al pascolo sui monti

7. la dea di Ramnunte: Nèmesi, venerata nel celebre santuario di Ramnunte, nella regione greca dell'Attica, vicino a Maratona. Nèmesi era una divinità particolare, perché rappresentava non un aspetto del mondo fisico, ma un concetto, e cioè la giustizia riparatrice dei torti e punitrice delle colpe.

o altro bestiame, che mai era stata agitata da un uccello o da un animale selvatico o da un ramo caduto da un albero. Tutt'intorno c'era erba, rigogliosa per la vicinanza dell'acqua, e una selva che mai avrebbe permesso a quel luogo di essere intiepidito dal sole.

Qui il fanciullo, spossato dalle fatiche della caccia e dalla calura, si getta bocconi, attratto dalla bellezza del posto e dalla fonte, ma mentre cerca di sedare la sete, un'altra sete gli cresce: mentre beve, invaghitosi della forma che vede riflessa, spera in un amore che non ha corpo, crede che sia un corpo quella che è un'ombra. Attonito fissa se stesso e senza riuscire a staccare lo sguardo rimane immobile come una statua scolpita in marmo di Paro. Disteso a terra contempla le due stelle che sono i suoi occhi, e i capelli degni di Bacco, degni anche di Apollo, e le guance impuberi e il collo d'avorio e la gemma della bocca e il rosa soffuso sul candore di neve, e ammira tutto ciò che fa di lui un essere meraviglioso. Desidera, senza saperlo, se stesso; elogia, ma è lui l'elogiato, e mentre brama, si brama, e insieme accende e arde. Quante volte non dà vani baci alla fonte ingannatrice! Quante volte non tuffa nell'acqua le braccia per gettarle attorno al collo che vede, ma nell'acqua non si afferra! [...]

Né desiderio di cibo, né desiderio di riposo riesce invece a staccarlo da lí. [...] E sollevandosi un po', tendendo le braccia verso le selve circostanti, dice:

«C'è qualcuno, o selve, che abbia sofferto d'amore piú crudelmente? [...] Vi ricordate di qualcuno, nella vostra lunga esistenza (da tanti secoli dura la vostra vita), che si sia consumato cosí? [...] E ragione di piú per affliggermi, non è che ci separi un gran mare, o un lungo cammino, o dei monti, o una cinta di mura con le porte sbarrate: ci divide un sottile velo d'acqua! E lui vorrebbe essere preso! Tutte le volte infatti che porgo baci alla limpida onda, tutte le volte si protende verso di me offrendo la bocca. [...] Chiunque tu sia, vieni fuori! Perché mi illudi, fanciullo unico al mondo? [...] Con sguardo amichevole mi prometti e mi fai sperare chissà che cosa, e quando io tendo le braccia verso di te, subito le tendi anche tu. Quando rido, ricambi il riso. Spesso ho anche notato lacrime sul viso tuo, quando lacrimo io, e anche rispondi con un cenno ai segni miei [...]. Ma questo sono

L'autore

Publio Ovidio Nasone, poeta romano nato a Sulmona nel 43 a.C., visse a Roma sotto l'impero di Augusto. Ovidio raggiunse il successo letterario a Roma, dove entrò a far parte del circolo letterario di Messala Corvino e strinse amicizia con i piú importanti poeti del tempo. Giunto all'apice della fama, però, fu colpito da un provvedimento punitivo emanato da Augusto, le cui cause non sono state mai completamente chiarite, e fu relegato a Tomi sul Mar Nero, dove morí nel 17 d.C. La produzione poetica di Ovidio è piuttosto ampia e consiste in varie raccolte di elegie di argomento mitologico e amoroso (*Amores, Heroides, Ars amatoria, Remedia amoris, Fasti*), elegie composte in esilio dal tono nostalgico e dolente (*Tristia, Epistulae ex Ponto*), e dell'ampio poema *Metamorfosi*, molto apprezzato anche dai contemporanei.

io! Ho capito, e la mia immagine non m'inganna piú! Brucio d'amore per me stesso, suscito e subisco la fiamma! Che devo fare? [...] E ormai questa sofferenza mi toglie le forze, e non mi resta piú molto da vivere, mi spengo nella prima giovinezza. E la morte non mi è gravosa, poiché con la morte finirà questa pena; ma vorrei che l'altro, l'amato, vivesse di piú. Ora invece morremo congiuntamente, spirando, due, un'anima sola». [...]
E mentre si lamenta si tira giú l'orlo superiore della veste e con i palmi marmorei si batte il petto nudo. Il petto, percosso, si tinge di un tenue rossore, cosí come i pomi, bianchi da una parte, dall'altra rosseggiano, o come l'uva, in grappoli cangianti, si vela, quando matura, di un colore porporino. [...]
E ormai non ha piú il suo colorito, rosa misto a candore, non ha piú vigore e forze né ciò che prima tanto piaceva a vedersi, e il corpo non è piú quello di cui un giorno si era innamorata Eco. Ed Eco tuttavia, quando lo vede cosí, sebbene ancora adirata al ricordo, prova un grande dolore, e ogni volta che il misero fanciullo dice «Ohi, ohi», lei rimandando il suono ripete «Ohi, ohi», e quando lui con le mani si percuote le braccia, rifà lo stesso suono, il suono della percossa.
Le ultime parole che egli pronunciò, tornando a guardare ancora una volta nell'acqua, furono: «Ah, fanciullo invano amato!» e il luogo gli rinviò altrettante parole. E quando disse «Addio!», anche Eco disse «Addio!».
Reclinò il capo stanco sull'erba verde. La morte buia chiuse quegli occhi che ancora ammiravano la forma del loro padrone. [...] Levarono lamenti le Nàiadi sue sorelle; si tagliarono i capelli e li offrirono al fratello. Levarono lamenti le Driadi. Ed Eco risonando si uní a quel coro di dolore. E già preparavano il rogo, e le fiaccole da agitare, e il feretro: il corpo era scomparso. Al posto del corpo trovarono un fiore: giallo nel mezzo, e tutt'intorno petali bianchi.

John William Waterhouse, *Eco e Narciso*, 1903. Liverpool, Walker Art Gallery.

Entriamo nel testo

La narrazione mitologica e l'origine dei simboli mitici

Questo racconto presenta due storie intrecciate di due figure mitiche, Eco e Narciso; entrambi devono la loro fama alla trasformazione subita, che crea un collegamento tra il passato mitico e il presente illustrando, mediante una spiegazione favolosa, l'origine del fiore del narciso e del fenomeno acustico chiamato appunto «eco».
I miti di questo tipo sono detti «eziologici» (dal greco *àition* che vuol dire «causa, origine») perché spiegano l'origine di un rito, un fenomeno, una città, un tempio, una pianta, la sorgente di un fiume ecc. facendo ricorso a un personaggio e a una narrazione mitica.
La storia della ninfa Eco trasformata in una voce che ripete i suoni pronunciati da altre persone si articola in due momenti successivi. All'inizio è una giovane fanciulla con il vizio di essere un po' troppo ciarliera che si attira l'ira di Giunone impedendole, con le sue chiacchiere, di scoprire gli amori furtivi di Zeus: la dea la punisce togliendole la capacità di parlare in modo autonomo, obbligandola a ripetere le ultime parole udite; come conseguenza, essa non riesce a esprimersi con Narciso, sollecitando il suo sdegno e facendosi respingere vergognosamente. Innamorata e infelice, Eco per la disperazione si consuma fino a perdere il proprio aspetto umano e ridursi a una voce lamentosa. Ecco perché – conclude il mito – chiamiamo «eco» la voce che ci rimanda i suoni emessi nelle vallate dei monti.
Diversamente da Eco, che è immortale, Narciso è un mortale, figlio di un fiume divinizzato e di una ninfa. È un bellissimo giovane che suscita l'amore di molte fanciulle e ninfe, tra cui Eco; tuttavia mostra insensibilità e disprezzo per i sentimenti di chiunque, finché Nèmesi, la dea dispensatrice di giustizia, gli impone una singolare e tremenda punizione, che sarà la causa della sua rovina e morte: specchiandosi in una sorgente, Narciso vede la propria immagine riflessa e se ne innamora perdutamente. Continuando a contemplarsi e sfinito per questo amore impossibile, il giovane si lascia morire; il suo corpo si trasfigura trasformandosi nel fiore che porta il suo nome.
Il nome di Narciso è rimasto nella tradizione ed è citato simbolicamente per indicare una persona che ha una considerazione eccessiva per se stessa e per il proprio corpo, esaltando il proprio aspetto o le proprie qualità morali e intellettuali trascurando tutti quelli che lo circondano. Anche il fiore del narciso è divenuto un simbolo; esso rappresenta la primavera, stagione in cui sboccia, ma è posto in relazione con il processo che lega il sonno e il risveglio, la morte e la risurrezione: questo collegamento deriva dall'osservazione che la pianta in autunno sembra morire per poi fiorire nuovamente in primavera, ma rispecchia il mito di Narciso, che dopo la morte ha trovato una nuova esistenza sotto forma di fiore.

Esercizi

Competenza trasversale:

a Acquisire ed interpretare l'informazione
b Individuare collegamenti e relazioni
c Comunicare
d Comunicare nelle lingue straniere

- **Comprensione**

1. L'aggettivo *ineccepibili* (righe 1-2) significa:
   a. non discutibili, senza errori;
   b. non richiesti, spontanei.
2. Qual è l'attività che ha reso famoso Tiresia?
3. Il verbo *saggiare* (riga 3) significa:
   a. dimostrare giusto, veritiero;
   b. sperimentare, mettere alla prova.

4. A chi è riferita l'espressione *il figlio di Cefiso* (riga 11)?

5. Qual è il comportamento di Eco che ha destato l'ira di Giunone?

6. L'aggettivo *desta* è usato nel testo (riga 50) con il significato di:
   a. sveglia, attenta;   **b.** tormentata, angosciata.

7. Il verbo *deperire* (riga 50) significa:
   a. perdere di vigore, dimagrire;   **b.** soffrire, tormentarsi.

8. L'aggettivo *attònito* (riga 70) significa:
   a. incantato, affascinato;   **b.** sbalordito, meravigliato.

9. Il significato dell'aggettivo *impúberi* (riga 73) è:
   a. fanciullesche;   **b.** senza barba.

10. Quale significato attribuisci all'espressione *la gemma della bocca e il rosa soffuso sul candore di neve* (riga 74)?

11. Quale significato attribuisci all'espressione *suscito e subisco la fiamma* (riga 96)?

12. Quale significato attribuisci all'espressione *che ancora ammiravano la forma del loro padrone* (riga 117)?

- **Competenza testuale e interpretazione**

13. Dopo aver letto la narrazione, spiega il significato della profezia di Tiresia («*Se non conoscerà se stesso*»; righe 8-9), che all'inizio sembra incomprensibile.

14. Dopo aver letto tutta la vicenda, spiega il significato dell'espressione *Eco aveva ancora un corpo, non era una voce soltanto* (righe 18-19).

15. Ricerca e indica le espressioni che segnalano il momento in cui Narciso si accorge di amare l'immagine di se stesso.

16. Quale è la «metamorfosi» subita da Eco (e cioè in che cosa è stata trasformata)? Quale rapporto c'è tra il racconto mitico di Eco e il significato che diamo oggi alla parola «eco»?

17. Quale è la «metamorfosi» subita da Narciso (e cioè in che cosa si è trasformato alla sua morte)? Quale rapporto c'è tra il racconto mitico di Narciso e l'aspetto e i colori del fiore del narciso?

18. Entrambi i protagonisti di questa storia mitica devono il loro destino alla punizione di una divinità. Descrivi con parole tue il tipo di punizione subita da Eco e di quella subita da Narciso, mettendo in evidenza la natura della colpa di ciascuno di essi.

19. Fra i cinque sensi (udito, vista, olfatto, gusto, tatto), quale predomina nella storia di Eco e quale in quella di Narciso?

- **Produzione**

20. Racconta con parole tue la storia di Eco e di Narciso.

21. I nomi di quali divinità sono citati nel racconto? Sai indicare le caratteristiche di ognuno di essi, aiutandoti con la consultazione di una enciclopedia o di una ricerca su Internet?

22. Dal nome di Narciso e del suo destino è nato il termine «narcisismo». Esaminando questo termine sul vocabolario di italiano illustrane il significato. Hai conosciuto qualche persona affetta da «narcisismo», insomma «un narciso»? In caso affermativo descrivi in un testo le sue caratteristiche e il suo comportamento.

ON LINE

Schede: *Il diluvio universale* • *La testimonianza archeologica del diluvio nella Mesopotamia*

Epica classica

Chiari occhi lucenti, carnagione pallidissima e fini capelli ramati. L'algida figura femminile creata da Klimt, e che ci scruta dal quadro, non è una semplice donna: è una dea olimpica. Ha una vocazione guerriera come indicano l'elmo, l'armatura e la lancia. I simboli mitici che mostra con fierezza, la testa della Medusa sul petto e la Vittoria nella mano, sono i suoi attributi. Sullo sfondo Teseo uccide il Minotauro: il mito qui evocato simboleggia il trionfo della ragione, dominio di Atena, sulle passioni inconsce.

Gustav Klimt, *Pallade Atena*, 1898. Vienna, Historisches Museum.

In questa sezione:

- L'*Iliade*
- L'*Odissea*
- L'*Eneide*

L'epica è un genere letterario molto antico, che si è conservato nel tempo e ha attraversato molti secoli, acquistando via via caratteri nuovi con il mutare delle concezioni letterarie. In generale, distinguiamo fra tre tipi di epica: epica classica, epica medievale, epica rinascimentale, ognuno dei quali nasce da un diverso contesto e presenta differenti modalità di composizione.

L'**epica classica** è la piú antica ed è costituita dai poemi composti durante l'**età greco-romana**, i piú importanti dei quali sono: l'*Iliade* e l'*Odissea* di Omero, le *Argonautiche* di Apollonio Rodio, l'*Eneide* di Virgilio.

I poemi omerici sono i piú antichi e sono stati elaborati, alla loro origine, in un periodo in cui non si usava la scrittura. Hanno infatti alle spalle una lunga tradizione di **canti epici composti oralmente dagli aèdi**, come erano chiamati nell'antica Grecia i cantori che creavano oralmente le composizioni e le eseguivano in pubblico; questi attingevano, sul piano contenutistico, a un patrimonio di leggende e di miti tramandato di generazione in generazione, sul piano formale, a un insieme di formule precostituite su cui innestavano i componimenti creati di volta in volta, che presentavano le vicende già note, ma formalmente elaborate in maniere sempre un po' diverse.

Questa tradizione, che si riferiva a personaggi e storie di epoca micenea, si prolungò per tutto il cosiddetto *Medioevo ellenico* (XII-VIII secolo a.C.) diffondendosi soprattutto nelle colonie dell'Asia Minore, e nell'VIII secolo confluí nell'*Iliade*, che racconta un episodio dell'ultimo anno della guerra di Troia, e nell'*Odissea*, che narra il ritorno, dopo la distruzione di Troia, dell'eroe greco Odisseo nella propria patria, Itaca. I due poemi rispecchiano tradizioni, usi, comportamenti risalenti a epoche piuttosto lontane tra loro, e perciò si suppone che siano costituiti da narrazioni elaborate in momenti diversi.

Dopo che l'*Iliade* e l'*Odissea* presero la forma che oggi conosciamo, agli aèdi, che durante le esecuzioni cantate componevano o ampliavano la narrazione, si sostituirono i **rapsodi**, che recitavano a memoria brani di entrambe le due opere senza il canto e l'accompagnamento musicale. Nel VI secolo a.C. ad Atene sotto Pisistrato fu fissato ufficialmente il testo scritto dei due poemi, che nel III secolo a.C. furono suddivisi dagli studiosi alessandrini in 24 libri ciascuno. I libri dell'*Iliade* furono numerati con le lettere maiuscole dell'alfabeto greco, quelli dell'*Odissea* con le lettere minuscole.

I poemi omerici a loro volta sono inseriti in un più ampio panorama di opere dello stesso genere che raccontano vicende anteriori e posteriori a quelle in essi contenute. Queste opere, chiamate *poemi ciclici*, sono andate completamente perdute, ma hanno offerto uno straordinario repertorio di temi a tutta la produzione teatrale e poetica greca e latina. Gli altri poemi che rientrano nell'ambito dell'epica classica sono le *Argonautiche* di Apollonio Rodio del III secolo a.C. e l'*Eneide* di Virgilio del I secolo a.C. Il primo racconta le imprese compiute dall'eroe Giasone per conquistare il vello d'oro. L'*Eneide*, che è il più importante poema epico latino, riunisce tematiche presenti nell'*Iliade* (la guerra) e nell'*Odissea* (il viaggio): infatti narra la fuga di Enea da Troia e il suo arrivo nel Lazio, dove pone le basi della *gens Iulia* dalla quale sarebbe disceso l'imperatore Augusto. Sia le *Argonautiche* sia l'*Eneide* non hanno più alcun rapporto con la tradizione orale, poiché sono state composte da autori storicamente identificati e sono frutto di un'elaborazione attenta e di un'organizzazione compositiva accuratamente predisposta.

Le caratteristiche dei poemi epici classici

L'epica è un genere che poggia su alcuni elementi costitutivi ricorrenti sul piano tematico, su quello espressivo e nelle tecniche narrative.
Sul **piano tematico**, in un poema epico si incontrano due tematiche fondamentali: la **guerra** e il **viaggio**. Talora esse sono del tutto separate, altre volte possono coesistere all'interno della stessa opera. Ad esempio, l'*Iliade* è un poema di argomento guerresco, l'*Odissea* è incentrata fondamentalmente sul viaggio, nell'*Eneide* i due temi sono intrecciati.
Ciascuna tematica poi è sviluppata utilizzando «sottotemi» (cioè blocchi tematici minori su cui si incentrano singoli episodi). Ad esempio, la tematica della guerra si articola nei seguenti sottotemi: la vestizione delle armi, la battaglia, il duello, la strage, la morte dell'eroe, la lotta intorno al cadavere, i funerali, i giochi funebri, il concilio degli dèi, le discussioni nell'assemblea, i cataloghi di navi ed eroi. Nei poemi che hanno come tema centrale il viaggio troviamo invece la tempesta, l'arrivo in una terra ospitale, l'incontro/scontro con creature mostruose, la discesa nel mondo dei morti, la donna innamorata che cerca di trattenere l'eroe, l'ira di una divinità.

Va precisato che l'epica antica non è costituita soltanto dai poemi greci; vi rientrano a pieno titolo anche opere prodotte in altre civiltà, come quella mesopotamica, alla quale appartiene un ciclo di storie legate alla figura dell'eroe Gilgamesh, che risale al III millennio a.C.
Un elemento costante dei poemi epici è la presenza del **proemio** o **protasi**, posto in apertura della composizione, in cui l'autore espone in pochi versi l'argomento; al proemio si accompagna l'**invocazione**, con la quale il poeta si rivolge a una entità superiore (in genere la Musa protettrice della poesia) da cui trae ispirazione e alla quale chiede che non gli faccia mancare il suo aiuto.

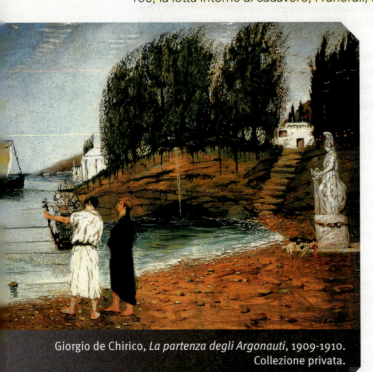

Giorgio de Chirico, *La partenza degli Argonauti*, 1909-1910. Collezione privata.

L'Iliade

L'autore

Al poeta Omero fin dall'antichità classica sono stati attribuiti i due poemi *Iliade* e *Odissea*; intorno alla sua figura sono nate numerose leggende, spesso anche contrastanti tra loro, ma nessuno dubitava che il poeta fosse realmente esistito. Lo storico Erodoto, vissuto in Grecia nel V secolo a.C., racconta che Omero nacque a Smirne intorno alla metà del IX secolo a.C. e che viaggiò tra i popoli dell'area del Mediterraneo, recitando i versi dell'*Iliade*; racconta anche che in vecchiaia, divenuto cieco, scrisse l'*Odissea*. Erodoto segue una tradizione rimasta immutata nei secoli sulla cecità di Omero: questa caratteristica contribuiva a creare intorno al poeta un alone di sacralità, poiché gli antichi spesso attribuivano ai ciechi capacità profetiche. Noi oggi non crediamo più nell'esistenza storica di Omero: la discussione su questo problema iniziò già in tempi antichi, intorno al III secolo a.C. Si cominciò infatti a pensare che solo l'*Iliade* fosse stata scritta da Omero, e che l'*Odissea* fosse un'opera di età posteriore. La questione fu poi ripresa e dibattuta nei secoli XVII e XVIII da vari studiosi, tra cui l'italiano Giambattista Vico e il tedesco Friedrich August Wolf.
Durante tutto l'Ottocento si sono formate due linee di opinioni. L'una, detta «analitica» o «separatista», sostiene che l'*Iliade* e l'*Odissea* non siano opera di un unico poeta, ma addirittura il frutto di un lavoro di accostamento (voluto dall'ateniese Pisistrato nel VI secolo a.C.) di molti canti separati, tramandati oralmente da diversi poeti-cantori. La seconda corrente, detta «unitaria», sostiene invece che i due poemi siano opera di un unico poeta, che possiamo continuare a chiamare Omero, e che le incongruenze e diversità del racconto siano causate da aggiunte al testo originario fatte in epoche posteriori.
Tutta questa discussione, che viene solitamente definita «**questione omerica**», poggia sull'osservazione che i due poemi, pur essendo simili per ispirazione e stile, mostrano tra loro sensibili differenze relative al mondo politico, sociale, culturale e religioso: l'*Odissea* mostrerebbe un livello storicamente più evoluto, e quindi posteriore.
Pur non disponendo, dunque, di una soluzione sicura alla questione che pertanto rimane aperta, studi effettuati dai filologi del nostro secolo hanno approfondito gli aspetti dei due poemi omerici, individuando le formule fisse e gli epiteti (cioè, aggettivi ed espressioni caratterizzanti un personaggio, come Achille *dal passo veloce*, Elena *dalle bianche braccia*) sempre ripetuti per gli stessi personaggi, versi riportati identici in situazioni ricorrenti. Tutte queste osservazioni hanno portato al convincimento che i due poemi non sono nati come testi scritti ma come testi orali, che erano affidati solo alla memoria dei cantori che li recitavano in pubblico. Questi cantori, che nel mondo antico erano chiamati aèdi, trovavano aiuto per la memoria proprio nella ripetizione delle descrizioni di scene ricorrenti (come, ad esempio, duelli e banchetti) e degli epiteti per gli stessi personaggi. Poteva anche capitare che gli aèdi durante la recitazione, o a causa della fragilità momentanea della memoria oppure perché ispirati a comporre, inventassero o modificassero qualche brano, che poi rimaneva aggiunto definitivamente. Queste recitazioni orali confluirono poi, a quanto si pensa, nella stesura del testo scritto dei due poemi, probabilmente intorno al VII secolo a.C., quando in Grecia cominciò a diffondersi l'uso della scrittura.

Busto di Omero, II secolo d.C. Napoli, Museo Archeologico Nazionale.

Il poema *Iliade*

Il titolo prende nome dalla città di Ilio, chiamata anche Troia, intorno alla quale si svolge la guerra e l'assedio da parte dell'esercito dei Greci. Gli eventi della guerra di Troia sono stati accertati storicamente: le ricerche archeologiche di Heinrich Schliemann nel XIX secolo hanno portato alla luce, presso la costa nord-occidentale dell'attuale Turchia, i resti di un'antichissima città, identificata sicuramente con Troia. Questa città appare essere stata distrutta e ricostruita piú volte, poiché si possono individuare nove strati di città che si sono succeduti nel tempo. Il settimo strato partendo dal basso è stato identificato, grazie anche alle corrispondenze col testo omerico, con la Troia di cui ci parla Omero e che fu distrutta intorno al 1200 a.C. Sicuramente, quindi, la guerra ci fu; ma certamente le modalità e soprattutto le cause non furono quelle raccontate dalla tradizione antica: non il rapimento della greca Elena da parte del troiano Paride, ma la posizione strategica della città, posta sullo Stretto dei Dardanelli e quindi in grado di ostacolare i movimenti commerciali delle navi greche, mosse gli eserciti greci alla spedizione contro Troia e alla sua distruzione dopo dieci anni di assedio.

Maschera di Agamennone, XVII secolo a.C. circa. Atene, Museo Archeologico Nazionale.

La trama dell'*Iliade*

Il racconto dell'*Iliade*, suddiviso in 24 libri, o canti, inizia al decimo e ultimo anno di assedio, e narra episodi di guerra verificatisi nell'arco di 51 giorni, concludendosi prima della presa della città.
L'intera vicenda si può suddividere in sei blocchi.

- **L'ira di Achille** (Libro I). I Greci, che da dieci anni assediano la città di Troia senza riuscire a conquistarla, vengono colpiti da una terribile pestilenza. Essa è stata inviata dal dio Apollo adirato con Agamennone che rifiuta di restituire al suo sacerdote, Crise, la figlia Criseide, assegnatagli come dono di guerra. Dopo aver appreso dall'indovino Calcante la causa della pestilenza che semina morte nel suo esercito, Agamennone restituisce a Crise la figlia, ma pretende di avere in cambio Briseide, la prigioniera di guerra assegnata ad Achille. Nasce tra i due una violenta contesa che si inasprisce finché Achille, trattenuto da Atena nel momento in cui sta per colpire Agamennone, accetta l'imposizione del capo dei Greci e riconsegna Briseide, ma decide di tenersi lontano dalla battaglia e chiede alla madre Teti di intercedere presso Zeus perché i Greci vengano sconfitti finché l'offesa non venga riparata.

- **Le battaglie tra Greci e Troiani che culminano con l'assalto alle navi greche da parte di Ettore** (Libri II-XV). Dopo il ritiro di Achille dal campo, si svolgono tre grandi battaglie nel corso delle quali i Greci vengono respinti da Ettore, il piú forte e glorioso eroe dei Troiani, il quale prima sfonda il muro che i Greci avevano costruito a difesa delle navi, poi si spinge fino alla flotta e incendia una delle navi. In questa parte occupa una posizione di rilievo l'incontro molto emozionante fra Ettore e la sposa Andromaca, che si svolge a

Troia, presso le porte Scee: nei timori della sposa e nella preoccupazione di Ettore per lei si intravede già il destino di morte che travolgerà l'eroe e la sua città. È questo uno dei modi attraverso cui Omero ingloba nella parte il tutto e ci fa conoscere, attraverso rapidi e artistici scorci, gli avvenimenti antecedenti e futuri.

- **La morte di Patroclo** (Libri XVI-XVII). Patroclo, sconvolto dalla sconfitta dei suoi, chiede ad Achille, suo amico fraterno che non intende ritornare a combattere, di mandarlo in campo rivestito delle sue armi per incutere terrore ai nemici. Achille acconsente, ma raccomanda all'amico di limitarsi a respingere i Troiani, senza tentare la conquista della città e supplica Zeus di concedergli la vittoria e di farlo tornare illeso. Il padre degli dèi esaudisce la prima preghiera, ma non la seconda. L'apparizione di Patroclo, che indossa le armi di Achille, provoca scompiglio fra i Troiani; il giovane avanza e, contravvenendo al divieto dell'amico, si lancia all'attacco delle mura di Troia. Il dio Apollo, allora, lo colpisce alla schiena, gli scioglie l'armatura e lascia che egli sia ucciso da Ettore, il quale, al colmo dell'orgoglio e della temerarietà, si impadronisce delle armi e le indossa giubilante. Patroclo soccombe e sul punto di morire predice a Ettore che ben presto anch'egli morirà e ciò avverrà per mano di Achille: la sua profezia trova conferma in quella di Zeus che osserva la scena dall'Olimpo. Si accende la lotta fra Greci e Troiani intorno alla salma di Patroclo, mentre un messaggero si reca da Achille per portargli la notizia della morte dell'amico.

- **La svolta dell'ira** (Libro XVIII). Questo libro segna al tempo stesso una fine e un inizio. L'ira di Achille, suscitata dalla contesa con Agamennone, si spegne in seguito al dolore per la morte di Patroclo, ma lascia il posto a una nuova ira vendicativa rivolta contro Ettore, l'uccisore dell'amico. Avendo sentito dalle profondità del mare il pianto del figlio, Teti si reca da lui a confortarlo, poi chiede a Efesto di fabbricare delle nuove armi per Achille, che ha deciso di ritornare in battaglia per vendicare Patroclo. Il libro si chiude con una lunga pausa occupata dalla descrizione dello scudo di Achille, in cui il dio ha raffigurato con straordinaria abilità il mondo intero: il cielo, la terra, il mare, il sole, il fiume Oceano che cinge il mondo, la vita della città e della campagna, scene di pace e di guerra.

- **La discesa in campo di Achille e la morte di Ettore** (Libri XIX-XXII). In questo blocco viene raccontata la giornata più importante di tutta l'*Iliade*, che inizia con la vestizione delle armi da parte di Achille e si conclude con la morte di Ettore. Ritornato a combattere, l'eroe si scontra una prima volta con Ettore, senza riuscire a colpirlo, grazie all'intervento di Atena, e fa una prima strage di Troiani; poi si dirige verso il fiume Scamandro e continua la strage inseguendo i nemici fin dentro le acque e uccidendoli con tale furia da suscitare l'ira del dio-fiume, il quale tenta di travolgerlo nei suoi gorghi e poi lo insegue uscendo dagli argini; infine affronta Ettore, che è rimasto fuori dalle mura dentro le quali tutti gli altri Troiani si sono rifugiati, sordo ai lamenti dei suoi genitori che lo osservano dall'alto. Quando vede Achille avvicinarsi, terribile nello splendore delle armi, l'eroe troiano viene colto da paura e fugge. Gira per tre volte intorno alle mura, mentre gli dèi osservano la scena dall'alto; Zeus, incerto se debba salvarlo, afferra la bilancia del Fato, ma quando si accorge che il piat-

Agamennone, Achille e Briseide, I secolo d.C. Napoli, Museo Archeologico Nazionale.

to su cui ha posto il destino di Ettore si abbassa rapidamente, lo abbandona alla sua sorte. La dea Atena induce gli eroi a fermarsi e fa coraggio a Ettore, assumendo le sembianze del fratello Deífobo. I due si scontrano ed Ettore viene trafitto dalla lancia di Achille, il quale poi fa scempio del cadavere, trascinandolo legato al suo carro fino alle navi greche.

- **La pacificazione dell'ira e la restituzione del corpo di Ettore** (Libri XXIII-XXIV). Con la morte di Ettore l'ira di Achille ha raggiunto il suo scopo ma non la sua fine. Essa ha provocato uno sconvolgimento nel mondo che potrà trovare un nuovo equilibrio solo attraverso la pacificazione. Ciò avverrà in tre fasi: placando l'anima di Patroclo con i solenni funerali, celebrando i giochi funebri in suo onore e restituendo a Priamo il cadavere di Ettore. È questo il momento culminante della vicenda: il vecchio re si reca alla tenda di Achille e lo prega di restituirgli il corpo del figlio. Questo gesto commuove l'eroe che acconsente alla sua richiesta. Il poema si conclude con i solenni funerali di Ettore, a cui segue il compianto funebre dell'eroe innalzato dalla sposa Andromaca, dalla madre Ecuba e da Elena, la donna a causa della quale è stata scatenata la guerra.

Come si può ricavare anche da questa rapida sintesi, tre sono i temi su cui poggia l'*Iliade*: l'ira, la morte e la riconciliazione. Se l'ira e la morte, che si manifestano in innumerevoli forme, raffigurano una terribile fatalità, il poeta ha introdotto un terzo elemento, la conciliazione, che si leva al di sopra dei primi due e permette il recupero dell'equilibrio, costituendo la vera compensazione dell'ira.

Le traduzioni dell'*Iliade*

L'*Iliade*, come è noto, è scritta in greco antico. Del poema sono state fatte molte traduzioni in italiano, sia in prosa sia in poesia (mantenendo cosí il modello greco), tra cui la celebre versione di Vincenzo Monti nel primo decennio del XIX secolo, in versi endecasillabi sciolti.

Il linguaggio che vi è usato è ricco e suggestivo, ma presenta alcune difficoltà di lettura per la sua lontananza dagli attuali usi della lingua; questa tuttavia è rimasta la traduzione piú famosa anche perché per molto tempo è stata quella in cui veniva letta l'*Iliade* a scuola.
Nella traduzione del Monti noi presenteremo solo il proemio, mentre per il resto ricorreremo a traduzioni piú recenti e quindi scritte in un linguaggio piú moderno e di facile lettura. Seguiremo soprattutto la versione di Rosa Calzecchi Onesti (Omero, *Iliade*, trad. di R. Calzecchi Onesti, Einaudi, Torino, 1963), formulata in versi liberi; talvolta adotteremo altre versioni, che verranno indicate puntualmente.

Giambattista Tiepolo, *Teti emerge dal mare per consolare Achille*, 1757. Vicenza, Villa Valmarana.

L'invocazione alla Musa

• *Iliade*, trad. di V. Monti, Mondadori, Milano, 2005, Libro I, vv. 1-9

Cantami, o Diva, del Pelíde Achille
l'ira funesta, che infiniti addusse
lutti agli Achei, molte anzi tempo all'Orco
generose travolse alme d'eroi
5 e di cani e d'augelli orrido pasto
lor salme abbandonò (cosí di Giove
l'alto consiglio s'adempía), da quando
primamente disgiunse aspra contesa
il re de' prodi Atride e il divo Achille.

1. Diva: dea; era la Musa Calliope che proteggeva la poesia e donava l'ispirazione al poeta. Le Muse erano nove protettrici delle arti e della scienza; erano figlie di Zeus, il sovrano degli dèi, e di Mnemosýne, nome greco per indicare la «memoria». – **Pelíde**: figlio di Peleo. Pelíde è un patronimico, cioè «nome derivante da quello del padre»; Achille era infatti figlio di Peleo, re di Ftia, e di Teti, una ninfa immortale di natura divina.
2. funesta: rovinosa, apportatrice di morte.
2-3. infiniti ... Achei: arrecò agli Achei lutti senza fine. Nell'*Iliade* i Greci sono chiamati Achei, i quali erano la popolazione che abitava le città del Peloponneso nell'età della guerra di Troia. – **anzi tempo**: prematuramente. – **Orco**: regno dell'oltretomba, dove dimoravano i morti.
4. alme: anime.
5-6. di cani ... abbandonò: lasciò i loro corpi come orribile pasto di cani e di uccelli. La mancanza di sepoltura era considerata una grave offesa al morto ed era anche un impedimento all'ingresso dell'anima del defunto nel regno dell'oltretomba. – **Giove**: la divinità suprema del pantheon greco. I Greci lo appellavano anche «Padre degli dèi» e gli attribuivano il potere di determinare il corso degli eventi umani e di prevedere il futuro. Il suo nome presso i Greci era Zeus; nella traduzione di V. Monti è chiamato Giove, nome con cui gli antichi Romani chiamavano il piú importante dio romano, corrispettivo del greco Zeus.
9. Atride: figlio di Atreo. Patronimico che designa Agamennone, re di Micene, fratello di Menelao e capo supremo dell'esercito acheo: è infatti definito *re de' prodi*, cioè capo dei valorosi che parteciparono alla spedizione contro Troia. – **divo**: questo appellativo accompagna spesso il nome di Achille, venendo a costituire un epiteto fisso. Tuttavia esprime anche un significato reale, sia per sottolineare il particolare valore dell'eroe, sia per ricordare la sua nascita da madre divina.

Ti proponiamo gli stessi versi nella traduzione piú moderna di G. Cerri (Rizzoli, Milano, 2003), che utilizza termini ed espressioni piú vicine al linguaggio contemporaneo.

Canta, o dea, l'ira di Achille, figlio di Peleo,
rovinosa, che mali infiniti provocò agli Achei
e molte anime forti di eroi sprofondò nell'Ade,
e i loro corpi fece preda dei cani
5 e di tutti gli uccelli; si compiva il volere di Zeus,
dal primo istante in cui una lite divise
l'Atride, signore di popoli, ed Achille divino.

3. Ade: corrisponde a *Orco* nella traduzione di V. Monti. Ade è l'altro nome con cui è chiamato Plutone, il dio degli Inferi, l'oltretomba pagano; il suo nome indica in generale il regno su cui governa, appunto il regno dei morti.

Entriamo nel testo

La struttura e i temi del testo

Questi versi costituiscono il *proemio* o *protasi* (cioè l'introduzione) dell'*Iliade*, e contengono l'invocazione alla Musa e l'esposizione del tema centrale del poema, cioè l'ira di Achille. I poemi si aprono sempre secondo uno schema fisso, che comprende l'invocazione alla divinità ispiratrice e la sintetica esposizione dell'argomento. Questi elementi, comparsi per la prima volta nei poemi omerici, entrarono a far parte del genere epico, e pertanto si ritroveranno, sia pur modificati e variamente sviluppati, in tutte le opere di questo genere, fino all'epica italiana rinascimentale (XVI secolo).

La dea a cui Omero si rivolge è la Musa della poesia, che può concedere o negare all'aèdo la capacità di organizzare la materia del canto. Qui è menzionata al singolare, ma assai spesso le Muse, che erano nove e presiedevano ciascuna a un settore della cultura e del pensiero, vengono nominate al plurale. Gli antichi Greci ritenevano che l'ispirazione poetica fosse un dono divino senza il quale il poeta non avrebbe avuto la capacità né di comporre né di cantare i suoi versi. Subito dopo l'invocazione, Omero enuncia l'argomento del suo canto. Egli sceglie un solo tema fra i tanti che costituiscono il mito troiano: l'ira di Achille con le sue funeste conseguenze. Potrebbe sembrare riduttivo limitare l'argomento del poema all'«ira funesta» di Achille, dal momento che l'*Iliade* affronta la piú vasta tematica della guerra di Troia. Bisogna, però, tenere conto del fatto che Omero, superando l'esposizione cronologica, ci immette direttamente nel cuore degli avvenimenti, iniziando la narrazione proprio nel momento piú drammatico, quello dello sdegno di Achille, che pone in crisi tutto l'esercito greco. Inoltre, questa ira è piú vasta di quanto faccia supporre la protasi: sono due, infatti, le grandi ire di Achille. La prima divampa furiosa per l'affronto subito da Agamennone che, in cambio di Criseide, pretende Briseide, la schiava che costituiva il bottino di Achille; questi pertanto si asterrà dal combattimento per un lungo periodo, determinando con la sua assenza lutti e sconfitte per l'esercito greco. A questa ira segue quella causata dall'uccisione dell'amico Patroclo: ben piú terribile, essa non è funesta per i Greci ma per i Troiani e soprattutto per Ettore, la cui morte segna la fine del poema.

Ecco allora che l'argomento iniziale, apparentemente limitato, si rivela effettivamente causa e origine di ogni cosa, e mette in luce la legge di necessità che scandisce gli avvenimenti e lega tra loro i personaggi principali della vicenda: Achille, Ettore, Patroclo, Agamennone. L'oltraggio di Agamennone causa l'ira di Achille e questa, indirettamente, determina la morte di Patroclo, ucciso da Ettore; per vendicare l'amico Achille uccide, a sua volta, Ettore, ma la morte dell'eroe troiano segna anche il destino di Achille, che sarà in seguito ucciso da Paride. La sua fine non è cantata nel poema, ma viene profetizzata da Ettore morente.

Esercizi

Competenza trasversale:

a Acquisire ed interpretare l'informazione
b Individuare collegamenti e relazioni
c Comunicare
d Comunicare nelle lingue straniere

Comprensione

1. Fai la parafrasi dei versi di V. Monti con l'aiuto delle note e della traduzione di G. Cerri.
2. Che cosa chiede il poeta alla Musa, nel proemio invocata come *Diva*?
3. Quali parole nel proemio preannunciano l'argomento del poema?
4. Quali sono le conseguenze dell'ira di Achille indicate nel proemio?
5. Qual è, secondo le parole del proemio, la volontà di Zeus?
6. Quali personaggi vengono citati nel proemio?

Produzione

a 7. Il personaggio di Ade è legato ad altre due importanti dee del mondo greco: Demetra e Persefone. Fa' una ricerca sul mito che riguarda le tre divinità e sul nome che esse hanno assunto nel mondo latino. Poi esponi in un testo il risultato della tua ricerca.

Epica classica | L'Iliade

La causa dell'ira

• Libro I, vv. 8-52

IN SINTESI: Prima di affrontare la narrazione dell'ira di Achille, il poeta fa un passo indietro per narrare i fatti immediatamente precedenti e gli eventi che sono all'origine dell'ira dell'eroe. Poco tempo prima, Agamennone aveva rifiutato al sacerdote di Apollo, Crise, la restituzione della figlia Criseide; come conseguenza Crise aveva invocato la vendetta di Apollo contro i Greci. È un breve *flashback* che caratterizza l'inizio dell'*Iliade*.

Ma chi fra gli dèi li fece lottare in contesa?
Il figlio di Zeus e Latona; egli, irato col re,
10 mala peste fe' nascer nel campo, la gente moriva,
perché Crise l'Atride trattò malamente,
il sacerdote; costui venne alle navi rapide degli Achei
per liberare la figlia, con riscatto infinito,
avendo tra mano le bende d'Apollo che lungi saetta,
15 intorno allo scettro d'oro, e pregava tutti gli Achei
ma sopra tutto i due Atridi, ordinatori d'eserciti:
«Atridi, e voi tutti, Achei schinieri robusti,
a voi diano gli dèi, che hanno le case d'Olimpo,
d'abbattere la città di Priamo, di ben tornare in patria;
20 e voi liberate la mia creatura, accettate il riscatto,
venerando il figlio di Zeus, Apollo che lungi saetta».
Allora gli altri Achei tutti acclamarono,
fosse onorato quel sacerdote, accolto quel ricco riscatto.
Ma non piaceva in cuore al figlio d'Atreo, Agamennone,
25 e lo cacciò malamente, aggiunse comando brutale:
«Mai te colga, vecchio, presso le navi concave,
non adesso a indugiare, non in futuro a tornare,
che non dovesse servirti più nulla lo scettro, la benda del dio!
Io non la libererò: prima la coglierà vecchiaia
30 nella mia casa, in Argo, lontano dalla patria,
mentre va e viene al telaio e accorre al mio letto.

8. Ma chi ... contesa?: il verso rappresenta il passaggio tra il proemio e l'inizio del racconto vero e proprio, introducendo il motivo della contesa che sarà all'origine dell'ira di Achille e delle sciagure successive. Il nome *contesa* significa «lite, litigio, controversia».

9. il figlio di Zeus e Latona: Apollo, o Febo, dio della luce e delle arti; veniva rappresentato armato di arco e di frecce che vibravano colpi mortali. – **re**: Agamennone, che – come viene narrato subito dopo – aveva gravemente oltraggiato il sacerdote di Apollo, Crise, non solo rifiutando di restituirgli la figlia ma anche scacciandolo dall'accampamento in malo modo.

10. mala peste: epidemia di peste cattiva e mortale. – **fe' nascer**: fece nascere.

11-12. Crise ... sacerdote: Agamennone (l'*Atride*) aveva trattato male il sacerdote Crise, che era il padre di Criseide, sua schiava, ed era venuto al campo greco, solo e disarmato, a supplicare i capi di restituirgli la figlia.

13. per liberare ... infinito: Criseide era stata fatta prigioniera da Achille durante il saccheggio di città vicine a Troia e sue alleate. Come avveniva in queste occasioni, il bottino veniva poi spartito tra i soldati in rapporto alla loro importanza: in questo caso Criseide era toccata ad Agamennone. In base alla consuetudine, che prevedeva la possibilità di riscattare un prigioniero in cambio di ricchezze, Crise offre ad Agamennone come prezzo del riscatto una quantità molto abbondante (*infinito*) di oggetti pregiati.

14-15. le bende ... lo scettro d'oro: sono le insegne sacre di Apollo, usate dai suoi sacerdoti durante i riti e quando, come in questo caso, vogliono sottolineare la loro sacralità di sacerdoti. Le *bende* erano fasce di lana bianca portate dai sacerdoti intorno al capo, ma Crise in questo caso le portava in mano e intorno allo scettro. – **che lungi saetta**: che scaglia frecce da lontano. Questo è un epiteto usato frequentemente per il dio Apollo.

16. ordinatori di eserciti: epiteto ricorrente per Agamennone e Menelao, figli di Atreo (*i due Atridi*), riferito al fatto che i due fratelli erano stati gli organizzatori della spedizione contro Troia.

17. schinieri robusti: epiteto riferito agli Achei, che allude alla parte dell'armatura, lo schiniere, che protegge la parte anteriore della gamba.

18. diano: concedano. – **che hanno le case d'Olimpo**: che risiedono sull'Olimpo (monte della Tessaglia in cui gli antichi Greci immaginavano dimorassero gli dèi).

19. ben tornare: di tornare salvi, senza pericolo.

21. venerando ... Apollo: mostrando venerazione e rispetto per Apollo, figlio di Zeus.

23. fosse ... riscatto: è un discorso indiretto in cui è sottinteso il verbo reggente; la forma intera sarebbe «gli altri Achei esortavano perché il sacerdote fosse onorato e il riscatto venisse accettato».

26-27. Mai te colga ... tornare: che io non ti trovi mai mentre ti intrattieni presso le navi ricurve, o in futuro mentre torni qui.

35. vegliardo: venerabile vecchio.
36. che ... chioma: *che* è complemento oggetto; Latona è qui accompagnata dall'epiteto *bella chioma*.
37-39. Ascoltami ... Sminteo: Crise rivolge la preghiera ad Apollo invocandolo con un epiteto particolare (*Arco d'argento*); quindi ricorda le competenze del dio: protegge Crisa, città della Misia, Cilla, città della Troade, e Tènedo, isoletta posta di fronte a Troia; *Sminteo* è un epiteto di Apollo.
40. pingui: grasse.
41. compimi questo voto: esaudisci questa mia preghiera.
42. Danai: i Greci. – **dardi**: frecce.
43. Febo: epiteto di Apollo come dio del Sole; letteralmente, «splendido».
45. faretra: astuccio che conteneva le frecce, portato a tracolla insieme all'arco.
52. le pire: i roghi (legni accatastati a cui si dava fuoco) su cui si bruciavano i cadaveri. – **fitte**: in grande numero.

Ma vattene, non m'irritare, perché sano e salvo tu parta».
Disse cosí, tremò il vecchio, obbedí al comando,
e si avviò in silenzio lungo la riva del mare urlante;
35 ma poi, venuto in disparte, molto il vegliardo pregò
il sire Apollo, che partorí Latona bella chioma:
«Ascoltami, Arco d'argento, che Crisa proteggi,
e Cilla divina, e regni sovrano su Tènedo,
Sminteo, se mai qualche volta un tempio gradito t'ho eretto,
40 e se mai t'ho bruciato cosce pingui
di tori o capre, compimi questo voto:
paghino i Danai le lacrime mie coi tuoi dardi».
Disse cosí pregando: e Febo Apollo l'udí,
e scese giú dalle cime d'Olimpo, irato in cuore,
45 l'arco avendo a spalla, e la faretra chiusa sopra e sotto:
le frecce sonavano sulle spalle dell'irato
al suo muoversi; egli scendeva come la notte.
Si postò dunque lontano dalle navi, lanciò una freccia,
e fu pauroso il ronzío dell'arco d'argento.
50 I muli colpiva in principio e i cani veloci,
ma poi mirando sugli uomini la freccia acuta
lanciava; e di continuo le pire dei morti ardevano, fitte.

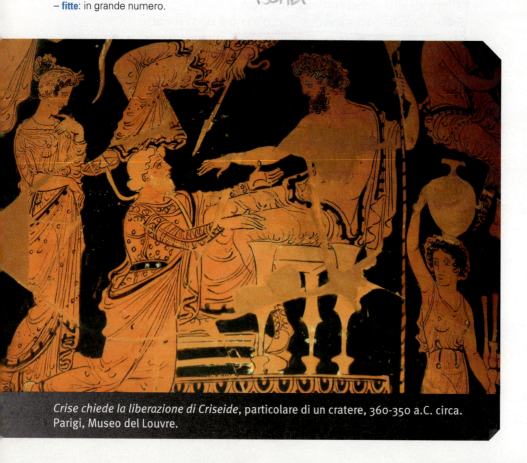

Crise chiede la liberazione di Criseide, particolare di un cratere, 360-350 a.C. circa. Parigi, Museo del Louvre.

Epica classica | L'Iliade

Entriamo nel testo

La struttura del testo e i temi

Il brano è costituito da un *flashback* che spiega i motivi dello scatenarsi della contesa tra Agamennone e Achille e la conseguente ira di quest'ultimo. Vi è all'inizio un doppio *flashback*, poiché prima viene citata la vendetta di Apollo contro gli Achei e dopo il motivo di questa vendetta; ciò deriva evidentemente dal desiderio del narratore di allettare gli ascoltatori del suo canto coinvolgendoli nel racconto.

Tutta la narrazione ruota intorno a due elementi: l'arroganza di Agamennone e la potenza di Apollo, terribile divinità che non tollera l'affronto fatto al suo sacerdote.

Presso i Greci il dio Apollo, figlio di Zeus e della dea Latona, era la personificazione della luce e del Sole, protettore della musica e della poesia, dio della saggezza e nume profetico che dava responsi agli uomini attraverso gli oracoli posti in varie località, tra cui la più famosa era Delfi. Apollo era, tuttavia, anche un dio terribile e temuto persino tra gli dèi. È in questo aspetto che appare rappresentato nell'*Iliade*: Apollo è il dio che scende dalle vette dell'Olimpo *come la notte* (v. 47), *irato nel cuore* (v. 44), porta con sé frecce mortali e l'arco d'argento: quest'arco, nonostante il modo suggestivo con cui è definito, non è una prestigiosa arma da guerra, ma uno strumento di morte, e il dio se ne serve tutte le volte in cui vuol punire gli uomini colpevoli di qualche atto che ha sollevato la sua ira divina. Nel mondo religioso dei Greci Apollo occuperà sempre una posizione centrale, ma inquietante per la sua complessità: sarà il dio onnisciente, protettore delle arti e dei giuramenti, apportatore di armonia e ordine, e insieme il dio vendicatore delle colpe degli uomini, sarà il dispensatore di guarigioni, ma anche di mortifere malattie.

Frammento di affresco con il dio Apollo. Roma, Antiquarium del Palatino.

Esercizi

Competenza trasversale:

a Acquisire ed interpretare l'informazione
b Individuare collegamenti e relazioni
c Comunicare
d Comunicare nelle lingue straniere

- **Comprensione**

1. Esegui per iscritto la parafrasi del brano.
2. Disponi in ordine cronologico, ovvero nell'ordine di tempo in cui sono accaduti, gli eventi seguenti.
   - **a.** La peste si diffonde nel campo degli Achei.
   - **b.** Crise invoca giustizia da parte di Apollo.
   - **c.** Crise si reca da Agamennone.
   - **d.** Nasce l'ira di Apollo.
   - **e.** Agamennone caccia con cattive maniere Crise.
   - **f.** I guerrieri achei acclamano in favore di Crise.
3. Perché Crise si reca da Agamennone? Che cosa gli propone?
4. Qual è l'atteggiamento dei soldati achei nell'ascoltare le parole di Crise? Sono favorevoli o contrari ad accogliere la richiesta del sacerdote?
5. Nel verso 29, a chi è riferito il pronome personale *la* ripetuto due volte?
6. Apollo è rappresentato con arco e frecce. Indica nel testo i verbi e gli aggettivi che evidenziano questa sua particolarità.
7. Quali divinità vengono citate nel testo?

- **Competenza testuale**

8. Suddividi il testo in sequenze e scrivi accanto a ognuna un breve titolo che ne indichi il contenuto.
9. Sottolinea nel testo gli epiteti che accompagnano alcuni nomi di persone e di cose (navi, mare).

- **Interpretazione e produzione**

10. Come viene descritto Crise? Mediante l'aspetto fisico oppure mediante il comportamento?
11. Le parole con cui Crise si rivolge ad Agamennone esprimono l'augurio agli Achei di abbattere Troia e tornare felicemente in patria. Questo augurio può sembrare strano, dal momento che viene rivolto ai propri nemici. Sapresti spiegare il motivo per cui viene espresso da Crise?
12. Dopo il proemio e prima di iniziare la narrazione degli eventi, il narratore espone l'antefatto immediato che serve a spiegarci i motivi dell'ira di Achille e del suo litigio con Agamennone. Esponi con parole tue lo svolgersi di questi antefatti ponendoli in ordine cronologico.

a 13. In Omero viene rappresentata la società dell'età greco-arcaica, non solo relativamente al complesso delle concezioni e dei valori, ma anche agli aspetti concreti della vita individuale e sociale. Gli studiosi hanno potuto trarre preziose informazioni sia sugli oggetti di uso quotidiano, sull'abbigliamento, sulle armi ecc., sia sulle norme che regolavano i rapporti degli uomini tra loro e nei riguardi degli dèi. La lettura di questo brano ci offre alcune indicazioni in base alle quali puoi rispondere alle seguenti domande.
   - **a.** Quale destino aspettava le donne fatte prigioniere in guerra?
   - **b.** Con quali azioni e riti gli uomini dell'età omerica attuavano il culto degli dèi?
   - **c.** Quali erano i riti funebri degli uomini dell'età omerica?

Epica classica | **L'Iliade**

Lo scontro tra Achille e Agamennone

• Libro I, vv. 101-247

IN SINTESI: Dopo dieci giorni in cui infuria nell'accampamento la peste causata dall'ira di Apollo per l'offesa arrecata da Agamennone al suo sacerdote, Crise, Achille, convocato in assemblea l'esercito acheo, chiede all'indovino Calcante di rivelare il motivo di quella sciagura. Calcante fa sapere che la moria fra i Greci è causata dall'ira di Apollo, in seguito al rifiuto di Agamennone di restituire la figlia al sacerdote Crise. Il brano riprende con la reazione violenta di Agamennone al responso dell'indovino: egli dichiara che restituirà Criseide per la salvezza dell'esercito, ma in cambio si prenderà la schiava che era toccata come bottino ad Achille. Questi, infuriato per il sopruso, giura di non combattere piú.

103. i neri precordi: le nere viscere.

107. sempre ... predire: il rancore di Agamennone nei riguardi di Calcante era originato da un episodio accaduto alla partenza dell'esercito acheo verso Troia: poiché la flotta era immobilizzata dalla mancanza di vento, Calcante aveva rivelato che ciò accadeva per l'ira della dea Artemide e per placarla Agamennone era stato costretto a sacrificare alla dea la propria figlia Ifigenia.

108. la compisci: la porti a compimento.

110. che proprio ... saetta: che Apollo (*il dio che saetta*) porta loro sciagure proprio per questo.

113. Clitennestra: la moglie di Agamennone (*sposa legittima*), rimasta in patria. Essa è anche sorella di Elena: i due fratelli Agamennone e Menelao avevano sposato le due sorelle Clitennestra ed Elena.

114. ché in nulla è vinta da lei: perché Criseide in nulla è inferiore a Clitennestra.

119. Argivi: abitanti di Argo, città da cui proveniva Agamennone. Nell'*Iliade* i Greci, oltre che Achei, sono talvolta chiamati Argivi, con allusione alla città di provenienza del loro comandante. – **indonato**: privo di doni.

121. piede rapido: è il principale epiteto che accompagna il nome di Achille.

127-129. Ma tu ... robuste: Achille esorta Agamennone a riconsegnare al padre Criseide, che era stata preda di guerra, e gli promette, a nome di tutti i Greci, che otterrà una maggiore preda quando sarà presa Troia. – **mura robuste**: epiteto riferito a Troia.

La risposta di Agamennone a Calcante

Cosí detto, [Calcante] sedette; s'alzò fra loro
l'eroe figlio d'Atreo, il molto potente Agamennone,
infuriato; d'ira tremendamente i neri precordi
erano gonfi, gli occhi parevano fuoco lampeggiante;
105 subito guardando male Calcante gridò:
«Indovino di mali, mai per me il buon augurio tu dici,
sempre malanni t'è caro al cuore predire,
buona parola mai dici, mai la compisci!
E adesso in mezzo ai Danai annunci profetando
110 che proprio per questo dà loro malanni il dio che saetta,
perch'io della giovane Criseide il ricco riscatto
non ho voluto accettare: molto io desidero
averla in casa, la preferisco a Clitennestra davvero,
benché sposa legittima, ché in nulla è vinta da lei,
115 non di corpo, non di figura, non di mente, non d'opere.
Ma anche cosí consento a renderla, se questo è meglio;
io voglio sano l'esercito, e non che perisca.
Però un dono, subito, preparate per me; non io solo
degli Argivi resti indonato, non è conveniente.
120 Dunque guardate tutti quale altro dono mi tocchi».
Lo ricambiò allora Achille divino piede rapido:
«Gloriosissimo Atride, avidissimo sopra tutti,
come ti daranno un dono i magnanimi Achei?
In nessun luogo vediamo ricchi tesori comuni;
125 quelli delle città che bruciammo, quelli son stati divisi.
Non va che i guerrieri li mettano di nuovo in comune.
Ma tu ora cedi al dio questa; poi noi Achei
tre volte, quattro volte la riscatteremo, se Zeus
ci dia d'abbatter la rocca di Troia mura robuste».

132. non coprire il pensiero: non nascondere quello che pensi veramente con discorsi bugiardi.

136. adattandolo ... compenso: che corrisponda ai miei desideri e che compensi la perdita di Criseide.

138. Aiace ... Odisseo: eroi achei presenti nella spedizione.

139. s'infurierà chi raggiungo: s'infurierà inutilmente colui del quale io prenderò il dono (per compensare la perdita del mio).

142. raccogliamovi: raccogliamo in essa. – **ecatombe**: grande numero di animali da sacrificare in onore di Apollo, come aveva ordinato l'indovino Calcante. Letteralmente il termine significa «sacrificio di cento buoi».

143. guancia graziosa: epiteto per Criseide.

147. il Liberatore: epiteto per Apollo.

148. bieco: cupo e minaccioso.

149. vestito di spudoratezza: uomo senza ritegno.

155. Ftia: la città da cui proviene Achille, capitale della Tessaglia, nella Grecia settentrionale. – **nutrice d'eroi**: città in cui nascono e vivono eroi.

163-168. Però ... combattere: Achille accusa Agamennone d'ingordigia, sottolineando il fatto che, dopo aver conquistato una città, egli, che sostiene il peso principale della guerra, non riceve una parte di bottino pari a quella di Agamennone. – **se poi si venga alle parti**: quando si spartisce il bottino di guerra.

176. alunni: discepoli. Si riteneva che Zeus, il re degli dèi, proteggesse in particolare i re.

---

130 Ma ricambiandolo disse il potente Agamennone:
«Ah no, per quanto tu valga, o Achille pari agli dèi,
non coprire il pensiero, perché non mi sfuggi né puoi persuadermi.
Dunque pretendi – e intanto il tuo dono tu l'hai – che cosí
io me ne lasci privare, e vuoi farmi rendere questa?
135 Ma se mi daranno un dono i magnanimi Achei,
adattandolo al mio desiderio, che faccia compenso, sta bene;
se non lo daranno, io stesso verrò
a prendere il tuo, o il dono d'Aiace, o quel d'Odisseo
prenderò, me lo porterò via: ah! s'infurierà chi raggiungo.
140 Ma via, queste cose potremo trattare anche dopo:
ora, presto, una nave nera spingiamo nel mare divino,
raccogliamovi rematori in numero giusto, qui l'ecatombe
imbarchiamo, la figlia di Crise guancia graziosa
facciamo salire; uno dei capi consiglieri la guidi,
145 o Aiace, o Idomeneo, oppure Odisseo luminoso,
o anche tu, Pelide, il piú tremendo di tutti gli eroi,
che tu ci renda benigno, compiendo il rito, il Liberatore».

L'indignazione di Achille

Ma guardandolo bieco Achille piede rapido disse:
«Ah vestito di spudoratezza, avido di guadagno,
150 come può volentieri obbedirti un acheo,
o marciando o battendosi contro guerrieri con forza?
Davvero non pei Troiani bellicosi io sono venuto
a combattere qui, non contro di me son colpevoli:
mai le mie vacche han rapito o i cavalli,
155 mai a Ftia dai bei campi, nutrice d'eroi,
han distrutto il raccolto, poiché molti e molti nel mezzo
ci sono monti ombrosi e il mare sonante.
Ma te, o del tutto sfrontato, seguimmo, perché tu gioissi,
cercando soddisfazione per Menelao, per te, brutto cane,
160 da parte dei Teucri; e tu questo non pensi, non ti preoccupi,
anzi, minacci che verrai a togliermi il dono
pel quale ho molto sudato; i figli degli Achei me l'han dato.
Però un dono pari a te non ricevo, quando gli Achei
gettano a terra un borgo ben popolato dei Teucri;
165 ma il piú della guerra tumultuosa
le mani mie lo governano; se poi si venga alle parti,
a te spetta il dono piú grosso. Io un dono piccolo e caro
mi porto indietro alle navi, dopo che peno a combattere.
Ma ora andrò a Ftia, perché certo è molto meglio
170 andarsene in patria sopra le concave navi. Io non intendo per te,
restando qui umiliato, raccoglier beni e ricchezze».
Lo ricambiò allora il sire d'eroi Agamennone:
«Vattene, se il cuore ti spinge; io davvero
non ti pregherò di restare con me, con me ci son altri
175 che mi faranno onore, soprattutto c'è il saggio Zeus.
Ma tu sei piú odioso per me tra i re alunni di Zeus:

Epica classica : L'Iliade

178. questo ... dato: la forza di Achille e la sua invulnerabilità sono un dono divino, ottenuto grazie alla madre Teti.

180. Mirmidoni: nome del popolo di cui Achille era re.

184. Briseide: era la schiava che Achille aveva ricevuto precedentemente come dono di guerra.

189. tra due: fra due decisioni: se trafiggere con la spada Agamennone oppure non reagire frenando l'indignazione.

190. daga: spada. – **via dalla coscia**: via dalla sua posizione aderente alla coscia.

195. braccio bianco: epiteto usato per la dea Era. Le due dee Atena ed Era parteggiavano per i Greci perché nutrivano rancore verso il troiano Paride: questi, infatti, aveva dichiarato Afrodite piú bella di loro.

200. Pallade: epiteto di Atena.

201. parole fugaci: parole veloci.

202. egioco: epiteto di Zeus che significa «armato di ègida». L'ègida era lo scudo di Zeus fatto con pelle di capra.

206. occhio azzurro: dagli occhi azzurri.

211. ingiuria ... sarà: litiga solo a parole, sapendo ciò che accadrà in futuro.

219. elsa: impugnatura della spada.

contesa sempre t'è cara, e guerre e battaglie:
se tu sei tanto forte, questo un Dio te l'ha dato!
vattene a casa, con le tue navi, coi tuoi compagni,
180   regna sopra i Mirmidoni: di te non mi preoccupo,
non ti temo adirato; anzi, questo dichiaro:
poi che Criseide mi porta via Febo Apollo,
io lei con la mia nave e con i miei compagni
rimanderò; ma mi prendo Briseide guancia graziosa,
185   andando io stesso alla tenda, il tuo dono sí, che tu sappia
quanto sono piú forte di te, e tremi anche un altro
di parlarmi alla pari, o di levarmisi a fronte».

La reazione violenta di Achille e l'intervento di Atena

Disse cosí: al Pelide venne dolore, il suo cuore
nel petto peloso fu incerto tra due:
190   se, sfilando la daga acuta via dalla coscia,
facesse alzare gli altri, ammazzasse l'Atride,
o se calmasse l'ira e contenesse il cuore.
E mentre questo agitava nell'anima e in cuore
e sfilava dal fodero la grande spada, venne Atena
195   dal cielo; l'inviò la dea Era braccio bianco,
amando ugualmente di cuore ambedue e avendone cura;
gli stette dietro, per la chioma prese il Pelide,
a lui solo visibile; degli altri nessuno la vide.
Restò senza fiato Achille, si volse, conobbe subito
200   Pallade Atena: terribilmente gli lampeggiarono gli occhi
e volgendosi a lei parlò parole fugaci:
«Perché sei venuta, figlia di Zeus egioco,
forse a veder la violenza d'Agamennone Atride?
ma io ti dichiaro, e so che questo avrà compimento:
205   per i suoi atti arroganti perderà presto la vita!».
E gli parlò la dea Atena occhio azzurro:
«Io venni a calmar la tua ira, se tu mi obbedisci;
dal cielo m'inviò la dea Era braccio bianco,
ch'entrambi ugualmente ama di cuore e cura.
210   Su, smetti il litigio, non tirar con la mano la spada:
ma ingiuria, con parole, dicendo come sarà:
cosí ti dico infatti, e questo avrà compimento:
tre volte tanto splendidi doni a te s'offriranno un giorno
per questa violenza; trattieniti, dunque, e obbedisci».
215   E disse, ricambiandola, Achille, piede rapido:
«Bisogna una vostra parola, o dea, rispettarla,
anche chi molto è irato in cuore; cosí è meglio,
chi obbedisce agli dèi, molto essi l'ascoltano».
Cosí sull'elsa d'argento trattenne la mano pesante,
220   spinse indietro nel fodero la grande spada, non disobbedí
alla parola d'Atena; ella verso l'Olimpo se n'era andata,
verso la casa di Zeus egioco, con gli altri numi.
Di nuovo allora il Pelide con parole ingiuriose

224. corruccio: sdegno, risentimento.

226-228. mai ... morte: non hai il coraggio di andare armato in battaglia né di esporti all'agguato coi piú valorosi degli Achei: con queste azioni avresti paura di rischiare la vita. Achille sta accusando pesantemente Agamennone di viltà.

231-232. a buoni ... offendetevi!: tu comandi a gente che non vale niente, altrimenti questa offesa che fai a me sarebbe stata l'ultima.

234. per questo scettro: lo scettro, simbolo di giustizia, impugnato da chi prendeva la parola nell'assemblea; quando Achille alla fine del suo giuramento lo getterà a terra, intenderà esprimere la volontà che nessuno parli dopo di lui.

investí l'Atride e non trattenne il corruccio:
225 «Ubriacone, occhi di cane, cuore di cervo,
mai vestir corazza con l'esercito in guerra
né andare all'agguato coi piú forti degli Achei
osa il tuo cuore: questo ti sembra morte.
E certo è molto piú facile nel largo campo degli Achei
230 strappare i doni a chi faccia a faccia ti parla,
re mangiatore del popolo, perché a buoni a niente comandi;
se no davvero, Atride, ora per l'ultima volta offendevi!
Ma io ti dico e giuro gran giuramento:
sí, per questo scettro, che mai piú foglie o rami
235 metterà, poi che ha lasciato il tronco sui monti,
mai fiorirà, che intorno ad esso il bronzo ha strappato
foglie e corteccia: e ora i figli degli Achei
che fanno giustizia lo portano in mano: essi le leggi
in nome di Zeus mantengono salde. Questo sarà il giuramento.
240 Certo un giorno rimpianto d'Achille prenderà i figli degli Achei,
tutti quanti, e allora tu in nulla potrai, benché afflitto,
aiutarli, quando molti per mano d'Ettore massacratore
cadranno morenti; e tu dentro lacererai il cuore,
rabbioso che non ripagasti il piú forte degli Achei».
245 Disse cosí il Pelide e scagliò in terra lo scettro
disseminato di chiodi d'oro. Poi egli sedette.
Dall'altra parte l'Atride era furioso.

Giambattista Tiepolo, *Minerva trattiene Achille dall'uccidere Agamennone*, 1757 circa. Vicenza, Villa Valmarana.

Entriamo nel testo

La struttura del testo

Il brano è puramente narrativo e la narrazione si sviluppa attraverso i discorsi dei personaggi; in questo caso gli eventi che accadono non sono costituiti dalle azioni compiute ma dalle cose che vengono dette e dalle intenzioni che vengono dichiarate. È uno scontro non di armi ma di parole; Agamennone intende privare Achille del suo dono di guerra, Briseide, e Achille sfoga la sua ira punendo il capo degli Achei nel modo più efficace: privandolo del suo aiuto in guerra. Quando la tensione raggiunge la *Spannung*, il culmine emotivo, e Achille sta per aggredire Agamennone, interviene Atena a spezzare la spirale di aggressività; tuttavia non si placa l'ira di Achille, che conclude l'episodio con le ultime invettive e la dichiarazione del suo proposito di ritirarsi dalla guerra.

Il valore del «dono di guerra»

Nell'episodio ricorre frequentemente il termine *dono*, che si configura come il motivo intorno a cui ruota l'accendersi della collera dei due guerrieri greci. Agamennone parla di «dono» riferendosi a Criseide, perché essa era stata la parte ricevuta nella spartizione del bottino di un saccheggio; quindi aggiunge che, dovendo restituire la fanciulla, non intende rimanere *indonato*, senza dono, e pertanto si prenderà in cambio quello di Achille. Anche il «dono» di Achille è costituito da una giovane donna, Briseide, che era stata un'attribuzione speciale da parte dell'esercito all'eroe, parte della preda di un saccheggio da lui guidato in una città della Troade. Ed è proprio questa privazione la causa di quell'ira di Achille che *infiniti addusse lutti agli Achei*.

A questo punto è legittimo chiederci se l'insanabile dissidio tra i due guerrieri e le conseguenti sciagure per l'esercito greco siano realmente causati dal litigio per il possesso di una schiava preda di guerra, oppure se la contesa poggi su motivazioni piú profonde.

In realtà, nell'ambito dei valori fondamentali della società rappresentata da Omero il dono come premio di guerra aveva un'importanza particolare: esso non costituiva semplicemente un regalo o un arricchimento per chi lo riceveva, ma rappresentava invece il riconoscimento di prestigio sociale; il guerriero che riceveva il dono in realtà riceveva un'attestazione pubblica di fama e di onore. Viceversa, restare privo di dono rappresentava una vergogna e un disonore agli occhi di tutti. Questo è il motivo per cui Agamennone ritiene una grave lesione del suo prestigio rimanere senza il suo dono, anche se per il volere di una divinità; ugualmente Achille avverte come disonore il fatto che il suo dono gli venga sottratto da Agamennone. Dunque, lo scontro tra i due guerrieri è in realtà una competizione per il prestigio e il riconoscimento sociale di superiorità, e l'offesa subita da Achille davanti a tutta l'assemblea degli Achei costituisce, nel sistema dei valori della società aristocratica omerica, una provocazione di gravità assoluta. Agamennone è il capo supremo della spedizione ed è re di un vasto dominio che comprende le due famose città di Argo e Micene; Achille regna su un piccolo regno della Tessaglia, però è un semidio, l'unico di tutto l'esercito acheo che possa vantare per madre una dea e per padre un nipote di Zeus, ed è sicuramente il piú forte in guerra di tutti gli Achei. Tuttavia è anche il piú giovane ed è vincolato ad Agamennone da un giuramento di obbedienza: nel mondo dell'*Iliade* l'età e il potere costituiscono due elementi che regolano i rapporti e a cui tutti devono adeguare il proprio comportamento. Esiste quindi un rapporto gerarchico da cui Agamennone si sente autorizzato a esercitare una prepotenza allo scopo di salvaguardare il suo onore, e Achille, costretto da Atena a subirla, non può venir meno a una legge fondamentale del codice eroico che gli impone di difendere la sua reputazione, e non trova altra soluzione che decidere di ritirarsi dalla battaglia.

Esercizi

- **Comprensione**

1. Esegui oralmente o per scritto la parafrasi del brano.
2. Con quali argomenti Agamennone risponde a Calcante?
3. Chi è Clitennestra? Per qual motivi Agamennone dice di preferirle Criseide?
4. Per quale motivo Agamennone vuole un altro dono in cambio di Criseide, che deve restituire al padre?
5. Con quale promessa Achille tenta di convincere Agamennone (vv. 122-129) a non pretendere un altro dono?
6. Achille si rivolge ad Agamennone usando due attributi dal significato contrastante: lo chiama *gloriosissimo* e poi *avidissimo* (v. 122). A che cosa si riferiscono questi due aggettivi e quale dei due, secondo te, rispecchia l'opinione di Achille?
7. Perché Atena interviene presentandosi ad Achille? In quale aspetto gli si presenta?
8. Dopo l'intervento di Atena, Achille cambia il proprio comportamento nei riguardi di Agamennone?

- **Competenza testuale**

9. Suddividi il testo in sequenze e scrivi accanto a ognuna un breve titolo che ne indichi il contenuto.
10. Nel brano individua gli epiteti usati per ogni personaggio, e analizza se sono indicativi di una caratteristica del personaggio, oppure se la loro presenza serve solo ad arricchire l'espressione.
11. Individua e sottolinea nel testo le formule fisse (ad esempio, *ricambiandolo disse*, *parlò parole fugaci*).
12. I Greci non sono mai chiamati cosí da Omero: ricerca nei brani letti i nomi con cui vengono indicati.

- **Interpretazione**

13. In questo brano il sentimento prevalente è l'ira, che si manifesta in particolare in Achille e in Agamennone. Ripercorrendo il testo, rispondi alle domande che seguono.
    a. La collera è presente in entrambi i personaggi dall'inizio dell'episodio alla fine, oppure cresce o diminuisce durante lo scontro verbale?
    b. Con quali espressioni sono descritte le manifestazioni fisiche della collera di ognuno dei due personaggi?
14. Secondo te, perché Achille non vuole cedere Briseide ad Agamennone? Indica, tra le possibili motivazioni che seguono, quella che ti sembra piú convincente:
    a. non vuole darla vinta ad Agamennone;
    b. è affezionato a Briseide;
    c. teme di perdere prestigio agli occhi degli altri guerrieri.
    Poni a confronto la tua opinione con quella dei tuoi compagni e aprite una discussione in classe.
15. Il narratore nell'*Iliade* ha una posizione distaccata e obiettiva, in quanto non esprime le proprie valutazioni o giudizi sugli eventi e sui personaggi, non prende le parti per l'uno o per l'altro personaggio, né mostra simpatia maggiore per i Greci piú che per i Troiani. Tuttavia, anche nella narrazione obiettiva gli eventi possono provocare nei lettori il giudizio o muovere i loro sentimenti.

Epica classica · **L'Iliade**

Nella disputa tra Achille e Agamennone a quale dei due ti sembra di poter dare ragione, e verso chi provi maggiore simpatia? Perché?

16. Esaminando le parole con cui Achille risponde all'invito alla calma di Atena, è possibile comprendere il suo atteggiamento nei riguardi degli dèi: qual è questo atteggiamento?

■ **Produzione**

17. Scrivi il riassunto del brano conservando la struttura dei discorsi diretti e il contenuto espresso in ognuno dei discorsi dei personaggi.

18. Questo episodio, piú che da parti descrittive e narrative, è costituito quasi completamente da parti dialogate, acquistando cosí un andamento teatrale e drammatico, adatto a essere recitato da diversi attori. Nell'antichità questo accadeva realmente, quando i poemi omerici erano recitati in pubblico. Provate in classe a fare una lettura a piú voci, assegnando a una voce fuori campo gli intermezzi non dialogati.

per l'**INVALSI** con *Eugenio*

1. Il testo parla di eventi che:
  a. ☐ sono accaduti prima della guerra di Troia.
  b. ☐ accadono come conseguenza dell'ira di Achille.
  c. ☐ si svolgono mentre Crise si trova nell'accampamento degli Achei.
  d. ☐ raccontano il modo in cui nasce l'ira di Achille.

2. Leggi il primo discorso di Agamennone (vv. 106-120). Qual è l'argomentazione fondamentale sostenuta da Agamennone?
  a. ☐ Calcante sa prevedere solo i mali e dice sempre cose sgradevoli.
  b. ☐ Agamennone è intenzionato a tenere per sé Criseide e non la restituirà.
  c. ☐ Agamennone restituirà Criseide, ma vuole in cambio un altro dono.
  d. ☐ Agamennone non vuole cedere Criseide perché la preferisce alla moglie.

3. Osserva la frase «non io solo degli Argivi resti indonato» (vv. 118-119). Il verbo *resti* è un:
  a. ☐ congiuntivo esortativo.
  b. ☐ indicativo presente.
  c. ☐ passato remoto.
  d. ☐ condizionale ipotetico.

4. Nel verso 125 si presenta una consuetudine militare degli Achei. Quale?
  a. ☐ Incendiavano le città che incontravano sul loro percorso.
  b. ☐ Bruciavano su un rogo i tesori delle città conquistate.
  c. ☐ Incendiavano le città conquistate e si spartivano le prede.
  d. ☐ Si spartivano tra loro quanto restava delle città incendiate.

5. Esamina il pronome *questa* usato nel verso 127. A chi si riferisce?

6. Esamina l'espressione *il Liberatore*, presente nel verso 147. Essa ha la funzione di:

- **a.** ☐ soggetto.
- **b.** ☐ complemento oggetto.
- **c.** ☐ apposizione.
- **d.** ☐ complemento di vocazione.

7. Esamina l'espressione *piede rapido* presente nel verso 148. Che cosa esprime?

- **a.** ☐ Un epiteto di Achille.
- **b.** ☐ Un complemento di modo.
- **c.** ☐ Un attributo di Achille.
- **d.** ☐ Un complemento di tempo.

8. Esamina i versi 149-171. Achille risponde ad Agamennone usando vari argomenti. Quale argomento non è presente nel discorso di Achille?

- **a.** ☐ Achille non combatte i Troiani per vendetta ma per seguire Agamennone.
- **b.** ☐ Nella spartizione delle prede Agamennone prende sempre la parte maggiore.
- **c.** ☐ Achille continuerà a combattere a patto di ricevere doni pari ad Agamennone.
- **d.** ☐ Achille abbandonerà la guerra perché si sente umiliato da Agamennone.

9. Nella frase al verso 158, la proposizione «perché tu gioissi» è una:

- **a.** ☐ causale.
- **b.** ☐ consecutiva.
- **c.** ☐ finale.
- **d.** ☐ interrogativa indiretta.

10. Nel suo discorso (vv. 149-171) Achille insulta Agamennone mediante il richiamo a un animale. Qual è questo insulto?

....

11. Achille addolorato e irato afferra la spada per scagliarsi contro Agamennone. Da chi viene frenato?

....

12. A chi si riferisce il termine «ambedue», nel verso 196?

....

13. Nei versi 193-214 viene espresso due volte con parole simili lo stesso concetto, riferito alla medesima divinità, il cui nome è accompagnato dallo stesso epiteto. Rintraccia nel testo i due momenti in cui si presenta questa ripetizione.

....

....

....

14. Agamennone e gli Achei presenti all'apparizione della dea hanno reazioni?

- **a.** ☐ No, perché la dea è invisibile ai loro occhi.
- **b.** ☐ Sí, ma il poeta non ne parla perché non sono importanti.
- **c.** ☐ No, perché la dea si rivolge soltanto ad Achille.
- **d.** ☐ Sí, restano immobili e senza fiato.

Epica classica | L'Iliade

15. Leggi i versi 240-244. Achille esprime ad Agamennone la previsione in base al fatto che:
- **a.** ☐ questi eventi futuri gli sono stati preannunciati da Atena.
- **b.** ☐ Achille completa secondo il suo desiderio la previsione ricevuta da Atena.
- **c.** ☐ Achille possiede la capacità di prevedere il futuro.
- **d.** ☐ Achille vuole generare in Agamennone la paura per il futuro.

Il pianto di Achille

- *Iliade*, trad. di G. Cerri, Rizzoli, Milano, 2003, Libro I, vv. 304-395; 407-430

IN SINTESI: Si è conclusa l'assemblea che ha visto lo scontro tra Achille e Agamennone. Achille torna nella sua tenda, mentre Agamennone provvede a rimandare Criseide al padre e insieme esige la consegna di Briseide da parte di Achille.

307. il figlio di Menezio: Patroclo, l'amico fraterno di Achille.
308. l'Atride: Agamennone.
309. un'ecatombe: vedi nota 142 a pag. 106.
312. navigavano liquide strade: solcavano le onde del mare, che vengono paragonate a strade fatte di acqua. È una delle formule fisse utilizzate dagli aèdi.
313. esortava l'esercito ad un bagno purificatore: il bagno aveva la doppia funzione di purificare i soldati dal morbo che li aveva assaliti, ma anche dalla colpa nei confronti del dio, che, pur essendo stata commessa dal solo Agamennone, aveva contaminato anche l'esercito di cui egli era il capo.
315. ecatombe perfette: il poeta vuole precisare che gli animali sacrificati, in questo caso tori e capre, erano privi di ogni difetto, in segno di riverenza nei confronti del dio.
320-321. Taltibio ... solleciti: sono gli araldi o messaggeri che svolgono la funzione di intermediari fra il re e il popolo; convocano l'assemblea, impongono il silenzio, porgono lo scettro a chi deve parlare, portano ambascerie.
328. Mirmidoni: vedi nota 180 a pag. 107.

305 Dopo aver cosí litigato con dure parole,
s'alzarono, e sciolsero l'assemblea presso le navi degli Achei.
Il Pelide tornava alle tende e alle navi ben bilanciate,
con il figlio di Menezio e con i suoi compagni;
l'Atride spinse nel mare una nave veloce,
scelse venti rematori, caricò per il dio un'ecatombe,
310 vi fece salire Criseide dalla bella guancia,
accompagnandola; come capo imbarcò l'astuto Odisseo.
Quelli dunque, imbarcatisi, navigavano liquide strade,
mentre l'Atride esortava l'esercito ad un bagno purificatore:
si lavavano e gettavano le impurità in mare
315 e dedicavano ad Apollo ecatombe perfette
di tori e di capre, lungo la riva del mare irrequieto,
e l'odore saliva al cielo, avvolgendosi in spire di fumo.
Cosí si davano da fare per il campo; né Agamennone
desisteva dalla lite, che prima aveva minacciata ad Achille,
320 ma diceva invece a Taltibio ed Euribate,
che erano suoi messaggeri e scudieri solleciti:
«Recatevi alla tenda di Achille Pelide:
presala per mano, portate qui Briseide dalla bella guancia;
e se non la desse, la prenderò io stesso in persona
325 recandomi lí con piú uomini: questo sarà per lui ancora piú amaro».
Cosí detto, li mandava, con questa dura ingiunzione;
contro voglia s'avviarono lungo la riva del mare irrequieto,
giunsero alle tende e alle navi dei Mirmidoni,

340. tracotante: superbo, orgoglioso.

340-342. se mai di nuovo ... tremenda degli altri: se mai vi sarà bisogno di lui per allontanare dagli Achei la tremenda strage compiuta dai Troiani. Achille promette che, anche se ci fosse bisogno di lui, egli non parteciperà alla battaglia: il giuramento rimane sospeso, ma lascia intendere la conclusione.

342-344. infatti egli ribolle ... gli Achei: Achille accusa Agamennone di lasciarsi trascinare dall'orgoglio e dal rancore, di non saper valutare le conseguenze della sue azioni (*non è in grado di vedere insieme il prima e il dopo*) e di non essere quindi in grado di garantire la salvezza al suo popolo.

351. la madre sua: la ninfa Teti.

352-353. poi che m'hai partorito ... dall'alto: si allude qui alla leggenda secondo la quale Achille, posto davanti alla scelta di una vita lunga e ingloriosa e di una breve e gloriosa, aveva scelto la seconda. Adesso, però, osserva l'eroe, l'affronto subíto da Agamennone dimostra che Zeus non vuole concedergli la gloria promessa.

358. mentre sedeva ... padre: all'inizio della guerra di Troia Teti ha lasciato la casa del marito a Ftia, in Tessaglia, ed è tornata nella casa del padre Nereo, in fondo al mare, per essere piú vicina al figlio.

359. quasi fosse vapore: quando esce dal mare Teti ha l'aspetto di una nebbiolina, poi, quando parla con il figlio assume forma umana. Questo fatto può essere ricondotto alla capacità della dea di assumere innumerevoli forme.

366. Eetione: è il re della città di Tebe nella Troade, saccheggiata dagli Achei durante l'assedio di Troia. È il padre di Andromaca, moglie di Ettore, e venne ucciso da Achille durante l'assalto della città, ma era cosí valoroso e degno di stima che l'eroe, in segno di rispetto, lo seppellí

e lo trovarono presso la tenda e la nave nera

330 seduto; né certo gioí Achille a vederli.
I due, presi da timore e rispetto del re,
si fermarono, né parola gli rivolgevano o domanda;
ma lui capí in cuor suo e disse:
«Salute, araldi, messaggeri di Zeus e degli uomini,

335 accostatevi; voi di nulla mi siete colpevoli, bensí Agamennone,
che manda voi due per Briseide, la ragazza.
Ma su, Patroclo, stirpe divina, porta fuori la ragazza
e consegnala loro, che la portino via; ma essi mi siano testimoni
davanti agli dèi beati e davanti agli uomini mortali,

340 anche davanti al re tracotante, se mai di nuovo
ci sarà bisogno di me a stornare la strage tremenda
dagli altri; infatti egli ribolle nel suo cuore malefico
e non è in grado di vedere insieme il prima e il dopo,
cosí che salvi presso le navi per lui combattano gli Achei».

345 Cosí disse, e Patroclo obbediva al suo compagno,
condusse fuori dalla tenda Briseide dalla bella guancia
perché la portassero via, quelli se ne tornarono alle navi degli Achei;
a malincuore, la donna andava con loro; Achille intanto
piangendo sedeva lontano dai compagni, ritiratosi in disparte,

350 sulla riva del mare spumoso, guardando la distesa infinita,
e molto pregava la madre sua, con le mani protese:
«Madre, poi che m'hai partorito a vita breve, almeno la gloria
doveva darmi l'Olimpio Zeus che tuona dall'alto;
ed ecco che ora nemmeno un po' mi ha ripagato;

355 infatti il figlio di Atreo, il molto potente Agamennone,
m'ha disonorato: s'è preso e si tiene il mio premio, facendolo suo!».
Cosí disse piangendo, e lo udí la madre divina
mentre sedeva nelle profondità del mare, accanto al suo vecchio padre;
rapidamente emerse dal mare spumoso, quasi fosse vapore,

360 e sedette al fianco di lui che piangeva,
lo sfiorò con la mano, articolò la voce e disse:
«Figlio, perché piangi? Quale dolore t'è entrato nel cuore?
Parla, non tenerlo nascosto, cosí saremo tutti e due a saperlo».
A lei, con un profondo gemito, diceva Achille dal piede veloce:

365 «Lo sai! Perché parlare a te che tutto conosci?
Andammo a Tebe, la città santa d'Eetione,
la saccheggiammo e portammo qui tutto;
equamente tra loro divisero il bottino i figli degli Achei
e all'Atride assegnarono Criseide dalla bella guancia.

370 Crise allora, il sacerdote di Apollo saettatore,
venne alle rapide navi degli Achei vestiti di bronzo
per riscattare la figlia, portando un compenso ricchissimo,
e aveva in mano le bende di Apollo saettatore,
intorno allo scettro d'oro, e pregava tutti gli Achei,

con tutte le armi.

371. vestiti di bronzo: questo epiteto, con il quale vengono spesso indicati gli Achei, dimostra che il nucleo delle vicende narrate da Omero risale all'età del bronzo; i guerrieri che combattono a Troia, infatti, non conoscono ancora il ferro e usano solo armi di bronzo.

Epica classica | L'Iliade

375. ordinatori di popoli: epiteto che accompagna spesso il nome dei due figli di Atreo, Agamennone e Menelao.

385. Saettatore: Apollo, cosí chiamato perché scagliava le frecce.

392. la figlia di Briseo: Briseide.

394-395. se mai un giorno ... l'azione: Achille esorta la madre ad appellarsi a Zeus in nome della devozione che lei gli ha sempre dimostrato, portandogli aiuto e sostegno sia con le parole sia con le azioni.

407. abbraccia le sue ginocchia: era consuetudine che il supplice, inchinandosi, abbracciasse con la mano sinistra le ginocchia della persona alla quale si rivolgeva e con la mano destra gli sfiorasse il mento.

375 piú degli altri i due Atridi, ordinatori di popoli.
Allora fra gli Achei, tutti gli altri acclamarono:
rispettare il sacerdote, accettare il riscatto splendido;
ma non era d'accordo Agamennone Atride,
che lo scacciava malamente, faceva una dura ingiunzione;
380 sdegnato, il vecchio se ne tornò indietro, ma le sue preghiere
Apollo ascoltò, poiché molto lo amava,
e scagliò sugli Argivi un dardo maligno; allora le genti
morivano a mucchi e quelle piovevano, le frecce del dio,
dappertutto nel vasto campo degli Achei; a noi l'indovino,
385 che ben sapeva, comunicò i responsi del Saettatore.
Io subito, per primo, esortai a placare il dio;
ma il figlio di Atreo allora fu preso dall'ira e, alzatosi di scatto,
proferí una minaccia, che in effetti ora è compiuta;
quella su nave veloce gli Achei dal vivido sguardo
390 rimandano a Crisa, e inviano doni al dio;
ma l'altra sono venuti a prendersi gli araldi or ora alla tenda,
la figlia di Briseo, che avevano assegnata a me i figli degli Achei.
Ma tu, se pure lo puoi, difendi tuo figlio:
va' sull'Olimpo e supplica Zeus, se mai un giorno
395 facesti cosa gradita al suo cuore, con la parola o con l'azione.
[...]
Va' ora a lui, [...] abbraccia le sue ginocchia,
se mai volesse dare aiuto ai Troiani,
e ricacciare invece alle navi ed al mare gli Achei
410 massacrati, in modo che tutti si godano il loro re

Giovan Battista Tiepolo, *Briseide condotta da Agamennone*, 1757. Vicenza, Villa Valmarana.

423-424. presso gli onesti Etiopi, lungo l'Oceano: gli Etiopi erano un popolo mitico che per la sua bontà e devozione veniva spesso visitato dagli dèi; si riteneva che vivessero lungo l'Oceano, il fiume che scorreva tutt'intorno alla terra che, secondo gli antichi, aveva la forma di un disco piatto.

e riconosca anche l'Atride, il molto potente Agamennone,
la sua pazzia, che al migliore degli Achei ha negato un compenso».
A lui rispondeva allora Teti fra le lacrime:
«Ahimé, figlio mio, perché t'ho cresciuto, partorito a disgrazia?
415 Avessi potuto almeno startene presso le navi senza lacrime,
senza dolori, poi che il tuo destino è breve, non certo lungo;
e invece ecco che insieme di breve vita e sventurato su tutti
sei stato: dunque con mala sorte ti detti alla luce nella nostra casa.
Per fare questa richiesta a Zeus fulminatore,
420 andrò io stessa sull'Olimpo nevoso, se mi desse ascolto.
Ma tu ora, restando vicino alle navi dal corso veloce,
mantieniti in lite contro gli Achei, sospendi del tutto la guerra:
ieri Zeus è andato a pranzo presso gli onesti Etiopi,
lungo l'Oceano, e tutti gli dei lo hanno seguito;
425 al dodicesimo giorno tornerà sull'Olimpo,
e allora certo andrò alla casa di Zeus dal suolo di bronzo,
gli abbraccerò le ginocchia e si lascerà convincere, penso».
Detto cosí, se ne andò, e lí lo lasciò
adirato nel cuore per la donna dalla bella cintura
430 che, con la forza, gli avevano tolto a dispetto.

Entriamo nel testo

La struttura del testo

Si potrebbe pensare che, essendo l'*Iliade* il piú antico dei poemi omerici, la struttura dell'opera sia molto schematica e lineare e che la narrazione proceda in modo continuo, con una quasi perfetta coincidenza tra *fabula* e intreccio. La realtà è ben diversa: il racconto non è affatto monotono, anzi si snoda con un certo dinamismo, grazie alla costante alternanza dei filoni narrativi e alla frequenza dei *flashback*.
Questo brano ne è un felice esempio: il narratore segue da una parte Achille (vv. 306-307), dall'altra Agamennone (vv. 308-326), quindi ritorna ad Achille, che viene rappresentato prima nella sua tenda, poi sulla riva del mare a colloquio con Teti. La sequenza formata dai vv. 366-392 è occupata da un lungo *flashback* che recupera la parte precedente della storia e ci trasporta in luoghi e tempi diversi da quelli in cui sono ambientate le sequenze che lo incorniciano. Questo accorgimento agevolava l'aèdo nella sua recitazione, perché poteva staccare dal contesto l'episodio del pianto di Achille e recitarlo autonomamente, senza che gli ascoltatori perdessero il filo del discorso.

I personaggi

In questo brano agiscono numerosi personaggi, che svolgono diversi ruoli e creano un interessante quadro d'insieme in cui protagonisti, comprimari e comparse sono tratteggiati con mano felice e rimangono impressi nella mente del lettore grazie, talvolta, anche a una sola espressione che li caratterizza.
Agamennone continua a svolgere il suo ruolo di capo dell'esercito, preoccupandosi sia della purificazione dei soldati sia della restituzione di Criseide, ma non dimentica di riaffermare la sua supremazia su Achille, inviando gli araldi a prelevare Briseide.
Taltibio ed Euribate sono due figure mute, due semplici comparse, eppure riusciamo a indovinare il loro stato d'animo: essi eseguono contro voglia l'ordine del re, comprendendo quanto esso sia ingiusto e gravido di fatali conseguenze, come preannunciano le parole minacciose di Achille, che preannunzia il suo ritiro dalla battaglia. L'eroe li accoglie benevolmente e non scarica certamente su di loro la sua ira, anzi ordina a Patroclo di consegnare immediatamente Briseide. Ma subito dopo si apparta sulla riva del mare e dà sfogo alla sua rabbia con il pianto. Ci troviamo dunque di fronte a un personaggio ben diverso da quello che abbiamo visto minacciare di morte Agamennone e aggredirlo con parole dure e offensive. L'ira ha

lasciato il posto a un pianto accorato che lo rende umano senza togliergli nulla della sua virilità di eroe. Quanto a Teti, il suo comportamento è quello di una madre affettuosa che accorre immediatamente al richiamo del figlio, pronta a condividerne le ansie e il dolore. Dopo aver ascoltato le parole di Achille, dapprima si tormenta al pensiero che la breve vita del figlio non sia immune dalla sofferenza e dalla sventura, ma subito dopo gli dà forza e conforto, garantendogli che si recherà personalmente da Zeus e farà di tutto per convincerlo a esaudire la sua richiesta.

L'altra figura femminile che compare nel brano è Briseide, la schiava di Achille, per il cui possesso i due guerrieri achei sono venuti a contesa. Anche lei è una figura muta, che però acquista una sua vita poetica, grazie ad alcune efficaci notazioni. Innanzitutto viene indicata con due epiteti che ne sottolineano la bellezza e la grazia: *Briseide dalla bella guancia, la donna dalla bella cintura*. Inoltre, quando si allontana dalla tenda di Achille, lo fa *a malincuore*. I due non si scambiano né un gesto né una parola, ma basta quell'espressione per farci intuire che la donna nutre un sentimento profondo di devozione e forse di amore per l'eroe. Ci piace pensare che anche le lacrime di Achille siano in parte dovute al distacco da una creatura che aveva saputo addolcire con la sua presenza e il suo affetto le pause della guerra. La mancanza di comunicazione fra i due, del resto, non deve stupire, dal momento che Briseide è una prigioniera di guerra e quindi una schiava, priva di diritti e tenuta all'obbedienza e al silenzio.

Esercizi

- **Comprensione**

1. Esegui la parafrasi del brano.
2. Fai uno schema delle azioni che vengono compiute nel brano, indicando per ognuna i personaggi, il luogo e il tempo.
3. Descrivi le modalità in cui Agamennone rimanda al padre Criseide.
4. Chi viene mandato da Agamennone a prendere Briseide dalla tenda di Achille? Si attende che l'eroe consegni la donna senza alcun problema?
5. Chi consegna Briseide ai due messaggeri di Agamennone?
6. Di che cosa si lamenta Achille sulla riva del mare?
7. Per quale motivo Teti compiange il figlio?
8. Qual è il progetto di Teti per aiutare Achille?

- **Competenza testuale**

9. Suddividi il testo in sequenze, quindi scrivi accanto a ognuna di esse un breve titolo che ne indichi il contenuto.
10. Nel brano individua gli epiteti usati per ogni personaggio, e analizza se sono indicativi di una caratteristica del personaggio, oppure se la loro presenza serve solo ad arricchire l'espressione.
11. Individua e sottolinea nel testo le formule fisse (come, ad esempio, *ricambiandolo disse, parlò parole fugaci*).

- **Produzione**

12. Scrivi il riassunto del brano conservando la struttura dei discorsi diretti e il contenuto espresso in ognuno dei discorsi dei personaggi.

Ettore e Andromaca

- *Iliade*, trad. di S. Quasimodo, Mondadori, Milano, 1968, Libro VI, vv. 369-502 dell'originale omerico

IN SINTESI: Nella guerra sotto le mura di Troia si susseguono le battaglie e i duelli; durante una pausa l'eroe troiano Ettore rientra dentro le mura della città e incontra la moglie Andromaca, che dall'alto delle mura sta seguendo l'andamento della battaglia. Questo episodio, notevole per l'intensità delle emozioni e degli affetti, è tra le pagine piú lette e conosciute dell'*Iliade*. In un poema in cui i temi principali sono i litigi e le manifestazioni di orgoglio, le azioni belliche e gli scontri cruenti, sono pochi, e per questo piú notevoli, i momenti in cui compare la dimensione umana e familiare degli eroi.

5. la torre: la torre sovrastante le porte Scee, situate nelle mura della città, da dove si poteva vedere il campo di battaglia.

10. la dea tremenda: in questa guerra gli dèi parteggiano per i Troiani o per i Greci in base a proprie motivazioni; Atena è particolarmente accanita contro i Troiani a causa del giudizio di Paride che le aveva anteposto in bellezza Afrodite.

25-26. che sotto ... Cilicia: il Placo era un monte della Misia, regione confinante con la Cilicia e con la Troade; Tebe è detta Ipoplacia che significa «posta ai piedi del Placo».

30. Scamandrio: significa «sacro allo Scamandro», fiume che insieme al Simoenta scorre intorno a Troia. – **Astianatte**: significa «signore della città», ed è un nome dato al figlio come omaggio al padre.

Udite le parole, Ettore dall'elmo lucente
andò via, e presto giunse alla sua grande casa.
Ma non vi trovò Andromaca dalle bianche braccia:
col bambino e una schiava dalla bella veste
5 stava sopra la torre, piangente, addolorata.
Quando Ettore non vide la sposa, ritornò nell'atrio
e disse alle schiave: «Voglio subito la verità,
dove è andata Andromaca? Dalle mie sorelle
o dalle mie cognate, o al tempio di Atena
10 dove molte Troiane pregano la dea tremenda?».
Quella che guidava premurosa le schiave,
cosí gli rispose: «Ecco la verità che chiedi:
non è dove tu dici. Sta sull'alta torre di Ilio:
ha saputo che i Troiani sono in rotta
15 e che la forza degli Achei è immensa. Andromaca
è corsa verso le mura, in ansia, come folle,
con la nutrice che le porta il figlio».
Appena la schiava finí di parlare,
Ettore si precipitò fuori dal palazzo,
20 e per la stessa via di prima, lungo belle strade
traversò la città fino alle porte Scee.
Di qui voleva uscire in campo, quando
gli venne incontro di corsa Andromaca,
la ricca sposa, figlia del nobile Eezione,
25 che sotto il Placo boscoso, in Tebe Ipoplasia
regnava sulle genti di Cilicia. E sua figlia
stava ora con Ettore. Gli venne dunque incontro
con la nutrice che aveva in braccio il bambino,
il figlio amato di Ettore, simile a una chiara stella.
30 Scamandrio lo chiamava il padre e gli altri Astianatte
perché Ettore difendeva Ilio da solo.
Egli sorrise in silenzio guardando il bambino;
ma Andromaca, vicino a lui, piangeva. Poi
gli prese la mano dicendo: «Ti perderai
35 per il tuo coraggio, infelice. Del figlio
non hai pietà, né di me disperata
che presto sarò vedova. Gli Achei ti uccideranno:
sarai assalito da tutti. Meglio, non avendo piú te,

Epica classica : L'Iliade

43. Non spogliò Eezione: dopo averlo ucciso, Achille non tolse a Eezione, il padre di Andromaca, le armi. Era stato un gesto significativo, poiché i nemici uccisi venivano normalmente spogliati delle armi che, per la rarità dei metalli, avevano un notevole valore.

46. ninfe: divinità femminili minori, protettrici degli elementi della natura.

53-54. l'arciera Artemide: la dea cacciatrice Artemide era rappresentata con arco e frecce; quando una persona moriva improvvisamente, i Greci dicevano che la morte era causata da una freccia di Artemide se si trattava di una donna, da una freccia di Apollo se si trattava di un uomo.

60-62. I piú valorosi ... Tideo: Andromaca cita alcuni tra i combattenti greci piú famosi per il loro valore: Aiace Telamonio (figlio di Telamone), re di Salamina; Aiace figlio di Oileo, re della Locride; Idomeneo, re di Creta; Agamennone e Menelao, figli di Atreo; Diomede, figlio di Tideo.

69. dai lunghi pepli: espressione usata come tipico epiteto; il peplo era una veste lunga fino ai piedi e stretta in vita da una cintura.

84-85. fonte Messeide o Iperea: citando queste due fonti, Ettore intende alludere a due regioni della Grecia in cui potrebbe essere portata come schiava: la Laconia, su cui regna Menelao, e la Tessaglia, su cui regna Achille.

scendere sotto terra. Non proverò piú gioia,
40 solo dolore. Non ho piú padre né madre,
Achille uccise mio padre e distrusse Tebe,
la città dei Cilici dalle alte porte.
Non spogliò Eezione: aveva paura nel cuore,
e lo fece bruciare con le belle armi.
45 Sopra gli innalzò un tumulo di terra, e intorno
le ninfe dei monti, figlie di Zeus,
vi piantarono degli olmi. I miei sette fratelli
che erano con me nella reggia, nello stesso giorno
scesero nell'Ade colpiti dalle frecce di Achille
50 vicino alle mandrie di buoi e di bianche pecore.
Mia madre che regnava sotto il Placo boscoso,
portata qui da Achille con tutte le sue ricchezze,
fu liberata con un forte riscatto; ma l'arciera
Artemide la uccise nella reggia di mio padre.
55 Tu, Ettore, sei per me, padre, madre, fratello,
giovane sposo. Abbi pietà di me: resta qui
sulla torre: non fare di tuo figlio un orfano
e di me una vedova. Ferma l'esercito vicino
al fico selvatico. Di là è facile attaccare Troia
60 scalando il muro. I piú valorosi,
quelli che stanno con i due Aiaci, con Idomeneo,
con i figli di Atreo e il figlio di Tideo,
per tre volte tentarono l'assalto da quel luogo,
o perché informati da un indovino
65 che lo conosceva o guidati dal loro coraggio».
Allora il grande Ettore le rispose:
«Certo, donna, tutto quello che dici è caro anche a me,
ma avrei molta vergogna dei Troiani e delle Troiane
dai lunghi pepli se restassi come un vile lontano
70 dalla guerra. Né l'anima mia lo vuole:
ho imparato a essere sempre coraggioso
e a battermi nelle prime file dei Troiani
con grande gloria per mio padre e per me.
So bene questo nella mente e nel cuore:
75 un giorno la sacra Ilio verrà distrutta
e Priamo e i suoi soldati saranno sconfitti.
Non m'importa nulla, né il dolore futuro dei Troiani,
né quello di Ecuba o del re Priamo o dei miei fratelli
che numerosi, forti, cadranno forse nella polvere
80 per mano dei nemici. Tanta angoscia
avrò invece per te quando qualcuno degli Achei
ti porterà via piangente, come schiava.
E vivendo in Argo dovrai tessere la tela
per un'altra e prendere acqua alla fonte
85 Messeide o Iperea. E anche non volendo
vi sarai costretta dalla dura sorte
che peserà su di te. E talvolta qualcuno
se ti vedrà in lacrime potrà dire: «Ecco
la sposa di Ettore, primo dei Troiani

119

98. cimiero: il pennacchio di cui era fornito l'elmo; il cimiero era formato da criniera di cavallo, che serviva anche a incutere timore.
119. la Moira: la divinità che presiedeva al destino di morte di ciascun uomo.
126. crinito: ornato del cimiero di crini di cavallo.

90 quando lottavano per Ilio». Certo un giorno
ti diranno cosí; e sarà nuovo dolore per te.
Rimpiangerai l'uomo che poteva allontanare
la tua schiavitú. Ma che la terra mi ricopra
prima di sentire le tue grida mentre ti portano via».
95 Detto questo, Ettore tese le braccia al figlio;
ma egli si voltò verso il seno della nutrice,
urlando spaventato dall'aspetto del padre,
dalla lancia e dal cimiero irto di crini di cavallo
che vedeva agitarsi terribili sull'elmo.
100 Sorrisero il caro padre e la nobile madre,
e subito Ettore si tolse l'elmo e lo posò per terra
luminoso. Poi baciò il figlio amato,
lo fece saltare sulle braccia e disse pregando Zeus
e gli altri Numi: «Zeus, e voi dei del Cielo,
105 fate che mio figlio cresca e diventi come me
uno dei primi Troiani, pieno di forza,
e che regni sovrano su Ilio, cosí che qualcuno
possa dire di lui che torna dalla guerra:
"È molto piú forte del padre". E che porti
110 le spoglie insanguinate di un nemico
e ne abbia gioia in cuore la madre».
Dopo queste parole mise il figlio
in braccio alla cara sposa. Ed essa lo strinse
al petto odoroso sorridendo fra le lacrime.
115 Ettore si commosse, l'accarezzò con la mano
e le disse: «Non essere in pena per me,
infelice. Non uno, contro il destino,
mi farà precipitare nell'Ade. E ancora
ti dico che nessuno può evitare la Moira
120 già dalla nascita, sia coraggioso o vile.
Ora torna al tuo lavoro,
il telaio e il fuso, e ordina alle schiave
di curare la casa. Gli uomini di Ilio
penseranno alla guerra: io piú degli altri».
125 Questo disse Ettore insigne e l'elmo raccolse
crinito. E a casa tornava la sposa
cara, e piangeva volgendosi indietro.
E giunta alla casa di Ettore bella, dentro
le molte ancelle trovò, che vedendola piangere
130 piansero anch'esse con lei; vivo ancora
piangevano Ettore nella sua casa; dicevano
che tornato piú non sarebbe ormai dalla guerra,
che all'ira dei Dànai sfuggito piú non sarebbe.

Entriamo nel testo

Il mondo degli affetti e il destino delle donne

L'episodio è una parentesi nel mondo delle armi e delle imprese cruente; è un'apertura sulla dimensione intima e affettiva dell'essere umano che appartiene anche agli eroi leggendari del poema epico. L'incontro tra Ettore e Andromaca è segnato da due motivi: l'amore coniugale e il triste presentimento, che si manifestano in una reciprocità di affetti e di preoccupazione per il destino futuro. L'episodio rappresenta un'occasione per ricordare che i valori affettivi sono importanti e complementari a quelli del valore militare; esso però è anche significativo perché rivolge l'attenzione al mondo femminile, che subisce le guerre degli uomini e ne paga un prezzo elevato, ma che la storia non prende in considerazione. Andromaca e le altre donne di Troia seguiranno il destino della città: finché la città fiorisce, anch'esse conoscono la libertà e vivono dell'amore e del rispetto dei loro uomini; ma quando Troia cadrà, anch'esse perderanno tutto, conoscendo il dolore della perdita delle persone care e sperimentando l'amara condizione della schiavitù. Con la vittoria dei loro uomini, le donne vivono nell'ombra delle glorie attribuite a quelli, ma con la sconfitta dei loro uomini, le donne perdono, quando non la vita, certamente la dignità.

I miti relativi agli eventi successivi alla guerra di Troia sono noti attraverso altri generi letterari, tra cui le tragedie greche composte nel V secolo a.C. Secondo la tradizione, dopo la morte di Ettore e la rovina di Troia, Andromaca divenne prigioniera di guerra e passò in sorte a Neottolemo, figlio di Achille, che la condusse con sé in Epiro. Terribile sorte ebbe anche il piccolo figlio di Ettore, Astianatte, che fu ucciso durante la conquista della città: autore di questa crudeltà fu, secondo una tradizione, Odisseo, oppure, secondo un'altra tradizione, Neottolemo, che lo fece precipitare dall'alto delle mura.

Esercizi

- **Competenza testuale**

1. Dividi il brano in sequenze distinguendo tra le parti narrative e quelle dialogate.

2. Il colloquio tra Ettore e Andromaca è una pagina notevole per la tensione emotiva e l'importanza dei temi che vi sono presentati. L'episodio si divide in quattro fasi:
   - la supplica vana di Andromaca, che chiede al marito di non tornare a combattere;
   - la risposta di Ettore, che conferma la sua decisione di onorare il suo dovere di difendere la patria, anche se teme per la sorte che attende Andromaca;
   - il timore del bambino, spaventato dall'armatura del padre, e la preghiera di Ettore per un felice futuro del figlio;

Giorgio de Chirico, *Ettore e Andromaca*, 1917. Milano, Collezioni Mattioli.

- il congedo dei due sposi, con le ultime parole di Ettore.

Ricerca nel testo i versi che corrispondono a ognuna di queste sequenze.

■ **Comprensione e interpretazione**

3. Per quale motivo, secondo te, Andromaca rievoca i ricordi degli eventi della propria famiglia?

4. Con quali argomentazioni Andromaca cerca di convincere Ettore a non scendere nel campo di battaglia?

5. Il motivo centrale dell'episodio è la riaffermazione, da parte di Ettore, del suo ruolo di difensore della città, in coerenza con l'etica eroica che contraddistingue tutti i grandi combattenti a Troia. Tuttavia l'eroismo di Ettore è piú complesso, perché è visto in relazione agli affetti personali e familiari, che si pongono drammaticamente in contrasto con il dovere civile e con il senso dell'onore. Da questa complessità scaturisce la singolarità della figura di Ettore, che diverrà simbolo dell'eroe che ha dato la vita per difendere la patria. Ricerca nelle parole di Ettore in risposta ad Andromaca le espressioni da cui emergono i motivi che lo spingono al dovere e alla battaglia, e quelli che a questi si contrappongono, creando un dolente contrasto.

6. Quali gesti compie Ettore durante il suo incontro con la moglie e il figlio? Quale augurio esprime Ettore in merito al destino del piccolo figlio? L'atteggiamento dell'eroe verso il piccolo Astianatte è molto tenero e affettuoso, ma le parole che rivolge agli dèi esprimono unicamente l'affettuosità paterna?

7. Quali espressioni di Ettore indicano il suo profondo amore per Andromaca?

8. In questo episodio, pur affettuoso e intimo, domina il presentimento di una fine tragica per la città di Troia e per la vita individuale. Trova le espressioni e gli atteggiamenti dei personaggi in cui si ritrova il segno di questo presentimento.

9. Ricerca e indica le espressioni che contengono il preannuncio del destino di morte di Ettore.

10. Ricerca nel testo tutte le parole e le espressioni che si rapportano al campo semantico della «schiavitú».

La morte di Patroclo

- Libro XVI, vv. 777-863

IN SINTESI: Siamo in uno dei momenti piú drammatici dell'*Iliade*: Achille si astiene ormai da parecchi giorni dal combattimento; i Greci indietreggiano di fronte ai Troiani che, guidati da Ettore, si sono avvicinati alle navi e stanno per incendiarle. Patroclo, caro amico di Achille, convince l'amico a fargli indossare le sue armi e a consentirgli di guidare i suoi soldati alla battaglia; spera che i Troiani, scambiandolo per Achille, si ritirino impauriti e diano ai Greci un po' di respiro. L'eroe cede alla richiesta dell'amico, senza sapere che cosí ne affretterà la morte. L'apparizione di Patroclo accende una mischia feroce e fa retrocedere i Troiani; ma la gloria del giovane dura ben poco: Apollo, dopo averlo stordito con un colpo e avergli sciolto l'elmo e la corazza, lo abbandona all'assalto prima di Euforbo e poi di Ettore che, però, uccidendolo e spogliandolo delle armi, segna inconsapevolmente anche il proprio destino.

---

779. inchinò: declinò, cominciò a calare. – **all'ora che i bovi si sciolgono:** verso il tramonto, quando, finita la giornata di

E fino che il sole saliva nel mezzo del cielo,
    d'ambe le parti volavano i dardi, cadeva la gente,
    ma quando il sole inchinò all'ora che i bovi si sciolgono,
780   gli Achei furono allora oltre modo piú forti,

Epica classica · L'Iliade

781-782. trassero ... Teucri: gli Achei trassero fuori dal tiro delle frecce e allontanarono dalla mischia Cebrione. Questi era l'auriga (cioè il conducente del carro) di Ettore ed era stato da poco ucciso da Patroclo. – **lo spogliarono dell'armi**: quando si uccideva un guerriero nemico, era usanza spogliarlo delle armi, sia come preda di guerra, sia, se l'ucciso era un eroe particolarmente valoroso, come segno di vittoria definitiva. Anche Patroclo sarà spogliato delle sue armi da Ettore, il quale se ne rivestirà rendendo cosí piú accanita la furia di Achille su di lui.

783. meditando rovina: risoluto a fare una strage.

784. Ares ardente: Patroclo nel suo slancio viene paragonato allo stesso dio della guerra Ares, il cui nome è accompagnato dall'epiteto che significa «ardimentoso, forte».

788. Febo: Apollo. È dunque un dio che, colpendo Patroclo a tradimento, ne decreta la morte.

790. gli venne ... nebbia: è il motivo per il quale Patroclo non poté vedere il dio che gli si avvicinava. Spesso gli dèi compaiono sulla scena avvolti da una fitta nebbia.

794. sonò: risuonò.

795. i pennacchi: i ciuffi di crini di cavallo che ornavano l'elmo, chiamato poco dopo *casco chiomato*, «elmo ornato di chioma».

796-799. mai prima ... d'Achille: le armi indossate da Patroclo appartenevano all'invincibile Achille e, non essendo mai cadute a terra, non si erano mai sporcate con la polvere del suolo.

800. gli era vicina la morte: l'espressione costituisce un'anticipazione degli eventi futuri: non lontana è la morte di Ettore per mano di Achille che quando sarà sul punto di ucciderlo diverrà ancor piú implacabile vedendo addosso a Ettore le armi sottratte a Patroclo.

---

trassero fuori dal tiro l'eroe Cebrione,
fuor dalle grida dei Teucri, e lo spogliarono dell'armi.
E Patroclo si slanciò sui Troiani meditando rovina,
si slanciò per tre volte, simile ad Ares ardente,
785 paurosamente gridando: tre volte ammazzò nove uomini.
Ma quando alla quarta balzò, che un nume pareva,
allora, Patroclo, apparve la fine della tua vita:
Febo gli mosse incontro nella mischia selvaggia,
tremendo, ed egli non lo vide venire in mezzo al tumulto;
790 gli venne incontro nascosto di molta nebbia.
E dietro gli si fermò, colpí la schiena e le larghe spalle
con la mano distesa: a Patroclo girarono gli occhi.
E Febo Apollo gli fece cadere l'elmo giú dalla testa:
sonò rotolando sotto gli zoccoli dei cavalli
795 l'elmo a visiera abbassata, si sporcarono i pennacchi
di sangue e polvere: mai prima era stato possibile
che il casco chiomato si sporcasse di polvere,
che d'un uomo divino la bella fronte e la testa
proteggeva, d'Achille: ma allora Zeus lo donò a Ettore
800 da portare sul capo: e gli era vicina la morte.
Tutta in mano di Patroclo si spezzò l'asta ombra lunga,
greve, solida, grossa, armata di punta: e dalle spalle
con la sua cinghia di cuoio cadde per terra lo scudo,
gli slacciò la corazza il sire Apollo, figlio di Zeus.
805 Una vertigine gli tolse la mente, le membra belle si sciolsero,
si fermò esterrefatto: e dietro la schiena con l'asta aguzza
in mezzo alle spalle, dappresso, un eroe dàrdano lo colpí,
Euforbo di Pàntoo che sui coetanei brillava
per l'asta, per i cavalli e per i piedi veloci;
810 venti guerrieri gettò giú dai cavalli
appena giunse col cocchio a imparare la guerra.
Questi per primo a te lanciò l'asta, Patroclo cavaliere,
ma non t'uccise, e corse indietro e si mischiò tra la folla,
strappata l'asta di faggio: non seppe affrontare
815 Patroclo, benché nudo, nella carneficina.
Ma Patroclo, vinto dal colpo del dio e dall'asta,
fra i compagni si trasse evitando la Chera.
Ettore, come vide il magnanimo Patroclo
tirarsi indietro, ferito dal bronzo puntuto,

---

802. greve: pesante.

804. gli slacciò ... Apollo: contro Patroclo, atterrato dal colpo violento infertogli dal dio, si accanisce Apollo, che compie il primo gesto della spogliazione delle armi dell'eroe caduto sciogliendogli la corazza.

805-806. Una vertigine ... esterrefatto: come colto da un improvviso malore, Patroclo non è piú presente a se stesso, è sbalordito e stordito (*esterrefatto*) e non capisce ciò che sta avvenendo.

807-808. un eroe ... Pàntoo: il troiano (*dàrdano*) Euforbo, figlio di Pàntoo, colpisce con la lancia Patroclo già debilitato dal colpo di Apollo. Tocca a Ettore assestare il colpo definitivo e mortale, ma l'uccisione di Patroclo viene cosí a configurarsi non come l'esito di un duello leale, bensí

come un sacrificio voluto dagli dèi e dal destino, in base a un progetto preciso.

812-813. Questi ... t'uccise: Omero, il narratore, si rivolge qui direttamente a Patroclo, in segno di partecipazione dolorosa alla sua sorte.

817. si trasse: si ritrasse, si ritirò. – **Chera**: la Morte.

819. bronzo puntuto: lancia di bronzo appuntita.

823. Come quando: forma con cui usualmente hanno inizio le similitudini dell'*Iliade*. Questa paragona l'attacco mortale di Ettore contro Patroclo a un leone che abbatte un cinghiale dopo aver lottato per il possesso di una sorgente d'acqua.
825. piccola polla: piccola sorgente.
826. rantola: respira con affanno.
827. il Meneziade: Patroclo, figlio di Menezio.
829. parole fuggenti: formula fissa, simile a *parole alate*.
831. togliendo libero giorno: togliendo la libertà col renderle schiave.
834. si tendono sopra i garretti: l'immagine raffigura i cavalli che tendono le gambe per la battaglia. Il garretto è la parte inferiore degli arti posteriori del cavallo.
839-841. O Patroclo ... stracci: Ettore accusa indirettamente Achille di aver spinto Patroclo a incontrare e uccidere Ettore. In realtà, Achille aveva acconsentito a malincuore che l'amico scendesse in campo con le sue armi e, comunque, gli aveva raccomandato di evitare lo scontro con Ettore, limitandosi a far credere ai nemici che tra gli Achei combattesse anche Achille.
– **prima che d'Ettore ... stracci**: prima che tu abbia strappato (*tu stracci*) dal petto di Ettore la tunica insanguinata, cioè prima che tu abbia ucciso e spogliato Ettore.
843. tu rispondesti: per la seconda volta il poeta-narratore si rivolge a Patroclo, come un estremo omaggio al generoso e sfortunato eroe.

820 gli balzò addosso in mezzo alle file, lo colpí d'asta
     al basso ventre: lo trapassò col bronzo.
     Rimbombò stramazzando, e straziò il cuore all'esercito acheo.
     Come quando un leone vince in battaglia un cinghiale indomabile,
     – essi superbamente han combattuto sui monti
825 per una piccola polla: volevano bere entrambi
     e infine con la sua forza il leone vince l'altro che rantola;
     cosí il Meneziade, che già molti ammazzò,
     Ettore figlio di Priamo privò della vita con l'asta,
     e gli disse vantandosi parole fuggenti:
830 «Patroclo, tu speravi d'abbattere la nostra città,
     e alle donne troiane togliendo libero giorno,
     condurle sopra le navi alla tua terra patria,
     stolto! Per esse i veloci cavalli d'Ettore
     si tendono sopra i garretti a combattere: io con l'asta
835 eccello fra i Teucri amanti di guerra: e cosí li difendo
     dal giorno fatale; ma te qui gli avvoltoi mangeranno.
     Pazzo! Achille, per forte che sia, non ti potrà proteggere,
     egli che, forse, restando, a te che partivi raccomandò molte cose:
     "O Patroclo cavaliere, non mi tornar davanti,
840 alle concave navi, prima che d'Ettore massacratore
     l'insanguinata tunica intorno al petto tu stracci".
     Cosí, certo, ti disse, stolto, e persuase il tuo cuore».
     E tu rispondesti, sfinito, Patroclo cavaliere:
     «Sí, Ettore, adesso vàntati:
845 a te hanno dato vittoria Zeus Croníde e Apollo che m'abbatterono
     facilmente; essi l'armi dalle spalle mi tolsero.
     Se anche venti guerrieri come te m'assalivano,
     tutti perivano qui, vinti dalla mia lancia;

Aligi Sassu, *La morte di Patroclo*, 1936. Collezione privata.

Epica classica | **L'Iliade**

849. il figliuolo di Latona: Apollo.
854. Eacide: Achille, discendente da Eaco.
863. lo rovesciò supino: spingendo con il piede, Ettore girò il corpo di Patroclo in modo che fosse disteso sulla schiena. Patroclo era evidentemente caduto in avanti.

> me uccise destino fatale e il figliuolo di Latona,
> 850 e tra gli uomini, Euforbo: tu m'uccidi per terzo.
> Altro ti voglio dire e tientelo in mente:
> davvero tu non andrai molto lontano, ma ecco
> ti s'appressa la morte e il destino invincibile:
> cadrai per mano d'Achille, dell'Eacide perfetto».
> 855 Mentre parlava cosí la morte l'avvolse,
> la vita volò via dalle membra e scese nell'Ade,
> piangendo il suo destino, lasciando la giovinezza e il vigore.
> Al morto Ettore luminoso rispose:
> «Patroclo, perché mi predici abisso di morte?
> 860 Chi sa se Achille, figlio di Teti chioma bella,
> non mi preceda nel perder la vita, colto dalla mia lancia?».
> Dicendo cosí, l'asta di bronzo dalla ferita
> strappò, premendo col piede, lo rovesciò supino.

Entriamo nel testo

L'intervento degli dèi

L'intervento di Apollo che, senza un motivo apparente, disarma Patroclo e lo abbandona prima al colpo proditorio di Èuforbo, poi alla spada di Ettore, è un chiaro esempio della funzione e delle caratteristiche degli dèi omerici. Essi intervengono nella guerra schierati in due gruppi, rispettivamente a favore dei Greci e dei Troiani; belli e immortali, hanno in comune con gli uomini passioni, inganni, astuzie, e si servono dei mezzi piú meschini quando si tratta di salvare un loro protetto o di eliminare un esponente della parte avversa. Secondo uno studioso del mondo greco, Albin Lesky, in questi dèi faziosi e pronti alla riconciliazione si possono riconoscere aspetti della società aristocratica del tempo di Omero. Anche gli dèi, però, devono soggiacere alla volontà immutabile di una forza piú grande di loro, il Fato, al quale deve piegarsi persino il grande Zeus.

Le tecniche espressive

Fra le tecniche espressive proprie dell'epica antica, bisogna rilevare soprattutto la dizione formulare e la ridondanza.
A proposito della dizione formulare, osserviamo che la morte viene descritta sempre mediante la stessa espressione, collocata di solito alla fine del verso, che è ripetuta ora in modo identico (*l'ombra coperse i suoi occhi*), ora è leggermente variata (*sugli occhi gli si versò la tenebra*; *nera nube di morte l'avvolse*). Un'altra espressione formulare usata frequentemente per indicare la morte è *gli sciolse le membra* e la sua variante *le membra si sciolsero*.
Altrettanto evidente è la ridondanza: sono infatti ricorrenti espressioni come *entrambi gli occhi, l'ossa bianche, le ampie spalle, l'asta di bronzo, l'asta ombra lunga, l'asta aguzza, l'elmo chiomato*, in cui l'attributo non ha una funzione

Sosia, *Achille e Patroclo*, fine del VI secolo, inizio del V secolo a.C. Berlino, Staatliche Museen.

descrittiva ma aggiunge solo abbellimenti stilistici. La ridondanza, infatti, caratterizza il discorso orale per almeno due motivi:
- il pubblico numeroso che segue la recitazione del testo non sempre riesce a capire tutte le parole del cantore, pertanto il ripetere lo stesso concetto piú volte e usando sempre gli stessi epiteti agevola la comprensione. Se si perde la parola «lancia», la si può inferire dal successivo «di bronzo» o «dalla lunga ombra»;
- l'aèdo doveva continuare a parlare mentre pensava a ciò che avrebbe dovuto dire subito dopo: ampliare un concetto già espresso era un modo di prendere tempo senza interrompersi, mentre cercava un'altra idea o espressione.

Anche in questo brano puoi trovare esempi dell'uso di formule e di ridondanze: l'espressione *la vita volò via dalle membra e scese nell'Ade* (v. 856) è la formula con la quale viene descritta la morte di Patroclo.

Esaminando le espressioni con cui Omero parla del corpo umano, si rileva che il poeta non possiede ancora evidentemente l'idea dell'unità fisica della persona; non si trova infatti nella lingua omerica un termine che indichi il corpo visto nel suo insieme.
Dell'uomo il poeta vede le parti: braccia, gambe, ginocchia, spalle, petto, membra. Sono frequenti espressioni del tipo *gli sciolse le membra* per dire «morí», oppure *lo spirito* (cioè: il respiro) *gli abbandonò le ossa*. L'uomo, insomma, viene concepito come pluralità di parti, non come unità corporea; sono le membra e non il corpo nel suo insieme ad apparire agli occhi del poeta – ancora influenzato dall'oralità – come qualcosa di vivo, che colpisce l'occhio.
Anche in questo passo puoi riscontrare qualche esempio in cui è nominata una parte per intendere il corpo nella sua interezza, ai versi 805 (*le membra belle*), 841 (*intorno al petto*), 846 (*l'armi dalle spalle*).

Esercizi

- **Comprensione e competenza testuale**

1. Dividi il brano in sequenze scrivendo a fianco del testo il contenuto di ognuna di esse.
2. In quale orario del giorno si svolge l'episodio?
3. Perché, nel verso 787, il poeta usa l'aggettivo possessivo *tua*? A chi si rivolge?
4. Analizza l'espressione *Allora Zeus lo donò a Ettore* (v. 799): qual è il referente del pronome *lo*? A chi apparteneva inizialmente questo oggetto? Perché il poeta dice che esso viene «donato» a Ettore da Zeus? Si tratta di un dono felice?
5. Quale ruolo svolge Euforbo nell'episodio?
6. Analizza la similitudine nei vv. 823-828, in cui Patroclo ed Ettore sono paragonati a due animali feroci. A quale animale è accostato ciascun eroe? Quali aspetti del loro comportamento suggeriscono questi accostamenti?
7. Indica quale, tra quelli proposti, ti sembra che sia l'evento principale descritto nell'episodio:
   a. il valore di Patroclo che uccide molti nemici;
   b. Apollo che lo colpisce alle spalle;
   c. Euforbo che lo colpisce alla schiena.
8. Le parole che Ettore rivolge a Patroclo (vv. 830-842) manifestano la presenza di vari sentimenti: il desiderio orgoglioso della libertà per la propria patria, il presentimento della sconfitta, il timore per il destino incombente sulle donne troiane e soprattutto della sua sposa, il senso del dovere della difesa della propria gente, l'ira verso il nemico. Ricerca nel testo le espressioni da cui emerge ognuno di questi sentimenti.
9. Nel discorso di Ettore vi è un «discorso nel discorso», cioè viene riferito il discorso di un altro personaggio. A chi è attribuito il discorso riportato da Ettore? Quale ne è il contenuto?

Epica classica : L'Iliade

10. Perché Patroclo, in punto di morte, dice a Ettore *tu m'uccidi per terzo* (v. 850)?

11. Che cosa predice Patroclo morente a Ettore? Quale significato assume questa profezia?

12. La struttura del duello tra Patroclo e Ettore (vv. 818-863) segue uno schema tipico dei duelli omerici, di cui ti proponiamo le fasi; scrivi, accanto a ognuna di esse, l'indicazione dei versi che la contengono:

   a. il colpo mortale inferto dall'eroe destinato alla vittoria, in questo caso Ettore: vv. ....
   b. il vanto del vincitore: vv. ....
   c. la previsione minacciosa dell'eroe morente: vv. ....
   d. la morte dell'eroe vinto: vv. ....
   e. la risposta del vincitore alle parole dell'eroe caduto: vv. ....
   f. il vincitore calpesta il corpo del vinto: vv. ....

- **Interpretazione**

13. Lo studioso di letteratura greca Vincenzo Di Benedetto, nel suo studio sull'*Iliade* intitolato *Nel laboratorio di Omero*, ha osservato che l'intervento di Apollo trasforma il combattimento di Patroclo in una esecuzione vera e propria: il dio, infatti, invisibile perché nascosto nella nebbia, disarma l'eroe greco seguendo un ordine inverso al modo di vestizione dei guerrieri, che comportava la sequenza schinieri/corazza/spada/scudo/elmo/lancia.
Ripercorrendo il testo, metti in evidenza l'ordine con cui Apollo spoglia Patroclo delle sue armi e dei suoi mezzi di difesa, e ponilo a confronto con l'ordine di vestizione di cui abbiamo parlato.

14. Ti sembra che Omero riserbi uno spazio maggiore a Ettore vincitore o a Patroclo morente? Ti sembra che il poeta mantenga una posizione distaccata e obiettiva nei confronti degli eventi che racconta, oppure che egli partecipi emotivamente al doloroso destino di Patroclo? Porta le motivazioni della tua risposta.

La morte di Ettore

- Libro XXII, vv. 131-374

IN SINTESI: Gli Achei riescono a sottrarre dal campo di battaglia il corpo di Patroclo e a ricondurlo all'accampamento. Il grande dolore per la morte dell'amico fa dimenticare ad Achille l'ira e l'orgoglio ferito da Agamennone; questi, dal canto suo, restituisce ad Achille Briseide, la cui sottrazione aveva causato il litigio tra i due guerrieri. Achille si getta infuriato contro i Troiani, facendone strage e cercando Ettore per vendicare l'amico. Infine tutti i Troiani trovano riparo dentro le mura della città; solo Ettore rimane fuori deciso ad affrontare Achille. Si svolge cosí l'ultimo drammatico duello sotto gli occhi del re Priamo e di Ecuba, i quali dall'alto delle mura supplicano invano il figlio di mettersi in salvo. Ma Ettore non li ascolta e, meditando sull'ineluttabilità del suo dovere di combattere, aspetta Achille.

132. Enialio: soprannome di Ares, dio della guerra.
133. il faggio del Pelio: la lancia di Achille è fatta di legno di faggio proveniente dal monte Pelio, in Tessaglia. Questa

Achille affronta Ettore mentre Zeus osserva dall'Olimpo

Cosí ragionava aspettando; e Achille gli fu vicino,
pari a Enialio guerriero, agitatore dell'elmo,
alto scuotendo sopra la spalla destra il faggio del Pelio,
terribile: il bronzo gli lampeggiava intorno, simile al raggio

Incontro con il testo... ... epico

135   del fuoco ardente o del sole che sorge.
Come lo vide, spavento prese Ettore, non seppe piú
attenderlo fermo, si lasciò dietro le porte e fuggí:
si slanciò pure il Pelide, fidando nei piedi veloci:
come il nibbio sui monti, ch'è tra gli uccelli il piú rapido,
140   facilmente insegue una tremante colomba,
e quella gli fugge di sotto, ma il nibbio stridendole addosso
vola fitto, il cuore lo sprona a ghermirla;
cosí Achille volava, furioso: tremò Ettore
sotto il muro dei Teucri e moveva rapidamente i ginocchi.
145   Corsero oltre la torre di guardia e il caprifico ventoso
lungo la strada dei carri, allontanandosi sempre dal muro,
e giunsero alle due belle fontane; sgorgano
qui le sorgenti del vorticoso Scamandro:
una scorre acqua calda e fumo all'intorno
150   sale da essa, come di fuoco avvampante;
l'altra anche d'estate scorre pari alla grandine
o al ghiaccio o anche alla gelida neve.
E intorno ci son lavatoi ricchi d'acqua,
belli, di pietra, dove le vesti vivaci
155   lavavan le spose dei Teucri e le belle figliuole
un tempo, in pace, prima che i figli degli Achei giungessero.
Là correvano i due, uno fuggendo, l'altro inseguendo:
un forte fuggiva davanti e l'inseguiva uno molto piú forte,
rapidissimo; ché non d'una vittima o d'una pelle
160   era contesa – questi sono di solito i premi ai piedi degli uomini:
correvano per la vita di Ettore domatore di cavalli.
Come intorno alla mèta i cavalli unghie solide, usi a vittoria,
galoppano rapidissimi: gran premio è proposto,
tripode o donna, a gloria d'un morto guerriero;
165   cosí essi girarono intorno alla rocca di Priamo tre volte
con rapidi piedi: tutti gli dèi li guardavano,
e prese fra essi a parlare il padre dei numi e degli uomini:
«Ohimè, un uomo caro è quello che vedo con gli occhi
intorno alle mura incalzato: e geme il mio cuore
170   per Ettore, che innumerevoli cosce di buoi m'ha bruciato
sulle vette dell'Ida ricca di gole, oppure altre volte
al sommo della città: ora Achille glorioso
coi piedi veloci l'insegue intorno alla rocca di Priamo.
Ma su, pensate, o numi, considerate bene
175   se abbiamo a salvarlo da morte, oppure se ormai

sua lancia era particolare e adeguata solo ad Achille, sicché Patroclo non aveva potuto usarla quando aveva indossato tutte le altre armi dell'amico.
136. spavento prese Ettore: se Omero attribuisce a Ettore il sentimento della paura non vuole essere una diminuzione del valore e della grandezza dell'eroe. Lo spavento di Ettore ha una duplice funzione: da un lato sottolineare l'aspetto terrificante di Achille, dall'altro offrire il motivo, per il poeta, di prolungare la narrazione dello scontro tra i due maggiori eroi in campo con il lungo inseguimento e la dilazione del duello. Questo è, infatti, l'episodio centrale del poema e il momento culminante della manifestazione dell'ira di Achille.
139. come il nibbio sui monti: cosí inizia la prima delle similitudini che ricorrono in questo episodio, tese ad arricchire espressivamente ed emotivamente la narrazione.
145. caprifico: fico selvatico.
148. Scamandro: fiume che scorreva intorno a Troia. La digressione descrittiva che segue costituisce una pausa narrativa e rallenta il ritmo del racconto dilatandone il tempo.
159-161. non d'una ... cavalli: questi versi contengono una riflessione del poeta, che sottolinea la gravità degli eventi: i due eroi non si contendevano il corpo o la pelle di un animale predato, come di solito accade tra gli uomini, ma è in pericolo la vita di Ettore. Il poeta, in realtà, sta prenunciando la caduta di Ettore, perché non dice che la lotta è per la vita di «uno dei due» contendenti.
162. usi a vittoria: abituati a vincere.
167. il padre dei numi e degli uomini: Zeus, definito spesso «padre degli dèi e degli uomini», è mosso a compassione nel vedere la sorte del valoroso Ettore e si rivolge agli dèi quasi sperando di ottenere il loro favore e la salvezza per l'eroe. Tuttavia, Atena, protettrice degli Achei, gli ricorda che lui stesso aveva stabilito che gli dèi non dovessero interferire con il destino.
171. ricca di gole: con molte vallate.

Epica classica · L'Iliade

181. Fa' ... noi dèi: fallo pure (cioè strappare un uomo al suo destino), ma noi dèi non ti approveremo.

183. Tritogenia: soprannome per Atena. Il significato è incerto: «nata come terzogenita», oppure «nata presso il fiume Tritone».

186. stimolò ... bramosa: le parole di Zeus sono di stimolo per Atena, che desidera entrare in azione a fianco di Achille.

196. se mai ... soccorso: Ettore, consapevole del pericolo mortale, spera di trovare aiuto almeno dai suoi compagni che, dall'alto delle mura, potrebbero attaccare Achille con le loro frecce.

202-204. E come ... veloci?: in forma di domanda il poeta afferma che solo l'intervento di Apollo, risvegliando le energie e l'agilità dell'eroe, avrebbe potuto sfuggire alle dee (*le Chere*) della morte.

209-213. allora ... Apollo: spetta a Zeus la pesatura dei destini con la bilancia d'oro. Il destino di Ettore risulta già prefissato dal Destino; quindi Apollo lo abbandona, dopo che l'eroe ha concluso il compito che gli era stato assegnato, cioè di richiamare Achille in battaglia mediante l'uccisione di Patroclo; invece Atena rimane operativamente accanto ad Achille. Gli eroi che combattono intorno a Troia si configurano come strumenti di un progetto divino che gli esseri umani non sono in grado di capire.

220-221. nemmeno ... egioco: Atena conferma ad Achille il destino della sua vittoria, che ormai non potrà essere impedito neppure se Apollo, protettore dei Troiani, si rotolasse supplice ai piedi di Zeus. In realtà, Apollo ha già abbandonato Ettore al suo destino (v. 213).

lo domiamo sotto Achille Pelíde, quantunque sia un bravo».
E gli rispose la dea Atena occhio azzurro:
«O Padre candida folgore, nube nera, che hai detto:
un uomo mortale, dovuto da tempo al destino,
180   vorresti strappare alla morte lugubre gemito?
Fa': ma non tutti ti loderemo noi dèi».
E di rimando le disse Zeus che raduna le nubi:
«Coraggio, creatura mia, Tritogenia, non parlo
con animo schietto: io voglio esser benigno con te.
185   Fa' com'è il tuo disegno e non attendere altro».
Dicendo cosí, stimolò Atena da tempo bramosa:
ella mosse giú dalle cime d'Olimpo d'un balzo.
Achille veloce seguiva Ettore, senza riposo incalzandolo;
come un cane sui monti insegue un nato di cerva
190   per valli e per gole dopo averlo snidato:
e se quello s'appiatta smarrito sotto un cespuglio,
corre pur sempre cercando le tracce finché lo trova;
cosí non sfuggiva Ettore al piede rapido Achille.
Quante volte pensava di balzare in avanti
195   verso le porte dei Dardani, verso le solide torri,
se mai con l'aste dall'alto potessero dargli soccorso;
tante Achille gli si parava incontro e lo faceva voltare
verso la piana; volava lui sempre dritto alla rocca.
Come uno nel sogno non può arrivare un fuggiasco,
200   questi non può sfuggire, l'altro non può arrivarlo;
cosí non poteva correndo Achille afferrarlo, né l'altro salvarsi.
E come Ettore avrebbe potuto sfuggire le Chere di morte
se Apollo non gli veniva vicino per l'ultima volta
a stimolargli le forze e le ginocchia veloci?
205   Intanto ai soldati il rapido Achille accennava di no,
non voleva che i dardi amari scagliassero ad Ettore,
non gli rubasse qualcuno la gloria, colpendolo, e lui fosse secondo.
Ma quando arrivarono la quarta volta alle fonti,
allora Zeus agganciò la bilancia d'oro,
210   le due Chere di morte lunghi strazi vi pose,
quella d'Achille e quella d'Ettore domatore di cavalli,
la tenne sospesa pel mezzo: d'Ettore precipitò il giorno fatale
e finí giú nell'Ade; l'abbandonò allora Apollo.

L'intervento di Atena

Ma la dea Atena occhio azzurro raggiunse il Pelíde
215   e standogli accanto gli disse parole fugaci:
«Spero che ora noi due, illustre Achille caro a Zeus,
grande gloria riporteremo alle navi dei Danai,
Ettore uccideremo, quantunque tremendo in battaglia.
Ormai che ci sfugga non è piú possibile,
220   nemmeno se Apollo Preservatore vorrà farsi in quattro
rotolandosi ai piedi del padre Zeus egioco.
Tu férmati, adesso, e prendi fiato: io intanto

223. andrò a persuaderlo: andrò a persuadere Ettore.

225. faggio punta di bronzo: asta (tratta dal legno del faggio) dalla punta di bronzo.

227. pareva Deífobo: aveva le sembianze di Deífobo, fratello di Ettore. Atena inganna perfidamente Ettore, fingendosi suo fratello, presente per aiutarlo; dopo (vv. 276-277) riporta di nascosto ad Achille la lancia con cui non è riuscito a ferire Ettore. Quando infine Ettore comprenderà (vv. 294-299) che sotto l'apparenza di Deífobo si cela Atena, intuirà che il suo destino è segnato, anche con la complicità divina.

233-237. Deífobo ... dentro!: Ettore cade nell'inganno di Atena e rinnova la sua speranza. I lettori, che conoscono la verità, non possono sottrarsi alla compassione per i patetici sentimenti dell'eroe troiano.

243-244. di lance non esser parco: non preoccuparti di risparmiare le lance. Atena lascia credere a Ettore che, una volta scagliata la sua lancia, potrà fornirgliene un'altra. Ettore, infatti, si troverà disarmato di fronte ad Achille quando, dopo aver lanciato la sua arma, inutilmente ne cercherà una seconda.

248. uno sull'altro: l'uno contro l'altro.

254-259. Su invochiamo ... cosí: Ettore propone ad Achille un patto, di cui gli dèi saranno i testimoni e custodi: promette che, se vincerà lo scontro, spoglierà Achille delle armi famose (*ínclite*), ma restituirà il corpo agli Achei senza farne scempio (*non intendo sconciarti orrendamente*), e chiede quindi ad Achille di comportarsi nella stessa maniera in caso di vittoria.

260. bieco: ostile, minaccioso.

262. fida: sicura, degna di fede.

263. cuori concordi: sentimenti amichevoli.

267. Ares: il dio della guerra.

268. Ogni bravura ricorda: richiama alla memoria ogni tua abilità di guerriero.

---

andrò a persuaderlo di entrare in duello».
Atena disse cosí: obbedí Achille, gioioso in cuore,
225 e stette, appoggiandosi al faggio punta di bronzo.
La dea lo lasciò, raggiunse Ettore luminoso,
e pareva Deífobo alla figura e alla voce instancabile:
standogli accanto essa parlò parole fugaci:
«Fratello, davvero ti sfibra il rapido Achille
230 che t'incalza intorno alla rocca di Priamo coi piedi veloci:
su fermiamoci ad affrontarlo e respingerlo!».
E il grande Ettore elmo lucente rispose:
«Deífobo, anche prima tu m'eri il piú caro
dei fratelli, quanti Ecuba e Priamo ne generarono:
235 ma ora sento nel cuore d'onorarti di piú,
tu che osasti per me – ché mi vedesti con gli occhi –
uscir dalle mura; ma gli altri stan dentro!».
E gli rispose la dea Atena occhio azzurro:
«Fratello, moltissimo il padre e la nobile madre
240 pregavano ai miei ginocchi, e anche gli amici, un dopo l'altro,
ch'io rimanessi, tanto là tremano tutti.
Ma il cuore dentro era oppresso da pena crudele.
Ora protesi avanti lottiamo con furia e di lance
non essere parco: vediamo se Achille,
245 uccisi noi due, porterà sanguinanti le spoglie
alle concave navi, o sarà vinto dalla tua lancia».

Il dialogo tra Ettore e Achille

Dicendo cosí, perfidamente lo precedette Atena.
E quando furon vicini marciando uno sull'altro,
il grande Ettore elmo lucente parlò per primo ad Achille:
250 «Non fuggo piú davanti a te, figlio di Peleo, come or ora
corsi tre volte intorno alla grande rocca di Priamo, e non seppi
sostenere il tuo assalto; adesso il cuore mi spinge
a starti a fronte, debba io vincere o essere vinto.
Su invochiamo gli dèi: essi i migliori
255 testimoni saranno e custodi dei patti;
io non intendo sconciarti orrendamente, se Zeus
mi darà forza e riesco a strapparti la vita;
ma quando, o Achille, t'abbia spogliato l'ínclite armi,
renderò il corpo agli Achei: e anche tu fa' cosí».
260 E guardandolo bieco, Achille piede rapido disse:
«Ettore, non mi parlare, maledetto, di patti:
come non v'è fida alleanza fra uomo e leone,
e lupo e agnello non han mai cuori concordi,
ma s'odiano senza riposo uno con l'altro,
265 cosí mai potrà darsi che ci amiamo io e te; fra di noi
non saran patti, se prima uno, caduto,
non sazierà col sangue Ares, il guerriero indomabile.
Ogni bravura ricorda; ora sí che tu devi
esser perfetto con l'asta e audace a lottare!

Epica classica : L'Iliade

272. le sofferenze ... l'asta: Achille si riferisce in particolare a Patroclo, da Ettore ucciso.

273. bilanciandola: soppesandola, in modo da afferrarla nel punto giusto prima di scagliarla.

288. te morto: se tu morissi.

292. inutile: inefficace, senza ferire il nemico.

294. bianco scudo: dal bianco scudo.

301-302. e questo ... arciero di Zeus: e questo (che io dovessi morire) era da tempo gradito a Zeus e ad Apollo (figlio di Zeus). Ettore comprende che tutti gli dèi lo hanno abbandonato, anche quelli che un tempo lo proteggevano.

303. Moira: vedi nota 119 a pag. 120.

305. i futuri: gli uomini che vivranno nel futuro.

310. appiattato: nascosto (è concordato con *agnello*).

314. squassava: scuoteva.

315. a quattro ripari: a quattro cimieri, disposti a cresta.

316. che fitta Efesto ... cimiero: il dio Efesto, artefice delle armi di Achille, aveva disposto le bionde criniere in modo che cadessero intorno al cimiero.

270 Tu non hai via di scampo, ma Pallade Atena
t'uccide con la mia lancia: pagherai tutte insieme
le sofferenze dei miei, che uccidesti infuriando con l'asta».

Il duello

Diceva, e l'asta scagliò, bilanciandola;
ma vistala prima, l'evitò Ettore illustre:
275 la vide, e si rannicchiò, sopra volò l'asta di bronzo
e s'infisse per terra; la strappò Pallade Atena,
la rese ad Achille, non vista da Ettore pastore di genti.
Ettore, allora, parlò al Pelíde perfetto:
«Fallito! Ma dunque tu non sapevi, Achille pari agli dèi,
280 no affatto, da Zeus la mia sorte; eppure l'hai detta.
Facevi il bel parlatore, l'astuto a parole,
perché atterrito, io scordassi il coraggio e la furia.
No, non nella schiena d'uno che fugge pianterai l'asta,
ma dritta in petto, mentre infurio, hai da spingerla,
285 se un dio ti dà modo. Evita intanto questa mia lancia
di bronzo: che tu possa portarla tutta intera nel corpo.
Ben piú leggera sarebbe la guerra pei Teucri,
te morto: ché tu sei per loro l'angoscia piú grande».
Diceva, e bilanciandola scagliò l'asta ombra lunga;
290 e colse nel mezzo lo scudo d'Achille, non sbagliò il colpo;
ma l'asta rimbalzò dallo scudo; s'irritò Ettore,
che inutile il rapido dardo gli fosse fuggito di mano,
e si fermò avvilito, perché non aveva un'altr'asta di faggio;
chiamò gridando forte il bianco scudo Deífobo,
295 chiedeva un'asta lunga: ma quello non gli era vicino.
Comprese allora Ettore in cuore e gridò:
«Ahi! Davvero gli dèi mi chiamano a morte.
Credevo d'aver accanto il forte Deífobo:
ma è fra le mura, Atena m'ha teso un inganno.
300 M'è accanto la mala morte, non è piú lontana,
non è inevitabile ormai, e questo da tempo era caro
a Zeus e al figlio arciero di Zeus, che tante volte
m'han salvato benigni. Ormai m'ha raggiunto la Moira.
Ebbene, non senza lotta, non senza gloria morrò,
305 ma avendo compiuto qualcosa di grande, che anche i futuri lo sappiano».
Parlando cosí, sguainò la spada affilata,
che dietro il fianco pendeva, grande e pesante,
e si raccolse e scattò all'assalto, com'aquila alto volo,
che piomba sulla pianura traverso alle nuvole buie,
310 a rapir tenero agnello o lepre appiattato:
cosí all'assalto scattò Ettore, la spada acuta agitando.
Ma Achille pure balzò, di furia empí il cuore
selvaggio: parò davanti al petto lo scudo
bello, adorno, e squassava l'elmo lucente
315 a quattro ripari; volava intorno la bella chioma
d'oro, che fitta Efesto lasciò cadere in giro al cimiero.

318. Espero: la stella della sera, identificata col pianeta Venere, la cui luce brilla al tramonto.
321. pervia: raggiungibile dai colpi di lancia.
323. ch'Ettore ... Patroclo: Ettore indossa le armi che erano state di Achille e delle quali aveva spogliato il cadavere, dopo averlo abbattuto, del forte Patroclo (*la forza di Patroclo*).
324-325. là solo ... la vita: la pelle appariva, non coperta dall'armatura, solo nel punto in cui le spalle si congiungono al collo, parte del corpo molto delicata.
326. lo colse: colpí Ettore.
328. il faggio ... strozza: la pesante asta di legno non

Come la stella avanza fra gli astri nel cuor della notte,
Espero, l'astro piú bello ch'è in cielo,
cosí lampeggiava la punta acuta, che Achille scuoteva
320 nella sua destra, meditando la morte d'Ettore luminoso,
cercando con gli occhi la bella pelle, dove fosse piú pervia.
Tutta coprivan la pelle l'armi bronzee, bellissime,
ch'Ettore aveva rapito, uccisa forza di Patroclo;
là solo appariva, dove le clavicole dividon le spalle
325 dalla gola e dal collo, e là è rapidissimo ucciderla vita.
Qui Achille glorioso lo colse con l'asta mentre infuriava,
dritta corse la punta traverso al morbido collo;
però il faggio greve non gli tagliò la strozza,
cosí che poteva parlare, scambiando parole.

Donato Creti, *Achille trascina il corpo di Ettore*, 1714 circa. Bologna, Collezioni Comunali.

Epica classica : L'Iliade

tagliò la trachea (*la strozza*). Il particolare spiega il fatto che Ettore, sebbene gravemente ferito alla gola, potrà pronunciare le sue ultime parole.

335. ti ho sciolto i ginocchi: ti ho fatto cadere nella polvere. L'espressione «sciogliere i ginocchi» è una formula ricorrente nel poema per indicare la perdita delle forze che precede la morte.

342-343. perché ... dei Teucri: perché i Troiani e le loro spose possano ardere il mio corpo sul rogo. Questa era la cerimonia funebre che, oltre a rendere onore al defunto, gli garantiva il riposo nell'oltretomba.

352. Dardanide: discendente da Dardano.

360. le Scee: erano le porte occidentali delle mura di Troia, quelle che si aprivano verso la pianura e il mare, e quindi verso il campo di battaglia. Le parole di Ettore morente preannunciano la morte di Achille, che non è narrata nell'*Iliade* ma appartiene alla tradizione mitica legata alla guerra di Troia. Secondo una delle molte versioni relative alla morte di Achille, Paride, aiutato da Apollo, dall'alto delle porte Scee scaglierà la freccia che colpirà l'eroe acheo al tallone, il suo unico punto vulnerabile.

365. la Chera: vedi nota 817 a pag. 123.

Il dialogo finale e la morte di Ettore

330 Stramazzò nella polvere: sí vantò Achille glorioso:
«Ettore, credesti forse, mentre spogliavi Patroclo,
di restare impunito: di me lontano non ti curavi,
bestia! ma difensore di lui, e molto piú forte,
io rimanevo sopra le concave navi,
335 io che ti ho sciolto i ginocchi. Te ora cani e uccelli
sconceranno sbranandoti: ma lui seppelliranno gli Achei».
Gli rispose senza piú forza, Ettore elmo lucente:
«Ti prego per la tua vita, per i ginocchi, per i tuoi genitori,
non lasciare che presso le navi mi sbranino i cani
340 degli Achei, ma accetta oro e bronzo infinito,
i doni che ti daranno il padre e la nobile madre:
rendi il mio corpo alla patria, perché del fuoco
diano parte a me morto i Teucri e le spose dei Teucri...».
Ma bieco guardandolo, Achille piede rapido disse:
345 «No, cane, non mi pregare, né pei ginocchi né pei genitori;
ah! che la rabbia e il furore dovrebbero spingere me
a tagliuzzar le tue carni e a divorarle cosí, per quel che m'hai fatto:
nessuno potrà dal tuo corpo tener lontane le cagne,
nemmeno se dieci volte, venti volte infinito riscatto
350 mi pesassero qui, altro promettessero ancora;
nemmeno se a peso d'oro vorrà riscattarti
Priamo Dardanide, neanche cosí la nobile madre
piangerà steso sul letto il figlio che ha partorito,
ma cani e uccelli tutto ti sbraneranno».
355 Rispose morendo Ettore elmo lucente:
«Va', ti conosco guardandoti! Io non potevo
persuaderti, no certo, ché in petto hai un cuore di ferro.
Bada però, ch'io non ti sia causa dell'ira dei numi,
quel giorno che Paride e Febo Apollo con lui
360 t'uccideranno, quantunque gagliardo, sopra le Scee».
Mentre diceva cosí, l'avvolse la morte:
la vita volò via dalle membra e scese nell'Ade,
piangendo il suo destino, lasciando la giovinezza e il vigore.
Rispose al morto il luminoso Achille:
365 «Muori! La Chera io pure l'avrò, quando Zeus
vorrà compierla e gli altri numi immortali».
Disse e strappò dal corpo l'asta di bronzo
e la pose da parte; l'armi sanguinanti spogliò
dalle spalle: accorsero gli altri figli dei Danai,
370 la statura ammirando e la bellezza stupenda
d'Ettore, e nessuno s'avvicinò senza colpire.
E cosí andava dicendo qualcuno, rivolto al vicino:
«Davvero è piú morbido adesso a palparsi
Ettore, di quando bruciò col fuoco ardente le navi!».

Entriamo nel testo

La struttura del testo

In questo ampio brano abbiamo proposto una prima suddivisione in macrosequenze, ciascuna delle quali si articola in sequenze.

- Nella **prima macrosequenza** (vv. 131-213), che racconta l'inizio dello scontro tra Achille e Ettore, gli eventi si svolgono alternativamente sul campo di battaglia, dove Ettore viene inseguito da Achille lungo le mura di Troia, e sull'Olimpo, dove Zeus e gli altri dèi osservano i due eroi.
  La narrazione, dunque, volge l'attenzione ora verso quanto accade a Troia, ora verso le reazioni nel mondo celeste fino a quando Zeus pesa sulla bilancia i destini di morte dei due eroi e ha la conferma che il Fato ha decretato la morte di Ettore. Il racconto risulta rallentato da pause narrative costituite da descrizioni e da varie similitudini; il poeta-narratore sembra voler ritardare il momento in cui dovrà affrontare la morte dell'eroe troiano.
- Nella **seconda macrosequenza** (vv. 214-246), la discesa sul campo di Atena segna la congiunzione del mondo celeste e di quello terrestre. Da questo momento precipita la sorte di Ettore, malignamente ingannato da Atena.
- La **terza macrosequenza** (vv. 247-272) contiene un'ulteriore dilazione del duello mortale, con il dialogo tra i due eroi, in cui Ettore tenta inutilmente di accordarsi con Achille.
- La **quarta macrosequenza** (vv. 273-329) è relativa al duello, che è il momento culminante dell'episodio e che si svolge in due fasi: la prima, in cui sono lanciate le aste ed Ettore rimane disarmato per l'inganno di Atena; la seconda, in cui l'uso delle spade avvicina i due eroi e si conclude con la ferita mortale di Ettore.
- La **quinta macrosequenza** (vv. 330-374) costituisce la conclusione dell'episodio, con l'ultimo dialogo e la morte di Ettore, a cui fa seguito lo spregio di Achille al corpo dell'avversario caduto.

La struttura del duello

Sotto il profilo strutturale, il duello è costruito utilizzando le tecniche del *rinvio* e della *duplicazione*:

- il **rinvio**: sia lo scontro diretto sia, poi, la morte di Ettore sono precedute rispettivamente dalla fuga dell'eroe troiano e da un lungo dialogo tra i due eroi;
- la **duplicazione**: due volte Ettore cerca di accordarsi con Achille per evitare lo scempio del suo cadavere; due sono le fasi del duello, la prima in cui si combatte con l'asta, la seconda con la spada; due volte l'attenzione si rivolge al mondo degli dèi; duplice è l'inganno di Atena.

I temi

Il duello fra Ettore e Achille, piú volte preannunciato e sempre rinviato, si svolge fuori dalla battaglia; i due eroi si affrontano da soli, mentre i vecchi genitori e la moglie Andromaca seguono con angoscia e sgomento quanto accade dall'alto delle mura, e sotto lo sguardo vigile di Zeus e Atena che dalla loro sede celeste osservano le azioni con diversi sentimenti.
In questo quadro, in cui sono raccolte tutte le componenti del poema – il valore degli eroi, il mondo affettivo e familiare, gli dèi e il Fato a tutti sovrano –, si colloca l'episodio culminante del poema, la *Spannung* dell'opera: l'ira di Achille trova finalmente appagamento nella vendetta e la vicenda può avviarsi alla conclusione.
Nel testo sono presenti alcuni dei temi fondamentali nel poema.

L'impossibilità di mutare il destino. L'esito dello scontro fra Ettore e Achille rimane incerto finché Zeus non pesa sulla bilancia il destino dei due eroi. Quando il piatto su cui ha posto la sorte di Ettore si inclina verso il basso, il signore dell'Olimpo comprende che la sorte dell'eroe è segnata, e anche Apollo, che fino a quel momento l'aveva salvato dandogli forza nelle gambe, lo abbandona. Vediamo dunque che anche gli dèi devono arrendersi di fronte al destino. Gli dèi, insomma, possono solo ritardare l'evento o compensare i loro protetti con un successo momentaneo quasi a risarcirli della morte prematura, ma non possono mutare quanto il Fato ha stabilito.

L'inganno degli dèi. Forse per dare maggior risalto alla grandezza dei piú importanti guerrieri, Omero fa in modo che la loro sconfitta non sia opera solo degli uomini ma anche degli dèi. Ne è un esempio la morte di Patroclo che viene abbattuto dal dio Apollo, il quale gli si fa incontro avvolto in una nebbia che lo rende invisibile, poi lo colpisce fra le scapole con la mano aperta, infine gli scioglie la corazza, fa volar via dal suo capo l'elmo e lo espone disarmato ai colpi dei guerrieri che lo finiscono. Anche nel caso del duello fra Ettore e Achille l'intervento di Atena si rivela decisivo: la dea, infatti, da una parte rincuora Achille, dandogli la certezza della vittoria e invitandolo a fermarsi per riprendere fiato ed essere pronto allo scontro; dall'altra inganna per ben due volte Ettore. Dapprima gli si presenta sotto le sembianze di Deífobo e lo esorta ad affrontare Achille, promettendogli il suo aiuto, poi, quando l'eroe si trova in difficoltà perché il suo primo colpo è andato a vuoto e chiede una seconda lancia al fratello che crede di avere al fianco, scompare, abbandonandolo al suo destino, che si compie in assoluta solitudine. Gli dèi omerici, dunque, si comportano spesso con una crudeltà che ha però una motivazione di fondo: cadere per l'intervento di un dio salvaguarda il valore di un eroe, che non appare dunque superato da un suo pari.

I sentimenti degli eroi. Ettore si configura diverso dagli altri eroi per l'umanissimo sentimento di paura che lo coglie alla vista di Achille e lo spinge alla fuga; è un sentimento che egli ha il coraggio di ammettere non solo a se stesso ma anche dinanzi all'avversario nel momento in cui, incoraggiato da Atena, decide di affrontarlo; tuttavia la paura della morte non gli impedisce di compiere fino in fondo il suo dovere e di aspirare alla gloria. In Ettore agisce anche l'alternanza fra illusione e delusione: all'illusione di poter vincere quando riesce a schivare la lancia di Achille subentra l'amara delusione quando riconosce l'inganno di Atena e comprende il suo destino di morte. Anche in Achille la soddisfazione per la vendetta compiuta è offuscata dalla profezia di morte di Ettore. Nei due grandi nemici, dunque, si rivelano simili sentimenti e simile senso della morte.

Il tema del corpo. Tutto il poema è attraversato dalle descrizioni di corpi straziati dalle ferite e di cadaveri coperti dal sangue e abbandonati alla polvere, di cadaveri contesi e protetti dagli amici per ricevere una degna sepoltura. Anche Ettore, come tutti i combattenti, ha la preoccupazione che il proprio corpo possa essere sfregiato e dato in pasto a cani e uccelli: nell'antico mondo eroico il rito funebre costituisce l'estremo riconoscimento, da parte della collettività, dei valori del coraggio, della dignità e dell'eroismo posseduti e dimostrati anche con la morte. Per Ettore la morte è quindi resa piú dura dalle parole di Achille, che gli toglie la speranza che il suo corpo venga restituito ai parenti per una dignitosa sepoltura.

Esercizi

Competenza trasversale:

a Acquisire ed interpretare l'informazione

b Individuare collegamenti e relazioni

c Comunicare

d Comunicare nelle lingue straniere

■ **Comprensione**

1. In quali luoghi si svolge la fuga di Ettore?
2. Per quale motivo Zeus dichiara di provare dispiacere per la sorte di Ettore?
3. In quale modo Atena inganna Ettore? Il suo inganno risulta determinante per l'esito del duello?
4. Che cosa chiede Ettore ad Achille nel suo primo discorso (vv. 250-259)? Qual è la risposta di Achille?

5. Individua e descrivi le azioni che segnano lo svolgimento dell'intero duello, sino alla ferita mortale ricevuta da Ettore.
6. Quale richiesta rivolge, dopo essere mortalmente ferito, Ettore ad Achille? Qual è la risposta di Achille, prima con le parole e poi con il comportamento?
7. Che cosa predice Ettore, in punto di morte, ad Achille? Che cosa risponde Achille?

- **Competenza testuale**

8. Suddividi in sequenze ciascuna delle macrosequenze individuate nell'analisi, indicando l'argomento di ciascuna di esse.
9. Ricerca e indica nel testo le espressioni formulari e gli epiteti usati.
10. Indica tutte le similitudini presenti nel testo e spiegane il significato.
11. Nella narrazione si alternano fatti riferiti dal narratore e dialoghi. Quale prevale delle due modalità? Quale delle due ti sembra più ricca di significati e più suscitatrice di emozione?

12. Esiste un filo conduttore che lega la morte di Ettore a quella di Patroclo oggettivato dalle armi di Achille, prima rivestite da Patroclo e poi da Ettore; i due eventi, però, sono legati anche dallo svolgimento dei duelli e dalla struttura narrativa dei due episodi. Puoi verificarlo prendendo in esame i due brani e confrontando gli eventi dell'uno e dell'altro; per guidarti nella ricerca, ti elenchiamo i versi relativi al Libro XVI (morte di Patroclo) e del Libro XXII (morte di Ettore): accanto a essi scrivi l'evento che rispettivamente descrivono, e quindi trai le tue conclusioni sulle affinità rilevate.

Morte di Patroclo		Morte di Ettore	
vv. 818-821		vv. 322-329	
v. 822		v. 330	
v. 829		v. 330	
v. 843		v. 337	
vv. 851-854		vv. 358-360	
vv. 855-857		vv. 361-363	
vv. 858-861		vv. 364-366	
vv. 862-863		vv. 367-368	

- **Produzione**

13. È diffusa l'opinione che Ettore sia l'eroe più amato da Omero, sia perché è l'unico eroe del poema presentato nella sua dimensione umana e familiare (nell'episodio dell'incontro con Andromaca), sia per le modalità in cui viene narrata la sua morte. Analizzando i due episodi in cui Ettore è protagonista, ritieni anche tu che esista la predilezione del poeta per questo eroe? Esponi le tue opinioni in un breve testo scritto.
14. Achille ed Ettore si configurano in modo diverso tra loro: tutti i lettori dell'*Iliade*, soprattutto i giovani, parteggiano o per l'uno o per l'altro, secondo i valori che ritengono superiori. Compi una piccola indagine tra i tuoi compagni e quindi riportane i risultati in un testo espositivo indicando anche le motivazioni delle diverse preferenze.
15. Descrivi in un breve testo scritto le caratteristiche dell'eroe che preferisci, spiegando i motivi della tua scelta.

Epica classica | L'Iliade

Achille e Priamo

• Libro XXIV, vv. 477-595

IN SINTESI: Achille lega Ettore per i piedi al suo carro e lo trascina nella polvere lungo le mura della città causando alte grida di dolore fra i Troiani e lo svenimento di Andromaca. Si celebra il rito funebre in onore di Patroclo, e Achille, in segno di lutto, si taglia la bionda chioma e, per farne un sacrificio, uccide dodici principi troiani prigionieri. Col passare dei giorni il dolore di Achille non si placa ed egli, ancora disperato per la morte dell'amico, continua a trascinare il corpo di Ettore facendone scempio, finché gli dèi ritengono di dover porre fine a tanto strazio. Zeus invia Teti a convincere il figlio a restituire il corpo ai Troiani, e Iride da Priamo per esortarlo ad andare a riscattare il cadavere del figlio. Cosí il vecchio re si reca nel campo greco alla tenda di Achille portando molti doni per il riscatto.

---

478. strinse ... d'Achille: lo stringere le ginocchia era un gesto rituale di supplica.

480-482. Come ... ricco: la similitudine si riferisce alla situazione dell'omicida; nella legislazione greca, chi aveva, anche involontariamente, commesso un omicidio, doveva andare in esilio e trovare in un'altra città un signore disposto a ospitarlo e sottoporlo ai riti di purificazione. In tal modo avrebbe evitato la vendetta dei parenti dell'ucciso.

487. tetra: cupa, triste.

496. tutti da un seno: erano tutti figli della stessa madre.

498. Ares ... molti: poiché Ares è il dio della guerra, i figli sono morti in battaglia. L'espressione *sciogliere i ginocchi* è tipicamente usata per indicare la morte.

500. ieri: significa «da poco, recentemente»; sono infatti passati dodici giorni dalla morte di Ettore.

513. si fu goduto i singhiozzi: si fu saziato di pianto.

Entrò non visto il gran Priamo, e standogli accanto
strinse fra le sue mani i ginocchi d'Achille, baciò quella mano
tremenda, omicida, che molti figliuoli gli uccise.

480 Come quando grave colpa ha travolto un uomo,
che, ucciso in patria qualcuno, fugge in altro paese,
in casa d'un ricco, stupore afferra i presenti;
cosí Achille stupí, vedendo Priamo simile ai numi,
e anche gli altri stupirono e si guardarono in faccia.

485 Ma Priamo prendendo a pregare gli disse parola:
«Pensa al tuo padre, Achille pari agli dèi,
coetaneo mio, come me sulla soglia tetra della vecchiaia,
e lo tormentano forse i vicini, standogli intorno,
perché non c'è nessuno che il danno e il male allontani.

490 Pure sentendo dire che tu ancora sei vivo,
gode in cuor, e spera ogni giorno
di vedere il figliolo tornare da Troia.
E io sono infelice del tutto, che generai forti figli
nell'ampia Troia, e non me ne resta nessuno.

495 Cinquanta ne avevo quando vennero i figli dei Dànai,
e diciannove venivano tutti da un seno,
gli altri altre donne me li partorirono in casa:
ma Ares furente ha sciolto i ginocchi di molti,
e quello che solo restava, che proteggeva la rocca e la gente,

500 tu ieri l'hai ucciso, mentre per la sua patria lottava,
Ettore... Per lui vengo ora alle navi dei Dànai,
per riscattarlo da te, ti porto doni infiniti.
Achille, rispetta i numi, abbi pietà di me,
pensando al padre tuo: ma io son piú misero,

505 ho patito quanto nessun altro mortale,
portare alla bocca la mano dell'uomo che ha ucciso i miei figli!».
Disse cosí, e gli fece nascere brama di piangere il padre:
allora gli prese la mano e scostò piano il vecchio;
entrambi pensavano e uno piangeva Ettore massacratore

510 a lungo, rannicchiandosi ai piedi d'Achille,
ma Achille piangeva il padre, e ogni tanto
anche Patroclo; s'alzava per la dimora quel pianto.
Ma quando Achille glorioso si fu goduto i singhiozzi,

514. la brama: il desiderio di piangere.

516. la testa ... canuto: sono bianchissimi (*canuto, canuta*) i capelli e la barba che copre il mento di Priamo.

517. parlò parole fugaci: tipica espressione formulare omerica.

521. cuore di ferro: l'espressione metaforica esprime l'ammirazione di Achille per l'animo di Priamo, che nel dolore è «forte come il ferro».

525. filarono: stabilirono. Per gli antichi, la vita umana era simile a un filo sottilissimo che veniva filato dalle Moire, le dee del destino, e che veniva tagliato alla morte della persona.

527-528. Due ... buoni: dinanzi alle porte di Zeus stanno due vasi: uno pieno di doni buoni e l'altro di doni cattivi.

529. che getta le folgori: l'espressione costituisce un epiteto di Zeus.

531-533. ma a chi ... uomini: colui che, invece, riceve da Zeus solo i doni cattivi (*tristi*), viene reso uomo disprezzato da tutti, seguito da una cattiva (*mala*) fama, va errando disonorato dagli dèi e dagli uomini.

537. gli fecero sposa una dea: gli diedero in sposa una dea, Teti, madre di Achille.

544-545. Lesbo ... Ellesponto: le terre del regno di Troia si estendevano tra l'isola di Lesbo a sud e la Frigia e l'Ellesponto a nord; Macaro era il mitico colonizzatore di Lesbo.

553. figlio di Zeus: discendente di Zeus. Achille discende da Zeus da parte della madre Teti.

561-562. messaggera ... vecchio marino: per volere di Zeus Teti, figlia del vecchio dio marino Nereo, aveva convinto Achille a restituire il corpo di Ettore. Tuttavia, la citazione di questo fatto da parte di Achille indica il suo desiderio di non voler far credere di essersi commosso alle preghiere del vecchio Priamo.

passò dal cuore e dalle membra la brama,
515 s'alzò dal seggio a un tratto e rialzò il vecchio per mano,
commiserando la testa canuta, il mento canuto,
e volgendosi a lui parlò parole fugaci:
«Ah misero, quanti mali hai patito nel cuore!
E come hai potuto alle navi dei Dànai venire solo,
520 sotto gli occhi d'un uomo che molti e gagliardi
figliuoli t'ha ucciso? Tu hai cuore di ferro.
Ma via, ora siedi sul seggio e i dolori
lasciamoli dentro nell'animo, per quanto afflitti:
nessun guadagno si trova nel gelido pianto.
525 Gli dèi filarono questo per i mortali infelici:
vivere nell'amarezza: essi invece son senza pene.
Due vasi son piantati sulla soglia di Zeus,
dei doni che dà, dei cattivi uno e l'altro dei buoni.
A chi mescolando ne dia Zeus che getta le folgori,
530 incontra a volte un male e altre volte un bene;
ma a chi dà solo dei tristi, lo fa disprezzato,
e mala fama lo insegue per la terra divina,
va errando senza onore né dagli dèi né dagli uomini.
Cosí a Pelèo doni magnifici fecero i numi
535 fin dalla nascita; splendeva su tutti i mortali
per beata ricchezza; regnava sopra i Mirmidoni,
e benché fosse mortale, gli fecero sposa una dea.
Ma col bene, anche il male gli diede il dio, che non ebbe
nel suo palazzo stirpe di figli nati a regnare,
540 un figlio solo ha generato, che morrà presto: e io non posso
aver cura del vecchio perché lontano dalla mia patria
qui in Troia siedo, a te dando pene e ai tuoi figli.
E anche tu, vecchio – sappiamo – fosti felice prima:
quanto paese di sopra limita Lesbo, la sede di Màcaro,
545 e di sotto la Frigia e lo sconfinato Ellesponto,
su tutti, raccontano, o vecchio, per figli e ricchezze splendevi.
Da che questo male, invece, i figli del cielo ti diedero,
sempre battaglie vi sono intorno alla rocca e stragi d'uomini.
Sopporta, dunque, e non gemere senza posa nel cuore:
550 nulla otterrai piangendo il figlio, non lo farai
rivivere, potrai piuttosto patire altri mali».
E il vecchio Priamo pari ai numi rispose:
«Non farmi sedere sul seggio, figlio di Zeus, finché senza cure
Ettore giace straziato nella tua tenda, ma subito
555 rendimelo, che possa vederlo: e accetta il riscatto
abbondante che porto: e tu possa goderne, e tornare
nella tua patria terra, tu che mi lasci
vivere ancora, veder la luce del sole».
Ma guardandolo bieco Achille piede rapido disse:
560 «Non m'irritare ora, o vecchio; son io che voglio
renderti Ettore, perché messaggera mi venne da Zeus
la madre che mi partorí, figlia del vecchio marino.
Anche te, o Priamo – lo so in cuore e non mi sfugge –
guidò qualcuno dei numi alle rapide navi degli Achei.

Epica classica | L'Iliade

578. l'assisero: lo fecero sedere.

578-579. dal carro ... d'Ettore: presero dal carro con cui era arrivato Priamo il ricco riscatto (*prezzo infinito*) offerto dal re troiano per il corpo di Ettore.

580. due ... chitone: due teli di lino e una veste (*chitone*) di fine tessuto, con cui avvolgere il corpo di Ettore.

582-586. Achille ... di Zeus: il cadavere per molti giorni era stato straziato e Priamo, vedendo come è ridotto, potrebbe avere uno scoppio di ira contro Achille; questi teme che in tal caso non saprebbe trattenersi dall'uccidere il vecchio. Ciò che trattiene Achille è la volontà di non contravvenire al volere di Zeus, che, nel suo messaggio tramite Teti, aveva imposto rispetto verso Priamo.

589. feretro: portantina funebre.

590. polito: ben lavorato.

593. nell'Ade: il regno dei morti.

595. anche ... devo: Achille si impegna a offrire al morto amico una parte del riscatto di Ettore sotto forma di offerte funebri.

565 Non oserebbe venire un mortale, neppure nel fior dell'età,
nel nostro campo, né sfuggirebbe alle guardie, né il chiavistello
della mia porta potrebbe spostare senza fatica.
Perciò, fra tante pene, non mi gonfiare il cuore di piú,
ch'io non ti lasci stare, o vecchio, neppur nella tenda,
570 benché supplice e violi il comando di Zeus!».
Disse cosí, e il vecchio tremò e obbedí alla parola.
Come leone il Pelide balzò alla porta della sua tenda,
non solo, i due scudieri andarono con lui,
l'eroe Automèdonte e Alcimo, che soprattutto
575 Achille onorava tra i suoi, dopo la morte di Patroclo.
Sciolsero essi, dunque, dal giogo mule e cavalli,
condussero dentro l'araldo, il banditore del vecchio,
e su un seggio l'assisero; dal carro belle ruote
tolsero il prezzo infinito del corpo d'Ettore,
580 ma lasciaron due lini e un ben tessuto chitone,
per restituire coperto il corpo da ricondurre a casa.
Poi, chiamate le schiave, Achille ordinò di lavarlo, d'ungerlo,
ma in altro luogo, che Priamo non lo vedesse,
e nel cuore angosciato non trattenesse piú l'ira
585 alla vista del figlio, e l'animo si gonfiasse ad Achille,
e lo uccidesse, violasse il comando di Zeus.
Quando l'ebber lavato le schiave, l'ebbero unto con l'olio,
intorno gli misero il bel lino e la tunica,
e sul feretro, alzandolo, Achille stesso lo pose;
590 poi i compagni lo sollevarono sul carro polito.
Allora gemette e chiamò a nome il caro compagno:
«O Patroclo, non indignarti con me, se saprai,
pur essendo nell'Ade, che ho reso Ettore luminoso
al padre: non indegno riscatto m'ha offerto,
595 e anche di questo io ti farò la parte che devo!».

🔍 **Entriamo nel testo**

Lo scioglimento dell'ira e la conclusione del poema

La lunga serie di scene di sangue e di violenza si scioglie nell'incontro tra Achille e il vecchio re Priamo che, perché gli venga restituito almeno lo straziato corpo del figlio, depone ogni forma di orgoglio regale e si reca supplice nella tenda del feroce uccisore di Ettore.

L'incontro si trasforma in occasione per rivelare i motivi piú dolenti dell'anima: da un lato Priamo, che piange la sorte dei suoi figli e teme per il futuro della patria, dall'altro Achille, che riconosce nel vecchio re il medesimo dolore del proprio padre lontano e destinato a piangere la prematura morte del figlio. Entrambi, pur su fronti nemici, sono accomunati dalla sorte che incombe su tutti gli esseri umani, ai quali gli dèi riservano dolori e amarezze.

Cosí, di fronte alla mestizia di un vecchio padre che gli ricorda il suo, l'animo di Achille si placa e si scioglie; la commozione fa emergere una delicatezza interiore mai vista e non sospettabile nell'eroe fiero e feroce: fa lavare e ungere il corpo di Ettore e lo riconsegna avvolto nelle vesti pregiate che provengono da Troia e che facevano parte del prezzo del riscatto.

Mentre si avvia verso Troia il carro che riconduce un dolente padre con il cadavere del figlio, Achille rivolge il pensiero a Patroclo, come per placare anche in lui il bisogno di vendetta.

Con questo episodio il poema è virtualmente

Jacques-Louis David, *Il corpo di Ettore*, XVIII secolo.

concluso, dato che ciò che farà seguito è la narrazione delle solenni esequie di Ettore a Troia. L'argomento dell'*Iliade*, come esposto nel proemio, è l'ira di Achille: adesso, che i motivi dell'ira sono stati rimossi, e, soprattutto, che il sentimento dell'ira si è sciolto in profondo dolore, Omero si avvia alla conclusione del suo canto. Ci ha mostrato gli eroi con il loro valore militare e patriottico, ma anche con i loro sentimenti piú umani: la generosità e l'amore, sia nell'amicizia che nei legami familiari, l'orgoglio e la prepotenza, la paura e il timore per il futuro. L'uccisione di Ettore e lo scempio fatto del suo corpo sono riscattati dall'immagine del vecchio padre che, piegando le ginocchia davanti al giovane e forte Achille, ne rompe la dura resistenza interiore e ne stempera l'ira trasformandola in pianto e dolore; le lacrime versate insieme dal padre e dall'uccisore di suo figlio fanno scomparire le differenze fra Achille ed Ettore nel comune destino umano. Lo studioso Albin Lesky ha scritto: «La scena in cui Achille e Priamo, dopo tutte le asprezze della lotta, dopo tutto il dolore e la crudeltà di una vendetta insensata, riconoscono e onorano l'uno nell'altro l'uomo, rappresenta il punto di arrivo dell'*Iliade* e l'inizio dell'umanesimo occidentale».

Esercizi

Competenza trasversale:

a Acquisire ed interpretare l'informazione
b Individuare collegamenti e relazioni
c Comunicare
d Comunicare nelle lingue straniere

■ **Comprensione e competenza testuale**

1. Suddividi il brano in sequenze indicando l'argomento di ognuna di esse.
2. Con quale similitudine Omero descrive (vv. 480-482) lo stupore di Achille nel vedere di fronte a sé, presso la sua tenda, il vecchio Priamo supplice? Su quali elementi si basa il paragone con la situazione e i personaggi della vicenda?
3. Con quali gesti Priamo esprime l'atteggiamento di umile supplica? E con quali Achille il proprio rispetto per lui?
4. Quali argomenti usa Priamo per convincere Achille a restituire il corpo di Ettore?
5. Le parole di Achille, contenute nei versi 525-533, indicano la concezione degli eroi omerici sulla sorte umana e sugli dèi; quali sono queste concezioni? Qual è l'immagine mitologica evocata dal poeta per descrivere l'origine delle due opposte sorti, quella fortunata e quella sventurata?

Epica classica | L'Iliade

6. Nel suo discorso Achille riferisce il mito dei due vasi di Zeus (vv. 527-533): qual è il suo significato in generale e, in particolare, in questo contesto?

- **Interpretazione**

7. Esaminando il comportamento di Achille, quale principale motivazione, secondo te, lo spinge al pianto e all'accettazione dei doni del riscatto? Quali sono le persone e gli affetti su cui si indirizza il suo pianto?
8. Secondo te, perché Achille, che sembra nato per combattere, chiama *male* (v. 547) la guerra?
9. In che senso si può parlare di un'evoluzione nel personaggio di Achille? Quali sono nel brano i cambiamenti più evidenti del suo comportamento?
10. Quali aspetti, secondo te, accomunano Priamo e Pelèo, il padre di Achille?

- **Produzione**

11. Come visto nel brano *La causa dell'ira* (vedi pag. 101), la narrazione dell'*Iliade* si apre con una richiesta di riscatto da parte di Crise che desidera riavere la propria figlia da parte di Agamennone. Anche quest'episodio vede un anziano padre che si reca al campo greco per riavere il proprio figlio. Tuttavia le differenze sono notevoli sia nella situazione che nello stato d'animo dei personaggi e l'andamento complessivo del colloquio.
In un breve testo scritto, fai un accostamento tra i due episodi, mettendo in evidenza tutte le componenti nella tematica e le caratteristiche nella formulazione che li differenziano.

  ON LINE: **L'Iliade**

Testi: *Tra gli dèi dell'Olimpo* (Libro I, vv. 493-600) • *Il compianto funebre di Ettore* (Libro XXIV, vv. 695-776)
Schede: *Achille protagonista di miti*

Leggiamo insieme...
Alessandro Baricco
Omero, Iliade

L'opera

Le vicende dell'*Iliade*, con le imprese degli eroi, gli interventi delle divinità e i valori che determinano azioni e comportamenti, sono legate all'epoca in cui furono narrate da Omero. Come sia possibile rileggere il poema secondo un'altra prospettiva ci viene mostrato da Alessandro Baricco nell'opera intitolata, appunto, *Omero, Iliade*. L'autore, nel pieno rispetto della narrazione originale, ha adattato il testo alla rappresentazione scenica, ottenendo un distillato degli avvenimenti epici, rivissuti attraverso il punto di vista dei personaggi. Ripercorre, cosí, le vicende attraverso ventun monologhi affidati ad altrettanti personaggi, ciascuno dei quali mette in luce, in base al proprio ruolo, i risvolti umani e interiori che il testo omerico lascia solo intravedere o immaginare. Per esempio, la vicenda da cui prende l'avvio il poema – la lite tra Achille e Agamennone – viene osservata attraverso l'originale punto di vista di un personaggio che nel poema non parla mai e sembra non godere di una propria autonomia esistenziale, quello di Criseide, la fanciulla prima divenuta preda di guerra degli Achei e poi restituita al padre, nonché sacerdote di Apollo, Crise.

L'unica innovazione rispetto al testo dell'*Iliade* è rappresentata dall'ultimo monologo, affidato al cantore Demodoco, il quale, come assumendo l'identità di Omero, prosegue il racconto narrando gli avvenimenti successivi, relativi alla conquista di Troia mediante lo stratagemma del cavallo di legno e la fine della lunga guerra tra gli Achei e i Troiani.

Questo brano è il monologo conclusivo del libro, affidato alla voce dell'aedo Demòdoco, un personaggio omerico che non interviene nell'*Iliade* ma nell'*Odissea*, e quindi conosce tutti gli avvenimenti successivi a quelli raccontati nell'*Iliade*. Racconta come si svolse la capitolazione della città grazie all'inganno del cavallo architettato dall'astuto Ulisse e all'ingenua fiducia dei Troiani, accecati dalla felicità per la fine del lungo assedio e incapaci di prevedere il pericolo, malgrado gli appelli di Cassandra.

Già era passato il decimo anno e ancora durava la guerra fra Achei e Troiani. Le lance erano stanche di uccidere, le cinghie degli scudi, consunte, si strappavano, e le corde degli archi, sfinite, lasciavano cadere le frecce veloci. I cavalli, invecchiati, pascolavano dolenti, la testa bassa, gli occhi chiusi, rimpiangendo i compagni con cui avevano corso e combattuto. Achille giaceva sottoterra, accanto all'amato Patroclo [...]; morto era Paride, causa di ogni sventura, e viveva Elena accanto al suo nuovo sposo, Deífobo, figlio di Priamo. I Troiani piangevano Ettore, e Sarpedonte, e Reso. Dieci anni. E Troia ancora si ergeva intatta, al riparo delle sue mura invincibili.

Fu Ulisse[1] a inventare la fine di quella guerra infinita. Ordinò a Epèio di costruire un gigantesco cavallo di legno. Epèio era il migliore, se si trattava di costruire marchingegni o macchine da guerra. Si mise al lavoro. Dalle montagne fece arrivare molti tronchi d'albero, era lo stesso legno con cui tanti anni prima i Troiani avevano costruito le navi di Paride, origine di ogni sventura[2]. Epèio lo usò per costruire il cavallo. Iniziò facendo il ventre, largo e cavo. Poi fissò il collo e sulla criniera color porpora versò oro zecchino. Al posto degli occhi mise pietre preziose: brillavano insieme il verde smeraldo e l'ametista color del sangue[3]. Alle tempie fissò le orecchie, dritte, come a captare nel silenzio lo squillo della tromba di guerra. Poi montò il dorso, i fianchi, e infine le zampe, piegandole ai ginocchi, come se fossero lanciate in corsa, una corsa immobile ma vera. Gli zoccoli erano di bronzo, ricoperti da scaglie luccicanti di tartaruga. Nel fianco dell'animale il genio di Epèio incise una piccola porta, invisibile, e montò una scala che all'occorrenza poteva far salire e scendere gli uomini, e poi spariva dentro al cavallo. Lavorarono per giorni. Ma alla fine, gigantesco apparve agli occhi degli Achei, il cavallo mirabile, e terrificante.

Allora Ulisse radunò i principi in assemblea. E con quella voce profonda, di cui lui solo era capace, prese a parlare. «Amici, voi continuate ad avere fiducia nelle vostre armi, e nel vostro coraggio. Ma intanto invecchiamo qui, senza gloria, consumandoci in una guerra senza fine. Credetemi, sarà con l'intelligenza, e non con la forza, che noi prenderemo Troia. Lo vedete, il magnifico cavallo di legno costruito da Epèio? Ascoltate il mio piano: alcuni di noi entreranno là dentro, senza paura. Tutti gli altri, dopo aver bruciato gli accampamenti, lasceranno deserta la spiaggia salpando per l'alto mare, e andando a nascondersi dietro l'isola di Tènedo[4]. I Troiani dovranno credere che ce ne siamo andati davvero. Vedranno il cavallo: lo prenderanno per un omaggio al loro valore, o per un dono alla dea Atena. Fidatevi di me: lo porteranno dentro le mura, e sarà la loro fine».

Cosí parlò. E lo ascoltarono. Ed ebbero fiducia in lui. Tirarono a sorte per decidere chi sarebbe entrato nel cavallo. E la sorte indicò cinque di loro: Ulisse, Menelao, Diomede, Anticlo e Neottòlemo, che era figlio di Achille. Li fecero entrare nel cavallo, e poi chiusero la piccola porta che Epèio aveva inciso nel legno. Si acquattarono nel buio, con l'angoscia nel cuore. Sembravano animali che, terrorizzati da un temporale, si erano andati a rifugiare nella loro tana, e adesso aspettavano il ritorno del

Scena delle *Troiane*, affresco della Casa del Menandro, I secolo d.C., Pompei.

---

1. Ulisse: chiamato dai Greci Odisseo, è l'eroe protagonista dell'*Odissea*. Egli ha partecipato alla guerra di Troia pur non apparendo tra i personaggi di primo piano nel tessuto degli eventi; tuttavia la tradizione epica lo ha reso protagonista sia per l'invenzione dell'inganno del cavallo di legno, sia per le peripezie del suo viaggio di ritorno da Troia, narrate nell'*Odissea*.
2. origine di ogni sventura: il riferimento è alle navi che portarono Paride alla reggia di Menelao, dove ebbe inizio la storia d'amore tra lui ed Elena; il rapimento di Elena è ritenuto la causa mitica della guerra di Troia e quindi l'origine delle sventure di tanti combattenti greci e troiani.
3. ametista color del sangue: l'ametista è una pietra preziosa di colore viola. È qui paragonata al colore del sangue quando, versato da tempo e non piú fresco, assume un colore scuro e violaceo.
4. Tènedo: piccola isola posta davanti alla costa di Troia; qui i Greci nascosero le loro navi fingendo di essere partiti, ma durante la notte ritornarono in poco tempo.

L'autore

Alessandro Baricco, nato a Torino nel 1958, è uno degli scrittori italiani contemporanei piú noti. Laureato in filosofia e diplomato in pianoforte al Conservatorio, ha scritto saggi, articoli, romanzi (*Castelli di rabbia*, *Oceano mare*, *Seta*, *City*, *Senza sangue*, *Questa storia*, *Emmaus*, *Mr Gwyn*, *Tre volte all'alba*) e vari racconti (da uno dei quali, intitolato *Novecento*, il regista Giuseppe Tornatore ha tratto il film *La leggenda del pianista sull'oceano*). Ha fondato a Torino, nel 1994, un laboratorio di scrittura creativa, la *Scuola Holden*, in cui anch'egli insegna le tecniche della composizione dei testi narrativi. È stato conduttore di trasmissioni televisive dedicate alla musica lirica e alla letteratura; si è dedicato alla regia cinematografica ed è collaboratore di vari giornali, in particolare «La Repubblica», come critico musicale e letterario.

---

sole, morsi dalla fame e dalla pena[5]. Gli altri intanto aspettarono la notte, e quando fu buio distrussero i loro accampamenti e misero le navi in mare. Prima che sorgesse l'alba guadagnarono il mare aperto e scomparvero dietro all'isola di Tènedo. Sulla spiaggia, dove l'immenso esercito era vissuto per dieci anni, non restarono che carcasse fumanti[6] e cadaveri. Tra le prime ombre del giorno nascente, i Troiani videro, lontano, il fumo degli incendi. Alta si alzò la voce che gli Achei erano fuggiti, e mille volte rimbalzò da uno all'altro, gridata con speranza e gioia sempre piú grandi. Uscirono dalle mura, prima alla spicciolata, e poi sempre piú numerosi, e attraversarono la pianura per andare a vedere. Quando arrivò Priamo, circondato dai vecchi di Troia, quel che vide fu un'immensa spiaggia abbandonata, in mezzo a cui troneggiava un gigantesco cavallo di legno. Tutti si strinsero intorno a quella meraviglia: alcuni, per odio nei confronti degli Achei, volevano buttarla in mare o farla a pezzi a colpi di ascia; ma altri, sedotti dalla bellezza del cavallo, consigliavano di consacrarlo agli dèi e di portarlo in città perché diventasse il magnifico monumento alla guerra vinta. E alla fine furono costoro a prevalere, perché miseri sono gli uomini, e non è dato loro di vedere il futuro, ma solo di vivere immersi nella nebbia del presente[7]. Spinsero il cavallo, su rapide ruote, per tutta la pianura, scortandolo con canti e balli. Alte salivano le grida degli uomini che le spesse funi tiravano, e che con immensa fatica trascinavano nella loro dimora l'animale dalle viscere avvelenate[8]. Arrivati alle mura, tanto era enorme il cavallo che dovettero allargare le porte per farlo entrare in città. Ma anche questo fecero tra balli e canti, mentre un tappeto di fiori spargevano dove l'animale sarebbe passato, e miele e profumi facevano colare tutt'intorno. Fu allora che apparve Cassandra, la figlia di Priamo a cui gli dèi avevano inflitto la fortuna di leggere il futuro e la pena di non essere mai creduta[9]. Apparve come una furia, in mezzo a quella festa, strappandosi i capelli e le vesti e urlando. «Miserabili, cos'è questo cavallo di sventura che spingete come dei pazzi? Voi state correndo verso la vostra notte piú

---

5. Sembrano animali ... pena: viene riprodotta una similitudine omerica; viene descritto lo stato d'animo dei guerrieri nascosti nel ventre del cavallo mediante il paragone con animali acquattati nella tana per la paura di un temporale.

6. carcasse fumanti: i resti dell'accampamento greco che era stato distrutto con il fuoco per fingere la partenza definitiva dell'esercito.

7. perché miseri ... presente: l'espressione è da attribuire al narratore (qui Demodoco) che inserisce una riflessione generale sui limiti delle capacità umane, per sottolineare l'impossibilità, per i Troiani, di prevedere la sciagura che incombe su di loro.

8. viscere avvelenate: l'interno del ventre apportatore di rovina. Il termine *viscere* indica gli organi del corpo contenuti nell'addome.

9. Cassandra ... creduta: il dio Apollo, invaghitosi di Cassandra, le aveva dato il dono della profezia in cambio del suo amore, ma, poiché essa non mantenne la promessa di sposarlo, il dio la condannò a non essere mai creduta, come avviene anche in questo caso. Il mito di Cassandra è rimasto vivo anche nella cultura moderna, sicché ancor oggi definiamo «una Cassandra» una persona che profetizza sventure.

profonda. Questo animale è gravido di guerrieri nemici, e li partorirà[10] nella notte, sotto lo sguardo affettuoso di Atena, la predatrice di città. E un oceano di sangue scorrerà in queste strade, trascinando tutto in una grande ondata di morte. Ah, amata città dei miei avi, tu sarai presto cenere leggera nel vento. Padre, madre, io vi supplico, tornate in voi, e allontanate l'orrore da tutti noi. Distruggete quel cavallo, dategli fuoco, e allora festeggeremo sí, con canti e balli, allora solamente ci daremo alla gioia per la libertà ritrovata, la libertà che tanto amiamo». Gridava, Cassandra. Ma nessuno volle ascoltarla. [...]

Il cavallo lo portarono davanti al tempio di Atena, posandolo su un alto piedistallo. Tutt'intorno, il popolo si diede alla gioia piú sfrenata, abbandonandosi alla follia e dimenticando ogni cautela. Alle porte poche sentinelle ancora vegliavano, reduci di una guerra che si credeva finita. [...]

Tutta la città, allora, sprofondò nel sonno. Flauti e cetre scivolavano dalle mani, e gli ultimi latrati dei cani punteggiavano il silenzio che è compagno della pace.

Nella notte immobile, una torcia brillò, per dare il segnale alla flotta achea. Un traditore[11] la fece brillare, alta nel buio. [...]

E mentre le navi achee tornavano alla spiaggia, e l'esercito in silenzio inondava la pianura, dal ventre del cavallo uscirono Ulisse, Menelao, Diomede e Neottòlemo. Come leoni si avventarono sulle sentinelle, alle porte, facendo colare il primo sangue di quella notte terribile. Le prime urla salirono nel cielo di Troia. Le madri si svegliavano, senza capire, stringendo i loro bambini e levando piccoli lamenti, come di rondinelle leggere. Gli uomini si giravano nel sonno, presagendo la sventura, e sognando la propria morte. Quando l'esercito acheo varcò le porte, iniziò il massacro. Vedova dei suoi guerrieri, la città prese a vomitare cadaveri[12]. Morivano gli uomini, senza il tempo di stringere le armi, morivano le donne senza nemmeno cercare di scappare, morivano tra le loro braccia i bambini e nei loro ventri le creature mai nate. Morivano i vecchi, senza dignità, mentre stesi a terra alzavano le braccia chiedendo di essere risparmiati. Cani e uccelli impazzivano d'ebbrezza, contendendosi il sangue e la carne dei morti.

In mezzo al massacro corsero Ulisse e Menelao, a cercare le stanze di Elena e Deífobo[13]: volevano riprendersi ciò per cui avevano combattuto cosí a lungo. Deífobo lo sorpresero mentre cercava di scappare. Con la spada, Menelao lo trafisse al ventre: caddero le viscere per terra, e cadde Deífobo, dimentico di guerra e di carri, per sempre. Elena la trovarono nelle sue stanze. Seguí il suo vecchio marito, tremando: nell'animo portava con sé il sollievo per la fine della sua sventura, e la vergogna per ciò che era stato.

Ora io quella notte dovrei cantare[14]. Dovrei cantare di Priamo, ucciso ai piedi dell'altare di Zeus, e del piccolo Astianatte, scagliato da Ulisse giú dalle mura, e del pianto di Andromaca, e della vergogna di Ecuba, trascinata come una schiava, e del terrore di Cassandra, stuprata da Aiace di Oileo sull'altare di Atena. Dovrei cantare di una stirpe che andava al macello, e di una città bellissima che diventava fiammeggiante pira e tomba muta dei suoi figli. Dovrei cantare quella notte, ma sono solo un aedo, lo facciano le Muse, se ne sono capaci, una simile notte di dolore, io non la canterò.

---

10. gravido ... partorirà: espressione metaforica per indicare l'immagine del ventre del cavallo pieno (*gravido* è un termine usato per le femmine degli animali mammiferi e per le donne incinte) di nemici che da esso usciranno durante la notte.
11. Un traditore: l'identità del traditore non è stata ben definita dalla tradizione, che pure ne ha stabilito l'esistenza. Sono state formulate varie ipotesi sulla sua identità: un guerriero greco o anche la stessa Elena, la moglie di Menelao. Il poeta latino Virgilio, nel Libro II della sua *Eneide*, ha inventato, per il ruolo di «traditore», il personaggio di Sinone, immaginando che si sia fatto accogliere dai Troiani con uno stratagemma, fingendosi perseguitato dai Greci.
12. vomitare cadaveri: espressione metaforica, che paragona al vomito la terribile velocità con cui i Troiani trovano la morte.
13. Deífobo: come è stato detto nella parte iniziale del brano, Elena, dopo la morte di Paride durante l'ultimo anno di guerra, ha sposato Deífobo, un altro dei figli di Priamo.
14. Ora io ... cantare: l'aèdo Demodoco interrompe la narrazione, che sta eseguendo come un canto con l'accompagnamento di uno strumento a corde, dichiarando di rifiutarsi di affrontare la descrizione degli eventi che hanno segnato l'ultima notte di Troia. Sono eventi tanto dolorosi e crudeli che egli si limita ad accennarli brevemente, indicando che solo le stesse Muse, dee della poesia, potranno avere la capacità di cantarli.

Daniel van Heil, *Veduta dell'incendio di Troia*, XVII secolo. Besançon, Musée des Beaux-Arts.

🔍 Guida alla lettura

Gli aèdi, come sappiamo, erano cantori professionisti – talvolta essi stessi poeti che narravano le vicende degli eroi che per secoli costituirono la tradizione mitica e culturale del popolo greco. Nel brano che stiamo per leggere possiamo ammirare l'abilità dell'autore moderno per il modo in cui riesce a immedesimarsi nello spirito e nelle parole di questo personaggio. Infatti, il racconto della caduta di Troia che Baricco affida a Demodoco è modellato secondo lo stile del canto poetico degli aèdi, teso a colpire la fantasia degli ascoltatori e a soddisfare il loro piacere per la narrazione con il soffermarsi sui particolari e indulgere ai sentimenti.
Cosí abbondano le descrizioni: quella del campo dei Greci, che pur nella loro superiorità non riescono a distruggere definitivamente il nemico, e in cui tutto denota vecchiaia e stanchezza; quella del cavallo che, viceversa, ci appare splendido con i suoi particolari fulgenti, l'oro della criniera, le pietre preziose degli occhi, lo splendore degli zoccoli. E ancora, le reazioni dei singoli di fronte alla meraviglia del cavallo, la disperazione di Cassandra, i particolari dei primi massacri. Infine gli artifici retorici della conclusione, in cui il cantore si rifiuta di andare oltre perché troppo pietosa è la sua storia, ma nello stesso tempo ha già evidenziato l'immagine di tutto l'orrore che seguirà.
Insomma, Baricco riproduce con grande efficacia l'andamento del discorso omerico, anche se non dobbiamo dimenticare che questo suo stile non è frutto di una ispirazione ingenua e spontanea bensí opera del raffinato lavoro di un attento e appassionato lettore e interprete moderno dell'antico poema.

L'Odissea

L'autore

Chi sia il misterioso e geniale autore dell'*Odissea* non è dato sapere. Anche se per convenzione si continua ad attribuire a Omero la composizione sia dell'*Iliade* sia dell'*Odissea*, gli studiosi sono ormai concordi nel ritenere che i due poemi non siano opera della stessa mano. Troppe sono le differenze nella struttura e troppo grande è la distanza tra il mondo dell'*Iliade* e quello dell'*Odissea* per ritenere che entrambe le opere siano state composte nella stessa epoca. Infatti, le vicende narrate nel primo dei due poemi appartengono esclusivamente all'epica con i suoi valori guerrieri; nel secondo, invece, confluiscono diversi filoni narrativi riconducibili in buona parte a racconti popolari favolistici.
Sappiamo con sicurezza che l'autore dell'*Odissea* conosceva non solo l'*Iliade*, ma anche tutte le leggende connesse ai *nòstoi*, cioè i ritorni in patria degli eroi greci al termine della guerra di Troia, dato che li cita spesso; inoltre, egli possedeva una visione molto ampia del ricco patrimonio di fiabe e leggende popolari, a cui ha ampiamente attinto.
Come l'autore dell'*Iliade*, anche quello dell'*Odissea* aveva alle spalle la tradizione della poesia orale; riteniamo, con una ragionevole sicurezza, che abbia assunto dalla produzione orale degli aèdi elementi essenziali alla costruzione del poema, ma il suo fondamentale punto di riferimento fu l'*Iliade* che costituí per lui un modello da variare e con cui gareggiare. Creò cosí un'opera che, pur collocandosi nel solco della tradizione epica, la rinnova profondamente istituendo un altro modello di poema basato non piú sulle armi, bensí sul viaggio e sull'avventura.

Il poema *Odissea*

Il poema prende il nome dall'eroe greco Odisseo, del quale racconta il ritorno in patria dopo la fine della guerra contro Troia.
Come l'*Iliade*, anche l'*Odissea* racconta avvenimenti che riguardano la fase terminale del ritorno dell'eroe e che si svolgono in un arco di tempo relativamente breve. Da quando Odisseo parte dall'isola di Calipso fino a quando, giunto a Itaca, compie la sua vendetta e ristabilisce l'ordine, passano circa sei settimane, un tempo quasi uguale ai 51 giorni dell'*Iliade*. Poi, però, attraverso analessi e racconti indiretti, vengono introdotte, soprattutto nella prima parte della narrazione, una gran quantità di informazioni retrospettive che gettano lampi di luce sui nove anni precedenti.
La struttura del poema risulta, pertanto, piú articolata e complessa di quella dell'*Iliade* non solo per l'intreccio, ma anche per la varietà delle storie raccontate, dei personaggi che ne sono protagonisti, dei luoghi in cui le vicende sono ambientate.

La trama dell'*Odissea*

L'opera si divide in due parti, di 12 libri ciascuna, che differiscono per la tematica: nella prima prevale infatti il tema del viaggio e dell'avventura, nella seconda quello della vendetta, che culmina nella strage dei Proci. Diversi sono anche gli spazi: le vicende raccontate nei primi 12 libri si svolgono sul mare e in luoghi distanti da Itaca, quindi in spazi grandi e aperti; quelle che occupano gli altri 12 libri si concentrano prima nell'isola di Itaca, poi

nella reggia di Odisseo, cioè in uno spazio via via più limitato e familiare (vedi la mappa dei viaggi di Odisseo a pag. 150).
Ciascuna sezione del poema si suddivide a sua volta in tre blocchi, ognuno dei quali è costituito da un gruppo di quattro libri.

- **Libri I-IV**. L'azione ha inizio nell'Olimpo, dove Atena chiede a Zeus, suo padre, di intervenire presso la ninfa Calipso affinché non trattenga più Odisseo e gli consenta di riprendere il mare e tornare in patria. Quindi la dea si sposta velocemente a Itaca e consiglia a Telemaco, il figlio di Odisseo, di partire per cercare notizie del padre. Nel frattempo, i pretendenti alla mano di Penelope si sono da tempo installati nella reggia, dove mangiano e bevono senza misura dilapidando i beni del re assente; essi tentano di impedire il viaggio, ma Telemaco parte di nascosto e si reca prima a Pilo dal vecchio Nestore, poi a Sparta da Elena e Menelao. Qui viene a sapere dal dio marino Proteo che suo padre è vivo ed è trattenuto contro la sua volontà nell'isola di Ogigia da Calipso.
- **Libri V-VIII**. Solo adesso entra in scena Odisseo, il quale, dopo essere partito dall'isola di Calipso su una zattera che egli stesso ha fabbricato, gode per diciotto giorni di una navigazione favorevole, ma quando è già in vista dell'isola dei Feaci, Posidone, che è adirato con lui e lo perseguita, scatena una tempesta che gli fa perdere la zattera e lo sbatte sulle coste dell'isola di Scheria. Qui egli incontra Nausicaa, la giovane figlia del re Alcinoo, e, consigliato da lei, si reca alla reggia dove i sovrani lo accolgono benevolmente. In un primo momento Odisseo non rivela la propria identità; ma, durante un banchetto in suo onore, l'aèdo Demodoco ricorda con il suo canto la presa di Troia; egli si commuove e il re, allora, lo invita a dire il suo nome e a raccontargli come sia giunto a Scheria, promettendogli in cambio di aiutarlo a ritornare in patria.

Ettore Tito, *Ritorno d'Ulisse*, 1930. Trieste, Museo Civico Revoltella.

- **Libri IX-XII**. Il terzo blocco è occupato da un lungo *flashback* che contiene la narrazione delle peregrinazioni di Odisseo al ritorno da Troia. Si tratta di un racconto nel racconto che comporta anche il mutamento della voce narrante. Il narratore di primo grado, esterno e onnisciente, che fino a questo momento ha raccontato i fatti, lascia il posto a un narratore interno di secondo grado, lo stesso Odisseo, che racconta in prima persona le sue avventure ad Alcinoo. Partito da Troia con diverse navi e numerosi compagni, egli era giunto prima nella terra dei Cíconi, poi nel paese dei Lotofagi, un popolo misterioso che si nutre solamente di loto, la pianta che fa perdere la memoria. Quindi era approdato nella terra dei Ciclopi, esseri giganteschi con un solo occhio nella fronte, e si era imbattuto in Polifemo, che aveva divorato sei dei suoi compagni. Grazie a una delle sue idee ingegnose, era riuscito a sfuggire al Ciclope e lo aveva accecato, ma cosí facendo si era attirato l'ira di Posidone, padre di Polifemo, che, beffato da Odisseo, si era rivolto al potente genitore per ottenere vendetta. Ripresa la navigazione, era approdato prima nell'isola di Eolo, il re dei venti, poi era stato sbattuto da una tempesta nel paese dei Lestrigoni, un popolo di antropofagi, cioè mangiatori di uomini, dove aveva perduto altri compagni. Messa in salvo un'unica nave, era giunto nell'isola di Eea, abitata dalla maga Circe, che dapprima aveva trasformato in porci alcuni dei suoi, poi, vinta dall'eroe che, grazie all'aiuto di Ermes era riuscito ad annullarne gli incantesimi, si era arresa a lui, diventandone la saggia consigliera. Presso l'isola di Circe l'eroe si era fermato per un anno; quindi, prima di ripartire, su consiglio della maga, era entrato in contatto con le anime dell'oltretomba per consultare l'indovino Tiresia riguardo alle peripezie che avrebbe dovuto ancora affrontare. Messo in guardia da Circe, era riuscito a sottrarsi al fascino delle Sirene e a sfuggire ai due mostri, Scilla e Cariddi. Con i pochi superstiti era giunto nell'isola di Trinacria dove i compagni, nonostante il divieto imposto da Circe, avevano ucciso e divorato le vacche del Sole, scatenando la collera del dio. Durante la navigazione infatti la nave, colpita da un fulmine, era affondata; si era salvato solo Odisseo che, aggrappato a un rottame, era stato gettato dalle onde sulla spiaggia dell'isola di Calipso.

L'arrivo al paese dei Lestrigoni, 30-40 a.C. Roma, Casa dell'Esquilino.

- **Libri XIII-XVI**. Ha inizio la seconda parte del poema che si svolge nell'isola di Itaca. Odisseo, rifocillato e colmato di doni dai Feaci, viene ricondotto in patria su una nave e depositato sulla spiaggia. Atena lo trasforma in un vecchio mendicante, in modo che nessuno lo riconosca ed egli possa agire indisturbato. Sotto questo travestimento Odisseo si reca dal porcaro Eumeo il quale dopo tanti anni è rimasto fedele al suo re. Questi accoglie con benevolenza l'ospite sconosciuto, lo nutre e lo alloggia. A questo punto le vicende di Odisseo si uniscono a quelle di Telemaco. Il giovane, infatti, sollecitato da Atena ritorna a Itaca e, dopo essere sfuggito a un agguato tesogli dai pretendenti, giunge anch'egli nella capanna di Eumeo, dove incontra Odisseo che, approfittando della momentanea assenza dell'ospite, si fa riconoscere dal figlio.
- **Libri XVII-XX**. Da questo momento il luogo dell'azione si restringe al palazzo di Odisseo e, piú precisamente, alla sala dove i pretendenti banchettano e gozzovigliano. Telemaco e Odisseo giungono separatamente al palazzo. Il giovane si reca immediatamente dalla madre rivelando una nuova consapevolezza e maturità; Odisseo, nel suo travestimento da mendicante, entra nella sala del palazzo per chiedere l'elemosina, ma è trattato ma-

lamente da Antinoo, il piú superbo e crudele dei pretendenti, che gli lancia contro uno sgabello. Intanto Penelope, incuriosita dalla presenza dello straniero, scende dalle sue stanze per parlargli, sperando che possa darle qualche notizia del marito. Egli però non si rivela, mentre la dea Atena suggerisce a Penelope di dire ai pretendenti che sposerà colui che riuscirà a tendere l'arco di Odisseo.

- **Libri XXI-XXIV**. Siamo cosí giunti all'ultimo blocco del poema che racconta nella prima parte la gara con l'arco e la vendetta di Odisseo, nella seconda il riconoscimento da parte di Penelope e il successivo ristabilimento dell'ordine. La gara con l'arco consiste nello scagliare una freccia che attraversi gli anelli dell'impugnatura di dodici scuri piantate con la lama nel terreno. Nessuno riesce a tendere l'arco di Odisseo, finché il mendicante, nella derisione dei pretendenti, non chiede di provare anche lui. Egli non solo tende l'arco e fa passare la freccia attraverso gli anelli delle scuri, ma comincia a trafiggere i pretendenti che, riconosciutolo, cercano inutilmente salvezza. Una volta che la strage è stata compiuta, Penelope, sulla quale nel frattempo Atena ha fatto scendere un sonno ristoratore, riceve al suo risveglio la notizia del ritorno del marito. Dapprima rimane incredula, ma, dopo aver messo alla prova lo straniero facendogli raccontare il modo in cui ha costruito il letto nuziale, si rende conto di avere dinanzi proprio Odisseo. I due coniugi si riuniscono e il re, dopo aver placato gli animi dei parenti degli uccisi, riporta tra la sua gente pace e serenità.

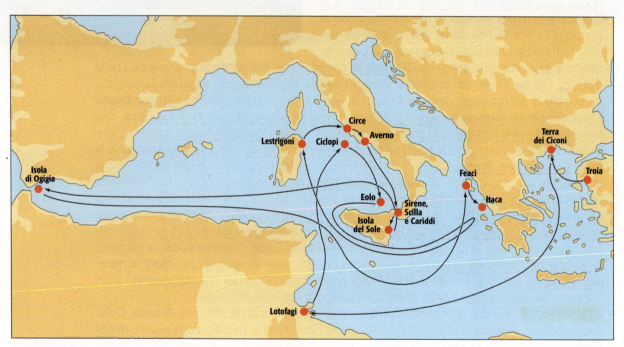

I viaggi di Ulisse.

Le differenze tra l'*Iliade* e l'*Odissea*

Abbiamo accennato alle differenze storiche e sociali tra i due poemi, che hanno spinto a dedurre una distanza di epoca di composizione e quindi a mettere in discussione l'esistenza di un unico poeta autore. Vediamo in che cosa consistono queste differenze.

- La **struttura narrativa**. L'*Iliade* sviluppa un'unica azione centrale, l'ira di Achille, dalla quale scaturiscono, per un susseguirsi di cause ed effetti, tutte le altre vicende fino alla tragica conclusione; l'*Odissea* è molto piú articolata per l'inserimento di innumerevoli episodi incastrati spesso l'uno nell'altro, per la serie dei riconoscimenti e per il carattere piú complesso del protagonista.

- La **base storica** dell'*Iliade* è la guerra combattuta dai Greci per poter commerciare liberamente con le popolazioni delle coste del mar Nero; l'*Odissea* poggia storicamente sulle prime navigazioni esplorative dei Greci nel Mediterraneo, che porteranno alla colonizzazione della Magna Grecia. Inoltre, mentre l'*Iliade* mostra di conoscere solamente il bronzo e quindi rispecchia una civiltà piú arcaica, nell'*Odissea* sono frequenti i riferimenti al ferro, il cui uso si diffuse in una fase storica successiva.

- I **valori** che sono esaltati nell'*Iliade* sono soprattutto l'eroismo e il valore militare; nell'*Odissea* emerge lo spirito di avventura, la sete di esperienze e di conoscenze, il fascino dell'ignoto, le abilità derivanti dall'intelligenza e dal ragionamento, la capacità di risolvere i problemi mediante l'ingegno. L'altra serie di valori fondamentali dell'*Odissea* poggia sulla nostalgia della patria e sul senso della famiglia. Insomma, prevale una visione meno legata ai canoni dell'eroismo guerriero e piú vicina alla dimensione umana nei suoi profili piú qualificanti della mente intelligente e dell'affettività.

- L'**eroismo epico** di Odisseo è diverso da quello dei guerrieri forti, violenti e orgogliosi dell'*Iliade*; la sua forza è accompagnata dall'intelligenza, dalla riflessione, dalla pazienza: cosí appare nelle varie avventure di viaggio, in cui si presenta anche la necessità di trovare la salvezza nell'attuazione di progetti astuti (ad esempio nella caverna del Ciclope); ma appare anche dopo il ritorno a Itaca, dove la vendetta spietata e cruenta per la riappropriazione del regno e della famiglia fa seguito a lunghi momenti di osservazione, di sopportazione paziente, di prudenza, di progettazione astuta.

- Le **figure femminili** nell'*Iliade* corrispondono o a oggetti di contesa o a spose e mogli di eroi (Elena, Andromaca, Ecuba), prive di una reale autonomia. Nell'*Odissea* ognuna delle figure femminili è caratterizzata individualmente come ruolo e come tipologia (Calipso, Nausicaa, Circe, Euríclea); tra tutte emerge Penelope, praticamente la protagonista femminile del poema, di cui sono elogiate la saggezza, la fedeltà, le virtú domestiche.

- La **presenza degli dèi**, infine, si configura molto differente nei due poemi: nell'*Iliade* le divinità hanno debolezze, vizi e difetti tipici degli uomini, conoscono litigi, inganni, astuzie, violenze; intervengono in maniera faziosa nelle azioni umane. Nell'*Odissea*, invece, gli interventi divini presso gli uomini sono misurati, poco vistosi e per lo piú con una funzione «di appoggio» agli eventi; i concili divini si svolgono con discussioni pacate e serene; ma soprattutto gli dèi si configurano come i custodi della giustizia, sicché favoriscono la vittoria dei giusti, nella fattispecie di Odisseo, e la punizione dei violenti e dei sopraffattori.

Le traduzioni dell'*Odissea*

La prima importante traduzione dell'*Odissea* è quella di Ippolito Pindemonte, che risale al 1822, in versi endecasillabi sciolti e formulata nel linguaggio poetico usato all'inizio dell'Ottocento. Nonostante sia considerata un'importante testimonianza letteraria, questa traduzione oggi presenta una certa difficoltà di lettura per le sue caratteristiche linguistiche. Oggi disponiamo di traduzioni piú recenti, sia in versi che in prosa, scritte con un linguaggio e con moduli stilistici piú vicini ai nostri. Tra queste, abbiamo seguito la traduzione di Rosa Calzecchi Onesti (Omero, *Odissea*, trad. di R. Calzeschi Onesti, Einaudi, Torino, 1963), formulata in versi liberi corrispondenti numericamente agli esametri greci. Per alcuni brani, segnalati puntualmente, abbiamo adottato, per le sue soluzioni espressive, la versione di Salvatore Quasimodo (*Odissea*, trad. di S. Quasimodo, Mondadori, Milano, 1967), scritta in versi liberi e non corrispondenti numericamente al testo greco.

L'invocazione alla Musa

• Libro I, vv. 1-10

1. L'uomo ricco di astuzie: è Odisseo, eroe dalle infinite astuzie, autore della rovina di Troia, destinato a errare lungamente e a patire molto. Fin dalle prime parole le caratteristiche evidenziate in Odisseo sono l'umanità, più che l'eroicità, e la mente intelligente e piena di risorse.
– **Musa**: Calliope, la Musa della poesia epica. Le Muse, figlie di Zeus, erano nove e ciascuna di esse proteggeva un'arte o una disciplina. – **a lungo**: per dieci anni.
2. dopo ... Troia: l'espressione indica che il poeta racconterà le vicende del viaggio di Odisseo nel suo ritorno in patria dopo la caduta di Troia; tuttavia, allude anche al fatto

L'uomo ricco d'astuzie raccontami, o Musa, che a lungo
errò dopo ch'ebbe distrutto la rocca sacra di Troia;
di molti uomini le città vide e conobbe la mente,
molti dolori patí in cuore sul mare,
5   lottando per la sua vita e pel ritorno dei suoi.
Ma non li salvò, benché tanto volesse,
per loro propria follia si perdettero, pazzi!,
che mangiarono i bovi del Sole Iperione,
e il Sole distrusse il giorno del loro ritorno.
10 Anche a noi di' qualcosa di queste avventure, o dea, figlia di Zeus.

che Odisseo fu il protagonista della presa di Troia, grazie al famoso stratagemma del cavallo di legno.
5. suoi: i compagni del viaggio di ritorno.
7-9. per ... ritorno: Odisseo ritornò in patria da solo, mentre tutti i suoi compagni morirono durante il viaggio. Questi, meno avveduti e prudenti dell'eroe (*loro propria follia*), giunti nell'isola di Trinacria, l'attuale Sicilia, uccisero e mangiarono i buoi sacri al dio Sole, il quale, sdegnato, impedì che tornassero a casa (*distrusse il giorno del loro ritorno*). – **Iperione**: epiteto del Sole e significa «che sta al di sopra».
10. di': imperativo di *dire*.

Entriamo nel testo

L'eroe del proemio

Anche l'*Odissea*, come l'*Iliade*, si apre con l'invocazione alla Musa, ispiratrice del canto, ma, a differenza dell'*Iliade*, dove è la Musa stessa a cantare, qui essa dice e suggerisce al poeta ciò che egli deve narrare.
Sin dall'inizio emerge uno dei caratteri della personalità di Odisseo: la versatilità dell'ingegno, che gli consente di trarsi d'impaccio nelle situazioni più imprevedibili. Accanto alla scaltrezza, quest'eroe possiede un'altra virtù che lo rende così diverso da quelli dell'*Iliade*: la pazienza, che gli fa sopportare le persecuzioni di Poseidone, il dio che gli è ostile, e i lunghi anni di peregrinazioni, senza che si cancelli in lui il desiderio di tornare in patria. Due sono, infatti, i temi di fondo del poema: l'ansia dell'ignoto, di conoscere, di misurare le proprie capacità, di confrontarsi con gli altri, e la viva nostalgia della propria casa. Il desiderio di vedere Polifemo, di ascoltare il canto delle Sirene e di esplorare il paese della maga Circe coesistono in Odisseo insieme alle lacrime versate quando, seduto su uno scoglio dell'isola di Ogigia, indifferente alle lusinghe di Calipso, la ninfa innamorata che gli promette l'immortalità, desidera solo rivedere la sua «petrosa Itaca». Due motivi ricorrenti che si potenziano a vicenda.
Il tema dell'avventura e della brama dell'ignoto, che spinge il navigatore a «divenir del mondo esperto / e delli vizi umani e del valore» (Dante, *Inferno*, XXVI, vv. 98-99) sarà ripreso da Dante e successivamente da Tennyson, Pascoli e D'Annunzio, ciascuno dei quali lo interpreterà alla luce della cultura e della sensibilità tipiche della propria epoca.
Il secondo tema ritornerà in Foscolo (*A Zacinto*), il quale contrapporrà alla figura dell'eroe «classico» che torna in patria «bello di fama e di sventura», la sua immagine di eroe «romantico» a cui il destino ha decretato un'«illacrimata sepoltura».
A differenza della protasi dell'*Iliade*, più densa e serrata intorno all'unico tema dell'ira di Achille, questa fa intravedere quella pluralità di filoni che si susseguono e talora si intrecciano nel poema. La *Telemachia*, ovvero il viaggio del giovane figlio

Epica classica | L'Odissea

di Odisseo alla ricerca del padre, l'*Odissea* vera e propria, cioè le avventurose peregrinazioni del protagonista reduce da Troia, il ritorno in patria e la vendetta. Sono i tre nuclei del poema, che ha uno sviluppo piú vario rispetto all'*Iliade* ed esprime una concezione del mondo fondata su nuovi valori: il lavoro, la pace, un diverso concetto della giustizia, una dimensione morale nella quale trova posto un piú vivo senso della responsabilità umana.

Esercizi

Competenza trasversale:

 Acquisire ed interpretare l'informazione
 Individuare collegamenti e relazioni
c Comunicare
d Comunicare nelle lingue straniere

■ Comprensione

1. Fai la parafrasi del testo.
2. Quali sono le caratteristiche principali di Odisseo messe in evidenza nel proemio?
3. Spiega con parole tue il significato dell'espressione *di molti uomini le città vide e conobbe la mente* (v. 3).
4. Perché i compagni di Odisseo non poterono ritornare in patria? Da quale divinità furono puniti?
5. Chi è la *dea* alla quale si rivolge il poeta nel v. 10? Che cosa le chiede?

■ Produzione

 b 6. Poni a confronto il proemio dell'*Iliade* con quello dell'*Odissea*: quale eroe è immediatamente presentato nell'uno e nell'altro proemio? Quali eventi vengono preannunciati in ciascun proemio?

Calliope, la musa della poesia epica. Città del Vaticano, Museo Pio-Clementino.

Calipso e Odisseo

- Libro V, vv. 149-224

IN SINTESI: Sono passati dieci anni dalla fine della guerra di Troia, tutti gli eroi sono tornati a casa, eccetto Odisseo, che è trattenuto dalla ninfa Calipso nell'isola di Ogigia. Nonostante il dio Poseidone sia irato con Odisseo per l'accecamento del figlio Polifemo, gli dèi in concilio stabiliscono che è arrivato il momento di preparare il ritorno dell'eroe; inviano cosí Atena a Itaca per esortare Telemaco, figlio di Odisseo, a recarsi da Nestore e Menelao, reduci da Troia, per cercare notizie del padre. Telemaco, che non riconosce Atena nelle sue mentite spoglie, si lamenta con lei per la triste situazione creatasi nella reggia, dove i pretendenti gozzovigliano, dissipando i beni del padre. Atena predice il prossimo ritorno di Odisseo. Nella sala del banchetto, il cantore Femio racconta le vicende della guerra di Troia; dalla sua stanza Penelope ascolta e, turbata dal canto, si presenta nella sala (vedi il brano *Nella reggia di Itaca* a pag. 12). Telemaco, seguendo il consiglio di Atena, si reca a Sparta, dove viene a sapere che il padre è vivo, ma ha perduto tutti i compagni e si trova nell'isola della ninfa Calipso (la cui descrizione è nel brano *L'isola di Calipso* a pag. 8). Nel frattempo Zeus invia Ermes da Calipso per convincerla a far partire Odisseo. La ninfa accoglie il messo divino, pur essendo cosciente che l'ordine che porta le causerà dolore. Sapendo di dover ubbidire a Zeus, Calipso si reca quindi da Odisseo, che si trova sulla spiaggia intento a scrutare il mare e in preda a grande nostalgia della sua patria.

150. messaggio di Zeus: il messaggio, che era stato portato a Calipso da Ermes, comunicava la decisione divina di far ripartire Odisseo.

155. spelonca: grotta, nella quale viveva la ninfa. – **nolente:** non volendo; è una forma poco usata di participio presente che equivale a «non volente».

159. Accanto gli stette: si fermò accanto a lui.

163. saldo castello: una solida piattaforma, fatta di assi di legno.

173-179. Altro ... prepari: le parole di Odisseo non sono dovute a paura per il viaggio né a scarso desiderio di partire, ma al timore di un inganno da parte di Calipso.

150 Lei, la ninfa sovrana, in cerca del grande Odisseo
andava, dopo che udí il messaggio di Zeus.
Sul promontorio, seduto, lo scorse: mai gli occhi
erano asciutti di lacrime, ma consumava la vita soave
sospirando il ritorno, perché non gli piaceva la ninfa.
Certo la notte dormiva sempre, per forza,
155 nella cupa spelonca, nolente, vicino a lei che voleva:
ma il giorno, seduto sopra le rocce e la riva,
con lacrime gemiti e pene il cuore straziandosi,
al mare mai stanco guardava, lasciando scorrere lacrime.
Accanto gli stette e gli parlò, la dea luminosa:
160 «Infelice, non starmi piú a piangere qui, non sciuparti
la vita: ormai di cuore ti lascio partire.
Suvvia, grossi tronchi col bronzo tagliando, connéttili
in zattera larga; poi saldo castello disponivi,
alto, che possa portarti sul mare nebbioso.
165 Intanto io pane, acqua, vin rosso
porterò in abbondanza, che tengan lontano la fame,
e vesti ti vestirò, ti manderò dietro il vento,
perché illeso tu arrivi alla terra dei padri,
se i numi vogliono, quelli che il cielo vasto possiedono
170 e hanno piú forza di me per comandare e volere».
Cosí diceva, rabbrividí il costante Odisseo luminoso
e rispondendole disse parole fugaci:
«Altro tu macchini, o dea, con questo, e non il ritorno,
che vuoi su una zattera farmi passare abisso immenso di mare,
175 spaventoso, invincibile: neppure navi di perfetto equilibrio
lo passano, anche se sono allietate dal vento di Zeus.
No, sulla zattera non salirò, a costo d'opporrmiti,
se non hai cuore, o dea, di farmi il gran giuramento,
che contro di me nessun nuovo male prepari».

Epica classica — L'Odissea

185. l'onda di Stige: lo Stige è il fiume che scorre nel regno dei morti; qui dunque l'espressione serve a indicare il mondo degli Inferi, chiamato anche Ade.
189. m'urgesse: mi premesse, mi facesse urgenza.
195-196. da cui s'era alzato Ermete: il dio Ermes, quando era venuto con il messaggio di Zeus.
199. ambrosia ... nettare: Calipso è una dea e quindi, a differenza di Odisseo, si nutre di ambrosia e nettare, che si narrava essere il cibo degli dèi.
203. Laerzíade: è il patronimico di Odisseo, figlio di Laerte.
– **accorto**: attento, prudente, astuto. È un attributo frequentemente usato per Odisseo.

180 Parlò cosí, sorrise Calipso, la dea luminosa,
lo carezzò con la mano e disse parola, diceva:
«Ah brigante che sei, e non sciocco davvero;
senti un po' che discorso hai pensato di fare!
Sappia dunque la terra e il cielo immenso di sopra,
185 e l'onda di Stige, che scorre in profondo – è questo il piú grande
giuramento, tremendo per i numi beati –
che contro di te nessun nuovo male preparo;
anzi consiglio e provvedo quel che a me stessa
provvederei, se uguale bisogno m'urgesse,
190 perché ho mente giusta, non c'è nel mio petto
un cuore di ferro, ma compassionevole».
Detto cosí, lo precedeva la dea luminosa,
rapidamente: lui dietro i passi della dea camminava.
Giunsero alla cupa spelonca l'uomo e la ninfa,
195 e lui sedette sul trono da cui s'era alzato
Ermete, e la ninfa gli serviva del cibo,
mangiare e bere come i mortali si cibano.
Poi sedette anche lei in faccia al divino Odisseo,
e a lei ambrosia le ancelle servirono e nettare.
200 Cosí sui cibi pronti e serviti le mani gettarono.
Poi quando si furon goduti cibo e bevanda,
fra loro prendeva a dire Calipso, la dea luminosa;
«Laerzíade divino, accorto Odisseo
dunque alla casa, alla terra dei padri
205 subito adesso andrai? Ebbene, che tu sia felice!
Ma se sapessi nell'animo tuo quante pene
t'è destino subire, prima di giungere in patria,

Arnold Böcklin, *Ulisse e Calipso*, 1883. Basilea, Kunstmuseum.

218. non ti tocca vecchiezza: non ti è destinata la vecchiaia; Calipso, come tutte le divinità, oltre a essere immortale non invecchia.
222. avvezzo: abituato.

    qui rimanendo con me, la casa mia abiteresti
    e immortale saresti, benché tanto bramoso
210 di rivedere la sposa, che sempre invochi ogni giorno.
    Eppure, certo, di lei mi vanto migliore
    quanto a corpo e figura, perché non può essere
    che le mortali d'aspetto e bellezza con le immortali gareggino!».
    E rispondendole disse l'accorto Odisseo:
215 «O dea sovrana, non adirarti con me per questo: so anch'io,
    e molto bene, che a tuo confronto la saggia Penelope
    per aspetto e grandezza non val niente a vederla:
    è mortale, e tu sei immortale e non ti tocca vecchiezza.
    Ma anche cosí desidero e invoco ogni giorno
220 di tornarmene a casa, vedere il ritorno.
    Se ancora qualcuno dei numi vorrà tormentarmi sul livido mare,
    sopporterò, perché in petto ho un cuore avvezzo alle pene.
    Molto ho sofferto, ho corso molti pericoli
    fra l'onde e in guerra: e dopo quelli venga anche questo!».

Entriamo nel testo

La nostalgia dell'eroe

La prima immagine con cui appare direttamente l'eroe nel poema è quella di un Odisseo malinconico perché afflitto da nostalgia della sua casa. La parola «nostalgia» deriva dal greco ed è formata da *nòstos*, «ritorno», e *àlgos*, «sofferenza»; essa è dunque la piú adatta a connotare una delle caratteristiche fondamentali del protagonista dell'*Odissea*. Dalla fine della guerra, tutti gli altri condottieri sono ormai ritornati in patria; solo Odisseo ancora, dopo dieci anni, si trova lontano dalla sua Itaca e si strugge dal desiderio della sua casa e della cara moglie. Dalla partenza da Troia Odisseo è tutto proteso verso il ritorno e per compiere il viaggio dispiega tutte le sue energie fisiche e intellettuali; adesso, privo dei compagni perduti nelle varie vicende del viaggio, è trattenuto in una terra lontana da una ninfa innamorata di lui che gli promette l'immortalità; ma il suo cuore è attanagliato dal desiderio di rivedere la sua «isola rupestre e piena di sole» e il suo sguardo erra sull'infinito della distesa marina. Per volontà degli dèi si compirà il destino di Odisseo, che è quello di partire e affrontare nuove esperienze e nuovi pericoli prima di giungere a Itaca.

L'*Odissea* è la narrazione del ritorno (*nòstos*), mediante un lungo viaggio che ha imposto all'eroe prove e ostacoli da superare, incontri anche pericolosi superati con la forza di resistenza, con il ragionamento o con l'astuzia, e anche incontri allettanti e seducenti che mai, però, hanno distolto Odisseo dall'obiettivo del ritorno. Per questi aspetti Odisseo rappresenta, rispetto all'*Iliade*, un nuovo tipo di uomo.
Nell'*Iliade* i condottieri e l'eroe per eccellenza Achille hanno una scala di valori morali che vede al piú alto gradino l'acquisizione della fama, il riconoscimento sociale del valore e del prestigio: l'*ira funesta* di Achille trae origine dall'oltraggio al suo prestigio subito pubblicamente.
Nell'*Odissea* i valori dell'eroe sono antitetici a quelli di Achille: Odisseo, accanto allo spirito d'avventura, alla brama di conoscenze e all'uso dell'intelligenza per superare le difficoltà, pone come valore piú alto il ritorno alla sua casa e agli affetti piú cari.
Come ha scritto Bernard Andrae (in *L'immagine di Ulisse. Mito e archeologia*), egli è «il primo della letteratura mondiale a decidere delle proprie azioni, e a non dipendere piú esclusivamente dal destino o dalla volontà degli dèi».

Epica classica : L'Odissea

Esercizi

- **Comprensione**

1. Quali mezzi Calipso dichiara che fornirà a Odisseo per il viaggio? In che modo cerca di rassicurarlo sulla propria sincerità e lealtà?
2. Qual è il cibo di Calipso? E quali sono invece le vivande offerte a Odisseo? Perché questa differenza?
3. Fai la parafrasi del testo.

- **Competenza testuale**

4. Descrivi, sulla base delle indicazioni del testo, i sentimenti e i pensieri di Odisseo mentre si trova sulla riva del mare.
5. Suddividi il testo in sequenze indicando l'argomento di ognuna di esse.
6. Esamina gli epiteti che accompagnano il nome di Odisseo: come lo caratterizzano?

- **Interpretazione e produzione**

7. Questa è la prima apparizione di Odisseo nel poema. Analizza il modo in cui viene presentato: considerando l'atteggiamento e le sue parole, come possiamo definire il suo stato d'animo?
8. Abbiamo rilevato che in Odisseo coesistono costantemente il desiderio di conoscenza e la nostalgia del ritorno: in questo passo quale prevale? È l'unico?
9. Perché, come dice il poeta, Odisseo *rabbrividí* (v. 171) ascoltando le parole di Calipso?
10. Che valore ha la risposta di Odisseo a Calipso che lo spinge a partire? Perché risponde cosí?
11. La ninfa Calipso è una figura femminile importante nel viaggio di Odisseo, non solo perché lo ha trattenuto presso di sé per sette anni, ma anche per le sue caratteristiche. Delinea di essa un profilo, considerando gli epiteti, gli atteggiamenti e le parole, il modo in cui la descrive lo stesso Odisseo.

Odisseo e Nausicaa

- *Odissea*, trad. di S. Quasimodo, Mondadori, Milano, 1967, Libro VI, vv. 85-210 dell'originale omerico

IN SINTESI: Odisseo parte dall'isola di Calipso, dove è stato trattenuto per molti anni, su una zattera costruita da lui stesso. Dopo diciassette giorni di felice navigazione, Poseidone, il dio del mare che da sempre nutre un profondo odio per Odisseo, scorge la zattera dell'eroe e capisce che gli dèi hanno approfittato della sua distrazione per consentire a Odisseo il ritorno. Sdegnato, scatena una furiosa tempesta che tormenta a lungo l'eroe, finché questi riesce ad approdare alla foce di un fiume; entrato tra gli alberi di un bosco, si getta a terra sfinito. La tempesta lo ha fatto giungere sulla terra dei Feaci; Nausicaa, la giovane figlia del re Alcinoo, è stata avvertita in sogno da Atena di recarsi al fiume a lavare i panni per le sue nozze che non possono tardare. Alla foce del fiume la giovane e le ancelle, dopo il lavoro, giocano a palla e con le loro grida svegliano Odisseo.

2. conche perenni: sorgenti, qui dette *conche* perché scaturite da cavità nel terreno; esse emettono acque di continuo (*perenni*).

Quando giunsero alla corrente bellissima del fiume,
dov'erano conche perenni da cui l'acqua limpida
sgorgava copiosa, da lavare ogni macchia,
là, Nausicaa e le ancelle staccarono le mule,

5. alto fiume: parte profonda del fiume.

9. nitide: ben pulite.

18. Artèmide: la dea della caccia. La similitudine ha la funzione di paragonare Nausicaa che emerge tra le sue ancelle, cosí come la dea Artemide emerge tra le ninfe che l'accompagnano.

19. Taigeto: monte della Laconia. – **Erimanto**: monte dell'Arcadia.

22. Latona: madre di Artèmide.

24. su tutte ... fronte: supera le altre per tutta l'altezza della testa, ma le supera anche per il portamento.

28. altra cosa immaginò Atena: la dea Atena ebbe un'idea (*immaginò*) per intervenire in favore di Odisseo.

32. cadde ... segno: cadde al di là del luogo a cui era destinata, cioè le mani della compagna.

46. lombi: fianchi.

54. aspro di sale marino: con l'aspetto orrido perché coperto da salsedine.

5   e le spinsero verso l'alto fiume vorticoso
      a pascolare l'erba tenera. E poi dal carro
      tolsero le vesti e le immersero nell'acqua fonda;
      e nei fossi coi piedi le calcavano, agili,
      a gara. E quando le lavarono, nitide le stesero
10   l'una accanto all'altra, in fila, lungo la riva del mare
      dove piú l'onda sul lido fa tersa la ghiaia.
      Poi si bagnarono anch'esse, e unte d'olio lucente
      presero il cibo presso la sponda del fiume,
      mentre i raggi del sole asciugavano le vesti.
15   Ma quando furono sazie, Nausicaa e le ancelle
      si tolsero in fretta i veli per giocare alla palla.
      E cominciò il gioco Nausicaa dalle braccia splendenti.
      E come Artèmide, che lancia i dardi, va per i monti,
      o sul Taigeto altissimo o su l'Erimanto,
20   a caccia dei cervi veloci e dei cinghiali,
      e con lei si dilettano le ninfe delle selve
      figlie di Zeus, e ne gioisce in cuore Latona:
      e tutte son belle; ma lei si riconosce subito,
      perché su tutte leva il capo e la fronte,
25   cosí tra le ancelle spiccava la vergine fanciulla.
      Ma quando già pensava di ritornare a casa,
      e piegare le belle vesti e aggiogare le mule,
      altra cosa immaginò Atena dagli occhi lucenti:
      destare Odisseo perché veda la bella fanciulla,
30   che poi lo guidi alla città dei Feaci.
      Nausicaa intanto lanciò la palla a una compagna,
      ed ecco le cadde di là del suo segno,
      in un gorgo profondo. Levarono un alto grido
      allora le fanciulle, e si svegliò Odisseo.
35   E levatosi a sedere, cosí dubitava nel cuore e la mente:
      «Ahimè, da quali uomini ancora sono giunto?
      Sono essi violenti e selvatici e privi di legge,
      o forse ospitali, e temono in cuore gli dèi?
      Ora mi giunse un grido femminile, come di fanciulle,
40   di ninfe che abitano le alte cime dei monti
      e le sorgenti dei fiumi e i prati erbosi.
      Dunque io sono vicino ad esseri che parlano?
      Ma voglio io stesso provare a vedere».
      Ciò detto, uscí dai cespugli il divino Odisseo,
45   e dalla fitta selva staccò con la mano robusta
      un ramo denso di foglie e l'avvolse ai lombi.
      E venne avanti simile a leone che cala giú dai monti
      certo della sua forza, e sotto la pioggia e il vento,
      con gli occhi ardenti, assale buoi e pecore,
50   o insegue cerve selvatiche; e la fame lo spinge
      anche dentro i recinti a tentare la preda sul gregge;
      cosí, vinto dal bisogno, andava nudo Odisseo
      incontro alle fanciulle dalle belle chiome.
      Selvaggio apparve ad esse, aspro di sale marino,
55   e smarrite fuggirono, chi di qua, chi di là per il lido.

Epica classica : **L'Odissea**

82. Delo: isola del mare Egeo dove Apollo era nato e in cui si trovava un famoso tempio a lui dedicato.

91. dopo venti giorni: la tempesta suscitata da Poseidone era durata solo due giorni, dato che nei primi diciotto giorni di navigazione, dopo la partenza dall'isola di Calipso, Odisseo aveva trovato un tempo favorevole.

93. procelle: tempeste marine.

Solo la figlia di Alcinoo rimase: Atena
le diede ardire nel cuore, le tolse ogni paura.
E ferma restò davanti a lui. E fu incerto Odisseo,
se pregare la vergine avvinto alle sue ginocchia,

60 o cosí da lontano con dolci parole, se mai
volesse indicargli il paese e dargli una veste.
Questo a lui parve, pensando, il consiglio migliore:
pregarla cosí da lontano con dolci parole,
che non muova sdegno in cuore alla fanciulla

65 l'abbraccio alle ginocchia. E subito le disse
soavi, accorte parole: «Ti supplico, o potente,
in ginocchio. Sei tu forse dea o mortale?
Se alcuna delle dee tu sei del vasto cielo,
per la bellezza del volto, e l'alta statura,

70 e l'armonia di forme, tu mí sembri Artèmide,
figlia del sommo Zeus: tanto cosí le somigli.
Ma se mortale tu sei che vive in terra,
tre volte beato il padre e la nobile madre,
e beati tre volte i fratelli. Certo il loro cuore

75 è tenero di gioia per te, freschissimo stelo,
quando muovi alla danza. Ma sopra ogni altro,
felice nel suo cuore chi supera i rivali
coi doni di nozze e ti conduce con sé nella casa,
poi che i miei occhi non videro mai

80 creatura mortale, né uomo né donna,
simile a te, e stupore mi vince a guardarti.
Un giorno, in Delo, presso l'ara d'Apollo
cosí come te, io vidi un giovane stelo di palma
levarsi in alto. Io fui anche là, con molta gente,

85 nel viaggio da cui vennero cosí cupe sventure.
E come allora a vedere la palma rimasi stupito
a lungo nel cuore, perché mai un albero uguale
venne su dalla terra cosí ora ti ammiro,
o donna, e stupisco, e non oso sfiorarti le ginocchia,

90 anche se grave è il mio tormento.
Ieri, dopo venti giorni, scampai dal livido mare:
per tutto quel tempo, senza tregua, le onde
e l'impeto delle procelle mi trascinarono
dall'isola di Ogigia; e ora qui mi gettò un nume,

95 perché anche su queste rive mi colga una sventura.
Io non credo finite le mie pene: altre ne pensano gli dèi.
Ma tu, o potente, abbi pietà: dopo tanti dolori,
tu sei la prima che incontro, e non conosco alcuno
di quelli che abitano il luogo e la sua terra.

100 Indicami la città e dammi uno straccio per coprirmi,
se mai, venendo qui, avevi una tela da involgere i panni.
E ti concedano gli dèi quanto desidera il tuo cuore:
uno sposo e una casa e leale concordia,
perché non c'è bene piú forte e piú valido

105 quando con armonia d'intenti l'uomo e la donna
reggono una casa. Ne hanno invidia i malvagi,

113. **soffrire**: sopportare.
120. **regge il potere ... Feaci**: governa i Feaci potenti e forti.
130. **Gli stranieri ... Zeus**: queste parole fanno riferimento a un principio fondamentale nella società omerica e in tutta la cultura greca: quello dell'ospitalità, ritenuto un valore essenziale della religione, della morale e dei rapporti sociali.

e gioia chi li ama; ma piú sono loro i felici».
E a lui cosí rispose Nausicaa dalle braccia splendenti:
«O straniero, tu non sembri un uomo malvagio
110 o privo di senno: tu sai che Zeus Olimpio
dà, quando vuole, felicità, agli uomini,
ai buoni e ai malvagi; a te diede dolori,
e dolori tu devi soffrire. Ma ora sei nella mia terra,
giungi alla mia città, e avrai certo una veste
115 e ogni cosa che occorre a un infelice
quando viene implorando qui da noi.
E ti indicherò la città e il nome del suo popolo.
Là, e in tutta questa terra, vivono i Feaci,
e io sono la figlia del magnanimo Alcínoo
120 che regge il potere e la forza dei Feaci».
Cosí disse; e richiamava poi le ancelle:
«Fermatevi, vi prego; fuggite cosí vedendo un uomo?
Forse pensate che sia venuto qui come nemico?
Non c'è mortale avverso alla terra dei Feaci,
125 e mai ci sarà, perché molto ci amano gli dèi,
e abitiamo in disparte ai confini del mondo,
in mezzo al mare ondeggiante, e mai alcuno viene da noi;
ma questo è un infelice che giunse qui errando,
e ora ha bisogno d'ogni nostra cura.
130 Gli stranieri come i mendicanti vengono da Zeus,
e anche un piccolo dono è da essi gradito.
Offrite, dunque, cibo e bevanda allo straniero,
e fate che si bagni nel fiume a riparo del vento».

Alessandro Allori, *Ulisse e Nausicaa*, 1579-1582.
Firenze, Palazzo Salviati.

Epica classica   L'Odissea

Entriamo nel testo

Il tema del brano
L'incontro tra il naufrago Odisseo, distrutto dalla fatica, coperto di salsedine e seminudo, con la giovane Nausicaa, aggraziata e intenta nei giochi con le ancelle, è una delle immagini più famose della tradizione letteraria di tutti i tempi. È un brano in cui sono predominanti non le azioni ma le parole: quelle di Odisseo, che con abilità e grazia vince ogni timore o diffidenza della fanciulla, e quelle di Nausicaa, che esprime lo spirito di accoglienza generosa al naufrago, seppur con la motivazione della magnanimità insita nel suo popolo.

L'approdo di Odisseo nella terra dei Feaci è drammatico quanto sono state drammatiche tutte le sue peregrinazioni nel lungo viaggio di ritorno da Troia alla desiderata Itaca, a causa dell'avversità di alcuni dèi e dell'improvvido comportamento dei compagni di viaggio. Ma l'arrivo nella terra del re Alcinoo segna anche la fine delle vicende dolorose di Odisseo: qui troverà calda ospitalità, ascolto partecipato della narrazione delle avventure che hanno segnato il travagliato viaggio, comprensione umana e la generosa offerta di una nave con cui ritornare finalmente a Itaca. Omero narrerà in seguito (nel Libro XIII) che Poseidone sfogherà la sua ira sui Feaci per l'aiuto dato a Odisseo trasformando in pietra la nave che ha ricondotto l'eroe in patria e circondando di un alto monte la loro città.

Vi è un segno chiaro del fatto che per Odisseo sia giunta la fine delle tristi peregrinazioni: chi lo accoglie è una fanciulla che serenamente e fiduciosamente attende il verificarsi della promessa fattale da Atena, quella dell'arrivo di uno sposo e di vicine nozze. La serena e rincuorante vista di Nausicaa indica a Odisseo che la terra non riserva terribili sorprese di mostri o di esseri feroci: essa rappresenta il primo sorriso dopo tanti dolori e il presagio della loro fine. Il racconto, poi, che Odisseo farà delle proprie avventure, unitamente al fascino dell'eroe forte e alla promessa fatta da Atena di uno sposo, desteranno in Nausicaa un innamoramento intimo e silenzioso quanto patetico e commovente perché destinato a rimanere deluso.

Esercizi

- **Comprensione**

1. Fai la parafrasi del testo.
2. Qual è il soggetto del predicato *giunsero* (v. 1)?
3. In quale modo Atena interviene per risvegliare Odisseo?
4. Qual è il primo pensiero e quali i primi sentimenti che prova Odisseo al suo risveglio?
5. Spiega con parole tue il significato dell'espressione *che non muova sdegno in cuore alla fanciulla l'abbraccio alle ginocchia* (vv. 64-65).
6. Che cosa spinge Nausicaa a rimanere, senza fuggire, al primo apparire di Odisseo?
7. Attraverso quali paragoni viene messa in evidenza la bellezza di Nausicaa?
8. Odisseo afferma di essere stato salvato da un dio: quale impressione vuole suscitare nella fanciulla con questa affermazione?
9. In quale modo Odisseo fa capire a Nausicaa di non essere un povero vagabondo, ma un uomo di alto rango sociale?
10. Con quale augurio Odisseo accompagna la propria richiesta di aiuto a Nausicaa?

- **Competenza testuale**

11. Suddividi il testo in sequenze indicando il contenuto di ciascuna di esse.

12. Esamina le similitudini nei versi 18-25 e 47-53; spiega per ciascuna quale funzione ha nel racconto e che cosa mette in evidenza.

- **Interpretazione**

13. Perché Odisseo evita di abbracciare le ginocchia di Nausicaa, come erano soliti fare i supplici, e preferisce parlarle da lontano?

14. Il comportamento e le parole che Odisseo rivolge a Nausicaa mostrano che l'eroe ha una conoscenza profonda dell'animo femminile: quali accorgimenti usa e a quali espressioni ricorre per non impaurire la fanciulla e per averne aiuto?

15. Analizza il discorso di Odisseo: elenca nell'ordine gli argomenti usati dall'eroe per costruirlo, distinguendo quelli che servono a dare un'informazione da quelli che hanno lo scopo di ottenere la benevolenza di Nausicaa.

16. Quali elementi delle proprie peripezie Odisseo espone a Nausicaa? L'eroe pone in evidenza le sventure, per muovere la compassione, oppure gli atti di eroismo, per destare ammirazione?

17. Attraverso la sua risposta Nausicaa rivela il suo animo e il suo modo di essere: si manifesta saggia e attenta oppure credulona e sprovveduta? Mostra di ritenere che l'essere figlia del re le attribuisca privilegi di comando e superiorità, oppure che le ponga doveri di generosità e di ospitalità?

18. In questo brano gli elementi piú importanti e significativi sono costituiti, secondo te, dalla narrazione delle azioni che vengono compiute o dai discorsi diretti che costituiscono il colloquio tra Odisseo e Nausicaa?

- **Produzione**

19. Fai una sintesi del brano partendo dalla divisione in sequenze.

---

per l'**INVALSI** con *Eugenio*

1. Il testo è costituito da:
- **a.** ☐ sequenze narrative e sequenze descrittive.
- **b.** ☐ sequenze narrative e discorsi indiretti.
- **c.** ☒ sequenze narrative e discorsi diretti.
- **d.** ☐ sequenze narrative, discorsi diretti e discorsi indiretti.

2. L'aggettivo «copiosa» (v. 3) significa:
- **a.** ☒ in grande quantità.
- **b.** ☐ che imita qualcuno o qualcosa.
- **c.** ☐ con movimento veloce.
- **d.** ☐ che è molto pulita.

3. L'espressione «da lavare ogni macchia» (v. 3) ha la funzione di:
- **a.** ☐ attributo di *acqua*.
- **b.** ☒ proposizione consecutiva.
- **c.** ☐ proposizione finale.
- **d.** ☐ apposizione di *copiosa*.

Epica classica · L'Odissea

4. Per quale scopo Nausicaa e le ancelle sono venute al fiume?

- **a.** ☐ Per fare il bagno.
- **b.** ☐ Per giocare alla palla.
- **c.** ☒ Per fare il bucato.
- **d.** ☐ Per far pascolare le mule.

5. Che cosa esprime il poeta mediante l'espressione «dalle braccia splendenti» (v. 17)?

- **a.** ☒ Un epiteto formulare usato accanto al nome di Nausicaa.
- **b.** ☐ Un modo per fare la descrizione dell'aspetto di Nausicaa.
- **c.** ☐ Un modo per sottolineare la bellezza di Nausicaa.
- **d.** ☐ Il fatto che la luminosità della pelle distingue Nausicaa dalle ancelle.

6. Nel verso 18 viene fatto il nome della dea Artèmide. A quale scopo?

- **a.** ☒ Per fare un paragone tra la dea e Nausicaa.
- **b.** ☐ Per introdurre la descrizione di una scena di caccia.
- **c.** ☐ Per rendere un omaggio rituale alla dea.
- **d.** ☐ Per spiegare la presenza della dea presso il fiume.

7. A chi si riferisce l'espressione «la vergine fanciulla» (v. 25)?

SI RIFERISCE A NAUSICAA

8. Da quale personaggio viene facilitato l'incontro tra Nausicaa e Odisseo?

DALLA DEA ATENA

9. In quale modo interviene la dea per fare in modo che Odisseo incontri Nausicaa?

- **a.** ☒ Fa cadere la palla, cosicché il grido delle fanciulle svegli Odisseo.
- **b.** ☐ Fa cadere sul corpo di Odisseo la palla gettata dalle fanciulle.
- **c.** ☐ Fa in modo che Nausicaa, cercando la palla perduta, si avvicini a Odisseo.
- **d.** ☐ Fa in modo che le ancelle, cercando la palla perduta, sveglino Odisseo.

10. Odisseo, al suo risveglio, ode il grido di Nausicaa e delle sue ancelle e perciò pensa di trovarsi in un luogo abitato da esseri umani e non da esseri selvatici. Rintraccia nel testo le parole che descrivono questo pensiero di Odisseo.

DUNQUE IO SONO VICINO AI ESSERI CHE PARLANO?

11. Le immagini che sono descritte nei versi 47-53 costituiscono una figura retorica del contenuto. Quale?

LA SIMILITUDINE

12. Quando Odisseo appare alle fanciulle, soltanto Nausicaa dimostra di non avere paura. In quale modo essa viene indicata dal poeta in questo momento?

LA FIGLIA DI ALCINOO

13. Odisseo, dopo aver riflettuto, decide di pregare la fanciulla senza avvicinarsi a lei (v. 63). A quale altra possibilità, che non ha scelto, aveva pensato? Rintraccia nel testo le parole che indicano questa altra possibilità.

CHE NON SAPPONE SCELGO IN CUORE ALLA FANCIULLA L'ABBRACCIO ALLE GINOCCHIA

14. Nel brano Nausicaa viene paragonata in due momenti diversi alla stessa dea. Qual è il nome di questa dea?

LA DEA ARTEMIDE, DEA DELLA CACCIA

15. Perché Odisseo, rivolgendosi a Nausicaa, racconta di aver visto una volta una palma (vv. 82-88)?
- **a.** ☐ Per mostrare di avere viaggiato e conosciuto molti luoghi.
- **b.** ☐ Per sottolineare di essere un uomo pio e devoto al dio Apollo.
- **c.** ☐ Per ricordare lo stupore suscitato in lui dalla vista della palma.
- **d.** ☒ Per paragonare l'ammirazione suscitata in lui da Nausicaa e dalla palma.

16. Per quanto tempo Odisseo dichiara di essere rimasto in balia delle onde del mare?

VENTI GIORNI

17. Qual è, secondo quanto esprime Odisseo a Nausicaa, il bene più grande per un uomo e una donna? Indica nel testo le parole con cui Odisseo descrive questo bene.

NON C'È BENE PIÙ FORTE E PIÙ VALIDO QUANDO CON ARMONIA D'INDENTI L'UOMO E LA DONNA REGGONO CASA

18. Nausicaa dichiara che i Feaci non hanno nemici. Rintraccia nel testo i versi che descrivono le motivazioni di questo fatto.

VV 125-127 (...) ABITIAMO IN DISPARTE AI CONFINI DEL MONDO

Demodoco, l'aèdo della reggia di Alcinoo

- *Odissea*, trad. di G. A. Privitera, Mondadori, Milano, 1991, Libro VIII vv. 62-95; 471-531

IN SINTESI: In questo brano ci troviamo immersi, come per incanto, in un'epoca lontana più di tremila anni: siamo nella sontuosa reggia di Alcinoo, re dei Feaci, e assistiamo... in diretta all'esecuzione di un componimento epico. Odisseo, approdato, dopo l'ultimo naufragio, nella mitica terra dei Feaci, viene condotto da Nausicaa, la figlia del re, nella reggia del padre, Alcinoo, il quale, pur senza conoscere l'identità dell'ospite, lo accoglie benevolmente e offre un banchetto in suo onore. Quando tutti i convitati hanno preso posto, ecco giungere, accompagnato da un araldo, Demodoco, il poeta cieco, al quale viene assegnato un posto d'onore. Nel corso del convito per ben tre volte l'aèdo intona canti epici e mitici con i quali allieta e ammalia gli ospiti. Inizia con il racconto di una contesa fra Odisseo e il Pelíde Achille; prosegue con la storia mitologica degli amori fra Ares e Afrodite e conclude la sua esibizione rievocando, su richiesta dello stesso Odisseo, l'inganno del cavallo di Troia.
Il canto dell'aèdo risveglia il dolore di Odisseo e le sue lacrime, fornendo ad Alcinoo il motivo per chiedere all'eroe la sua identità, diventeranno l'occasione perché il poeta faccia iniziare il lungo racconto delle peripezie di Odisseo. Possiamo ragionevolmente supporre che Omero abbia qui ricostruito abbastanza fedelmente una delle occasioni in cui i canti epici venivano composti e intonati, alla presenza di un pubblico di nobili che amavano riconoscersi nelle figure degli antichi eroi, pur essendo consapevoli della distanza che ormai li separava da quel mondo. A questo episodio può essere attribuito un carattere «metatestuale»: l'autore, cioè, ci mostra come nascevano quei canti epici che anch'egli stesso ha composto e il modo in cui essi si diffondevano e tramandavano oralmente mediante le esecuzioni pubbliche.

Epica classica : L'Odissea

64. gli tolse gli occhi: Demodoco era cieco. Di solito gli aèdi erano privi della vista, e anche ad Omero, che rappresenta tutta la categoria degli aèdi, la tradizione attribuisce la cecità. Si può ritenere che i cantori fossero ciechi perché, non essendo la vista necessaria alla loro attività, traevano dalle recitazioni sia il loro sostentamento sia un ruolo sociale altamente considerato.

65. trono: sedile.

67-69. l'araldo appese ... con le mani: la cetra con cui il cantore accompagnava la sua recitazione viene collocata in una posizione in cui le mani di Demodoco possano facilmente raggiungerla. La considerazione verso l'aèdo si manifesta nei modi in cui i presenti si comportano nei suoi riguardi.

76. contesero: ebbero una discussione. Non abbiamo altre notizie dalla tradizione su questo episodio, tuttavia la citazione sommaria fatta da Omero ci fa ritenere che esso fosse noto al pubblico nei suoi particolari.

77-78. e Agamennone ... contendessero: Agamennone, il capo della spedizione contro Troia, nel suo intimo godeva perché i piú valorosi degli Achei erano in contesa tra loro.

471. Venne ... cantore: questo verso, identico al v. 62, viene ripetuto ogni volta che Demodoco entra nella sala; la ripetizione di espressioni uguali per le stesse situazione è una caratteristica dei poemi omerici: serviva ad aiutare l'esecutore a tenere a memoria il testo e costituisce la traccia della tradizione orale delle antiche narrazioni epiche.

475. staccato un pezzo di porco: Odisseo offre a Demodoco un boccone prelibato; infatti stacca la carne dal dorso dell'animale, che è ancora pressoché intatto, e ne sceglie un pezzo ricco di grasso e quindi piú saporito.

Venne l'araldo, guidando il valente cantore.
Molto la Musa lo amò, e gli diede il bene e il male:
gli tolse gli occhi, ma il dolce canto gli diede.

65 Per lui Pontonoo pose un trono con le borchie d'argento
al centro dei convitati, appoggiato a un'alta colonna:
l'araldo appese ad un chiodo la cetra sonora,
lí sul suo capo, e gli mostrò come prenderla
con le mani; vicino poneva un canestro e una tavola bella;

70 vicino, una coppa di vino per bere quando volesse.
Ed essi sui cibi pronti, imbanditi, le mani tendevano.
Poi, quando ebbero scacciata la voglia di bere e di cibo,
la Musa indusse l'aèdo a cantare le glorie degli uomini,
traendo spunto da un tema, la cui fama allora arrivava al vasto cielo:

75 la lite di Odisseo e del Pelíde Achille,
come una volta contesero in un lauto banchetto di dèi
con parole violente: e Agamennone, signore di uomini,
nella mente gioiva che i migliori Achei contendessero.
[...]
Questi fatti il cantore famoso cantava: e Odisseo,
con le forti mani afferrato il gran manto purpureo,

85 se lo tirò sulla testa, nascose i bei tratti del viso:
si vergognava di spargere lacrime dalle ciglia davanti ai Feaci.
Quando il cantore divino smetteva il suo canto,
toglieva il mantello dal capo, dopo essersi asciugate le lacrime,
e alzata la coppa a due anse libava agli dèi;

90 quando cominciava di nuovo e i nobili Feaci
l'incitavano al canto, perché ai suoi racconti gioivano,
Odisseo singhiozzava di nuovo, dopo essersi coperta la testa.
E a tutti gli altri sfuggí che piangeva;
solo Alcinoo lo notò e se ne accorse,

95 sedendo al suo fianco: l'udí gemere cupamente.

> Alcinoo, accortosi che il canto di Demodoco turba l'ospite, invita tutti ad assistere alle gare nelle quali si cimenteranno i giovani Feaci. Poi l'aèdo viene richiamato per intonare un nuovo canto, ed egli racconta la storia degli amori fra Ares ed Afrodite, che tutti, compreso Odisseo, ascoltano con molto piacere e divertimento. Intanto vengono portati i doni per l'ospite, il quale, dopo essersi rinfrescato con un bagno, ritorna nella sala del banchetto e siede accanto al trono di Alcinoo.

Venne l'araldo, guidando il valente cantore
Demodoco, onorato dal popolo: lo fece sedere
al centro dei convitati, appoggiato a un'alta colonna.
Allora disse all'araldo l'astuto Odisseo,

475 staccato un pezzo di porco dalle bianche zanne, dal dorso,
ma il piú rimaneva attaccato, v'era intorno grasso copioso:
«Araldo, tieni, da' questa carne, perché la mangi
a Demodoco, ed io gli dica, benché addolorato, il mio affetto:
per tutti gli uomini in terra i cantori

Questi particolari sono solo apparentemente insignificanti: essi infatti danno la misura del rispetto che l'eroe mostra nei confronti dell'aèdo.

485. Poi, quando ... cibo: identico al v. 72; per il motivo delle ripetizioni cfr. la nota al v. 471.

493. Epeo: è l'artigiano che costruí il cavallo di legno ideato da Odisseo.

494. acropoli: è la parte piú alta della città greca, nella quale si trovavano i luoghi del potere politico e religioso. Omero attribuisce anche a Troia, che avrebbe dovuto essere espressione di una cultura e di una civiltà diverse, le stesse caratteristiche architettoniche delle città greche.

480 sono degni d'onore e rispetto, perché ad essi
la Musa insegna le trame e ne ama la stirpe».
Disse cosí: l'araldo portò la carne e la pose nelle mani
all'eroe Demodoco. Egli la prese: ne fu lieto nell'animo.
Ed essi sui cibi pronti, imbanditi, le mani tendevano.
485 Poi, quando ebbero scacciata la voglia di bere e di cibo,
allora disse a Demodoco l'astuto Odisseo:
«Demodoco, io ti lodo al di sopra di tutti i mortali:
o ti ha istruito la Musa, figlia di Zeus, o Apollo.
Canti la sorte degli Achei in modo perfetto,
490 quanto fecero gli Achei e patirono, e quanto soffrirono:
come uno che era presente o che ha sentito da un altro.
Ma su, cambia tema e canta il progetto del cavallo
di legno, che Epeo costruí con l'aiuto di Atena:
la trappola che poi il chiaro Odisseo portò sull'acropoli,
495 dopo averla riempita degli uomini che annientarono Ilio.
Se questo mi narrerai in modo giusto,
dirò a tutti gli uomini, subito,
che un dio benevolo ti concesse il canto divino».
Disse cosí. Egli, ispirato dal dio, cominciò. Cantava
500 iniziando da quando, imbarcatisi sulle navi ben costruite,
gli Argivi salparono, dopo aver appiccato il fuoco
alle tende. Intanto gli altri, stretti all'insigne Odisseo,

Francesco Hayez, *Ulisse alla corte di Alcinoo*, 1814-1815. Napoli, Museo Nazionale di Capodimonte.

Epica classica — L'Odissea

518. Deífobo: Deífobo è un troiano, fratello di Ettore e figlio di Priamo.

        stavano nella piazza di Troia, nascosti dentro il cavallo.
        Gli stessi Troiani lo avevano tratto fin sull'acropoli.
505   Cosí il cavallo era lí: ed essi, seduti all'intorno,
        dicevano molti contrastanti pareri: tre ne piacevano loro,
        o spaccare il cavo animale di legno col bronzo spietato,
        o trarlo fino al dirupo e gettarlo giú dalle rocce,
        o lasciarlo, che fosse un gran dono propiziatorio agli dèi.
510   E in questo modo doveva finire.
        Perché era destino che la città rovinasse, appena accolto
        il grande cavallo di legno in cui sedevano tutti gli Argivi
        migliori per portare strage e rovina ai Troiani.
        E cantava come distrussero i figli degli Achei la città,
515   riversatisi giú dal cavallo e lasciato il cavo agguato.
        Cantava che devastarono chi qua chi là la rocca scoscesa,
        che Odisseo andò come il dio della guerra, come Ares,
        alle case di Deífobo con Menelao pari a un dio.
        Diceva che lí, sostenuta una battaglia terribile,
520   vinse anche allora grazie alla magnanima Atena.
        Queste imprese il cantore famoso cantava, e si struggeva
        Odisseo: il pianto gli bagnava le guance sotto le palpebre.
        Come piange una donna, gettatasi sul caro marito
        che cadde davanti alla propria città e alle schiere
525   per stornare dalla patria e dai figli il giorno spietato:
        ella, che l'ha visto morire e dibattersi, riversa
        su di lui, singhiozza stridulamente, e i nemici di dietro,
        battendole con le aste la schiena e le spalle,
        la portano schiava, ad avere fatica e miseria;
530   le si consumano per la pena straziante le guance;
        cosí Odisseo spargeva pianto straziante sotto le ciglia.

Entriamo nel testo

L'occasione e le tecniche del canto

Il testo ci fornisce direttamente informazioni su quelle che dovevano essere le modalità e le occasioni del canto degli aèdi. In pratica questi cantori, che si accompagnavano con il suono di uno strumento a corda (cetra o lira) venivano invitati ai banchetti, dove occupavano un posto d'onore ed erano apprezzati e onorati: lo dimostrano sia il trono su cui viene fatto sedere Demodoco sia le parole che Odisseo gli rivolge. Essi, poi, o su richiesta degli ascoltatori o di loro iniziativa, sceglievano un episodio di una narrazione epica e lo elaboravano dal vivo, sul momento, basandosi su un repertorio di temi e di formule fisse.
Raccontando l'episodio del cavallo di Troia, per esempio, Demodoco utilizza una combinazione di temi e sottotemi che seguono un ordine precostituito: la finta partenza degli Argivi; l'inganno del cavallo; il trasferimento del cavallo sull'Acropoli di Troia; i pareri contrastanti dei Troiani sulla sorte del cavallo; la distruzione della città; le imprese vittoriose di Odisseo. A seconda delle circostanze, l'aèdo poteva decidere di trattare gli stessi temi e sottotemi sviluppando maggiormente l'uno o l'altro di essi e dando maggior rilievo a un personaggio piuttosto che a un altro.
Questa volta, ad esempio, poiché gli è stato richiesto di soffermarsi in particolare su Odisseo, Demodoco, alla fine del canto, tratta soprattutto le imprese di questo eroe. In altre circostanze la sua esibizione avrebbe potuto essere un po' diversa, pur nel rispetto della tematica centrale.
Se i temi ricorrenti riguardano la sfera del contenuto, le formule fisse investono il piano

della forma: sono infatti dei piccoli segmenti che servono per costruire il verso e anche per prendere tempo nel corso del canto e riordinare le idee prima di procedere oltre. Possono essere costituite da intere espressioni che occupano un intero verso (*Venne l'araldo, guidando il valente cantore*) o la metà di esso (come *appoggiato a un'alta colonna*), oppure da espressioni piú brevi: una congiunzione e un verbo (*cosí disse*), un nome accompagnato da un epiteto (*sulle navi ben costruite*; *Menelao simile a un dio*; *la magnanima Atena*; ecc.).

I temi e le formule fisse costituivano l'impalcatura del canto che l'aèdo arricchiva di elementi di volta in volta differenti, in modo da variare l'esecuzione adattandola alle esigenze dell'uditorio. Se il pubblico era rilassato e ben disposto e l'atmosfera era serena, l'aèdo poteva scegliere di prolungare il canto aggiungendo particolari o inserendo altri episodi, se, invece, l'uditorio mostrava segni di sazietà, il poeta si avviava rapidamente alla fine, dando però sempre un senso compiuto alla sua esibizione.

Esercizi

- **Comprensione e interpretazione**

1. Esegui la parafrasi del testo.
2. In che cosa consiste *il bene e il male* che la Musa diede a Demodoco, in segno del suo amore (v. 63: *Molto la Musa lo amò, e gli diede il bene e il male*)?
3. Gli antichi Greci ritenevano che la poesia fosse frutto dell'ispirazione divina e che un uomo diventasse un poeta solo per volontà degli dèi: anche Omero, all'inizio di ognuno dei due poemi, invoca l'ispirazione della Musa. Indica, in questo brano, le espressioni che manifestano questa credenza degli antichi.
4. Indica tutti i gesti – compiuti dai presenti nella sala del banchetto – che segnalano il rispetto e la considerazione per il cantore.
5. Nel testo piú volte sia il narratore sia Odisseo esprimono dei giudizi su Demodoco e sugli aèdi in generale. Sottolineali e spiega quali qualità del cantore vengono messe in risalto.
6. In quali momenti Odisseo dimostra il suo dolore? In quale modo lo esprime? Quali sono gli argomenti del canto di Demodoco che suscitano questa reazione dell'eroe?
7. In quale modo Odisseo cerca di nascondere ai presenti le sue reazioni al canto di Demodoco? Qualcuno se ne accorge?
8. Indica e racconta con parole tue gli episodi della guerra di Troia che costituiscono il seguito dell'*Iliade* e che sono cantati da Demodoco.
9. Il racconto della presa di Troia presenta il punto di vista dei Greci o dei Troiani? Come viene interpretato l'intervento della dea Atena (v. 520)?

- **Competenza testuale**

10. Dividi il brano in sequenze indicando l'argomento di ognuna di esse.
11. Il testo è costituito da due macrosequenze. Come si spiega il fatto che esse siano strutturate in maniera quasi identica?
12. Ricerca e sottolinea nel brano gli epiteti e le formule fisse.
13. Come si è osservato nell'analisi, l'aèdo solitamente intonava un episodio tratto da una piú ampia narrazione epica, pertanto utilizzava delle parti introduttive che davano l'avvio al brano

scelto. Questa tecnica si riscontra anche nel testo che hai appena letto. Individua i versi che segnalano il punto d'inizio dei blocchi narrativi.

14. Possiamo ritenere che l'espressione *E in questo modo doveva finire* (v. 510) costituisce una prolessi che, nel canto di Demodoco, anticipa la distruzione di Troia? Esponi e spiega la tua opinione.

15. Nel testo vi è una similitudine: quali versi occupa? Qual è il suo contenuto e che cosa vuole sottolineare?

16. In questo episodio, mentre le parole degli altri personaggi sono riferite mediante il discorso diretto, secondo il modo costantemente usato nei poemi omerici, le narrazioni di Demodoco sono in forma di discorso indiretto. Perché, secondo te, Omero ha fatto questa scelta? Se avesse fatto ricorso al discorso diretto, la narrazione avrebbe avuto la medesima ampiezza? Oppure avrebbe occupato uno spazio molto maggiore e sarebbe stato arricchito di particolari e di discorsi diretti dei personaggi?

- **Produzione**

17. A proposito dei poemi epici, si dice che essi forniscono una visione totale del mondo rappresentato perché fanno conoscere tutti gli aspetti della vita. Esamina il testo sotto questa angolazione ed esponi per iscritto quali informazioni si possono ricavare sulle consuetudini di vita della società omerica.

Polifemo

- Libro IX, vv. 216-305; 345-414; 437-467

IN SINTESI: Odisseo è accolto benevolmente presso i Feaci dal re Alcinoo, il quale gli promette una nave per tornare a Itaca. L'indomani, durante il banchetto, l'aèdo Demodoco narra episodi della guerra di Troia e all'udire questi canti Odisseo è preso da grande commozione ed è indotto al pianto; Alcinoo se ne accorge e prega lo straniero di raccontargli la sua storia. Odisseo rivela così la sua identità ai Feaci stupefatti, e comincia a raccontare le sue tristi avventure. Narra del suo avventuroso viaggio di ritorno da Troia dopo la caduta della città, delle sue sventurate soste presso le terre dei Cíconi e dei Lotofagi, dove ha perduto molti compagni, e del suo approdo nell'isola dei Ciclopi, che con alcuni compagni aveva voluto esplorare. Si colloca a questo punto l'episodio legato all'incontro con il Ciclope Polifemo.
Nel brano la voce narrante non è quella di Omero, narratore di primo grado, bensí quella di Odisseo, narratore di secondo grado, che racconta in prima persona le sue avventure. Naturalmente l'Odisseo narratore non coincide completamente con l'Odisseo personaggio e protagonista degli eventi narrati; infatti, nel corso degli anni che sono passati egli ha maturato una vasta esperienza che adesso gli permette di guardare alle vicende che ha vissuto con una maggiore consapevolezza e di intervenire durante il racconto per giudicare e commentare i suoi stessi comportamenti.

217. lo: il Ciclope che abitava nella grotta (*antro*). – **pingui**: grasse, ben nutrite.
219. caci: forme di formaggio. – **graticci**: ripiani di canne o vimini intrecciati per riporre i formaggi.

L'arrivo di Polifemo

Rapidamente all'antro arrivammo, ma dentro
non lo trovammo; pasceva pei pascoli le pecore pingui.
Entrati nell'antro, osservammo ogni cosa;
dal peso dei caci i graticci piegavano; steccati c'erano,
per gli agnelli e i capretti, e separata ogni età

220

222. lattonzoli: animali che ancora succhiano il latte dalla madre. – **siero**: la parte acquosa del latte che rimane dopo aver fatto il formaggio.
227. fuori dai chiusi: fuori dai recinti. – **rinavigassimo**: raggiungessimo le navi per riprendere la navigazione.
230. Ah! ... compagni: Odisseo preannuncia che quanto sta per avvenire costituirà una terribile esperienza per lui e soprattutto per i compagni, alcuni dei quali troveranno un'atroce morte.
231. facemmo offerte: le offerte agli dèi, eseguendo un rituale religioso; questo atteggiamento di rispetto verso gli dèi diventerà piú significativo tra poco, quando Polifemo dichiarerà di disprezzare gli dèi (vv. 273-276).
233. greve: pesante.
240. aggiustò: mise al posto giusto.
245. cacciò sotto a tutte il lattonzolo: pose sotto ogni madre il suo piccolo per essere allattato.
246. cagliò: fece coagulare, per trasformarlo in formaggio.
247. canestrelli intrecciati: canestri di vimini.
252. di dove: provenendo da quale luogo. – **sentieri dell'acqua**: è una perifrasi per indicare il mare.
259-266. Noi siamo ... innumerevoli: Odisseo parla di fatti e personaggi famosi che pensa siano noti anche tra i Ciclopi, con la speranza di ammorbidire l'atteggiamento di Polifemo e che questi accolga la preghiera di ospitalità che l'eroe esprimerà subito dopo.

vi stava chiusa, a parte i primi nati, a parte i secondi,
a parte ancora i lattonzoli; tutti i boccali traboccavan di siero,
e i secchi e i vasi nei quali mungeva.
Subito allora mi supplicarono con parole i compagni,
225 che, rubati i formaggi, tornassimo indietro; che in fretta
all'agile nave gli agnelli e i capretti spingendo
fuori dai chiusi, rinavigassimo l'acque del mare;
ma io non volli ascoltare – e sarebbe stato assai meglio –
per vederlo in persona, se mi facesse i doni ospitali.
230 Ah! non doveva essere amabile la sua comparsa ai compagni.
Là, acceso il fuoco, facemmo offerte, e anche noi
prendemmo e mangiammo formaggi, e l'aspettammo dentro,
seduti, finché venne pascendo; portava un carico greve
di legna secca, per la sua cena.
235 E dentro l'antro gettandolo produsse rimbombo:
noi atterriti balzammo nel fondo dell'antro.
Lui nell'ampia caverna spinse le pecore pingui,
tutte quante ne aveva da mungere; ma i maschi li lasciò fuori,
montoni, caproni, all'aperto nell'alto steccato.
240 Poi, sollevandolo, aggiustò un masso enorme, pesante,
che chiudeva la porta: io dico che ventidue carri
buoni, da quattro ruote, non l'avrebbero smosso da terra,
tale immensa roccia, scoscesa, mise a chiuder la porta.
Seduto, quindi, mungeva le pecore e le capre belanti,
245 ognuna per ordine, e cacciò sotto a tutte il lattonzolo.
E subito cagliò una metà del candido latte,
e, rappreso, lo mise nei canestrelli intrecciati;
metà nei boccali lo tenne, per averne da prendere
e bere, che gli facesse da cena.
250 Come rapidamente i suoi lavori ebbe fatto,
allora accese il fuoco e ci vide e ci disse:
«Stranieri, chi siete? e di dove navigate i sentieri dell'acqua?
forse per qualche commercio, o andate errando cosí, senza meta
sul mare, come i predoni, che errano
255 giocando la vita, danno agli altri portando?».
Cosí disse, e a noi si spezzò il caro cuore
dalla paura di quella voce pesante e di quell'orrido mostro.
Ma anche cosí, gli risposi parola, gli dissi:
«Noi siamo Achei, nel tornare da Troia travolti
260 da tutti i venti sul grande abisso del mare;
diretti alla patria, altro viaggio, altri sentieri
battemmo: cosí Zeus volle decidere.
Ci vantiamo guerrieri dell'Atride Agamennone,
di cui massima è ora sotto il cielo la fama,
265 tale città ha distrutto, ha annientato guerrieri
innumerevoli. E ora alle tue ginocchia veniamo
supplici, se un dono ospitale ci dessi, o anche altrimenti
ci regalassi qualcosa; questo è norma per gli ospiti.
Rispetta, ottimo, i numi; siamo tuoi supplici.
270 E Zeus è il vendicatore degli stranieri e dei supplici,
Zeus ospitale, che gli ospiti venerandi accompagna».

275. egíoco: che è armato di ègida, lo scudo di Zeus; tipico epiteto di questo dio.
281. tentandomi: l'insidia nascosta nella domanda di Polifemo che non sfugge a Odisseo.
283. enosíctono: scuotitore della terra; si riteneva che Poseidone causasse i terremoti percuotendo il suolo col suo tridente.
291. fàttili: dopo averli fatti.
346. del mio vino nero: il vino che Odisseo aveva portato con sé dalle navi.

Cosí dicevo; e subito rispose con cuore spietato:
«Sei uno sciocco, o straniero, o vieni ben da lontano
tu che pretendi di farmi temere e rispettare gli dèi.
275 Ma non si dànno pensiero di Zeus egíoco i Ciclopi
né dei numi beati, perché siam piú forti.
Non certo evitando l'ira di Zeus ti vorrò risparmiare,
né te, né i compagni, se non vuole il mio cuore.
Ma dimmi dove lasciasti la nave ben fabbricata,
280 se laggiú in fondo all'isola o vicino, che sappia».
Cosí disse tentandomi, ma non mi sfuggí, perché sono accorto.
E rispondendogli dissi con false parole:
«La nave me l'ha spezzata Poseidone enosíctono,
contro gli scogli cacciandola, al limite del vostro paese;
285 proprio sul promontorio: il vento dal largo spingeva.
Io solo sfuggii con questi l'abisso di morte».
Cosí dicevo: nulla rispose nel suo cuore spietato,
ma con un balzo sui miei compagni le mani gettava
e afferrandone due, come cuccioli a terra
290 li sbatteva, scorreva fuori il cervello e bagnava la terra.
E fattili a pezzi, si preparava la cena;
li maciullava come leone montano; non lasciò indietro
né interiora, né carni, né ossa o midollo.
E noi piangendo a Zeus tendevamo le braccia
295 vedendo cose terribili: ci sentivamo impotenti.
Quando il Ciclope ebbe riempito il gran ventre,
carne umana mangiando e latte puro bevendo,
si distese nell'antro, sdraiato in mezzo alle pecore.
E io pensai nel mio cuore magnanimo
300 d'avvicinarmi e la spada puntuta dalla coscia sguainando,
piantarla nel petto, dove il fegato s'attacca al diaframma,
cercando a tastoni; ma mi trattenne un altro pensiero.
Infatti noi pure là perivamo di morte terribile:
non potevamo certo dall'alta apertura
305 a forza di braccia spostare l'enorme roccia, che vi aveva addossata.

L'astuzia di Odisseo

Il mattino seguente il Ciclope, dopo aver divorato altri due compagni di Odisseo, conduce il gregge al pascolo. Rimasto imprigionato nella caverna, Odisseo prepara un piano per la vendetta: preso un grande tronco d'albero che si trovava nella caverna, con i compagni lo sgrossa e liscia, quindi lo rende aguzzo sulla punta. La sera, di ritorno dal pascolo, il Ciclope, dopo aver munto le pecore, afferra due compagni e li sbrana, per sua cena.

345 Allora io al Ciclope parlai, avvicinandomi
con in mano un boccale del mio nero vino:
«Ciclope, to', bevi il vino, dopo che carne umana hai mangiato,
perché tu senta che vino è questo che la mia nave portava.
Per te l'avevo recato come un'offerta, se avendo pietà,
350 m'avessi lasciato partire; invece tu fai crudeltà intollerabili,

357. la terra dono di biade: la terra che fornisce le biade per sfamare gli animali.

359. un fiume d'ambrosia e di nettare: espressione usata da Polifemo per paragonare il vino bevuto a ciò di cui si nutrono gli dèi, cioè l'ambrosia e il nettare.

363. parole di miele: parole dolci, che nascondono l'inganno sotto l'apparente dolcezza.

366. Nessuno ho nome: non esiste un motivo sicuro per il quale Odisseo dichiari di chiamarsi Nessuno; solo poco piú avanti, quando Polifemo dichiarerà agli altri Ciclopi chiamati in suo aiuto di essere stato aggredito «da Nessuno», si mostrerà l'utilità di questa bugia. Quindi possiamo o considerare che Odisseo è un uomo dotato di eccezionale intuito e sagacia, oppure che il narratore ha ideato la bugia del nome per accrescere il piacere nei destinatari del testo mostrando il Ciclope vittima di una beffa.

375. il palo: il tronco d'albero che, durante l'assenza di Polifemo, Odisseo aveva ripulito e dotato di una punta aguzza.

383. nell'occhio: sino a ora Odisseo non ha detto, descrivendo il Ciclope, che questi possedeva un solo occhio, caratteristica peraltro da sottolineare per la sua particolarità. Per noi questa dimenticanza può sembrare strana, ma evidentemente al tempo di Omero il fatto che i Ciclopi avessero un solo occhio doveva essere talmente noto a tutti da essere apparso non indispensabile nella descrizione.

387. tizzone: pezzo di legno arroventato.

390. le radici: i nervi dell'occhio.

393. questa è ... del ferro: è cosí che il ferro diventa rigido e forte.

pazzo! Come in futuro potrà venir qualche altro
a trovarti degli uomini? Tu non agisci secondo giustizia».
Cosí dicevo; e lui prese e bevve; gli piacque terribilmente
bere la dolce bevanda; e ne chiedeva di nuovo:
355 «Dammene ancora, sii buono, e poi dimmi il tuo nome,
subito adesso, perché ti faccia un dono ospitale e tu ti rallegri.
Anche ai Ciclopi la terra dono di biade
produce vino nei grappoli, e a loro li gonfia la pioggia di Zeus.
Ma questo è un fiume d'ambrosia e di nettare».
360 Cosí diceva: e di nuovo gli porsi vino lucente;
tre volte gliene porsi, tre volte bevve, da pazzo.
Ma quando al Ciclope intorno al cuore il vino fu sceso,
allora io gli parlai con parole di miele:
«Ciclope, domandi il mio nome glorioso? Ma certo,
365 lo dirò; e tu dammi il dono ospitale come hai promesso.
Nessuno ho nome: Nessuno mi chiamano
madre e padre e tutti quanti i compagni».
Cosí dicevo; e subito mi rispondeva con cuore spietato:
«Nessuno io mangerò per ultimo, dopo i compagni;
370 gli altri prima; questo sarà il dono ospitale».
Disse, e s'arrovesciò cadendo supino, e di colpo
giacque, piegando il grosso collo di lato: lo vinse
il sonno che tutto doma: e dalla gola vino gli usciva,
e pezzi di carne umana; vomitava ubriaco.
375 Allora il palo cacciai sotto la molta brace,
finché fu rovente; e con parole a tutti i compagni
facevo coraggio, perché nessuno, atterrito, si ritirasse.
Quando il palo d'ulivo nel fuoco già stava
per infiammarsi, benché fosse verde, splendeva terribilmente,
380 allora in fretta io lo toglievo dal fuoco, e intorno i compagni
mi stavano; certo un dio c'ispirò gran coraggio.
Essi, alzando il palo puntuto d'olivo,
nell'occhio lo spinsero: e io premendo da sopra
giravo, come un uomo col trapano un asse navale
385 trapana; altri sotto con la cinghia lo girano,
tenendola di qua e di là: il trapano corre costante;
cosí ficcato nell'occhio del mostro il tizzone infuocato,
lo giravamo; il sangue scorreva intorno all'ardente tizzone;
arse tutta la palpebra in giro e le ciglia, la vampa
390 della pupilla infuocata; nel fuoco le radici friggevano.
Come un fabbro una gran scure o un'ascia
nell'acqua fredda immerge, con sibilo acuto,
temprandola: e questa è appunto la forza del ferro;
cosí strideva l'occhio del mostro intorno al palo d'olivo.
395 Paurosamente gemette, n'urlò tutta intorno la roccia;
atterriti balzammo indietro: esso il tizzone
strappò dall'occhio, grondante di sangue,
e lo scagliò lontano da sé, agitando le braccia,
e i Ciclopi chiamava gridando, che in giro
400 vivevano nelle spelonche e sulle cime ventose.
E udendo il grido quelli correvano in folla, chi di qua, chi di là;

Epica classica | L'Odissea

Pellegrino Tibaldi, *Storie di Ulisse. Ulisse acceca Polifemo*, 1554 circa. Bologna, Palazzo Poggi.

404. ambrosia: femminile dell'aggettivo *ambrosio*, «che ha sapore di ambrosia» e quindi «dolce, mite».

408. Nessuno ... la forza: appare evidente adesso l'utilità della bugia di Odisseo riguardo al proprio nome: i Ciclopi non possono fare a meno di cadere nell'errore tra il nome proprio *Nessuno* e il pronome indefinito *nessuno*. Inoltre, non i Ciclopi ma i lettori sono in grado di rilevare la differenza, piccola ma significativa, tra la domanda «t'ammazza qualcuno *con la forza o con l'inganno*?» e la risposta di Polifemo «Nessuno mi uccide d'inganno e *non con la forza*»: invano il povero Ciclope sta precisando di essere stato oggetto di un sottile inganno.

412. piuttosto ... sovrano: Polifemo è figlio del dio dei mari Poseidone; il Ciclope si rivolgerà realmente al padre chiedendo vendetta contro colui che l'ha accecato. Da questo momento in poi, infatti, Odisseo avrà in Poseidone un terribile nemico: come già sappiamo, la tempesta di mare che ha fatto naufragare l'eroe nella terra dei Feaci è stata scatenata da Poseidone.

437. dita rosate: dalle dita color rosa, epiteto formulare che accompagna il nome dell'aurora.

e stando intorno alla grotta chiedevano che cosa volesse:
«Perché, Polifemo, con tanto strazio hai gridato
nella notte ambrosia, e ci hai fatto svegliare?
405 forse qualche mortale ti ruba, tuo malgrado, le pecore?
o t'ammazza qualcuno con la forza o d'inganno?».
E a loro dall'antro rispose Polifemo gagliardo:
«Nessuno, amici, m'uccide d'inganno e non con la forza».
E quelli in risposta parole fugaci dicevano:
410 «Se dunque nessuno ti fa violenza e sei solo,
dal male che manda il gran Zeus non c'è scampo;
piuttosto prega il padre tuo, Poseidone sovrano».
Così dicevano andandosene: e il mio cuore rideva,
come l'aveva ingannato il nome e la buona trovata.

L'uscita dalla grotta e la salvezza

Accecato il Ciclope, Odisseo escogita un piano per poter uscire dalla caverna: mediante lacci di vimini legò insieme i montoni tre per tre, in modo che i compagni possano uscire dopo esservisi nascosti sotto; egli, infine, potrà uscire aggrappato al ventre villoso del montone più grosso.

Come, figlia di luce, brillò l'Aurora dita rosate,

449. pasci i teneri fiori: esci al pascolo e ti nutri dei teneri fiori.

461. l'ariete ... spinse fuori: è lo stesso Ciclope a spingere verso l'uscita l'animale sotto il quale si nasconde Odisseo.

allora balzarono al pascolo i maschi del gregge;
[...]
il padrone tastava la schiena di tutte le bestie,
ch'eran già ritte; non sospettò lo stolto che gli uomini
eran legati sotto le pance delle bestie lanose.
Ultimo il maschio del gregge mosse verso la porta,
445 pesante della sua lana e di me, il molto accorto;
e gli diceva tastandolo Polifemo gagliardo:
«Caro montone, perché cosí m'esci dall'antro
per ultimo? di solito tu non vai dietro alle pecore,
ma primissimo pasci i teneri fiori dell'erba,
450 a gran balzi, per primo raggiungi le correnti dei fiumi
per primo alla stalla vuoi tornare impaziente
a sera; e adesso sei l'ultimo. Forse del tuo padrone
piangi l'occhio, che un malvagio accecò
coi suoi tristi compagni, vinta la mia mente col vino,
455 Nessuno, il quale non credo che scamperà dalla morte.
Oh! se avessi intelletto, se diventassi parlante,
da dirmi dove colui si ripara dalla mia furia:
allora il suo cervello schizzerebbe qua e là per l'antro,
in terra, dalla testa spaccata; sollievo il mio cuore
460 avrebbe dalle torture, che questo Nessuno da nulla m'ha inflitto».
Cosí dicendo l'ariete lontano da sé spinse fuori;
e appena fummo un poco lontani dal cortile e dall'antro,
per primo io dall'ariete mi sciolsi, poi sciolsi i compagni;
e rapidamente le pecore zampe sottili, fiorenti di grasso,
465 correndo intorno spingevamo in gran numero, finché alla nave
giungemmo; con gioia fummo rivisti dai cari compagni
noi scampati alla morte, ma singhiozzando piangevano gli altri.

Alberto Savinio, *Ulisse e Polifemo*, 1929. Rovereto, Museo di Arte Moderna e Contemporanea.

Entriamo nel testo

L'uomo ricco d'astuzie

Questo episodio è esemplare per rappresentare la caratteristica di Odisseo che il poeta mette in evidenza fin dal primo verso del poema: *L'uomo ricco d'astuzie raccontami, o Musa*. Odisseo rappresenta il modello di uomo contraddistinto piú dalle doti dell'intelletto che da quelle eroiche di forza e prestanza fisica; le sue caratteristiche sono da un lato la sete di conoscenza, che lo spinge a inoltrarsi in situazioni nuove e pericolose, e l'astuzia, che gli permette di trovare il modo di risolvere anche i problemi piú spinosi. Entrambe queste caratteristiche di Odisseo si manifestano con chiarezza e sono alla base di tutti gli accadimenti.

Egli, infatti, contro ogni forma di prudenza, spinge i compagni ad avventurarsi nella terra dei Ciclopi; poi, una volta entrato nella grotta e nonostante le suppliche dei compagni a ritornare alle navi, rimane nell'antro inquietante perché vuole saziare la sua curiosità e conoscere chi ne sia il misterioso abitante. L'ingegno di Odisseo, poi, viene messo alla prova quando si tratta di trovare la salvezza e, per ottenerla, è necessario mettere in atto una serie di astute progettazioni: con *parole di miele* spinge il Ciclope a bere un vino robusto per farlo addormentare e poter accecare il suo unico occhio; escogita l'inganno riguardo al proprio nome con una trovata geniale che lo salverà dall'assalto degli altri Ciclopi; infine, trova il modo di uscire dalla grotta nascondendo se stesso e i compagni sotto la groppa degli animali che escono al pascolo.

Le componenti folkloriche dell'*Odissea*

L'avventura nella terra dei Ciclopi si inquadra nel filone folklorico e favolistico dell'*Odissea* che vede l'eroe alla prese con mostri e incantesimi. Dopo aver navigato davanti al capo Malea, in fondo al Peloponneso, le navi, per effetto di venti e correnti marine, non hanno potuto dirigere la navigazione verso nord, dove si trova Itaca; esse invece sono state allontanate dall'isola di Citera, cioè da uno spazio noto e familiare, e spinte verso occidente, nel mondo dei mostri e degli incantesimi, dove esistono i Ciclopi, Circe, le Sirene, l'Ade, Ogigia. Sin dalla prima tappa nella terra dei Lotofagi emerge il valore simbolico di questo percorso: i compagni di Odisseo che mangiano il loto dimenticano lo spazio, il tempo, il ritorno, tanto che l'eroe, che è l'uomo del tempo e della memoria, li fa legare all'albero della nave per riportarli in patria.

Dopo una navigazione dalla durata indefinita, l'arrivo nella terra dei Ciclopi segna l'ingresso in una dimensione di spazio e di tempo ben lontana da quella nella quale fino a quel momento si era svolto il viaggio di Odisseo. Egli viene proiettato in un mondo primitivo in cui la terra produce ogni cosa spontaneamente e in abbondanza, come se in quei luoghi l'età dell'oro non fosse mai finita. Omero però non vuole offrirci l'immagine ideale e nostalgica di un mondo perduto, al contrario ci fa capire che se lo sviluppo della civiltà ha allontanato l'uomo da un rapporto piú immediato e autentico con la natura e gli animali, lo ha anche liberato da comportamenti bestiali e gli ha permesso di porre le basi della convivenza civile. Due età si contrappongono infatti nella terra dei Ciclopi: quella a cui appartiene Odisseo, che conosce le leggi dell'ospitalità e agisce con intelligenza e astuzia, e quella dei Ciclopi, che hanno raggiunto un certo livello di organizzazione, ma sotto altri aspetti sono rimasti in una condizione barbarica e bestiale.

Questo episodio riveste particolare importanza nel contesto del poema anche perché l'incontro-scontro con Polifemo costituisce la causa di tutte le altre sventure che l'eroe dovrà affrontare. Il Ciclope infatti è figlio di Poseidone e quando Odisseo, ormai salvo sulla nave, ma ancora irato, lo schernisce rivelandogli il suo vero nome, il gigante chiede e ottiene vendetta dal padre che da questo momento non cesserà di perseguitare l'eroe e quelli che lo aiuteranno a tornare a Itaca.

Esercizi

Competenza trasversale:

a Acquisire ed interpretare l'informazione
b Individuare collegamenti e relazioni
c Comunicare
d Comunicare nelle lingue straniere

- **Comprensione**

1. Quale significato vuole esprimere Odisseo con le parole *sarebbe stato assai meglio* (v. 228)?
2. In che modo Odisseo sottolinea l'enorme peso del masso con cui il Ciclope chiude la grotta?
3. In nome di quale principio Odisseo chiede ospitalità a Polifemo? Con quale motivazione, invece, Polifemo dichiara il suo disprezzo per gli dèi e per l'ospitalità?
4. Per quale motivo Odisseo decide di non uccidere il Ciclope la prima sera? A che cosa si riferiscono le parole dell'eroe *mi trattenne un altro pensiero* (v. 302)?
5. Attraverso quali gesti e comportamenti il Ciclope dimostra la sua straordinaria forza fisica?
6. In quale momento apprendiamo che Polifemo ha un solo occhio?
7. Omero ricorre a due similitudini per descrivere l'operazione di accecamento di Polifemo; quali sono le immagini evocate dalle due similitudini? Quale di esse mira a descrivere ciò che si percepisce con la vista, e quale ciò che si percepisce con l'udito?

- **Competenza testuale**

8. Suddividi il testo in sequenze indicando il contenuto di ciascuna di esse.
9. Indica la tipologia delle sequenze distinguendo quelle descrittive da quelle narrative.
10. Sottolinea nel testo i punti in cui l'Odisseo narratore mostra di possedere una conoscenza dei fatti superiore a quella dell'Odisseo personaggio, oppure interviene a commentarne il comportamento.
11. Odisseo non fa una descrizione diretta e completa di Polifemo, le cui caratteristiche emergono in diversi momenti e attraverso i vari comportamenti. Ricerca nel testo i momenti e le espressioni da cui è possibile trarre indicazioni sulla descrizione fisica del Ciclope, sul suo modello di vita e le sue abitudini.
12. Ricerca nel testo le espressioni e le parole che si riferiscono a situazioni tipiche dell'età primitiva a cui appartiene Polifemo e quelle che esprimono le caratteristiche dell'età tecnologica a cui appartiene Odisseo.

- **Produzione**

13. Seguendo la divisione in sequenze scrivi un riassunto del testo.

a 14. Servendoti di un dizionario etimologico spiega il significato del termine *ciclope* e mettilo in rapporto con l'aspetto del personaggio a cui si riferisce.

15. Nella lingua italiana dal nome *ciclope* è derivato l'aggettivo *ciclopico*. Qual è il suo significato? In quali contesti viene solitamente utilizzato?

Epica classica | L'Odissea

L'incontro con la madre

• Libro XI, vv. 150-224

IN SINTESI: Scampati al Ciclope, Odisseo e i suoi giungono nell'isola Eolia, dove regna il re dei venti Eolo; questi li accoglie benignamente e alla partenza dona a Odisseo un otre in cui ha rinchiuso i venti che provocano le tempeste, per garantirgli una buona navigazione. Ma, quando ormai sono in vista di Itaca, i compagni di Odisseo, pensando che nell'otre ci siano tesori, la aprono: i venti balzano fuori e si scatena una terribile tempesta che riporta indietro le navi fino all'isola di Eolo, che rifiuta di aiutarli di nuovo. Ripresa la navigazione, giungono nella terra dei Lestrigoni, giganti cannibali che divorano alcuni compagni di Odisseo e distruggono tutte le navi eccetto una, sulla quale, ripresa la navigazione, giungono nell'isola Eea, abitata dalla maga Circe. Odisseo manda in esplorazione alcuni compagni, i quali, giunti al palazzo della maga, rimangono ammaliati dal suo canto e mangiano cibi e bevande drogati che li trasformano in porci. Odisseo riesce, però, a evitare l'incantesimo e ottiene che i suoi compagni riprendano il loro aspetto di uomini. Circe lo accoglie, poi, presso di sé e lo trattiene lietamente per un anno. Infine i compagni convincono Odisseo a ripartire; la maga acconsente a lasciarlo andare, ma gli rivela che prima di tornare a Itaca egli dovrà compiere un altro viaggio, nell'oltretomba, per conoscere il suo destino dall'indovino Tiresia. È così che Odisseo e i compagni si dirigono verso i confini dell'Oceano, dove c'è l'entrata agli Inferi. Qui, compiuti i riti prescritti, si presentano le anime dei defunti, tra le quali Tiresia; questi parla a Odisseo e gli rivela il suo futuro: lo attendono ancora molte sventure; in particolare dovrà astenersi dal toccare le vacche del Sole nell'isola di Trinacria, pena la morte, o comunque un ritorno in patria con enorme ritardo, solo e su una nave straniera; inoltre, giunto in patria dovrà affrontare nuovi ostacoli, uccidere nemici che gli insidiano la moglie e gli sperperano i beni. Quando si allontana l'anima di Tiresia, si avvicina la madre Anticlea, che Odisseo aveva lasciato viva a Itaca.

150-151. E così detto ... destino: l'ombra dell'indovino Tiresia si allontana da Odisseo, ritirandosi tra le altre ombre del regno dei morti, dopo aver esposto all'eroe il futuro che lo attende sino al suo ritorno in patria.

153. bevve ... fumante: il sangue degli animali uccisi da Odisseo come rito propiziatorio per entrare nell'Ade. Solo avendo bevuto di questo le anime riacquistano la memoria degli eventi sulla terra.

155. sotto l'ombra nebbiosa: nel mondo tenebroso dei morti.

157. In mezzo: sottinteso «ci sono», tra il mondo dei vivi e il nostro, dei morti.

166. l'Acaia: la terra degli Achei, la Grecia.

171. quale ... strazio: quale destino di morte con lungo dolore. Odisseo ignora la morte della madre e le chiede quale ne sia stato il motivo.

172. un lento malore: una lunga malattia. – **Artemide:** gli antichi ritenevano che quando una donna moriva

150 E cosí detto l'ombra rientrò nella casa dell'Ade,
l'ombra del sire Tiresia, detto che m'ebbe il destino.
Ma io rimanevo lí fermo, finché la madre
s'accostò e bevve il sangue nero fumante. Subito
mi riconobbe e gemendo parole fugaci diceva:
155 «Creatura mia, come venisti sotto l'ombra nebbiosa
vivo? Tremendo ai vivi veder queste cose!
In mezzo gran fiumi e terribili gorghi,
l'Oceano prima di tutto, che non può traversare
a piedi chi non ha solida nave.
160 Forse ora da Troia, dopo un errare lunghissimo, arrivi
qui con la nave e i compagni? In Itaca ancora
non sei tornato? non hai rivisto nel palazzo la sposa?».
Diceva cosí e io rispondendole dissi:
«Madre mia, bisogno mi spinse nell'Ade,
165 a interrogare l'anima del tebano Tiresia;
perché non ho ancora toccato l'Acaia, la nostra
isola non l'ho raggiunta, ma erro sempre con strazio,
da che ho seguito il glorioso Agamennone
a Ilio dai bei puledri, per combattere i Teucri.
170 Ma tu questo dimmi e parla sincero:
quale Chera di morte lungo strazio t'ha vinta?
forse un lento malore? o Artemide urlatrice

all'improvviso, ciò fosse causato da una freccia della dea Artemide. Per questo le frecce sono dette *miti* (v. 173), in quanto non provocano dolore. – **urlatrice:** il testo greco usa un termine la cui traduzione letterale è «saettatrice».

174. del padre: il padre di Odisseo, Laerte, è ancora vivo in Itaca, dove l'eroe lo incontrerà al suo ritorno. – **del figlio**: Telemaco.
175-176. resta a loro il mio privilegio: il mio potere regale.
178-179. se resta ... Achei: questa domanda di Odisseo appare superflua, dato che in precedenza Tiresia aveva dichiarato che Penelope resta fedele al marito e lo aspetta resistendo ai pretendenti. Per questa piccola incoerenza non sono state trovate spiegazioni soddisfacenti; probabilmente questa è una delle tracce dell'origine composita dei poemi omerici a opera di piú aèdi, oppure il frutto di tradizioni orali.
184. Nessuno ... privilegio: è vero che Telemaco è tuttora ritenuto erede del re, ma Anticlea non fa alcun accenno alle prepotenze dei pretendenti, i quali mettono a rischio il *privilegio* di Telemaco.
186. come ... amministra: nell'età degli Achei il sovrano era anche giudice delle contese tra i cittadini. Questa notizia, però, non è precisa perché in realtà Telemaco non esercita un vero potere in Itaca.

con le sue miti frecce è venuta a ucciderti?
e dimmi del padre, e del figlio che abbandonavo:
175 resta a loro il mio privilegio? o forse già un altro
dei nobili l'ha e non credono piú ch'io ritorni?
Dimmi della mia donna il pensiero e la mente:
se resta col figlio e tutto mi serba fedele,
o l'ha già sposata il primo fra i nobili Achei».
180 Cosí chiedevo, e subito mi rispondeva la madre sovrana:
«Oh no! lei rimane con cuore costante
nella tua casa; e tristissimi sempre
le notti e i giorni le si consumano a piangere.
Nessuno ha il tuo bel privilegio: a sua voglia
185 Telemaco le tenute reali si gode, e ai banchetti comuni
banchetta come conviene a chi la giustizia amministra;
tutti infatti lo chiamano. Ma il padre tuo resta là
tra i campi, non scende in città: non ha letto
né panni o mantelli o coperte splendidi:
190 l'inverno si stende dove gli schiavi dormono in casa,
nella cenere accanto al fuoco, e povere vesti ha sul corpo;
quando poi vien l'estate e l'autunno fecondo,
qua e là per la costa dell'orto ricco di viti,
in terra già pronto gli s'offre un letto di foglie cadute.
195 E lí giace afflitto, e grande in cuore la pena gli cresce,
il tuo ritorno bramando: triste vecchiaia l'opprime!
Cosí anch'io mi sono sfinita e ho seguito il destino;
no, non in casa la dea occhio acuto, urlatrice
con le sue miti frecce venne a uccidermi,
200 non male mi colse, che terribilmente
con odioso languore del corpo distrugge la vita,
ma il rimpianto di te, il tormento per te, splendido Odisseo,
l'amore per te m'ha strappato la vita dolcezza di miele...».
Cosí parlava: e io volevo – e in cuore l'andavo agitando –
205 stringere l'anima della madre mia morta.
E mi slanciai tre volte, il cuore mi obbligava a abbracciarla;
tre volte dalle mie mani, all'ombra simile o al sogno,
volò via: strazio acuto mi scese piú in fondo,
e a lei rivolto parole fugaci dicevo:
210 «Madre mia, perché fuggi mentre voglio abbracciarti,
che anche nell'Ade, buttandoci al collo le braccia,

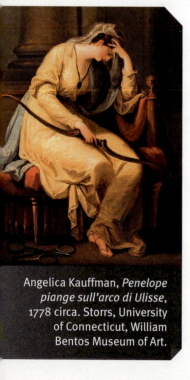

Angelica Kauffman, *Penelope piange sull'arco di Ulisse*, 1778 circa. Storrs, University of Connecticut, William Bentos Museum of Art.

187. il padre tuo: Odisseo incontrerà il vecchio padre Laerte non nella reggia, secondo il suo rango, ma appartato tra i sudditi piú poveri, dove si è ritirato a causa del dolore per il figlio lontano o forse morto. Anticlea si sofferma in modo particolare descrivendo la misera condizione in cui egli ha deciso di vivere in assenza del figlio.

193. per la costa dell'orto: presso i limiti, i confini dell'orto.
197. Cosí anch'io: come il padre Laerte, anche la madre ha sofferto tanto per la lontananza del figlio, fino a morirne.
204. agitando: pensando, desiderando.
206-208. mi slanciai tre volte ... volò via: l'inutile tentativo di abbracciare la madre rivela la

condizione delle anime dei morti: conservano l'apparenza del loro corpo, ma non la consistenza. Anche Achille nell'*Iliade* (Libro XXIII) aveva invano tentato di abbracciare Patroclo apparso in sogno; piú tardi nel tempo, un altro poeta, il romano Virgilio, nell'*Eneide* presenterà una scena analoga, quando Enea tenterà tre volte invano di abbracciare la moglie Creusa.

Epica classica | L'Odissea

213. un fantasma: un'immagine falsa e ingannevole. – **Persefone**: la regina del mondo dei morti in quanto moglie di Plutone, dio dell'Ade.
216. misero: infelice.
220. la forza gagliarda del fuoco: presso gli antichi, il corpo del defunto veniva bruciato sul rogo, fatto di cataste di legno a cui era dato fuoco.
223. cerca al piú presto la luce: torna quanto prima alla luce, tra i vivi.

tutti e due ci saziamo di gelido pianto?
o questo è un fantasma che la lucente Persefone
manda perché io soffra e singhiozzi di piú?».
215 Cosí dicevo e subito mi rispondeva la madre sovrana:
«Ahi figlio mio, fra gli uomini tutti il piú misero...
non t'inganna Persefone figlia di Zeus;
questa è la sorte degli uomini, quando uno muore:
i nervi non reggono piú l'ossa e la carne,
220 ma la forza gagliarda del fuoco fiammante
li annienta, dopo che l'ossa bianche ha lasciato la vita;
e l'anima, come un sogno fuggendone, vaga volando.
Ma tu cerca al piú presto la luce; però tutto qui
guarda, per raccontarlo poi alla tua donna!».

Entriamo nel testo

Il viaggio nel regno dei morti
Nelle varie avventure del ritorno, affrontate con coraggio e intelligenza, l'eroe sazia anche il desiderio di esperienza e di conoscenza: l'incontro con i morti rappresenta l'esperienza piú privilegiata, negata all'uomo comune e relegata all'ambito dei sogni.
L'enigma della morte ha travagliato non solo l'uomo greco dell'età arcaica, ma gli uomini di tutti i tempi e di tutte le culture, configurandosi come il principale e irrisolto problema esistenziale, a cui anche l'arte si è accostata con rispetto e timore. Solo a pochi uomini dotati di particolari meriti e qualità la tradizione letteraria ha attribuito il privilegio di «conoscere» il mondo dell'aldilà e di incontrare le anime di coloro che hanno varcato la soglia irreversibile della morte. A Odisseo Omero riserva questo privilegio e il viaggio nell'oltretomba diviene una tappa obbligata, anche se la piú terrificante, del suo ritorno.
Secondo la concezione omerica l'oltretomba non è la prosecuzione dell'esistenza sotto altre forme, ma la condizione di chi è separato da ogni legame con la vita, ma resta legato al passato tramite gli affetti che ha perduto e le passioni scatenate dagli eventi della vita.

L'episodio nella struttura narrativa del poema
Nella struttura del poema l'episodio ha una duplice funzione. Da un lato approfondisce il profilo umano e il mondo degli affetti di Odisseo, riflettendo sulla dolente condizione umana; dall'altro crea il collegamento tra i due filoni narrativi relativi al racconto del viaggio di Odisseo e alla situazione che si è creata in Itaca in assenza dell'eroe. Sino a ora, infatti, Odisseo non conosce niente riguardo alla sorte dei suoi familiari o del suo regno, non sa che i pretendenti fanno da padroni nella reggia e ambiscono al matrimonio con Penelope, come apprenderà arrivando a Itaca. Le parole dell'indovino Tiresia e poi di Anticlea sono le prime informazioni che l'eroe riceve su Itaca. Per i lettori, invece, l'episodio fa conoscere, in modo indiretto, l'esistenza di Laerte, il vecchio padre che Odisseo riabbraccerà al termine del poema. Questo episodio, dunque, costituisce il primo passo del percorso di riavvicinamento dell'eroe alla famiglia e alla patria.

Esercizi

- **Comprensione**

  1. Esegui la parafrasi del testo.
  2. Durante l'incontro con la madre, Odisseo le pone una serie di domande: esamina l'ordine in cui esse si susseguono e a quale la madre risponde per prima.

3. Nell'episodio sono dominanti gli affetti familiari. Esaminando il testo, quali di questi sentimenti riscontri in ognuno dei due personaggi?
4. Quali informazioni riceve Odisseo da Anticlea riguardo a Penelope e quali riguardo a Telemaco?
5. Come appare la figura di Laerte attraverso le parole di Anticlea? Descrivi quale tipo di vita egli sta conducendo a Itaca.
6. Che cosa significa la domanda di Odisseo *Perché fuggi mentre voglio abbracciarti* (v. 210)? Perché la esprime?
7. Vi è un momento in cui l'episodio raggiunge la massima tensione (*Spannung*)? Quale?

- **Competenza testuale**

8. Dividi il brano in sequenze indicando il contenuto di ognuna di esse.
9. Descrivi con parole tue il tentativo di Odisseo di abbracciare la madre.
10. Riscrivi il dialogo tra Odisseo e Anticlea trasformando i discorsi diretti in indiretti. Poni particolare attenzione sia ai pronomi e agli aggettivi personali, sia alla persona e al tempo dei verbi.

Le Sirene

Testo conchiglia
L'incanto delle sirene

• Libro XXII, vv. 151-200

IN SINTESI: Dopo aver parlato nel regno dei morti con la madre, Odisseo vede farsi avanti verso di lui anime di numerose eroine e di eroi della guerra di Troia. Tra questi Agamennone che, corrucciato e piangente, cerca di abbracciare Odisseo e gli narra il motivo e il modo della sua morte: al suo ritorno ad Argo da Troia, è stato assassinato turpemente dalla moglie Clitennestra e dal suo amante Egisto. Poi raccomanda all'amico di essere prudente al suo ritorno a Itaca e di non svelarsi subito alla moglie Penelope, nonostante essa lo attenda fedele. Subito dopo si fa avanti, insieme a Patroclo e altri eroi greci, Achille, che riconosce Odisseo e con lui si abbandona al rimpianto della vita cui ha rinunciato in nome della gloria. Quindi, si presentano a Odisseo altri famosi eroi; tra questi, egli vorrebbe parlare con Aiace, impazzito di dolore fino a uccidersi perché alla morte di Achille le sue armi erano state attribuite a Odisseo invece che a lui; ma l'ombra di Aiace mostra ancora grande sdegno verso Odisseo e si allontana da lui.
Concluso il suo viaggio nel mondo degli Inferi e tornato nell'isola di Eea, Odisseo riceve da Circe consigli sulla rotta da seguire e sul comportamento da tenere passando davanti alle Sirene per non cedere al loro canto ammaliatore. Egli passerà tra Scilla e Cariddi, due terribili mostri marini, dei quali Scilla agguanta e divora i marinai che passano, Cariddi risucchia le navi in un gorgo. Quindi giungerà nell'isola di Trinacria, l'isola del Sole, in cui, come gli ha profetizzato anche Tiresia, dovrà astenersi dal toccare i buoi sacri. All'alba Odisseo e compagni salpano.

151. paranchi: sistema di carrucole e funi che fa parte dell'attrezzatura della nave.
154-155. non devon conoscere ... i fati: non dobbiamo essere in pochi (*uno o due soli*) a conoscere il futuro (*i fati*) che mi ha svelato Circe.
156. ché: affinché.
158. Sirene dal canto divino: secondo la mitologia greca, le Sirene erano degli esseri mostruosi con il corpo di uccello e la testa di donna; esse erano dotate di una voce estremamente melodiosa, che però stregava coloro che ascoltavano il loro canto.

Noi, manovrati presto tutti i paranchi, lungo la nave
stavamo seduti: il vento e il pilota la dirigevano.
Ma io ai compagni parlavo sconvolto nel cuore:
«Oh cari, non devon conoscere uno o due soli
155 i fati che a me svelò Circe, la dea luminosa,
ma li dirò ché possiamo o morire sapendolo,
o scampare, evitando la morte e le Chere.
Delle Sirene dal canto divino per prima cosa ordinava

Epica classica | L'Odissea

Ulisse e le sirene, II secolo d.C. Tunisi, Museo del Bardo.

159. che fuggissimo e voce e prato fiorito: occorre fuggire dalla *voce* canora che le Sirene inviano dal loro *prato fiorito*.
162. sulla scarpa dell'albero: alla base che sostiene l'albero della nave.
168-169. bonaccia fu: ci fu calma totale di mare e di venti. – **senza fiati**: senza un alito di vento.
171. scalmi: gli appoggi per i remi.
172. imbiancavano l'acqua con gli abeti politi: rendevano spumeggiante (e perciò *bianca*) l'acqua con il movimento dei remi di legno ben levigati.
174. gagliarde: forti.
175-177. s'ammorbidiva ... turai: Odisseo, per impedire che i compagni sentano il canto delle Sirene, costruisce tappi di cera, premuta con la forza delle mani e resa morbida dalla forza dal calore del sole, con i quali tappare le loro orecchie.
– **sire Iperíone**: sovrano Sole, di cui Iperíone è un epiteto.
181. quanto s'arriva col grido: la distanza entro la quale può essere udito il grido di un uomo.
183. s'accostava: si avvicinava; il verbo significa «portarsi verso la costa».

che fuggissimo e voce e prato fiorito.
160 A me solo ordinava d'udire quel canto; ma voi con legami
strettissimi dovete legarmi, perché io resti fermo,
in piedi sulla scarpa dell'albero: a questo le corde m'attacchino.
E se vi pregassi, se v'ordinassi di sciogliermi,
voi con nodi piú numerosi stringetemi!».
165 Cosí, le cose a una a una dicendo ai compagni, parlavo.
Intanto rapidamente giunse la nave ben fatta
all'isola delle Sirene, ché la spingeva buon vento.
Ed ecco a un tratto il vento cessò; e bonaccia
fu, senza fiati: addormentò l'onde un dio.
170 Balzati in piedi i compagni la vela raccolsero,
e in fondo alla nave la posero; quindi agli scalmi
seduti, imbiancavano l'acqua con gli abeti politi.
Ma una gran ruota di cera col bronzo affilato
io tagliavo a pezzetti, li schiacciavo tra le mani gagliarde.
175 In fretta s'ammorbidiva la cera, ché la premeva gran forza
e la vampa del sole, del sire Iperíone;
cosí, in fila, gli orecchi a tutti i compagni turai.
Essi poi nella nave legarono me mani e piedi,
dritto sulla scarpa dell'albero, a questo le corde fissarono.
180 Quindi, seduti, battevano il mare schiumoso coi remi.
Ma come tanto fummo lontani, quanto s'arriva col grido,
correndo in fretta, alle Sirene non sfuggí l'agile nave
che s'accostava: e un armonioso canto intonarono.
«Qui, presto, vieni, o glorioso Odisseo, grande vanto degli Achei,
185 ferma la nave, la nostra voce a sentire.
Nessuno mai si allontana di qui con la sua nave nera,

187. di miele: dolce come il miele.
194. coi sopraccigli accennando: Odisseo è legato strettamente all'albero e può comunicare soltanto inarcando le sopracciglia. – **a corpo perduto**: con tutta la forza possibile.

se prima non sente, suono di miele, dal labbro nostro la voce;
poi pieno di gioia riparte, e conoscendo piú cose.
Noi tutto sappiamo, quanto nell'ampia terra di Troia
190 Argivi e Teucri patirono per volere dei numi;
tutto sappiamo quello che avviene sulla terra nutrice».
Cosí dicevano alzando la voce bellissima, e allora il mio cuore
voleva sentire, e imponevo ai compagni di sciogliermi,
coi sopraccigli accennando; ma essi a corpo perduto remavano.
195 E subito alzandosi Perimède ed Euriloco,
nuovi nodi legavano e ancora piú mi stringevano.
Quando alla fine le sorpassarono, e ormai
né voce piú di Sirene udivamo, né canto,
in fretta la cera si tolsero i miei fedeli compagni,
200 che negli orecchi avevo a loro pigiato, e dalle corde mi sciolsero.

Entriamo nel testo

Il mito folklorico delle Sirene

Anche le Sirene appartengono, come Polifemo, al versante dei racconti popolari confluiti nell'*Odissea*, che è il primo testo in cui sono menzionati. L'aspetto delle Sirene non viene descritto da Omero, che appunta la sua attenzione esclusivamente sulla loro voce e le colloca su un'isola posta tra Eea e la rupe di Scilla. Nelle Sirene e in Scilla e Cariddi riconosciamo i simboli dei pericoli che gli antichi marinai incontravano durante la navigazione.

Scilla e Cariddi sono ancor oggi località sulla costa calabra presso lo stretto di Messina, passaggio di mare non privo di pericoli per i vortici e i gorghi che si creano a causa delle correnti. Per i naviganti antichi, forniti di imbarcazioni di piccola mole, la navigazione in quel passaggio presentava indubbiamente dei rischi. È quindi facile riconoscere nell'*Odissea* il ricordo di pericolose esperienze vissute dai naviganti già in epoca omerica.

Le Sirene probabilmente simboleggiano il pericolo della bonaccia: infatti per chi naviga a vela la bonaccia rappresenta un vero pericolo, in quanto, per la mancanza di vento, non consente di servirsi delle vele per governare la barca. Inoltre, e questo è il profilo simbolico piú importante, le Sirene rappresentano il fascino dell'ignoto che, come un canto seducente, attira gli inesperti verso pericoli anche mortali. Con i secoli le Sirene hanno subito una trasformazione nell'aspetto fino ad assumere, nel Medioevo, quello di donne con coda di pesce ma dotate di grande fascino, al punto che si è definita «sirena» una donna particolarmente bella capace di trarre in rovina i suoi amanti. Inoltre, il canto delle Sirene ha sempre di piú assunto il valore simbolico di seduzione intellettuale, allettamento verso nuovi percorsi di conoscenza e di pensiero, però pericolosi per coloro che se ne lasciano ammaliare essendo sprovveduti, privi cioè dell'opportuna dose di avvedutezza intellettuale che permette di discernere ciò che è costruttivo e benefico per la mente umana da ciò che è invece nocivo e distruttivo.

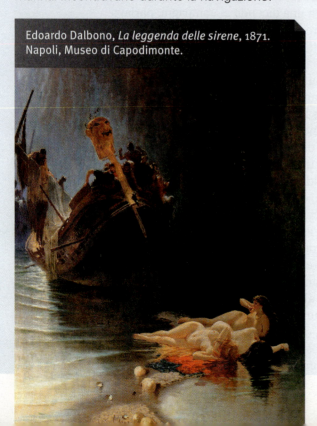

Edoardo Dalbono, *La leggenda delle sirene*, 1871. Napoli, Museo di Capodimonte.

Epica classica : L'Odissea

Esercizi

Competenza trasversale:

a Acquisire ed interpretare l'informazione
b Individuare collegamenti e relazioni
c Comunicare
d Comunicare nelle lingue straniere

- **Comprensione**

1. In quale modo Odisseo impedisce ai compagni di ascoltare il canto delle Sirene? Quale soluzione, invece, escogita per ascoltare le Sirene senza cadere nella loro trappola?
2. Che cosa promettono le Sirene nel loro canto? PROMETTONO DI FARGLI CONOSCERE TUTTO A COSE
3. In quale momento i compagni sciolgono Odisseo?

- **Interpretazione**

4. Perché, secondo te, nel momento in cui la nave di Odisseo sta per passare davanti alla Sirene si verificano all'improvviso la bonaccia di mare e l'assenza di venti?
5. Secondo te, Odisseo subisce maggiormente il fascino della melodia o delle parole espresse dalle Sirene?
6. Perché il canto delle Sirene è irresistibile per Odisseo?
   a. Esse conoscono il suo nome e la sua gloria.
   b. La musicalità del loro canto è di grande bellezza;
   c. Esse promettono di far conoscere e sapere tutto;
   d. Tutti i naviganti sono ripartiti felici dalla loro terra;
   e. Esse conoscono le sofferenze dei combattenti nella guerra di Troia.

- **Competenza testuale**

7. Suddividi il brano in sequenze indicando il contenuto di ognuna di esse.
8. Nell'episodio delle Sirene sono particolarmente importanti i termini relativi al campo semantico del «sapere» e del «conoscere». Ricercali nel testo ed evidenziali.

- **Produzione**

9. Poni a confronto questo episodio con il brano di Apollonio Rodio a pag. 82; esamina gli elementi che differenziano e quelli che accomunano le due narrazioni e esponi in una composizione scritta il prodotto delle tue osservazioni.
10. Sia nell'*Odissea* che nelle *Argonautiche* vi è un personaggio che ascolta il canto delle Sirene. Componi un breve testo in cui descrivi il modo in cui ognuno di questi due personaggi ascolta la voce delle Sirene e ciò che accade di conseguenza a ognuno di essi.

Il cane Argo

• *Odissea*, trad. di S. Quasimodo, Mondadori, Milano, 1967, Libro XVII, vv. 290-327 dell'originale omerico

IN SINTESI: Sfuggita allo splendido e irresistibile richiamo delle Sirene, e oltrepassate le sponde su cui stanno Scilla e Cariddi, la nave giunge all'isola del Sole, Trinacria, dove i compagni affamati vogliono sbarcare. Nonostante, però, gli avvertimenti di Odisseo, essi uccidono per cibarsene i buoi sacri al Sole. Il dio li punisce terribilmente: infatti, dopo che sono salpati, solleva una furiosa tempesta che distrugge la nave e disperde tutti i compagni di Odisseo: l'eroe solo sopravvive e, aggrappato a una trave di legno, si ritrova dopo vari giorni nell'isola di Calipso. La narrazione di Odisseo ai Feaci si conclude quindi con il racconto della sua permanenza a Ogigia e della tempesta che lo ha gettato sulla loro isola.

Finito il racconto di Odisseo, tra il silenzio e lo stupore dei Feaci, Alcinoo si congeda dall'ospite per il quale è pronta la nave che l'indomani lo riporterà alla sua isola. Durante il viaggio Odisseo si addormenta: a Itaca i marinai lo depongono al suolo e ripartono. Al suo risveglio l'eroe non riconosce la sua isola e teme un inganno, ma a lui si presenta Atena, prima sotto mentite spoglie e poi facendosi riconoscere, che lo rassicura e lo trasforma in vecchio mendicante, sí da non essere riconosciuto. Quindi gli consiglia di recarsi alla capanna del fedele porcaro Eumeo, mentre la dea andrà a richiamare Telemaco dal suo viaggio.

Odisseo viene benevolmente accolto da Eumeo, che gli esprime grande rimpianto per il padrone forse anch'egli mendicante; allora l'eroe gli racconta una lunga storia fingendo di essere un cretese che, dopo varie peripezie, era giunto naufrago a Itaca; aggiunge anche di aver avuto notizia che Odisseo è vivo e che si apprestava a tornare in patria.

Intanto, Atena si reca a Sparta per richiamare Telemaco e gli consiglia di tornare a casa e di andare subito dal porcaro Eumeo. Telemaco segue il consiglio della dea, si reca alla capanna del porcaro, dove trova l'ospite straniero, quindi invia Eumeo da Penelope per avvisarla del suo ritorno. Rimasti soli, Atena restituisce a Odisseo il suo vero splendido aspetto, sicché padre e figlio si riconoscono e organizzano insieme la vendetta nel palazzo. Il giorno seguente Telemaco si reca alla reggia; saluta la madre, senza comunicarle il ritorno del marito. Anche Odisseo, che ha riacquistato le sembianze di mendico, si dirige insieme a Eumeo al palazzo. Giunti davanti alla casa, Odisseo vede il suo vecchio cane Argo.

---

8. giaceva abbandonato: lo stato di abbandono in cui si trova il cane, un tempo vivace e vigoroso, è un segno della trascuratezza della casa in assenza del padrone.

12. zecche: insetti parassiti di molti animali, di cui succhiano il sangue.

21. cane da convito: corrisponde all'espressione moderna «cane da salotto».

Mentre questo dicevano tra loro, un cane
che stava lí disteso, alzò il capo e le orecchie.
Era Argo, il cane di Odisseo, che un tempo
egli stesso allevò e mai poté godere nelle cacce,
5 perché assai presto partí l'eroe per la sacra Ilio.
Già contro i cervi e le lepri e le capre selvatiche
lo spingevano i giovani; ma ora, lontano dal padrone,
giaceva abbandonato sul letame di buoi e muli
che presso le porte della reggia era raccolto,
10 fin quando i servi lo portavano sui campi
a fecondare il vasto podere di Odisseo.
E là Argo giaceva tutto pieno di zecche.
E quando Odisseo gli fu vicino, ecco agitò la coda
e lasciò ricadere le orecchie; ma ora non poteva
15 accostarsi di piú al suo padrone. E Odisseo
volse altrove lo sguardo e s'asciugò una lacrima
senza farsi vedere da Eumeo; e poi cosí diceva:
«Certo è strano, Eumeo, che un cane come questo
si lasci abbandonato sul letame. Bello è di forme;
20 ma non so se un giorno, oltre che bello, era anche veloce
nella corsa, o non era che un cane da convito,
di quelli che i padroni allevano solo per il fasto».

36. proci: termine derivato dal latino con cui sono indicati i pretendenti alla mano di Penelope, che passano le giornate in banchetti nella reggia di Odisseo.

E a lui, cosí rispondeva, Eumeo, guardiano di porci:
«Questo è il cane d'un uomo che morí lontano.
25 Se ora fosse di forme e di bravura
come, partendo per Troia, lo lasciò Odisseo,
lo vedresti con meraviglia cosí veloce e forte.
Mai una fiera sfuggiva nel folto della selva
quando la cacciava, seguendone abile le orme.
30 Ma ora infelice patisce. Lontano dalla patria
è morto il suo Odisseo; e le ancelle, indolenti,
non si curano di lui. Di malavoglia lavorano i servi
senza il comando dei padroni, poi che Zeus
che vede ogni cosa, leva a un uomo metà del suo valore,
35 se il giorno della schiavitú lo coglie».
Cosí disse, ed entrò nella reggia incontro ai proci.
E Argo, che aveva visto Odisseo dopo vent'anni,
ecco, fu preso dal Fato della nera morte.

Entriamo nel testo

L'estrema gioia del cane fedele

Prima di entrare nella reggia, proprio sulla soglia, Odisseo si imbatte in una creatura che gli manifesta una commovente fedeltà. È il momento del ritorno a casa dell'eroe dopo ben venti anni, il momento in cui ritrova le persone e le cose che aveva lasciato. Odisseo ha già incontrato Eumeo, il fedele servo, il figlio Telemaco, con il quale si è verificato un emozionante riconoscimento. Il secondo riconoscimento non avviene da parte di una persona, ma dal suo cane, ormai divenuto vecchio, rimasto in vita tutto il tempo dell'assenza del suo padrone come se lo aspettasse e, conclusa l'attesa, non avesse piú motivo di sopravvivere. Come la madre Anticlea, l'animale si configura come una vittima dell'assenza di Odisseo.

Il povero animale ha un aspetto molto diverso rispetto ai tempi in cui Odisseo lo aveva allevato e addestrato alla caccia: adesso è in condizioni pietose, abbandonato sul letame e pieno di piaghe. Similmente differente è l'attuale aspetto del suo padrone, a cui la dea Atena ha dato l'apparenza di un mendicante. In questo incontro tra due esseri trasformati, è Argo che per primo riconosce Odisseo, unicamente per amore e senza il bisogno che intervenga una divinità come nel caso di Telemaco. Anche il cuore temprato dalle dure esperienze dell'eroe viene travolto dalla commozione, ma il falso mendicante non può tradirsi rivelando la propria identità, non può avvicinarsi all'animale, magari abbracciarlo e consolarlo; Odisseo copre la propria emozione spingendo Eumeo a parlare del cane, della bellezza e della bravura quando ancora c'era il suo padrone.

L'incontro con il vecchio cane fedele, un momento prima di passare la soglia della reggia, sembra indicare l'inizio di avvenimenti nuovi e della riconquista, da parte di Odisseo, della sua reggia, della sua famiglia e del suo popolo.

Odisseo ritorna da Penelope e dal cane Argo; copia di un affresco di Pompei. Londra, Mary Evans Picture Library.

Esercizi

- **Comprensione**

1. Quali segnali indicano che il cane ha riconosciuto il suo padrone?
2. Argo è disteso nel letame: quale spiegazione dà Eumeo di questo stato di abbandono?
3. In quale modo Odisseo esprime la sua commozione?
4. Quale immagine della reggia di Odisseo e del comportamento dei servi scaturisce dalla descrizione delle condizioni in cui si trova Argo e dalle parole di Eumeo?
5. Quale idea si è fatto Eumeo della sorte di Odisseo?
6. Il primo riconoscimento di Odisseo nella sua casa è fatto dal suo vecchio cane, che riconosce il padrone anche travestito da mendicante e che subito dopo muore. Ciò che contribuisce a rendere patetico l'episodio è il confronto continuo tra le due condizioni di «prima» e «ora», cioè il tempo felice in cui Odisseo era signore di Itaca, e l'infelice situazione del momento presente. Ricerca nel testo gli aspetti relativi alle due diverse condizioni.

- **Produzione**

7. Omero non dice quale sia la causa della morte del cane. Scrivi un breve testo in cui illustri la tua interpretazione, anche ampliando l'esposizione con richiami a eventi di natura simile che hai conosciuto nella tua esperienza di vita.

La tela di Penelope

- Libro XIX, vv. 103-171

IN SINTESI: Telemaco fa accomodare Odisseo e gli offre del cibo; i pretendenti si adirano alla vista dello straniero sospettando che un dio li voglia mettere alla prova: cosí Antinoo, il piú vivace di essi, offende il mendicante e lo colpisce con uno sgabello. Odisseo non reagisce, sopportando pazientemente per non scoprirsi. Penelope apprende da Eumeo l'arrivo dello sconosciuto, ed esprime il desiderio di domandargli se potesse mai avere qualche notizia su Odisseo. La sera, tornati i pretendenti alle loro case, Penelope scende nella sala per interrogare il falso mendicante.

---

103. la savia: l'attributo appartiene alla solita norma degli epiteti usati per i personaggi nei poemi omerici; tuttavia è scelto in coerenza con la caratteristica fondamentale attribuita a Penelope, cioè saggezza e avvedutezza.

E fra di loro prese a parlare la savia Penelope:
«Straniero, questo per primo ti chiederò io stessa:
105 chi e donde sei tra gli uomini? dov'è la città, i genitori?».
E ricambiandola disse l'accorto Odisseo:
«O donna, nessun mortale sopra la terra infinita
può biasimarti; anzi fama di te sale al vasto cielo
come d'un re perfetto, che, pio verso i numi,
110 su numeroso popolo e fiero tenendo lo scettro,
alla giustizia è fedele: porta la terra nera
grano e orzo, piegano gli alberi al peso dei frutti,
figliano senza sosta le greggi, il mare offre pesci,

Epica classica : L'Odissea

AD PORTAM COLUNAM AUXUA VENIEBANT.

124-126. il mio valore ... Odisseo: alle lodi espresse da Odisseo, Penelope risponde che le sue doti e la sua bellezza sono state distrutte dagli dèi attraverso il dolore provato per la partenza e l'assenza del marito.

129. m'accoro: provo dolore nel cuore.

131. Dulichio ... Zacinto: isole del mar Ionio su cui si estendeva il potere di Itaca.

135. araldi: messaggeri. Gli araldi erano propriamente i banditori, che avevano l'incarico di comunicare oralmente al popolo, mediante proclami pubblici, le notizie e i decreti.

138-150. E prima ... accanto: Penelope, confidando allo straniero il suo stato d'animo e la sua situazione, gli racconta l'inganno della tela con cui aveva cercato di contenere le richieste dei pretendenti. Omero ha già parlato, nel Libro II, di questo inganno e del modo in cui era stato scoperto.

144. sudario: lenzuolo per avvolgere il corpo dei defunti. – **Moira**: vedi nota 119 a pag. 120.

151. gli Achei: i pretendenti, provenienti sia da Itaca sia da altre città, ma tutti appartenenti alla stirpe degli Achei.

154. colpa delle mie schiave: nella reggia di Itaca molte schiave non erano rimaste fedeli alla regina, ma si erano alleate con i pretendenti. Le schiave infedeli saranno uccise da Odisseo nel momento della vendetta finale.

158. i genitori: dei pretendenti.
159. il figlio: Telemaco.

per il suo buon governo: prospera il popolo sotto di lui.
115 Ora, però, ogni altra cosa chiedimi nel tuo palazzo,
ma la stirpe non chiedermi e la terra dei padri,
per non riempirmi ancora piú il cuore di strazio
a pensarci; io son molto infelice, ma non bisogna
che in casa d'altri piangendo e gemendo
120 sieda; è peggio rammaricarsi sempre senza misura:
temo che s'infurierebbe un'ancella contro di me, o tu stessa, forse,
e direbbe che piango molto, perché ho il cuore greve di vino...».
E a lui rispose la sapiente Penelope:
«Straniero, no: il mio valore e la bellezza del corpo
125 l'han distrutti gli eterni, quando per Ilio partivano
gli Argivi, e con loro anche il mio sposo andava, Odisseo.
Se lui, tornando, la vita mia proteggesse,
molto piú grande sarebbe la mia rinomanza, e piú bella.
Invece m'accoro: tante sono le pene di cui mi carica un dio.
130 Perché quanti sono i piú nobili che hanno potere nell'isole,
Dulíchio e Same e Zacinto selvosa,
e quanti qui in Itaca ben visibile vivono,
tutti contro mia voglia mi fan la corte e distruggon la casa.
Per questo io non mi curo di stranieri o di supplici,
135 non d'araldi che sono a servizio del popolo;
ma rimpiangendo Odisseo mi struggo nel cuore.
Costoro affrettan le nozze: e io filo inganni.
E prima un manto m'ispirò in cuore un dio,
ordita nelle mie stanze una gran tela, di tessere:
140 una tela sottile, smisurata: e dicevo:
"Giovani miei pretendenti, se morto è Odisseo glorioso,
aspettate, quantunque impazienti delle mie nozze, che termini
questo lenzuolo, e non mi si perdano al vento le fila,
sudario di morte per Laerte divino, il giorno che Moira
145 crudele di morte lungo strazio lo colga:
che nessuna tra il popolo delle Achee mi rimproveri,
quando senza sudario giacesse chi molto acquistò".
Cosí dicevo, a loro fu persuaso il cuore superbo.
Allora di giorno la gran tela tessevo,
150 e la sfacevo di notte, con le fiaccole accanto.
Cosí per tre anni rimasi nascosta, e persuadevo gli Achei.
Ma quando arrivò il quarto anno, le stagioni tornarono,
consumandosi i mesi, e s'eran compiuti giorni su giorni,
allora, colpa delle mie schiave, cagne senza rispetto,
155 vennero e mi sorpresero e furono grida e rimproveri.
Cosí dovetti finire, pur non volendo, per forza.
E ora non so come sfuggire alle nozze, non trovo
altro imbroglio; e molto i genitori mi spingono
perché mi sposi, s'adira il figlio che gli divorino i beni,
160 perché ormai capisce: un uomo a quell'età già moltissimo
della casa si cura, e a lui Zeus dona gloria.
Ma anche cosí dimmi la stirpe, donde tu sei;
non certo da vecchia quercia sei nato o da roccia».
E ricambiandola disse l'accorto Odisseo,

165 «O donna fedele del Laerziade Odisseo:
non vuoi rinunciare a domandarmi la stirpe?
Ebbene te la dirò: ma mi darai in preda a strazio
piú grande di quello che ho; sempre è cosí, quando un uomo
da tanto tempo è lontano dalla sua patria, quanto io appunto,
170 errando per molte città di mortali e soffrendo dolori.
Pure ti dirò quello che cerchi e mi chiedi.

Entriamo nel testo

Il primo incontro con Penelope

Durante i dieci anni dell'avventuroso viaggio di ritorno, Odisseo ha atteso e desiderato rivedere e abbracciare Penelope. Nel brano *Calipso e Odisseo* (vedi pag. 154), abbiamo visto l'eroe mentre, sulla riva dell'isola di Calipso, è in preda alla nostalgia per la patria e l'amata moglie; l'abbiamo incontrato quando, di fronte al fascino magico di Circe e alla grazia giovanile di Nausicaa, continua a rivolgere il pensiero alla sua casa e alle gioie familiari offerte dalla saggia Penelope. Eppure, adesso che si trova, per la prima volta dopo venti anni, di fronte alla donna desiderata, si nasconde dietro le misere vesti di un mendicante.

Avrebbe potuto cedere all'impulso di abbracciare sua moglie, rivelarle di essere finalmente tornato e consolare il suo dolore. Invece, Odisseo è un eroe prudente e accorto; ha elaborato il progetto di liberare la sua casa dall'invasione dei pretendenti e di punire tutti coloro che non gli sono rimasti fedeli. E cosí riesce a dominare le emozioni e gli impulsi e, in questo suo primo colloquio con Penelope, con ammirevole autocontrollo continua a recitare la parte che si è imposto per portare a compimento il suo piano. Ascolta le espressioni di dolore che provengono dal cuore di Penelope, ascolta il racconto delle pene che essa ha sopportato. Con lui, uno sconosciuto straniero, la donna si abbandona alla fiducia e gli confida perfino lo stratagemma della tela usato per tenere a bada l'impazienza dei pretendenti. In tal modo, ascoltiamo dalla sua stessa voce come per tre anni sia riuscita a condurre il suo inganno, tessendo la tela di giorno e passando le notti a disfarla, finché il suo segreto è stato rivelato ai pretendenti da una serva infedele e lei non riesce a trovare un altro *imbroglio per sfuggire alle nozze*.
Il ritorno di Odisseo, anche se lei non lo sa ancora, è capitato proprio adesso, quando la partita sembra persa, ed essa è ormai messa alle strette per scegliere un nuovo sposo. Omero ha saputo congegnare con arte ingegnosa i tempi e gli eventi: infatti, proprio l'obbligo della scelta tra i pretendenti, come vedremo tra poco, offrirà al poeta la possibilità di raccontare la famosa scena della gara dell'arco, quella che dà inizio alla vendetta di Odisseo.

John William Waterhouse, *Penelope e i pretendenti*, 1912. Aberdeen, Art Gallery and Museum.

Epica classica · L'Odissea

Esercizi

- **Comprensione e interpretazione**

1. Fai la parafrasi del brano.
2. Esamina il primo discorso di Odisseo: come si rivolge a Penelope e con quali caratteristiche la descrive? Quali argomenti espone e in quale ordine?
3. Nel suo primo discorso a Penelope, che cosa dice Odisseo riguardo a lei e riguardo a se stesso?
4. Penelope racconta a colui che crede uno straniero l'inganno della tela da lei attuato per molto tempo: in che cosa consiste questo inganno, e perché vi è ricorsa?
5. Secondo te, per quali motivi Odisseo non si fa riconoscere da Penelope?

- **Competenza testuale**

6. Individua gli epiteti che riguardano Penelope: a quale campo semantico appartengono? *DELLA SAGGEZZA / AL CAMPO*
7. Questo brano è costituito soprattutto dal dialogo; le residue parti espresse dal narratore danno informazioni di natura descrittiva o narrativa? *NARRATIVA*

Euriclea, la nutrice di Odisseo

- Libro XIX, vv. 386-390; 467-507

IN SINTESI: L'eroe inventa una storia raccontando a Penelope di essere cretese e di aver conosciuto a Creta Odisseo mentre si stava recando a Troia con i compagni. Quindi rincuora la donna mediante notizie più recenti e dicendole di aver saputo che Odisseo, dopo aver vagato a lungo, si trova già sulla via di ritorno. Penelope ringrazia lo straniero e ordina alle ancelle di lavarlo e di prendersi cura di lui, ma egli accetta l'aiuto solo di una donna anziana che abbia molto sofferto. Allora Penelope affida lo straniero a Euriclea, l'anziana nutrice di Odisseo, la quale ravvisa subito in lui una notevole somiglianza col suo antico padrone.

386. la vecchia: Euriclea. – **lèbete**: ampia bacinella in cui si versava l'acqua per lavarsi.
467. Ora: il passaggio dalla digressione alla narrazione è segnalato da questo avverbio, che ci riconduce nel momento emotivamente culminante di questo episodio, con il riconoscimento di Odisseo da parte della sua vecchia nutrice.
469. il bronzo: di cui è fatta la bacinella.

Intanto la vecchia aveva preso il lèbete lucente,
per lavare i suoi piedi, e in abbondanza versava
acqua fredda, poi aggiunse la calda; Odisseo
al focolare sedeva, ma verso il buio si volse di scatto;
390 d'un tratto in cuore gli venne paura che ella toccandolo
la cicatrice riconoscesse, e tutto fosse scoperto

> In una lunga digressione il narratore, mediante la tecnica del *flashback*, racconta un episodio della vita di Odisseo giovinetto e spiega l'origine della cicatrice (di cui si parlerà tra poco). Durante una partita di caccia sul monte Parnaso un cinghiale era sbucato da una macchia e, prima di essere abbattuto da una lancia, aveva ferito Odisseo, procurandogli uno squarcio sulla gamba proprio sopra il ginocchio.

Ora la vecchia, toccando la cicatrice con le due mani aperte,
la riconobbe palpandola, e lasciò andare il piede.
Dentro il lèbete cadde la gamba, risonò il bronzo
470 e s'inclinò da una parte: in terra si sparse l'acqua.

472. stretta: strozzata dall'emozione.
504. a prender lavacro: a prendere altra acqua, per lavare Odisseo.

A lei gioia e angoscia insieme presero il cuore, i suoi occhi
s'empiron di lacrime, la florida voce era stretta.
Carezzandogli il mento, disse a Odisseo:
«Oh sí, Odisseo tu sei, cara creatura! E non ti ho conosciuto
475 prima d'averlo tutto palpato il mio re!…».
Disse e a guardar Penelope si rivolse con gli occhi,
volendo dirle ch'era tornato il suo sposo.
Ma lei non poté vederla in viso né accorgersi,
perché Atena le distrasse la mente; e Odisseo
480 la mano afferrò della vecchia, la strinse con la destra alla gola,
con l'altra la tirò a sé, le disse:
«Balia, perché mi vuoi perdere? eppure tu m'hai nutrito
al tuo petto; e ora, dopo aver sopportato gran pene,
arrivo dopo vent'anni alla terra dei padri.
485 Ma, giacché l'hai capito, un dio te l'ha messo nel cuore,
taci, che nessun altro nel palazzo lo sappia.
Perché questo ti dico, e certo avrà compimento:
se per mia mano un nume abbatta i pretendenti alteri,
neppure perché mi nutristi t'avrò riguardo, quando
490 massacrerò l'altre donne nel mio palazzo».
E gli rispose Euriclea prudente:
«Creatura mia, che parola t'uscí dalla siepe dei denti!
Tu sai che il mio cuore è saldo e indomabile:
sarò come una dura roccia, come un pezzo di ferro.
495 Altro ti dico e tu ponilo in cuore:
se per tua mano un nume abbatta i pretendenti alteri,
allora una per una nominerò le donne di casa,
quali non ti rispettano e quali sono innocenti».
Ma rispondendole disse l'accorto Odisseo:
500 «Balia, perché vuoi dirmele tu? Non c'è bisogno.
Le capirò da solo, saprò ben conoscerle tutte;
tu serba il segreto, e lascia fare ai numi».
Cosí parlava; e la vecchia riattraversò la sala,
a prender lavacro pei piedi: l'altro s'era tutto versato.
505 Poi, come l'ebbe lavato, unto d'olio abbondante,
di nuovo accanto al fuoco tirò il sedile Odisseo
per scaldarsi, ma la cicatrice con i cenci coprí.

Entriamo nel testo

Il riconoscimento imprevisto

Questo è il terzo riconoscimento di Odisseo a Itaca (dopo il figlio Telemaco e il cane Argo) e presenta, rispetto ai precedenti, alcune differenze. Il primo riconoscimento, di Telemaco, è stato voluto dall'eroe e aiutato dalla dea Atena; il secondo riconoscimento, del cane Argo, è avvenuto in silenzio e non ha messo in pericolo la falsa identità assunta dall'eroe. Adesso, Euriclea, la vecchia balia di Odisseo, lo riconosce in modo spontaneo e rischia che avvenga una sua rivelazione prematura.
Questo episodio trae origine da un nucleo appartenente alla tradizione delle fiabe popolari, cioè il riconoscimento del protagonista da parte di un anziano servitore fedele. Nonostante la trasformazione del suo aspetto, Odisseo conserva la cicatrice di una vecchia ferita, che

Epica classica | L'Odissea

non può sfuggire all'attenzione di colei che lo aveva visto nascere e crescere. Il poeta utilizza e amplia questa tecnica di riconoscimento mediante l'inserimento di un *flashback*, che serve a illustrare l'origine della ferita e della conseguente cicatrice.
La scena raggiunge la *Spannung* nel momento in cui Euriclea, passando le mani lungo la gamba dell'eroe, sfiora la nota cicatrice e capisce di trovarsi di fronte l'amato e atteso Odisseo. La gioia e la meraviglia stanno per trovare uno sfogo in espressioni e gesti di cui tutti i presenti potrebbero accorgersi; la rapidità della reazione di Odisseo, accompagnata dall'intervento di Atena che distrae l'attenzione di Penelope, impedisce che venga rivelata la sua identità, cosicché egli possa portare a termine il piano di vendetta accuratamente elaborato.

Esercizi

- **Comprensione e interpretazione**

1. Fai la parafrasi del brano.
2. Mediante quali gesti Euriclea arriva a vedere la cicatrice di Odisseo? Con quali parole il poeta indica i sentimenti con cui essa reagisce?
3. In quale modo la dea Atena interviene, anche in questa situazione, in aiuto di Odisseo?
4. Quali argomenti usa Odisseo per convincere Euriclea a tenere il segreto?
5. Quali sentimenti di Euriclea emergono dalle parole che essa usa per rassicurare Odisseo sul suo silenzio?
6. Che significato hanno le parole di Omero (v. 504) *l'altro s'era tutto versato*? Che cosa si era versato? Perché si era versato?

- **Produzione**

7. Racconta l'episodio sostituendo i discorsi diretti con discorsi indiretti.

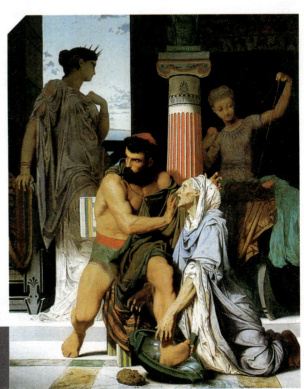

Gustave Boulanger, *Ulisse riconosciuto dalla nutrice Euriclea*, 1849 circa. Parigi, École Nationale des Beaux-Arts.

La gara dell'arco e la vendetta

• Libro XXI, vv. 393-434; Libro XXII, vv. 1-25; 34-43

IN SINTESI: Riprende il colloquio tra Odisseo e Penelope, la quale gli confida la propria intenzione di proporre ai pretendenti una gara, il cui vincitore sarà scelto come suo sposo: i pretendenti dovranno lanciare una freccia con l'arco di Odisseo, facendola passare attraverso gli anelli di dodici scuri piantati per terra in serie; si tratta di una prova che solo Odisseo era in grado di eseguire. La notte che segue, vigilia dell'azione risolutiva e della fine dei lunghi dolori per i due sposi, vede le angosce di Penelope e la fiduciosa speranza di Odisseo. Al mattino giungono i pretendenti, che si accingono a un'altra giornata di banchetti, orge e schiamazzi, anche se un indovino ospite di Telemaco, Teoclimeno, presagisce loro un imminente destino terribile e sanguinoso. Si presenta Penelope con l'arco di Odisseo e propone ai pretendenti la gara di tiro; questi iniziano a tentare la prova, ma falliscono, non essendo in grado neppure di tendere l'arco. Odisseo, dopo essersi fatto riconoscere da Eumeo, fa chiudere tutte le porte della sala; prima che l'ultimo e il piú arrogante dei pretendenti, Antinoo, si cimenti con l'arco, l'eroe chiede di tentare il tiro. Telemaco invita la madre a ritirarsi nelle sue stanze, dove essa cade nel sonno per volere di Atena. Nella sala Odisseo prende l'arco e lo tende con facilità facendo attraversare alla freccia tutti gli anelli delle scuri.

---

394. lo tentava: lo provava.
395. il corno: gli archi piú antichi erano per lo piú costituiti da due corni di antilope collegati alla base tra loro. Il corno poteva, come accade al legno, essere corroso e danneggiato dai tarli.
400. il randagio esperto di mali: il mendicante che conosce i dolori.
407. bischeri: piccoli pioli di sostegno delle corde negli strumenti musicali.
410. il nervo: la corda dell'arco.
413. Zeus ... segno: il dio Zeus, poco dopo indicato come *figlio di Crono*, esprimeva il suo favore mediante i tuoni.
415. pensiero complesso: usato come epiteto di Zeus.
419. cocca: è la tacca sulla parte inferiore della freccia su cui si incastra la corda dell'arco.

Odisseo piega l'arco

Già aveva preso l'arco Odisseo,
e lo girava da tutte le parti, lo tentava qua e là,
se avessero i tarli roso il corno, mentre il padrone non c'era.   395
Allora qualcuno guardando diceva a un altro vicino:
«Certo costui era un esperto, un uomo pratico d'archi.
E forse anche lui possiede archi simili in casa,
o sta pensando di farsene uno, tanto fra mano
sopra e sotto lo gira, il randagio esperto di mali».   400
E un altro dei giovani alteri diceva:
«Oh se potessi incontrare altrettanta fortuna,
quant'è vero che quello riesce a tendere l'arco!».
Cosí dicevano i pretendenti; e l'accorto Odisseo, all'improvviso,
dopo che il grande arco palpò e osservò da ogni parte,   405
come un uomo, che è esperto della cetra e del canto,
senza fatica tende le corde sui bischeri nuovi,
fissando ai due estremi il budello ben torto di pecora,
cosí senza sforzo tese il grande arco, Odisseo.
Poi con la mano destra pizzicò e provò il nervo,   410
che bene gli cantò sotto, simile a grido di rondine.
Ma ai pretendenti strazio grande ne venne, a tutti il colore
cambiò. E Zeus tuonò forte per dare il segno;
e godette Odisseo costante, glorioso
che gli mandasse un segno il figlio di Crono pensiero complesso.   415
Prese la freccia rapida, ch'era davanti a lui sulla mensa
nuda, l'altre nella faretra capace
stavano, e presto gli Achei le dovevan provare;
l'arco pel mezzo afferrò, tirò nervo e cocca,
dal suo posto, seduto sul seggio, e lasciò andare la freccia   420
mirando dritto: non fallí di tutte le scuri,
l'anello alto, ma li traversò e ne uscí fuori
il dardo greve di bronzo. Poi disse a Telemaco:

Epica classica · L'Odissea

428-430. Adesso è ora ... banchetto: con queste parole Odisseo parla in maniera metaforica, facendo feroce sarcasmo in merito a quanto si accinge a compiere: la cena che sta preparando per gli Achei, cioè i pretendenti, è la loro strage, e lo svago e il canto saranno il piacere che egli proverà nella vendetta.

1. si denudò dei cenci: si spogliò delle vesti di mendicante.

3. versò: sparpagliò, sparse.

6-7. adesso ... Apollo: ora io tenterò di centrare (*saggerò, se lo centro*) un altro bersaglio, verso cui nessuno ha mai volto la mira, con l'aiuto di Apollo. Odisseo si riferisce ai pretendenti, contro i quali dirige le sue frecce facendone strage.

8. Antinoo: il piú superbo e arrogante tra i pretendenti.

9-12. Quello stava ... non presagiva: i pretendenti, evidentemente, non hanno capito né le parole che Odisseo ha appena pronunciato, né che il banchetto sta per trasformarsi nella loro strage.

10. a due anse: a due manici.

14. Chera: la divinità del destino e della morte.

19. respinse la mensa: arrovesciò la tavola.

23. troni: i sedili della mensa.

24. spiando i solidi muri: osservando i muri con la speranza di vedervi armi con cui difendersi; essi, tuttavia, non trovano armi perché la sera precedente Odisseo e Telemaco le avevano portate via tutte.

«Telemaco, non ti disonora l'ospite che nella tua sala
425 è seduto: non ho fallito il bersaglio, non ho faticato
molto a tendere l'arco; ancora ho salda la forza,
non come i pretendenti disprezzando m'insultano.
Adesso è ora di preparare la cena agli Achei,
finch'è giorno; e poi variamente prendersi svago,
430 col canto e la cetra: questi son corona al banchetto».
Disse, e accennò con la fronte: si cinse la spada affilata
Telemaco, il caro figlio del divino Odisseo,
la mano gettò sull'asta, e accanto a lui venne
a piantarsi, vicino al seggio, armato di bronzo accecante.

La strage dei pretendenti

Allora si denudò dei cenci l'accorto Odisseo,
balzò sulla gran soglia, l'arco tenendo e la faretra,
piena di frecce, e versò i dardi rapidi
lí davanti ai suoi piedi, e parlò ai pretendenti:
5 «Questa gara funesta è finita;
adesso altro bersaglio, a cui mai tirò uomo,
saggerò, se lo centro, se mi dà il vanto Apollo».
Disse, e su Antinoo puntò il dardo amaro.
Quello stava per alzare il bel calice,
10 d'oro, a due anse, lo teneva già in mano,
per bere il vino; in cuore la morte
non presagiva: chi avrebbe detto che tra banchettanti
un uomo, solo fra molti, fosse pure fortissimo,
doveva dargli mala morte, la tenebrosa Chera?
15 Ma Odisseo mirò alla gola e lo colse col dardo:
dritta attraverso il collo passò la punta.
Si rovesciò sul fianco, il calice cadde di mano
al colpito, subito dalle narici uscí un fiotto denso
di sangue; rapidamente respinse la mensa
20 scalciando, e i cibi si versarono a terra:
pane e carni arrostite s'insanguinarono. Gettarono un urlo
i pretendenti dentro la sala, a veder l'uomo cadere,
dai troni balzarono, in fuga per tutta la sala,
dappertutto spiando i solidi muri:
25 né scudo c'era, né asta robusta da prendere.
[...]
Ma feroce guardandoli disse l'accorto Odisseo:
35 «Ah cani, non pensavate che indietro, a casa tornassi
dalla terra dei Teucri, perciò mi mangiate la casa,
delle mie schiave entrate per forza nel letto,
e mentre son vivo mi corteggiate la sposa,
senza temere gli dèi, che l'ampio cielo possiedono,
40 né la vendetta, che in seguito potesse venire agli uomini.
Ora tutti ha raggiunto il termine di morte!».
Cosí disse, e tutti afferrò verde terrore:
ciascuno spiava dove potesse sfuggire alla morte imminente.

Entriamo nel testo

Il momento della vendetta

Siamo arrivati alla resa dei conti: Odisseo può finalmente mettere in atto il suo progetto di vendetta, per il quale ha subito una serie di mortificazioni, a cominciare dal sopportare l'aspetto e il ruolo di mendicante sino al reprimere l'espressione dei suoi affetti con le persone care e perfino con il cane Argo. Questo episodio rappresenta la *Spannung* della seconda parte del poema, il momento di massima tensione destinato a sciogliere gli eventi e condurli a una soluzione.

Fino a ora Penelope è riuscita, grazie all'inganno della tela, a rimandare la scelta di un altro marito, ma con la rivelazione di questo imbroglio la donna è obbligata a prendere la sua decisione. Essa, allora, propone ai suoi pretendenti di affrontare una prova risolutiva: il vincitore diverrà suo sposo. Penelope sa che si tratta di una prova difficile e – come essa probabilmente spera – impossibile da superare: piegare un arco speciale, che solo Odisseo sapeva usare, e scagliare una freccia in modo che passi attraverso una serie di dodici cerchi, posti nell'impugnatura di dodici scuri. Nessuno dei giovani è in grado di superare la prova e neppure riesce a piegare l'arco. È a questo punto che si verifica il rovesciamento dei ruoli dei personaggi: mentre i pretendenti da arroganti diventano incerti e insicuri, Odisseo getta i suoi stracci da mendicante e si pone al centro della scena in tutto il suo vigore, terrificante come un'apparizione divina.

L'eroe ha preparato con cura e astuzia questo momento; adesso inizia finalmente a colpire i pretendenti cominciando da Antinoo, il *leader* dei pretendenti, il più arrogante e prepotente, la cui morte è descritta con particolari raccapriccianti come il sangue che si sparge sulla mensa e imbeve le vivande avanzate del banchetto. Finalmente Odisseo rivela la sua identità, rinfacciando ai giovani pretendenti tutte le violenze e le ingiustizie commesse a suo danno; a questo punto essi, stravolti dalla rivelazione e terrorizzati, pensano solo a salvarsi dalla morte. Per loro, però, non ci sarà scampo: sono disarmati e non possono procurarsi armi perché Odisseo ha fatto in modo che nella sala l'unica arma sia il suo terribile arco. La vendetta si scatenerà contro i pretendenti arroganti e contro tutti i servi e le serve che, nella reggia, si sono schierati dalla parte dei giovani disonorando il ricordo e l'autorità del loro re assente.

Pittore di Penelope, *Ulisse uccide i pretendenti*, 440 a.C. circa. Berlino, Staatliche Museen.

Epica classica | L'Odissea

Esercizi

- **Comprensione e interpretazione**

1. Fai la parafrasi del brano.
2. Mediante quali espressioni Omero ci mostra che Odisseo sta deponendo le spoglie del mendico per apparire nella sua vera identità? La descrizione è diretta, fatta cioè dal narratore, oppure si configura anche attraverso le parole dei pretendenti?
3. Odisseo riprende lentamente possesso del suo arco: descrivi i momenti successivi che segnano questo atto di riappropriazione.
4. L'eroe non ha ancora rivelato la propria identità e il suo comportamento giunge inaspettato per i pretendenti. Quali sono le loro reazioni?
5. La similitudine nei versi 406-409 accosta Odisseo che esamina l'arco a un uomo esperto di cetra e di canto; hai conosciuto nel poema qualche personaggio «esperto di cetra e di canto»? Quale significato attribuisci a questo accostamento in particolare?
6. Perché i pretendenti «cambiano colore» accorgendosi dell'abilità con cui il mendicante maneggia l'arco?
7. Le parole di Odisseo nei versi 424-430 hanno lo scopo di tranquillizzare i pretendenti fingendo che tutto sia normale; ma per noi lettori, e per gli antichi ascoltatori della narrazione fatta dagli aèdi, quale valore acquistano queste parole, dato che conosciamo il progetto di Odisseo?
8. A che cosa si riferisce Odisseo dichiarando di voler colpire *altro bersaglio* (v. 6)?
9. Che cosa sta facendo Antinoo quando viene colpito da Odisseo?
10. L'uccisione di Antinoo giunge improvvisa e inaspettata. Quali sono le reazioni immediate dei pretendenti?

- **Competenza testuale**

11. Suddividi il testo in sequenze indicando il contenuto di ciascuna di esse.
12. La domanda contenuta nei versi 12-14 (*chi avrebbe detto ... la tenebrosa Chera?*) esprime il pensiero:
    a. di Odisseo, che si prepara a colpire;
    b. dei pretendenti, che assistono alla vicenda;
    c. del poeta, che fa una considerazione sugli eventi.

- **Produzione**

13. Racconta, mediante una tua composizione scritta, il contenuto dell'episodio mettendo in evidenza le immagini e i particolari che ti sembrano particolarmente significativi.
14. Dopo aver fatto la divisione in sequenze, fai un breve riassunto dell'episodio.

Penelope riconosce Odisseo

• Libro XXIII, vv. 163-217; 225-232

IN SINTESI: Odisseo, con l'aiuto di Telemaco e di pochi servitori rimasti fedeli, inizia a uccidere i pretendenti, che poco possono contro il furore dell'eroe. Conclusa la strage, la nutrice Euriclea conduce nella sala quelle tra le ancelle che avevano fatto banchetti e orge con i pretendenti; queste vengono costrette a pulire la sala e poi vengono anch'esse uccise. Quindi Odisseo fa bruciare zolfo nella sala per purificarla, prima che sia svegliata Penelope che ancora giace addormentata. Odisseo teme una reazione violenta da parte dei cittadini e dei parenti dei pretendenti, per cui ordina di illuminare il palazzo e di far cantare e danzare le ancelle, sicché si creda che si stiano celebrando le nozze di Penelope. Euriclea si reca a svegliare Penelope e le racconta del ritorno del marito e dell'uccisione dei pretendenti; tuttavia la regina resta dubbiosa e incredula, poiché teme una ulteriore delusione, e soprattutto sospetta che la strage sia dovuta a un dio irato dal comportamento dei pretendenti. Scende comunque nella sala per vedere lo straniero, di fronte al quale mantiene un atteggiamento diffidente e scostante, fino a causare lo sdegno di Telemaco prima e dello stesso Odisseo poi. Questi allora, dopo un bagno con cui Atena lo ha reso piú bello, dichiara di voler andare a riposare: è l'occasione che Penelope attendeva per avere una prova decisiva sull'identità di Odisseo.

175-176. so ... remi: Penelope si rivolge a Odisseo come se fosse convinta della sua identità; tuttavia sta preparando il tranello che esprimerà subito dopo.

177-180. Sì il suo ... splendenti: le parole di Penelope sono dettate dalla precisa volontà di provare l'identità di Odisseo; il fatto che egli avesse con destrezza usato l'arco che solo il marito era in grado di piegare non poteva bastarle, anche perché temeva un intervento divino. Il segreto del letto nuziale, come leggeremo tra poco, era invece noto (cosí dice la tradizione) solo a Odisseo, che l'aveva costruito segretamente. – **trapunto:** trapunta, coperta imbottita.

181. provando: mettendo alla prova.

Dal bagno uscí simile agli immortali d'aspetto;
e di nuovo sedeva sul seggio da cui s'era alzato,
165 in faccia alla sua donna, e le disse parola:
«Misera, fra le donne a te in grado sommo
fecero duro il cuore gli dèi che han le case d'Olimpo;
nessuna donna con cuore tanto ostinato
se ne starebbe lontana dall'uomo, che dopo tanto soffrire,
170 tornasse al ventesimo anno nella terra dei padri.
Ma via, nutrice, stendimi il letto; anche solo
potrò dormire: costei ha un cuore di ferro nel petto».
E a lui parlò la prudente Penelope:
«Misero, no, non son superba, non ti disprezzo,
175 non stupisco neppure: so assai bene com'eri
partendo da Itaca sulla nave lunghi remi.
Sí, il suo morbido letto stendigli, Euriclea,
fuori dalla solida stanza, quello che fabbricò di sua mano;
qui stendetegli il morbido letto, e sopra gettate il trapunto,
180 e pelli di pecora e manti e drappi splendenti».
Cosí parlava, provando lo sposo; ed ecco Odisseo
sdegnato si volse alla sua donna fedele:
«O donna, davvero è penosa questa parola che hai detto!
Chi l'ha spostato il mio letto? sarebbe stato difficile
185 anche a un esperto, a meno che un dio venisse in persona,
e, facilmente, volendo, lo cambiasse di luogo.
Tra gli uomini, no, nessun vivente, neanche in pieno vigore,
senza fatica lo sposterebbe, perché c'è un grande segreto
nel letto ben fatto, che io fabbricai, e nessun altro.
190 C'era un tronco ricche fronde, d'olivo, dentro il cortile,
florido, rigoglioso; era grosso come colonna:
intorno a questo murai la stanza, finché la finii,
con fitte pietre, e di sopra la copersi per bene,
robuste porte ci misi, saldamente commesse.
195 E poi troncai la chioma dell'olivo fronzuto,

Epica classica : L'Odissea

197. dritto a livella: in posizione perfettamente orizzontale, misurato con la livella. La livella è uno strumento che serve per misurare che un piano sia in perfetta posizione orizzontale.
199. polivo: levigavo.
201. corregge: cinghie.
214. come t'ho visto: appena ti ho visto.

e il fusto sul piede sgrossai, lo squadrai con il bronzo
bene e con arte, lo feci dritto a livella,
ne lavorai un sostegno e tutto lo trivellai con il trapano.
Cosí, cominciando da questo, polivo il letto, finché lo finii,
200 ornandolo d'oro, d'argento e d'avorio.
Per ultimo tirai le corregge di cuoio, splendenti di porpora.
Ecco, questo segreto ti ho detto: e non so,
donna, se è ancora intatto il mio letto, o se ormai
qualcuno l'ha mosso, tagliando di sotto il piede d'olivo».
205 Cosí parlò, e a lei di colpo si sciolsero le ginocchia ed il cuore,
perché conobbe il segno sicuro che Odisseo le diceva;
e piangendo corse a lui, dritta, le braccia
gettò intorno al collo a Odisseo, gli baciò il capo e diceva:
«Non t'adirare, Odisseo, con me, tu che in tutto
210 sei il piú saggio degli uomini; i numi ci davano il pianto,
i numi, invidiosi che uniti godessimo
la giovinezza e alla soglia di vecchiezza venissimo.
Cosí ora non t'adirare con me, non sdegnarti di questo,
che subito non t'ho abbracciato, come t'ho visto.
215 Sempre l'animo dentro il mio petto tremava
che qualcuno venisse a ingannarmi con chiacchiere:
perché molti mirano a turpi guadagni.
[...]
225 Ma ora il segno certo m'hai detto
del nostro letto, che nessuno ha veduto,
ma, soli, tu ed io, e un'unica ancella,
Attoríde, che il padre mi donò, quando venni,
quella che ci chiudeva le porte della solida stanza;
230 e il cuore m'hai persuaso, ch'è pur tanto ostinato».
Cosí disse, e a lui venne piú grande la voglia del pianto;
piangeva, tenendosi stretta la sposa dolce al cuore, fedele.

Antoine Garnier, *Ulisse e Penelope*, 1650 circa. Parigi, Bibliothèque Nationale de France.

Entriamo nel testo

L'accortezza e la prudenza di Penelope

Dall'arrivo di Odisseo a Itaca si verificano successivi e diversi atti di riconoscimento dell'eroe; tra questi, solo nel caso di Telemaco egli si è volutamente mostrato nel suo vero aspetto, ma per poi riprendere il suo ruolo di ospite sconosciuto. Odisseo aveva nascosto la sua commozione nel vedersi riconosciuto dal fedele cane Argo, aveva poi imposto alla nutrice Euriclea il silenzio sulla sua identità. Adesso, quando ormai desidera essere riconosciuto da Penelope, è lei che, diffidando, lo mette subdolamente alla prova. Essere riuscito a tendere e usare l'arco che solo il marito era in grado di adoperare non appare una prova sufficiente, occorre mostrare di conoscere un segreto noto solo ai due sposi. Potremmo concludere che per Penelope (e con lei anche per Omero) le abilità della mente superano quelle fisiche.

Possiamo, inoltre, dare ora una completa valutazione degli appellativi che sempre connotano Penelope e che si muovono regolarmente in due campi semantici, quello della fedeltà e quello dell'accortezza e prudenza; essi rappresentano i due valori fondamentali attribuiti alla perfetta moglie omerica, ma risulta che la fedeltà viene valorizzata ed esaltata dalla saggezza, dall'accortezza e anche dall'astuzia, grazie alle quali Penelope assume qui il ruolo che nel poema era stato di Odisseo, maestro di astuti espedienti.

Il riconoscimento di Odisseo da parte di Penelope non costituisce l'epilogo e la fine del poema, ma ne segna lo *scioglimento* dopo la *Spannung* rappresentata dalla strage dei pretendenti. Tuttavia, con questo episodio che vede il riconoscimento e le affettuose effusioni tra i due sposi finalmente riuniti, si chiude sostanzialmente la trama fondamentale del poema. Farà seguito la sistemazione degli ultimi dettagli lasciati in sospeso: il ricongiungimento col vecchio padre Laerte, che conduceva una vita isolata lontano dalla reggia, e la riconciliazione con i parenti dei pretendenti uccisi, in modo che la ripresa del regno da parte di Odisseo muova da un clima di pacificazione sociale e di serenità.

Angelica Kauffman, *Penelope risvegliata da Euriclea*, 1772. Bregenz, Vorarlberger Landesmuseum.

Epica classica   L'Odissea

Esercizi

Competenza trasversale:

a Acquisire ed interpretare l'informazione
b Individuare collegamenti e relazioni
c Comunicare
d Comunicare nelle lingue straniere

- **Comprensione e interpretazione**

1. Fai la parafrasi del brano.
2. Che cosa significa l'espressione di Odisseo *cuore di ferro* (v. 172)? Perché la usa parlando di Penelope?
3. Penelope escogita per il marito una «prova da superare»: a quale scopo? Per quale motivo, secondo te, Penelope agisce cosí?
4. Come reagisce Odisseo di fronte alla «prova» richiesta da Penelope?
5. Descrivi con parole tue il modo con cui Odisseo ha costruito il letto nuziale. Perché il letto non poteva essere spostato?
6. La descrizione del letto e della sua fabbricazione rappresenta, nello svolgimento della vicenda, il «superamento della prova» dell'eroe. Tuttavia, è anche un esempio delle tecniche artigianali diffuse in quell'epoca: falegnameria, ebanisteria (cioè, lavorazione del legno), lavorazione dei metalli preziosi. Indica i modi in cui, nel testo, queste arti sono state applicate da Odisseo.

- **Competenza testuale**

7. Suddividi il brano in sequenze indicando l'argomento di ognuna di esse.
8. Anche in questo brano viene utilizzata la tecnica, frequente nell'*Odissea*, del *flashback*: indica i versi in cui essa ricorre e precisa se, secondo te, il suo contenuto è di natura maggiormente descrittiva o narrativa.
9. Il brano è principalmente costituito dal dialogo: le parti narrative hanno una semplice funzione di raccordo nel dialogo, oppure esprimono anche informazioni su eventi che non potrebbero essere dedotte dal contenuto del dialogo?

- **Produzione**

b 10. Metti a confronto i due incontri di Penelope con Odisseo: esponi in testo scritto i punti di somiglianza e le differenze che hai rilevato.

b 11. Prendi in esame le figure femminili che hai incontrato nell'*Odissea*. Fai, in un testo scritto, la descrizione delle caratteristiche di ognuna di esse e del rapporto che ognuna ha con le vicende dell'eroe.

ON LINE: L'Odissea

Schede: *Polifemo* • *L'eroe nell'*Iliade *e nell'*Odissea: *dalla* mènis *(«ira») di Achille alla* mètis *(«mente») di Odisseo*

Dal libro al film

L'ultima Odissea
2001: Odissea nello spazio

nazione: Gran Bretagna/U.S.A.
anno: 1968
genere: fantascienza
durata: 141'
regia: Stanley Kubrick
prodotto da: Stanley Kubrick
attori: Keir Dullea, Gary Lockwood, William Sylvester, Daniel Richter, Leonard Rossiter

Il film

2001: Odissea nella spazio si ispira a un racconto di Arthur C. Clarke, *The Sentinel*, scritto nel 1948 per un concorso radiofonico. Nella primavera del 1964 Kubrick chiese a Clarke se avesse qualche idea per un «buon film di fantascienza» e alla fine del 1965 iniziarono le riprese, che si conclusero nel 1968. La sceneggiatura si deve allo scrittore e al regista; solo successivamente Clarke ha redatto e pubblicato il libro (assumendo lo stesso titolo del film dopo il suo grande successo), con lo scopo, secondo un'intervista rilasciata all'epoca, di dare una spiegazione alle scene più incomprensibili del film.

Il breve racconto di Clarke è incentrato sul ritrovamento sulla luna di una «piramide scintillante», la quale emette segnali verso lo spazio fino al momento in cui gli uomini non riescono a forzare il campo magnetico che la protegge con «la selvaggia forza

Locandina del film *2001: Odissea nello spazio*.

atomica» e quindi a distruggerla. A quel punto si comprende che la strana costruzione altro non era che una sorta di «sentinella» piazzata milioni di anni di fa da un'altra razza intelligente, al solo scopo di sorvegliare l'evoluzione della Terra, intorno alla quale la luna orbita. La narrazione termina descrivendo l'umanità che angosciosamente si chiede se, quando e con quali intenzioni giungeranno i misteriosi «emissari» lunari.

Da questo spunto si sviluppa una sceneggiatura da cui scaturirà un modello inimitabile e allo stesso tempo tra i più controversi e discussi della storia del cinema. Il titolo fa un esplicito richiamo simbolico all'avventura ulissica: con il termine «Odissea» si vuole indicare il compiersi di un percorso circolare, poiché il viaggio si svolge tanto nello spazio esterno e siderale quanto all'interno del personaggio, alla ricerca di sé stesso, e si concluderà con un «ritorno» al punto di partenza. La scelta dell'anno 2001 – che, grazie al film si è conquistato un posto nella leggenda – è probabilmente tesa a richiamare una data emblematica di un tempo che non si può misurare, per la sua lontananza rispetto al tempo in cui nasce

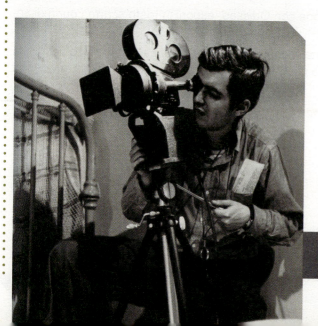

Stanley Kubrick durante le riprese di uno dei suoi primi film.

il film. Ma potrebbe essere anche una data simbolica in base a concetti matematici in quanto è la somma di 1000, che per gli Arabi indica ciò che non è numerabile, e 1001, che evoca l'infinito. La pellicola fu ridotta a una durata di 141 minuti dagli originari 160, ed è per buona parte completamente muta. Il sonoro infatti è costituito da pochi scarni dialoghi (la prima parola viene pronunciata a 25' dall'inizio!) e dalle musiche di quattro autori classici: il tedesco Richard Strauss (1864-1949), l'austriaco e ben piú noto Johann Stauss (1804-1849), e i contemporanei, fino ad allora quasi sconosciuti, Gyoergy Ligeti e Aram Khachaturian. La trama si può suddividere in quattro parti (praticamente, quattro macrosequenze), che ci sono indicate dallo stesso regista mediante scritte in sottotitolo.

La struttura del film

Il film è uno dei piú complessi e «difficili» da vedere e da capire. Tuttavia è una delle migliori testimonianze di quanto il personaggio di Ulisse sia entrato definitivamente nella cultura e nell'immaginario collettivo mondiale.

Dal punto di vista della storia del cinema è stato definito – ben a ragione – *a milestone film*, una «pietra miliare», un film che sfugge a qualunque classificazione (definirlo «di fantascienza» è quanto mai limitativo; in esso infatti si ritrovano miti, storia, filosofia, morale).

Se poi guardiamo all'ombra di Ulisse, vediamo come essa si sia protesa dalle sue antiche radici affondate nel mito greco, che Kubrick conosceva e amava (vedi la biografia sotto), fino ai mondi piú lontani e sconosciuti, per dire ancora parole significative sul futuro dell'uomo.

Per agevolarne la comprensione abbiamo spiegato le singole quattro parti di cui è composto il film e le abbiamo presentate dettagliatamente.

Il regista

Stanley Kubrick nacque a New York nel 1928, da genitori ebrei di origine austriaca, emigrati negli Stati Uniti in seguito alla Prima Guerra Mondiale. Fin da piccolo fu appassionato dei miti dell'antica Grecia e di fiabe nordiche, ma anche del gioco degli scacchi, grazie al quale si guadagnò da vivere prima di occuparsi di cinema. Dopo aver ricevuto in dono dal padre una macchina fotografica, seguí studi artistici di fotografia e cominciò a lavorare come fotografo per la rivista «Look», dopo essersi faticosamente diplomato. Infatti non fu mai uno studente modello, perché attratto da troppi interessi, tra cui, oltre quanto già detto, la musica jazz, la poesia simbolista, la filosofia. Con lo stipendio di giornalista si pagò gli studi all'Accademia di arte cinematografica e diresse il suo primo cortometraggio, *Day of the fight*, che si finanziò da solo. Ottenuto un discreto successo con i primi cortometraggi, nel 1953 decise di abbandonare definitivamente il lavoro alla rivista «Look» e di iniziare la carriera di regista a tempo pieno, producendo il primo film vero e proprio, *Paura e desiderio*. Il film che gli diede la notorietà fu, nel 1957, *Orizzonti di gloria*, ispirato all'omonimo romanzo di Humphrey Cobb e interpretato da Kirk Douglas, che ne fu anche il finanziatore. Da allora Kubrick si impose all'attenzione del pubblico e della critica come uno dei maggiori registi del ventesimo secolo. Tra i suoi film indimenticabili citiamo *Lolita*, del 1962, dal celebre romanzo di Vladimir Nabokov; *Il dottor Stranamore*, del 1963, una commedia satirica e allucinante al tempo stesso, che riscosse grande attenzione e ammirazione da parte dei critici di tutto il mondo; *Arancia Meccanica*, del 1971, tratto dall'omonimo romanzo di Anthony Burgess, un film-scandalo, a causa delle scene di violenza esplicita, che divenne un «caso» perché accusato di ispirare azioni criminali. Ancora, lo storico *Barry Lindon*, del 1975, la pellicola horror *Shining*, del 1980, un altro film sulla guerra (in Vietnam), *Full Metal Jacket*, del 1987, e l'ultimo, del 1999, *Eyes Wide Shut*, che probabilmente non fu del tutto completato da lui, perché la morte lo colse, per un infarto, nella sua casa di campagna nel marzo di quello stesso anno. Il suo corpo è sepolto nell'immenso giardino della stessa casa. Come si vede, un autore eclettico, che è riuscito a essere innovatore in ciascuno dei generi cinematografici in cui si è cimentato, lasciandoci veri e propri capolavori.

Prima parte: L'alba dell'uomo.

A schermo completamente nero, iniziano a scorrere le prime note di *Cosí parlò Zarathustra*, di Richard Strauss, mentre viene inquadrata la luna; il punto di vista si alza, si intravede la falce luminosa della terra e ancora dietro il sole che sorge. I tre corpi celesti sono perfettamente allineati, la musica arriva al suo apice, e finalmente compare il titolo. Compare poi una scritta «L'alba dell'Uomo» su una splendida alba in un paesaggio arido, desertico, forse africano. Tra ossa sparse e sibili di vento, un gruppo di scimmie lotta attorno a una pozza d'acqua fangosa. Ma ecco che una mattina (sono passati forse secoli, o millenni) scoprono con terrore al centro della pozza uno strano Monolito nero, un blocco enorme e inquietante che svetta verso il cielo. Scorre ancora uno spazio di tempo indefinito; la prima tribú di uomini-scimmia rischia di morire di sete e fame, non potendo che nutrirsi degli avanzi degli altri predatori, finché un giorno uno di essi afferra un lungo osso e inizia a brandirlo. È il passaggio verso il processo di

Fotogramma del film *2001: Odissea nello spazio*.

«ominazione»: da quando questi esseri sono in grado di afferrare oggetti e di usare utensili, può avere inizio lo sviluppo di una civiltà.

Altra ellissi temporale; le scimmie ominidi, con una postura sempre piú eretta, hanno ben appreso a usare gli ossi come arma con cui uccidere per procurarsi la carne. L'ultima ellissi segna il passaggio di milioni di anni: un osso scagliato in aria, dopo cinque o sei giri, si trasforma quasi magicamente in una astronave fluttuante in un cielo nero di stelle.

Seconda parte: La scoperta del Monolito sulla Luna.

Satelliti artificiali fluttuano nello spazio, quasi danzando sulle note del valzer *Bel Danubio Blu* di Johann Strauss in una suggestiva atmosfera che dà allo stesso tempo il senso dell'immensità e della pace. Si vede poi una gigantesca stazione spaziale a forma di doppia ruota in rotazione.

L'astronave aggancia la stazione orbitante, viene inquadrata una porta di un ascensore che si apre mostrando un passeggero, e sentiamo finalmente le prime parole di una hostess. Si svolge una riunione tra scienziati (russi e americani), e l'americano afferma di recarsi su una base lunare, dove stanno accadendo cose molto strane. Assistiamo all'allunaggio dell'astronave (il pianeta è già abitato da altri astronauti), e alla scoperta di un oggetto venuto alla luce nel fondo di un cratere dopo esservi stato sepolto deliberatamente 4 milioni di anni prima: attorniato dagli scienziati-astronauti immobili e increduli non meno degli uomini-scimmia di migliaia di anni prima, compare nuovamente il Monolito. Da esso si irradia un potente campo di forze, che crea una potentissima emissione radio puntata sul pianeta Giove. E mentre tutti si raccolgono sotto la stele, uomini e cose vanno in tilt al suono di un sibilo acuto e lacerante.

Alla fine vedremo la stessa inquadratura delle sequenze iniziali: il Monolito, la falce luminosa della Terra e il Sole esattamente allineati.

Terza parte: Missione Giove – 18 Mesi piú Tardi.

Una gigantesca astronave attraversa lentamente lo schermo. Ci spostiamo all'interno: siamo a bordo della *Discovery*, partita dalla Terra per una missione su Giove. L'equipaggio è formato da cinque uomini, tre dei quali ibernati, e da un sesto membro non umano: l'elaboratore HAL 9000, in grado di riprodurre, o meglio imitare, tutte le attività del cervello umano. Per darci queste notizie il regista ci fa assistere, insieme ai due astronauti David Bowman e Frank Poole, a una loro intervista mandata in onda dalla BBC. Il computer ha la supervisione e il controllo dell'intera missione, ma si ribella agli umani e riesce a eliminarne uno con un inganno (lo fa uscire dall'astronave per una riparazione e lo abbandona nello spazio), ponendo poi fine alle funzioni vitali di quelli ibernati. Sopravvive soltanto David Bowman, che riesce però a sua volta a mettere fuori uso Hal, e a decifrare cosí il vero scopo della missione: penetrare il mistero del monolito sulla luna, per capire, forse, le origini della vita stessa. Il viaggio nello spazio prosegue.

Quarta parte: Oltre l'Infinito.
Avvicinandosi sempre piú al pianeta Giove, David incontra il Monolito nero librato tra le stelle. Da allora cade come in trance, entra in una nuova dimensione spazio-temporale, segnalata da un turbinare incredibile e allucinato di luci e colori, attraversa mondi e galassie vivendo una esperienza unica ed esaltante. Infine approda... in una stanza arredata in pieno stile Rococò, dove vede se stesso e lo scorrere del tempo: si ravvisa dapprima, piú avanti negli anni, ancora astronauta, poi è un vecchio in veste da camera, e infine, vecchissimo, sul letto di morte.

E ricompare il Monolito di fronte a lui; sul letto alla fine non c'è piú un corpo, ma un bozzolo fatto di una membrana luminosa, nel quale è un feto che fluttua nello spazio. Titoli di coda. Schermo nero per piú di cinque minuti, valzer di Strauss.

Guida alla «lettura»
Sappiamo che il testo è un tessuto di parole che nasce da una **intenzione comunicativa**, delimitato da precisi confini, **completo** sul piano dell'informazione, **coerente** sul piano logico e **coeso** a livello formale. Questa definizione però non è valida solamente per i testi fatti di parole, ma si può considerare «testo» anche un'opera che si serve di un codice diverso dalle parole, e che, ricorrendo ad altri linguaggi, risponde in qualche modo alle stesse caratteristiche. Cosí un quadro «comunica» con il linguaggio visivo, un film con una pluralità di linguaggi che investono quasi tutti i nostri sensi. Dunque nulla di strano se analizziamo anche questo film con le tecniche che applichiamo ai testi verbali e ai racconti, cioè l'osservazione già analizzata prima, del contenuto e delle caratteristiche formali.

Fotogramma del film *2001: Odissea nello spazio*.

Il contenuto: temi e suggestioni
Probabilmente su nessun altro film sono stati versati fiumi d'inchiostro come su questa «Odissea» per dare una spiegazione sia ai simboli che esso contiene, sia al significato dell'intera opera. Noi non tenteremo qui di dare spiegazioni, seguendo in questo lo stesso Kubrick che ha sempre rifuggito dalle «interpretazioni» definitive, e che d'altronde non voleva presentarci una fiaba conclusa, rassicurante, quanto piuttosto un racconto che restasse sospeso, aperto a mille interrogazioni. Richiameremo invece i **temi** che si possono individuare nel film, lasciando a insegnanti e alunni la possibilità di seguire una o piú piste, intrecciandole, separandole, trovandone anche di nuove, a seconda di dove li porterà il lavoro didattico e la riflessione comune.
Le suggestioni omeriche. Il richiamo all'eroe omerico non è solo nel titolo, né è casuale. Alcuni rimandi, che potrebbero sembrare solo esteriori, sono senz'altro interessanti: il calcolatore Hal è un moderno ciclope, ucciso anch'esso come il suo antenato omerico dall'astuzia di un uomo che lo priva del suo unico occhio; il nome del comandante della missione, Bowman, che in inglese significa «arciere», ci ricorda che Odisseo affida la sfida con i Proci proprio alla sua grande abilità di tirare con l'arco. Ma i richiami piú significativi sono da cogliere nell'intera storia e nella sua simbologia. Il tema del **ritorno** è presente nella sua dimensione piú profonda, e, insieme a esso, quello della **ricerca della conoscenza**. Infatti il film ripercorre il cammino dell'uomo dalla sua nascita fino alla sua evoluzione ultima. Ma il viaggio verso l'inospitale spazio (come per Odisseo la discesa nell'Ade), che

rappresenta l'ultima frontiera del suo desiderio di scoperta, è anche un viaggio tanto alla ricerca del suo destino futuro, quanto alla scoperta del passato e delle proprie origini (che cosa ha rappresentato il Monolito nella storia dell'uomo? Chi lo ha seppellito sulla Luna? Perché manda segnali su Giove? Che cosa significa il suo ritornare nei momenti significativi dell'evoluzione umana?). E l'Odissea si conclude – come era iniziata – con una nuova alba: con il bambino-delle-stelle, che rinasce nel momento in cui la sua esistenza si è conclusa, il cerchio si chiude.

Il tema dell'occhio, che ricorre in questo come in molti altri film del regista. L'occhio del calcolatore (una specie di oblò) domina le scene piú drammatiche nell'astronave; l'occhio spalancato dell'astronauta ci fa entrare nel corridoio di luce che ci trasporta con lui in un'altra dimensione spaziotemporale; sono, infine, gli occhi del bambino nella sua membrana fetale che ci inviano dallo schermo l'ultimo messaggio. Le percezioni visive prevalgono sempre e sono per lo spettatore veicolo di piacere nelle vivaci scene di valzer durante il viaggio verso la stazione orbitante prima e la luna poi, ma anche di sofferenza per il terrore dell'ignoto.

Il tema della nascita è un altro dei motivi dominanti. È probabilmente la nascita della vita sulla terra quella che vediamo nelle sequenze del titolo: l'uomo-scimmia nasce divenendo uomo moderno con l'utilizzo dell'arma; si parla del compleanno della figlia di Floyd in una telefonata fatta dallo spazio verso casa; i genitori di un astronauta, in un messaggio video trasmesso alla *Discovery*, festeggiano il compleanno del figlio con tanto di torta e di candeline; nove mesi dura il viaggio-incubazione dell'astronave e infine è la nascita di un feto stellare quella che osserviamo nelle ultime scene. Esso prevale dunque sul **tema della morte**, che pure è ricorrente nel film (la morte degli astronauti, del calcolatore, di David).

Il tema della violenza, vista come uno dei «sentimenti» di base dell'uomo, è anch'esso ampiamente presente nel film, a partire dalle inquadrature iniziali. La prima applicazione della conquistata capacità di maneggiare utensili è un'arma, creata certo per la sopravvivenza; ma l'uomo appare subito votato a uccidere, costretto a sottomettere per sopravvivere. E l'arma-osso si trasforma in un satellite, che ha la forma di un'arma nucleare.

Il tema del progresso e della tecnologia. Intorno a esso si sviluppa un discorso abbastanza complesso. Infatti, se da un lato le macchine consentono la conquista dello spazio e della conoscenza,

l'elaboratore perfetto compie però (consapevolmente!) un errore fatale e, ribellandosi all'uomo, sta per sopraffarlo del tutto. Ma l'uomo, grazie al suo grande coraggio e alla sua fantasia (l'*astuzia* ulissica!), riesce comunque a renderlo inoffensivo e di nuovo succube. È curioso osservare come una delle scene piú commoventi del film sia la morte del calcolatore, con le sue strazianti parole (*Ho paura…*) durante il fatale lavoro di disconnessione attuato da Bowman, mentre regredisce a uno stato infantile e la sua voce si spegne sulle note di una celebre filastrocca (*Giro giro tondo…*). E forse il senso della stanza in cui muore l'astronauta, arredata in stile Settecento, è un omaggio a quel «secolo dei lumi» che permise all'uomo di guardare al progresso con occhi nuovi e disincantati.

Un profondo **senso religioso** pervade il film. Dallo stupore primordiale, che sempre si ripete di fronte alle manifestazioni dell'ignoto e del soprannaturale rappresentati dal Monolito e sottolineati dalla visione dell'allineamento con questo di terra-sole-pianeti, all'ultimo viaggio di Bowman, che andando verso l'infinito si ritrova in una stanza chiusa, ma scopre che l'infinito è dentro di sé. Lo stesso Monolito, a cui sono state attribuite le piú diverse interpretazioni, potrebbe raffigurare un richiamo a Dio, e sicuramente rappresenta un qualcosa che ha acceso la scintilla dell'intelletto e consentito l'evoluzione umana nutrendo il suo desiderio di infinito.

Il linguaggio: effetti davvero speciali

Diciamo subito che, malgrado la fortuna del film sia legata in modo preponderante alle sue straordinarie immagini, Kubrick e Clarke nello stendere la sceneggiatura partono da una operazione di «normalizzazione» del futuro: gli aerei, la stazione orbitale, gli ambienti di interni, ristorante compreso, salvo qualche piccolo particolare (pavimento leggermente curvo, cibi liofilizzati), richiamano a una normalissima quotidianità. Per scrivere si usano ancora le penne, dallo spazio si telefona a terra col telefono (anche se con l'aggiunta di video), si guarda la BBC, si ricevono gli auguri di compleanno; David si rilassa alla luce della lampada abbronzante… Insomma la visione che ci danno è quella di un mondo assolutamente normale, banale se vogliamo.

Gli effetti piú spettacolari, d'altronde, sono resi con una naturalezza e una semplicità veramente ammirevoli, e anzi, alcuni non sono poi neppure cosí «speciali», se pensiamo che sotto i costumi da scimmie ci sono esseri umani e che la maggiore *suspense* è ottenuta con la visione dello schermo assolutamente nero per lunghissimi minuti, e musica inquietante di sottofondo.

Nel guardare il film, peraltro, dimentichiamo facilmente che esso è stato girato circa 50 anni fa, quando la tecnologia non aveva a disposizione i mezzi di oggi, soprattutto la computer grafica. Le imprese spaziali muovevano ancora i primi passi (il primo Sputnik è del 1961, la discesa sulla Luna avverrà il 21 luglio del 1969, un anno dopo l'uscita del film!), eppure Kubrick «immagina» in modo perfetto sia la plancia di comando che l'interno delle future astronavi, nonché basi nello spazio e sulla luna, ancora oggi di là da venire. Con i suoi effetti speciali ci dà un esempio di abile artigianato della cinematografia, quando erano totalmente assenti quei trucchi digitali che ora popolano il nostro cinema. Scene «fantascientifiche» sono state girate con mezzi abbastanza rudimentali, e sono tuttavia rimaste indimenticabili e inimitabili.

Il **montaggio** permette di realizzare scene di forte impatto simbolico: l'osso-arma, lanciato in aria dal nostro scimmiesco progenitore, è seguito dalla telecamera al rallentatore, e diventerà, volteggiando, uno strumento ultimo della tecnica, un'**astronave** fluttuante nel cielo nero e pieno di stelle. Tra i due oggetti distanti milioni di anni si crea cosí un legame di significato immediato.

La stazione spaziale è un'**enorme ruota** che gira su se stessa. Per riprodurre sia la sua immagine che i movimenti al suo interno è stata creata negli studi una gigantesca struttura cilindrica rotante. Gli attori rimanevano fermi in basso mentre la struttura ruotava dando l'impressione del movimento relativo. La telecamera poi poteva essere libera o solidale alla struttura dando in tal modo anche l'impressione della rotazione.

I **colori psichedelici** che per 10 minuti, all'inizio dell'ultima parte del film, occupano lo schermo con la loro fantasmagoria, danno la sensazione del viaggio che si compie verso un'altra dimensione, e assumono il «punto di vista» di David: la sua pupilla infatti è in primo piano, e cambia colore a ogni battito di ciglia. Le forme mutano e si trasfigurano una nell'altra, con effetti ora di fluidi, ora di puri giochi di luce. Solo alla fine della sequenza dai colori emerge qualcosa che può fare pensare al paesaggio in cui l'astronave potrebbe atterrare.

La **musica** costituisce – sia con la sua presenza che con la sua assenza – uno dei punti di forza del film. Pur avendo fatto comporre un'apposita colonna sonora, Kubrick optò poi per la soluzione – rivoluzionaria – di ricorrere a brani classici, ottenendo effetti incredibilmente efficaci e affascinanti.

La **«danza» delle astronavi**, che si ripete piú volte nel film, al suono del valzer di Strauss, è una delle creazioni piú poetiche, ottenuta sommando la musica, che ci dà il ritmo, lo spazio nero, che rimanda all'infinito, e le immagini dei mezzi spaziali, che costituiscono poi la parte meno significativa del tutto. Il risultato è un senso di grandezza e di pace che prende interamente lo spettatore.

È stato detto, e a ragione, che *2001: Odissea nello spazio* segna uno spartiacque per i film di fantascienza, perché dopo di esso tutto diventa improvvisamente vecchio. La grande intuizione di Kubrick non è stata tanto la ricerca di particolari effetti visivi e sonori, quanto piuttosto quella di **utilizzare questi effetti in chiave narrativa**: ciò significa che la narrazione è affidata direttamente alla percezione che lo spettatore prova attraverso le proprie reazioni a immagini, suoni e colori che lo investono letteralmente dallo schermo. E dunque non è un caso che la parola vi abbia un posto tanto limitato.

Autoscatto di Stanley Kubrick, 1949.

L'Eneide

L'autore

Autore dell'*Eneide* è Publio Virgilio Marone, un poeta latino vissuto tra il 70 e il 19 a.C. Nacque ad Andes, un borgo identificato con Piètole, a 5 km da Mantova. Il padre era un piccolo proprietario terriero, la cui modesta agiatezza consentí al figlio di seguire gli studi a Cremona, Milano e infine a Roma, meta obbligata per tutti i giovani dell'epoca intenzionati a dedicarsi alla carriera politica. La fase fondamentale per la sua formazione si svolse, però, a Napoli, dove frequentò la scuola del filosofo epicureo Sirone. Le antiche biografie raccontano che Virgilio era alto di statura e di carnagione scura, di fragili condizioni di salute e di carattere schivo e riservato. Egli condusse, infatti, una vita appartata a Napoli, dove si dedicò alla sua attività di compositore di opere poetiche, mentre la politica romana viveva il suo periodo piú drammatico, con le guerre civili tra Cesare e Pompeo prima, e poi tra Antonio e Ottaviano.

La prima opera importante di Virgilio, dieci composizioni poetiche raccolte col titolo di *Bucoliche* («Canti di pastori»), ricevette grande apprezzamento e gli permise di entrare nel numero degli amici di Mecenate, un ricco uomo romano, amico e sostenitore della politica di quel giovane Ottaviano che, dopo la vittoria su Antonio, divenne imperatore assumendo il nome di Augusto. La stima e l'amicizia dell'imperatore nei riguardi di Virgilio fu consolidata dalla lettura della sua seconda grande composizione, le *Georgiche*, un poema in 4 libri che tratta della coltivazione dei campi e degli alberi, dell'allevamento degli animali e della cura delle api. Augusto, con la mediazione di Mecenate, suo consigliere nell'elaborazione di una politica culturale, affidò Virgilio l'incarico di scrivere un poema epico incentrato sulla figura dell'imperatore. Nacque in tal modo il progetto dell'*Eneide*, a cui il poeta si dedicò con grande coscienziosità, fino a recarsi in Grecia per documentarsi sui luoghi cantati nel poema.

Durante il viaggio di ritorno in Italia, le condizioni di salute già fragili del poeta si aggravarono per le fatiche della traversata per mare, sicché, poco dopo lo sbarco a Brindisi, Virgilio morí il 21 settembre del 19 a.C. La sua ultima volontà, che l'*Eneide*, portata a compimento ma priva dell'ultima mano, venisse data alle fiamme, non fu ascoltata da Augusto, che dispose la pubblicazione del poema a cura di due amici ed eredi di Virgilio. Questi fu sepolto a Napoli, e sulla sua tomba sono incisi due versi latini, il cui significato indica i tratti fondamentali della sua vita: «Mantova mi ha generato, i Calabri [antica denominazione dell'attuale Salento, in Puglia, chiamato *Calabria*] mi hanno rapito alla vita, mi custodisce adesso Partenope [Napoli]: ho cantato i pascoli, i campi, i condottieri».

L'opera

L'*Eneide* fu scritta tra il 29 e il 19 a.C. per soddisfare la richiesta dell'imperatore Augusto che intendeva ottenere, tramite la letteratura e l'arte, l'approvazione e l'esaltazione della sua figura e della sua opera politica. L'autore – dotato di ampia cultura e di una particolare tempra poetica – non volle comporre un testo elogiativo incentrato sulla figura dell'imperatore, ma elaborò il progetto originalissimo di un poema che fosse la somma di tutta la tradizione epica greca e romana congiunta con l'esaltazione della storia di Roma. L'opera poetica di Virgilio è, quindi, la sintesi di una grande quantità di elementi che hanno come primo punto di riferimento i due poemi omerici, l'*Iliade* e l'*Odissea*, ormai considerati anche fra i Romani l'indiscutibile base della cultura letteraria, tuttavia rielaborati attraverso la tradizione mitica italica, che aveva fatto dell'eroe troiano Enea il protagonista di molte leggende; il secondo punto di riferimento è costituito dalla religiosità e dai valori morali romani (incentrati sulla *píetas*, «devozione» verso gli dèi, la patria e la famiglia, la *fides*, «onestà e lealtà», la *virtus*, «valore militare»), e da un modello di epica latina che aveva come argomento le vicende della storia romana, esprimeva la sensibilità artistica della sua epoca attraverso la raffinatezza espressiva del linguaggio e l'ampio spazio dato alle tematiche affettive e alla caratterizzazione dei personaggi.

Dagli eroi dei poemi omerici il protagonista dell'*Eneide* si differenzia per alcune caratteristiche. In particolare Enea appare come l'incarnazione delle virtú fondamentali del cittadino romano: la *píetas*, cioè il rispetto incondizionato del volere degli dèi, la consapevolezza dei propri doveri, la perseveranza nel portarli a compimento anteponendoli ai propri sentimenti personali.

Pertanto, nell'*Eneide* sono presenti sia la mitologia sia la storia: il mito costituisce il prevalente nucleo narrativo, sicché il protagonista è Enea e non Augusto, mentre la storia viene recuperata sotto forma di profezia del futuro. Virgilio realizzò la celebrazione dell'imperatore sia collegando le origini di Roma con le vicende di Enea e degli esuli Troiani, sia individuando in Enea, di stirpe divina perché figlio di Venere, il progenitore di Augusto e della sua famiglia, la *gens Iulia*, che trae il nome da Julo, il figlio di Enea.

Federico Barocci, *Enea fugge da Troia*, 1598. Roma, Galleria Borghese.

L'*Eneide* richiama i modelli omerici per i nuclei narrativi (l'*Odissea* per le peregrinazioni del protagonista, l'*Iliade* per la guerra), per i personaggi, le situazioni, la presenza degli dèi, e per l'espediente narrativo del *flashback*, attraverso il quale il protagonista in prima persona narra le sue peripezie in modo analogo al racconto di Odisseo presso i Feaci. Lo stesso titolo indica la volontà di richiamo ai due poemi omerici e, come nell'*Odissea*, deriva dal nome del protagonista, Enea, eroe troiano figlio di Venere e di Anchise, che era già presente in Omero e che qui diventa la personificazione e il simbolo dei valori tradizionali romani, oltre che il progenitore di Romolo e il capostipite della *gens Iulia*.

Dell'eroe troiano vengono narrate le avventure dal momento della fuga da Troia fino all'arrivo nel Lazio e al successo nella guerra contro le popolazioni italiche guidate da Turno, re dei Rútuli; gli eventi raccontati dal poeta-narratore sono disposti in ordine progressivo di tempo e occupano uno spazio cronologico relativamente ridotto, ma presuppongono un passato di sette anni (occupato dalle peripezie successive alla caduta di Troia, raccontate in prima persona dallo stesso Enea mediante il lungo *flashback*), e si proiettano nel futuro attraverso la prolessi contenuta nelle parole di Anchise nell'Ade.

La trama dell'*Eneide*

Nella struttura dell'*Eneide*, che si compone di 12 Libri, si fondono i due nuclei narrativi dei poemi omerici presi a modello: si ispirano all'*Odissea* i Libri I-VI, definiti «odissiaci», che raccontano le peregrinazioni di Enea dopo la caduta di Troia fino all'arrivo nel Lazio; mentre si richiamano all'*Iliade* i Libri VII-XII, detti «iliadici», che hanno per tema la guerra combattuta tra i Troiani e i Latini per la conquista del Lazio.

L'*Eneide*, dunque, si configura come una continuazione e insieme una ripresa rovesciata dei poemi omerici: ne è una continuazione perché racconta eventi che fanno seguito al contenuto dell'*Iliade* ed Enea fa un percorso avventuroso simile a quello di Odisseo. È anche rovesciata non solo perché la parte «odissiaca» precede quella «iliadica», ma anche perché, mentre l'*Iliade* racconta le vicende che portano alla distruzione di una città, la guerra di Enea non serve a distruggere una città ma a costruirne una nuova; inoltre, mentre l'*Odissea* racconta il ritorno a casa dell'eroe, le peregrinazioni di Enea sono un viaggio verso l'ignoto, seppur voluto dal Fato che gli ha assegnato una meta.

A ciò si aggiunga la nuova visione sia della guerra, vista come una necessità dolorosa e crudele, sia dell'uomo, che ha acquistato una più profonda e complessa psicologia. La componente amorosa è, a sua volta, legata al motivo tipicamente ellenistico della «ricerca della causa»: il poeta, infatti, fa risalire all'amore-odio di Didone per Enea l'origine della futura rivalità tra Romani e Cartaginesi.

- **Libri I-VI**. La narrazione inizia nel momento in cui la flotta che trasporta Enea e i profughi troiani è dispersa da una tempesta suscitata da Giunone e approda faticosamente sulle rive africane, presso Cartagine, dove gli esuli sono benevolmente accolti dalla regina Didone. Su richiesta di questa, Enea racconta le vicende che lo hanno condotto fino a lei. Mediante un lungo *flashback* (che occupa i Libri II e III), l'eroe rievoca l'inganno del cavallo di legno grazie al quale i Greci riuscirono a impadronirsi di Troia e rivive nel racconto la notte in cui la città fu incendiata. La fuga portò, poi, i superstiti alla ricerca della «antica madre», cioè la terra che il Fato aveva stabilito come loro dimora definitiva, passando per Creta, l'Epiro, la Sicilia, finché una tempesta li fece approdare a Cartagine. Per intervento di Giunone e di Venere, Didone è presa da grande passione per Enea, che, unitosi alla regina, rimane per vari mesi presso di lei, finché Giove richiama l'eroe ai doveri a lui assegnati dal Fato e gli ordina di partire. Enea dunque salpa con i suoi, seppur addolorato, e Didone, disperata, si uccide. I Troiani giungono in Sicilia, laddove l'anno precedente era morto il padre di Enea, Anchise, e in sua memoria celebrano i giochi solenni. Partiti dalla Sicilia, essi giungono a Cuma, in Campania, dove Enea interroga la Sibilla sul suo futuro e si fa da lei accompagnare nell'Ade; qui l'ombra del padre gli rivela il futuro glorioso di Roma e gli mostra le anime dei futuri illustri Romani.

Giambattista Tiepolo, *Enea presenta Cupido nelle vesti di Ascanio a Didone*, 1757 circa. Vicenza, Villa Valmarana.

- **Libri VII-XII**. Giunto finalmente alle foci del Tevere, Enea risale per un tratto il fiume ed è accolto benevolmente dal re Latino che, in nome di un antico oracolo, gli offre in moglie la figlia Lavinia. Giunone scatena la guerra contro i Troiani, aizzando i popoli latini a capo dei quali si pone Turno, re dei Rútuli, che desidera sposare Lavinia. Enea va in cerca di aiuti, e li ottiene dagli Arcadi di Evandro e dal re degli Etruschi. In sua assenza, però, il campo troiano è assediato e i Troiani si difendono valorosamente; nel tentativo di avvisare Enea, i giovani Eurialo e Niso fanno una sortita ma sono sorpresi e uccisi dai nemici. Al ritorno di Enea la situazione si equilibra, ma vi sono feroci combattimenti, durante uno dei quali Turno uccide il giovane Pallante, figlio di Evandro, ed Enea giura di vendicarlo. Le sorti volgono a favore dei Troiani, cosicché Turno accetta la proposta dei capi latini di risolvere la

Epica classica | L'Eneide

guerra con un duello tra i due capi nemici. Turno ed Enea si scontrano in duello e Turno viene ucciso. La vittoria dei Troiani, sancita da Giove e accettata da Giunone, chiude il poema.

Le traduzioni dell'*Eneide*

Dell'*Eneide* sono state fatte numerose e pregevoli traduzioni in italiano, in varie forme metriche. Una fra le più note è sicuramente in endecasillabi sciolti realizzata da Annibal Caro nel Cinquecento, a lungo usata nei testi scolastici.
Tra le molte traduzioni contemporanee, noi seguiremo, per la scorrevolezza del linguaggio, quella di Cesare Vivaldi (*Eneide*, Edisco, Torino, s.d.), indicando per ogni brano, il riferimento ai versi del testo latino; solo per il proemio adotteremo la traduzione di Rosa Calzecchi Onesti (*Eneide*, Einaudi, Torino, 2005).

Il proemio

- P. Virgilio Marone, *Eneide*, trad. di R. Calzecchi Onesti, Einaudi, Torino, 2005, Libro I, vv. 1-11

Armi canto e l'uomo che primo dai lidi di Troia
venne in Italia fuggiasco per Fato e alle spiagge
lavinie, e molto in terra e sul mare fu preda
di forze divine, per l'ira ostinata della crudele Giunone,
5   molto sofferse anche in guerra, finch'ebbe fondato
la sua città, portato nel Lazio i suoi dèi, donde il sangue
Latino e i padri Albani e le mura dell'alta Roma.
Musa, tu dimmi le cause, per quale offesa divina,
per qual dolore la regina dei numi a soffrir tante pene,
10 a incontrar tante angosce condannò l'uomo pio.
Cosí grandi nell'animo dei celesti le ire!

1. Armi: le imprese di guerra.
– **l'uomo**: si tratta di Enea, identificato subito come il protagonista del poema e indicato attraverso una perifrasi (*l'uomo che...*).
2. per Fato: per volere del Fato. Nel poema il *Fato* costituisce la rappresentazione del destino che stabilisce le cose che devono accadere; anche gli dèi, come vedremo, obbediscono alla forza di quanto è stato deciso dal Fato. Nell'*Eneide* Virgilio vuole mostrare che le vicende accadute, a partire dalla distruzione di Troia e quindi il viaggio di Enea *fuggiasco* e il suo arrivo nel Lazio, erano necessarie per realizzare la volontà del destino, che aveva decretato la nascita di Roma e la sua gloria nel mondo.
2-3. alle spiagge lavinie: le spiagge del Lazio, chiamate qui *lavinie* dal nome di Lavinio, città fondata da Enea dopo il suo arrivo.
4. l'ira ... Giunone: Virgilio pone come promotrice delle molte sventure di Enea l'ostilità verso di lui da parte di Giunone. La causa remota di tale ostilità risale al giudizio di Paride che le aveva preferito Venere per bellezza; Virgilio, tuttavia, dà più importanza a eventi che coinvolgono la storia di Roma. Giunone conosce il Fato e sa che Enea è predestinato a dare origine a un popolo, i Romani, che avrebbe distrutto in futuro la sua amata Cartagine. La dea non può impedire il compiersi dei Fati, ma può far soffrire Enea con una sorta di vendetta anticipata.
7. i padri Albani: la stirpe degli Albani prende nome dalla città di Albalonga, fondata dal figlio di Enea, chiamato Julo o Ascanio.
8. Musa: Calliope, la musa della poesia epica.
10. l'uomo pio: Enea è definito *pio* perché le sue azioni sono ispirate dalla *píetas*, la sottomissione volontaria e completa al volere degli dèi.

Entriamo nel testo

I temi e la struttura del proemio
Questi versi costituiscono l'inizio dell'*Eneide*, con il proemio, o protasi, e l'invocazione alla Musa; Virgilio obbedisce, dunque, alla tradizione letteraria del genere epico che, sin dai poemi omerici, faceva precedere la narrazione

dall'esposizione del tema dell'opera e dalla richiesta dell'aiuto da parte della Musa ispiratrice. In questo caso, l'argomento viene esposto nell'ordine inverso rispetto alla trama del poema: prima vengono citate le *armi*, che alludono al contenuto della seconda parte, con la guerra sostenuta da Enea dopo il suo arrivo in Italia; segue, quindi, *l'uomo*, ovvero lo stesso eroe e il suo viaggio fino alle rive del Lazio, con una formula che riecheggia l'inizio dell'*Odissea*. Inoltre, la stessa Musa non ha per Virgilio il medesimo valore che per i cantori dei poemi omerici. Questi appartenevano a una civiltà che considerava i poeti come i portavoce degli dèi, e la poesia come il frutto dell'ispirazione divina. Invece i Romani, e in particolare nell'età di Virgilio, concepivano la poesia come il prodotto di un attento lavoro di ricerca e di creazione, e il poeta come un artefice dotato di naturali capacità creative, che venivano comunque sostenute da grande cultura ed esercitate in un diligente e accurato lavoro. Virgilio, dunque, invoca la Musa non perché creda realmente di riceverne aiuto, ma per rispetto della tradizione poetica. Infatti, non chiede alla dea il sostegno dell'ispirazione poetica nella composizione dei versi, ma la sollecita affinché lo conduca verso la comprensione di un problema inquietante: perché Giunone, la regina degli dèi, infierisce cosí tanto sull'*uomo pio*? Perché gli dèi scatenano la loro forza per schiacciare gli innocenti e deboli esseri umani? Particolare risalto assume il verso finale che mostra il nuovo rapporto del poeta latino con le divinità. Gli dèi della tradizione pagana, falsi, bugiardi, capricciosi, facili all'ira, non soddisfano piú la sensibilità di questo poeta pensoso, attento all'evoluzione della riflessione filosofico-morale, vissuto alle soglie del cristianesimo. Egli ha una visione problematica dell'esistenza, aspira a una religione piú pura ed è ugualmente attento a cogliere sia le ragioni dei vincenti sia quelle dei perdenti.

Enea che sacrifica ai Penati, particolare dell'*Ara Pacis*, 13-9 a.C. Roma, Museo dell'Ara Pacis Augustae.

Esercizi

Competenza trasversale:

a Acquisire ed interpretare l'informazione
b Individuare collegamenti e relazioni
c Comunicare
d Comunicare nelle lingue straniere

- **Comprensione**

1. Descrivi le vicende di Enea che vengono preannunciate nel proemio.
2. Indica, tra quelle elencate, la caratteristica fondamentale che viene attribuita all'eroe Enea:
   a. la forza fisica;
   b. la religiosità;
   c. la curiosità;
   d. l'astuzia.

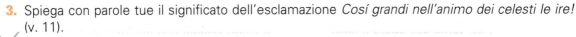

3. Spiega con parole tue il significato dell'esclamazione *Cosí grandi nell'animo dei celesti le ire!* (v. 11).

4. Confronta il proemio dell'*Eneide* con quelli dell'*Iliade* e dell'*Odissea* e rispondi alle seguenti domande.
   a. In quale momento del proemio viene invocata la Musa nell'*Eneide*?
   b. Nell'*Eneide* la Musa è presentata come l'ispiratrice del canto, come in Omero?
   c. Quali cose, diversamente da Omero, chiede il poeta dell'*Eneide* alla Musa nella sua invocazione?
   d. Mentre l'azione del «cantare» (nell'*Iliade*) e «narrare» (nell'*Odissea*) viene attribuita alla Musa (*Cantami* e *raccontami*), a chi è attribuito il canto nell'*Eneide*?

5. Nell'*Eneide* la prima e la seconda parte:
   a. richiamano rispettivamente le guerre dell'*Iliade* e il viaggio dell'*Odissea*;
   b. richiamano rispettivamente il viaggio dell'*Odissea* e le guerre dell'*Iliade*;
   c. hanno come argomento la guerra tra due popoli come l'*Iliade*;
   d. hanno come argomento il viaggio dell'eroe come l'*Odissea*.

L'ostilità di Giunone

• Libro I, vv. 12-33

IN SINTESI: Nel proemio il poeta ha introdotto il tema dell'ostilità di Giunone nei riguardi di Enea, non allo scopo di aprire il racconto in forma di *flashback* di fatti avvenuti precedentemente (come accade a conclusione del proemio dell'*Iliade*), ma per esporre le motivazioni della collera della dea, causa ed elemento motore delle vicende che stanno per accadere a Enea e che il poeta si accinge a narrare.

Vi fu un'antica città, abitata dai Tiri,
che fronteggiava l'Italia e le foci del Tevere
da lontano: Cartagine, ricchissima di mezzi
e terribile in armi. Si dice che Giunone
5 la preferisse a ogni terra, persino alla stessa Samo,
e vi tenesse le armi e il carro. Già da allora
la Dea si adoperava con ogni sforzo a ottenerle,
se mai lo consentano i Fati, l'impero del mondo.
Ma aveva saputo che dal sangue troiano
10 sarebbe nata una stirpe destinata ad abbattere
le rocche di Cartagine; che un popolo dal vasto
dominio e forte in guerra sarebbe venuto a distruggere
la Libia: tale sorte filavano le Parche.

---

1. abitata dai Tiri: Tiro era un'antica città della Fenicia, i cui abitanti avevano fondato una colonia sulla costa settentrionale dell'Africa: Cartagine.

4-5. Si dice ... terra: Virgilio crea il collegamento mitico tra Giunone e Cartagine, allo scopo di giustificare l'odio della dea verso Enea e la sua stirpe, come si dirà tra poco.
– **Samo**: è un'isola del mare Egeo, posta presso la costa meridionale dell'Asia Minore; secondo la tradizione in essa era nata Giunone, che pertanto vi era oggetto di particolare venerazione.

9-11. dal sangue ... di Cartagine: Giunone ha conosciuto quanto avverrà nel futuro della storia romana, e cioè che Roma vincerà e distruggerà Cartagine; poiché i Romani, secondo la visione mitica su cui si basa l'*Eneide*, discendono dai profughi Troiani guidati da Enea, questi si configurano come l'origine della futura sciagura di Cartagine. In realtà, i Cartaginesi e i Romani si scontrarono in una lunga fase di dure guerre (le tre guerre puniche) nel corso di più di un secolo.

13. la Libia: per i Romani la Libia era la parte settentrionale dell'Africa, dove era situata Cartagine, e non solo l'attuale Libia. – **le Parche**: le tre Parche, Cloto, Lachesi e Atropo, erano divinità che determinavano il destino di ogni uomo; venivano rappresentate come filatrici: Atropo filava il filo della vita dell'uomo, Lachesi lo avvolgeva, Atropo lo tagliava, in base alla volontà del Fato, ponendo fine alla vita dell'uomo.

16. i suoi cari Argivi: nella guerra di Troia Giunone si era schierata dalla parte dei Greci; gli *Argivi* erano gli abitanti di Argo, ma il nome è spesso usato per intendere tutti i guerrieri Achei.

19-20. il giudizio ... disprezzata: è la causa mitica della guerra di Troia: Paride, chiamato a scegliere la piú bella tra Giunone, Venere e Minerva, aveva scelto Venere perché allettato dalla promessa di avere l'amore della donna piú bella. Come conseguenza, nella guerra Giunone si era schierata a fianco dei Greci e contro i Troiani.

21-22. gli onori ... Ganimede: Ganimede era il giovane troiano, figlio del re Troo, che per la sua bellezza era stato rapito da Giove e trasportato in cielo, dove aveva ricevuto l'onore di essere scelto come coppiere degli dèi;

l'indignazione di Giunone, dato che il giovane era stato preferito alla propria figlia Ebe, si rivolge contro tutti i Troiani, concittadini di Ganimede.

15 Temendo l'avvenire e memore della guerra
che aveva combattuto un tempo sotto Troia
per i suoi cari Argivi, Giunone conservava
ancora vive nell'anima altre cause di rabbia
e di fiero dolore: le restano confitti
20 nel profondo del cuore il giudizio di Paride,
l'onta della bellezza disprezzata, il rancore
per la razza troiana, gli onori ai quali è assurto
Ganimede. Infiammata da tanti oltraggi, la Dea
teneva lontani dal Lazio, sballottati sulle onde,
25 i Troiani scampati ai Greci ed al feroce
Achille: ed essi erravano sospinti dal destino
per ogni mare da molti e molti anni. Tanto
era arduo, terribile, fondare la gente romana!

Entriamo nel testo

La fusione tra il mito e la storia

Al termine del proemio l'avvio della narrazione mostra una somiglianza con l'*Iliade*: in entrambi i casi vengono esposte le motivazioni di una collera, in Omero l'ira di Achille, qui l'ira di Giunone. Tuttavia, a parte questa somiglianza, ogni altro elemento sottolinea invece le differenze, lasciando emergere le caratteristiche proprie del poema virgiliano.

Rileviamo, infatti, che delle tre motivazioni per la collera di Giunone, solo due sono situate nel passato, ed entrambe appartengono alla sfera mitica: il famoso giudizio di Paride e l'onore attribuito dagli dèi a Ganimede, fatti che hanno determinato nella dea una posizione ostile contro Troia e tutta la sua stirpe. Piú importante, invece, si configura la motivazione creata da Virgilio, che è proiettata verso il futuro: il timore per il destino di Cartagine, che fa concentrare tutto il rancore della dea sul gruppo di profughi troiani, dai cui discendenti la città sarà vinta e distrutta. Questa invenzione del poeta latino poggia su una raffinata costruzione ideologica, che fonde la tradizione mitica con la storia di Roma e insieme gratifica l'orgoglio dei Romani per le proprie vicende gloriose. Quando Virgilio scrisse l'*Eneide*, alla fine del I secolo a.C., era passato quasi un secolo e mezzo dalla conclusione vittoriosa delle guerre contro Cartagine, ma il ricordo di quelle vicende era rimasto impresso nella memoria storica dei Romani per l'importanza che aveva rivestito e per le paure che aveva destato. Cartagine era stata un nemico fortissimo e poté essere debellata solo dopo tre guerre molto impegnative: essa, nel corso della prima guerra, aveva obbligato i Romani a imparare a combattere per mare; con la seconda guerra, li aveva terrorizzati invadendo, con una spedizione guidata da Annibale, il territorio italico e minacciando la stessa Roma; quando, infine, Cartagine fu vinta e distrutta, i Romani vincitori vollero arare il suolo della città per impedirne la rinascita. Dunque, Virgilio attribuisce a Giunone il preannuncio degli eventi futuri, su cui essa non può influire e che non può cambiare perché la grandezza di Roma è stata decretata dal Fato; sapendo ciò, la dea si infiamma di odio sempre di piú contro i Troiani, che saranno i progenitori dei Romani. Vengono, cosí, messi a fuoco i due elementi che caratterizzano l'*Eneide*: il tema della missione di Enea, che consiste nel dare inizio alla nuova stirpe e alla storia gloriosa di Roma; la celebrazione di Roma, conseguita mediante la fusione di elementi mitologici, appartenenti alla

Epica classica | L'Eneide

tradizione epica, con i riferimenti storici. In questo impianto Enea riveste il ruolo di protagonista, ma si trova ad agire sotto la spinta di due forze contrastanti: da un lato vi è il Fato, che gli ha affidato una missione da compiere, cioè l'arrivo nel Lazio e l'avvio di una nuova stirpe; dall'altro vi sono gli dèi che creano ostacoli e mirano a distoglierlo dalla sua meta. Ai fini della narrazione, l'ostilità di Giunone è il motore per lo sviluppo degli eventi, creando per Enea ostacoli da superare e l'occasione per deviare il suo viaggio verso altre terre sconosciute. Il primo atto della dea sarà lo scatenamento di una tempesta per disperdere la flotta troiana e cosí allontanarla dall'Italia, riproponendo una situazione tipica delle narrazioni eroiche e il particolare espediente della tempesta che ricorda quella scatenata da Poseidone contro Odisseo nell'*Odissea*.

Esercizi

- **Comprensione e interpretazione**

1. Ricerca nel testo e descrivi con parole tue le motivazioni dell'ostilità di Giunone nei riguardi dei Troiani.
2. Sulla base del contesto in cui è inserita, spiega il valore dell'espressione *Temendo l'avvenire* (v. 14).
3. L'esclamazione nei versi 26-27 è espressione, secondo te:
   a. di Giunone;   b. del poeta;   c. di Enea;   d. dei lettori del poema.

Il cavallo di legno

- Libro II, vv. 1-56

IN SINTESI: Giunone, che vede Enea avvicinarsi alle coste della Sicilia, decide di scatenare una tempesta contro la flotta troiana, con l'aiuto del dio dei venti, Eolo. La flotta troiana viene travolta e la maggior parte delle navi naufragano e sono disperse, altre vanno a schiantarsi contro gli scogli o si arenano sulle spiagge della Libia. Quando la furia dei venti e del mare viene placata dal dio Nettuno, con sette navi scampate al naufragio Enea approda in un piccolo golfo tranquillo. Frattanto, Venere, la divina madre di Enea, osserva le sventure del figlio e si sfoga con Giove, signore degli dèi e garante dell'ordine e del rispetto per i decreti del Fato.
Mentre Giove invia Mercurio a Cartagine per preparare una benevola accoglienza a Enea, Venere assume le sembianze di una giovane cacciatrice e si presenta a Enea in cammino verso Cartagine. La dea lo informa che la regina della città è Didone, aggiungendo notizie sulle tristi vicende che hanno condotto lei e il suo popolo in questa terra. Scomparendo all'improvviso, Venere fa capire la propria identità all'eroe, infondendogli cosí coraggio, e lo avvolge in una nube per farlo entrare non visto nella città. Enea sale su una collina da cui vede Cartagine, i cui abitanti sono intenti alla costruzione di edifici; si dirige in città e nel tempio di Giunone vede Didone, che detta le leggi al suo popolo. Sopraggiungono i compagni che Enea aveva creduto dispersi: essi chiedono ospitalità a Didone, che li accoglie benevolmente. Si dissolve a questo punto la nuvola che avvolgeva Enea e l'eroe appare all'improvviso; i Troiani sono invitati a restare nella città e viene organizzato per loro un banchetto ospitale. Venere, affinché Didone si innamori di Enea e lo accolga bene, fa assumere a Cupido (il dio dell'amore) le sembianze di Ascanio; cosí durante il banchetto la regina credendo di tenere tra le braccia il giovane figlio di Enea, subisce l'incantamento di Cupido e si innamora progressivamente dell'eroe troiano.
Dopo aver ascoltato il canto di un poeta, Didone chiede a Enea di raccontare le sue avventure; l'eroe si dispone al racconto, prendendo avvio dalla caduta di Troia.

12. Mirmídone o Dolope: i Mirmídoni e i Dolopi erano popoli che combatterono a Troia, agli ordini di Achille i primi e del figlio Pirro i secondi.
22. Pallade: Minerva.

Tacquero tutti:
gli occhi intenti al viso di Enea
pendevano dalle sue labbra. Dal suo posto d'onore,
bene in vista, l'eroe cominciò in questi termini:
5 «Regina, tu mi chiedi di rinnovare un dolore
inesprimibile; mi ordini di dire come i Greci
abbian distrutto Troia, le sue ricchezze, il suo regno
degno di pianto, e narrarti tutte le cose tristi
che ho visto coi miei occhi e alle quali tanto
10 ho preso parte! Chi potrebbe trattenersi
dalle lagrime a un tale racconto, fosse pure
soldato del duro Ulisse o Mirmídone o Dolope?
E già l'umida notte precipita dal cielo,
le stelle, tramontando, ci persuadono al sonno.
15 Ma se proprio desideri conoscere le nostre
disgrazie ed ascoltare brevemente l'estrema
sciagura di Troia, quantunque il mio animo
inorridisca al ricordo e rilutti di fronte
a cosí grave dolore, parlerò.
20   I capi greci,
prostrati dalla guerra e respinti dai Fati
dopo tanti e tanti anni, con l'aiuto di Pallade,
fabbricano un cavallo simile a una montagna,

Atena costruisce il cavallo di Troia. Firenze, Museo Archeologico Nazionale.

Epica classica | **L'Eneide**

35. Micene: città greca su cui regnava Agamennone.
38. dorici: greci.
45. Timete: uno dei più importanti cittadini troiani.
49. Capi: cittadino troiano amico di Enea.
52. sondato: esplorato, esaminato.
55. Laocoonte: sacerdote di Nettuno.
59. Non conoscete Ulisse?: Ulisse, il cui nome greco è Odisseo, era famoso anche fra i Troiani per la sua astuzia. In realtà si doveva a lui l'ideazione dell'inganno del cavallo di legno e Laocoonte non sa quanto si sia avvicinato alla verità ipotizzando (nel verso seguente) che gli Achei siano celati dentro il ventre del cavallo.

ne connettono i fianchi di tavole d'abete,
25 fingendo che sia un voto (cosí si dice in giro)
per un felice ritorno. Di nascosto, nel fianco
oscuro del cavallo fanno entrare sceltissimi
guerrieri, tratti a sorte, riempiendo di una squadra
in armi la profonda cavità del suo ventre.
30 Proprio di fronte a Troia sorge Tenedo, un'isola
molto nota, ricchissima finché il regno di Priamo
fu saldo, adesso semplice approdo malsicuro:
i Greci sbarcano là, celandosi nel lido
deserto. Noi pensammo che fossero andati via
35 salpando verso Micene col favore del vento.
E subito tutta la Troade esce dal lungo lutto.
Spalanchiamo le porte: come ci piace andare
liberi ovunque e vedere gli accampamenti dorici,
la pianura deserta, la spiaggia abbandonata!
40 C'erano i Dolopi qui, il terribile Achille
si accampava laggiú, qui tiravano a secco
le navi, e là di solito venivano a combattere.
Alcuni stupefatti osservano il fatale
regalo della vergine Minerva e ammirano
45 la mole del cavallo; Timete per primo
ci esorta a condurlo entro le mura e a porlo
sull'alto della rocca, sia per tradirci, sia
perché le sorti di Troia volevano cosí.
Invece Capi ed altri con piú accorto giudizio
50 chiedono che quel dono insidioso dei Greci
sia gettato nel mare od arso, e che i suoi fianchi
siano squarciati e il suo ventre sondato in profondità.
La folla si divide tra i due opposti pareri.
Allora, accompagnato da gran gente, furioso,
55 Laocoonte discende dall'alto della rocca
e grida da lontano: "Miseri cittadini,
quale follia è la vostra? Credete che i nemici
sian partiti davvero e che i doni dei Greci
non celino un inganno? Non conoscete Ulisse?
60 O gli Achivi si celano in questo cavo legno,
o la macchina è fatta per spiare oltre i muri
e le difese fin dentro le nostre case e piombare
dall'alto sulla città, o c'è sotto qualche altra
diavoleria: diffidate del cavallo, o Troiani,
65 sia quel che sia! Temo i Greci, anche se portano doni".
Cosí detto scagliò con molta forza la grande
lancia nel ventre ricurvo del cavallo di legno.
L'asta s'infisse oscillando, le vuote cavità
del fianco percosso mandarono un gemito
70 rimbombando. Ah, se i Fati non fossero stati
contrari e le nostre menti accecate Laocoonte
ci avrebbe convinto a distruggere il covo
dei Greci; e tu ora, Troia, saresti ancora in piedi,
e tu, rocca di Priamo, ti leveresti in alto!».

Entriamo nel testo

Il modello del narratore di secondo grado
Ha inizio l'ampia parte dell'*Eneide*, che occupa l'estensione di due libri, costituita dal *flashback* nel quale Enea ripercorre le vicende precedenti, dalla caduta di Troia fino al suo approdo in Africa. Il racconto è fatto in prima persona da Enea, che diviene così narratore di secondo grado (il narratore di primo grado è il poeta), mentre saranno narratori di terzo grado i personaggi che, nell'ampio racconto di Enea, faranno, a loro volta, il resoconto di una storia o di un avvenimento; infatti, nella sua narrazione Enea riferisce spesso ciò che dicono vari personaggi talvolta in forma di discorso diretto, altre volte indiretto, come si verifica anche in questo brano.
Virgilio segue in tal modo il modello già presente nell'*Odissea* quando, durante il banchetto nella reggia del re Alcinoo, Odisseo (Libro VIII) è invitato a raccontare le sue avventure; anche Enea dipana la sua narrazione su richiesta di Didone in occasione del banchetto.

Il narratore e il punto di vista
Sia nell'*Odissea* che nell'*Eneide*, come abbiamo detto, il racconto della presa di Troia è affidato a un narratore di secondo grado (Demodoco ed Enea); tra i due racconti, però, vi è una sostanziale differenza, dovuta alla diversa prospettiva in cui si collocano le opere. I poemi omerici, infatti, sono stati elaborati nel mondo greco: per i Greci, i Troiani erano i nemici e la presa di Troia costituiva la vittoria della spedizione militare. L'*Eneide*, invece, è opera di uno scrittore latino e per di più nata con intenti celebrativi di Roma e delle sue origini. L'eroe troiano, progenitore dei Romani, vede lo stesso episodio in una prospettiva personale: per lui, infatti, Troia rappresenta la patria, la cui caduta costituisce una sciagura e un grande dolore; i Greci sono gli aggressori e i nemici; quelle che da una parte erano considerate virtù – l'astuzia per concludere a proprio vantaggio una guerra che si trascina da un decennio, il valore nell'abbattere gli abitanti di Troia – agli occhi di Enea diventano elementi negativi e appaiono l'una come doppiezza, l'altro come crudeltà.
Il ricorso al narratore di secondo grado, dunque, consente a Virgilio non solo di richiamarsi all'*Odissea*, ma anche di assumere un punto di vista differente da quello dell'epica precedente, e cioè quello dei vinti. Sempre grazie a questa strategia narrativa, inoltre, Virgilio rende il racconto avvincente e vario. Infatti, dando la parola a Enea, che conosce ormai gli eventi successivi ed è in grado di attribuire i veri significati all'accaduto, può procedere su una doppia pista: narra gli eventi mescolando la descrizione delle azioni compiute dai Troiani con l'interpretazione delle apparenze, e passando spesso dal tono espositivo a quello emotivo e soggettivo.
La lunga narrazione delle peripezie fatta da Enea conduce il lettore sulle rive del mare di fronte a Troia, dove il cavallo di legno ha attirato tutti i cittadini, che stanno vivendo il sollievo e la gioia dello scampato pericolo. A quanto sembra, i Greci sono partiti, il Fato si è dimostrato favorevole alla città assediata da dieci anni. Tutto poggia però su una tremenda ambiguità e la verità è ben differente da ciò che appare. Enea si rammarica che i Troiani non siano stati capaci di affrontare la realtà, e di intuire la trappola che si nascondeva nelle cavità dell'enorme macchina. In particolare nel ricordare Laocoonte che scaglia la sua lancia contro il fianco del cavallo producendo un preoccupante rimbombo simile a un gemito, la tensione emotiva del narratore raggiunge il culmine con l'esplosione del suo rancore per il destino avverso.
Tutto il racconto di Enea delinea una progressione di eventi che dimostrano l'ineluttabilità della fine di Troia, voluta dal Fato e realizzata con l'inganno, non come conseguenza di inferiorità nel valore e nelle armi: essa ci appare, attraverso gli occhi del profugo Enea, una tragedia dolorosa, vissuta con l'animo di chi piange la caduta della patria e la propria rovina, decretata dalle divinità ostili.

La tradizione sulla sconfitta di Troia
L'informazione sulla fine della guerra e della distruzione di Troia è presente nell'*Odissea*, ma non nell'*Iliade*, che si conclude con la morte e i funerali di Ettore. La tradizione, comunque, era diffusa nella cultura greca sin da tempi remoti: ne parlò ampiamente un poeta greco del VII secolo a.C., Arctino di Mileto, in un poema epico, oggi perduto, intitolato *Iliupersis* («La distruzione di Troia»); inoltre, alcune tragedie greche del V secolo, tra le quali *Ecuba* e *Le Troiane* di Euripide, sono ispirate alla caduta di Troia.

Epica classica | L'Eneide

Esercizi

- **Comprensione e interpretazione**

  1. Ricerca tutte le espressioni che segnalano la partecipazione emotiva e affettiva di Enea ai fatti che va raccontando.
  2. I versi 40-42 contengono:
     a. un discorso diretto espresso dai Troiani;
     b. un discorso indiretto attribuito ai Troiani;
     c. una descrizione fatta dal narratore Enea;
     d. un'espressione dell'autore Virgilio.
  3. Spiega il motivo per cui Enea dice (v. 49) che l'opinione di Capi è espressa *con piú accorto giudizio*.
  4. Indica la motivazione per cui Laocoonte è detto *furioso* nel verso 54.
  5. Indica il motivo per cui Enea parla della sua patria (vv. 73-74) usando il pronome personale *tu*.
  6. Tutto l'episodio mette in evidenza come i Troiani siano stati preda di una «follia» e di un «accecamento» cui certamente hanno contribuito le divinità: ricerca nel testo gli elementi sia della narrazione sia nelle espressioni usate da Enea che lasciano intendere come anche interventi soprannaturali abbiano tramato contro i Troiani.

- **Competenza testuale**

  7. Dividi il testo in sequenze indicando l'argomento di ciascuna di esse.
  8. Ricerca tutte le espressioni presenti nella narrazione di Enea che lo rivelano come narratore onnisciente, e cioè che indicano che egli conosce gli eventi successivi a quelli che va raccontando.

- **Produzione**

  9. Componi un testo raccontando con parole tue i gesti e i comportamenti dei Troiani che vivono gioia e sollievo per la partenza dei Greci.
  10. Racconta gli eventi di questo brano disponendoli secondo l'ordine cronologico.
  11. Scrivi un racconto immaginando che i Troiani abbiano accolto i consigli di Laocoonte: che cosa avrebbero fatto? Avrebbero semplicemente lasciato il cavallo sulla spiaggia, oppure avrebbero esaminato che cosa nascondeva nel suo ventre? Quale sarebbe stato l'esito della guerra?

1. **In questo brano il narratore è di:**
   a. ☐ primo grado, il poeta, in tutto il brano.
   b. ☐ secondo grado, Enea, in tutto il brano.
   c. ☐ secondo grado, Enea, e primo grado, il poeta, nei vv. 1-4.
   d. ☐ primo grado, il poeta, e secondo grado, Enea, nei vv. 5-19.

2. **Il periodo contenuto nei vv. 6-10 («mi ordini ... preso parte!») è costituito, oltre che dalla proposizione principale, dalle proposizioni:**
   a. ☐ due oggettive, una interrogativa indiretta, due relative.

b. ☐ tre oggettive, due relative.

c. ☐ due oggettive, tre relative.

d. ☐ una oggettiva, una interrogativa indiretta, due relative.

3. Che cosa esprime la domanda contenuta nel vv. 10-12?

    a. ☐ Esprime una richiesta per ottenere informazioni.

    b. ☐ Esprime in forma retorica un fatto non possibile.

    c. ☐ Esprime in forma retorica un fatto che accade realmente.

    d. ☐ Esprime due fatti, di cui solo uno possibile.

4. In quale momento del giorno o della notte Enea sta iniziando il suo racconto a Didone? Evidenzia nel testo i versi che ci forniscono questa indicazione.

....

....

....

....

....

5. A che cosa si riferisce Enea con l'espressione «l'estrema sciagura di Troia» (vv. 16-17)?

    a. ☐ Al ritrovamento del cavallo di legno da parte dei Troiani.

    b. ☐ Al fatto che i Troiani non comprendono l'inganno nascosto nel cavallo.

    c. ☐ Alla conquista e distruzione di Troia da parte dei Greci.

    d. ☐ Alla maniera in cui i Greci riescono a penetrare nella città di Troia.

6. Dove si trovano i Greci quando il cavallo di legno si presenta alla vista dei Troiani?

    a. ☐ Sulle loro navi.

    b. ☐ Sull'isola di Tenedo.

    c. ☐ Su una spiaggia nascosta da un promontorio.

    d. ☐ Tra le piante di un bosco vicino a Troia.

7. A chi si riferisce il pronome «noi» usato nel verso 34?

....

8. A che cosa si riferisce il «lungo lutto» (v. 36)?

    a. ☐ Al lutto portato per la morte del re.

    b. ☐ Alle mura che chiudono la città.

    c. ☐ Al periodo di assedio subito dai Greci.

    d. ☐ Al divieto di fare festeggiamenti.

9. A che cosa si riferisce l'espressione «il fatale regalo della vergine Minerva» (vv. 43-44)?

....

10. Osserva la domanda di Laocoonte «Miseri cittadini, quale follia è la vostra?» (vv. 56-57). In quale modo può essere espresso il medesimo significato, invece che in forma di domanda?

    a. ☐ Vi chiedo qual è, fra i molti, il tipo di follia che vi ha preso.

    b. ☐ Certamente siete folli!

    c. ☐ Certamente non siete folli.

    d. ☐ Non so se siete folli oppure no.

11. Osserva la domanda di Laocoonte «Non conoscete Ulisse?» (v. 59). Qual è il significato di questa domanda?
- a. ☐ Certamente non sapete di quali inganni è capace Ulisse.
- b. ☐ Voi sapete di quali astuzie è capace Ulisse.
- c. ☐ Ditemi se avete mai conosciuto Ulisse.
- d. ☐ Non so se voi abbiate visto combattere Ulisse.

12. Ne i vv. 70-73 c'è un periodo ipotetico. Di quale tipo di periodo ipotetico si tratta?

....

13. La narrazione fatta da Enea riferisce anche parole pronunciate da altri personaggi. In quale forma sono riportate queste parole?
- a. ☐ Solo il discorso diretto di un personaggio.
- b. ☐ Solo discorsi indiretti dei personaggi.
- c. ☐ Il discorso diretto di un personaggio e due discorsi indiretti.
- d. ☐ Due discorsi diretti e due discorsi indiretti.

Laocoonte

- Libro II, vv. 199-233

IN SINTESI: L'azione, giunta al suo culmine emotivo, viene interrotta dall'intervento di un nuovo personaggio: Sinone, un Greco rimasto sulla spiaggia troiana per sostenere l'inganno del cavallo. Egli, infatti, impietosisce i Troiani raccontando, in modo menzognero, di essere sfuggito ai Greci che volevano ucciderlo per un sacrificio propiziatorio agli dèi. Quindi sostiene che il cavallo è stato lasciato dai Greci in offerta a Minerva e che è stato costruito di grandi dimensioni per evitare che sia portato dentro la città, che diventerebbe inespugnabile. Le parole ingannatrici di Sinone appaiono persuasive, e tuttavia sta per verificarsi un evento prodigioso, destinato a determinare completamente le decisioni dei Troiani.

«Allora un altro evento molto piú spaventoso
sopraggiunse improvviso a turbarci: infelici!
Eletto sacerdote di Nettuno, Laocoonte
sacrificava ai piedi dell'altare solenne
5   del Dio un enorme toro. Ed ecco (inorridisco
nel dirlo) due serpenti, venendo da Tenedo
per l'alta acqua tranquilla, si levano sull'oceano
con spire immense e s'avviano insieme verso la spiaggia:
i loro petti svettano tra i flutti, le sanguigne
10 creste sorpassano l'onde, il resto del loro corpo

1. Allora: l'avverbio, che non ha qui funzione di complemento di tempo ma di connettivo testuale, segnala la ripresa della narrazione: tra l'entrata in scena di Laocoonte (con cui si conclude il brano precedente) e l'atroce morte dello stesso Laocoonte e dei suoi figli è inserito l'episodio di Sinone, che abbiamo esposto nel riassunto iniziale. Tuttavia, esiste una continuità narrativa tra i due momenti e l'avverbio *allora* può essere considerato il loro anello di congiunzione.

5-6. Ed ecco ... due serpenti: con l'avverbio *ecco* si apre il racconto drammatico di un evento prodigioso (caratterizzato dall'uso dei verbi al presente di attualizzazione), destinato a spezzare ogni possibilità di resistenza da parte dei Troiani.

6. Tenedo: isola situata davanti alla pianura di Troia, dove erano nascosti i Greci.
8. con spire immense: creando grandi curve a spirale.

12. s'attorcono: si contorcono.
31-34. Infine ... scudo: come era stata prodigiosa l'apparizione dei due serpenti, cosí anche la maniera con cui essi si ritirano, in mezzo al silenzio pieno di terrore dei presenti, andandosi ad acquattare sotto lo scudo di Minerva, evidenzia l'intervento di una divinità e quindi incute nei Troiani il massimo terrore.

38-39. egli che ... scellerata: alla straordinarietà dell'evento viene ricercata una spiegazione che sembri logica e collegata con la realtà: i Troiani attribuiscono a Laocoonte la colpa di aver oltraggiato il cavallo di legno colpendolo con la sua lancia. In questo modo l'evento misterioso e inquietante viene ricondotto a una dimensione piú serenamente accettata, quella della punizione divina come conseguenza della colpa.

sfiora la superficie dell'acqua: enormi groppe
che s'attorcono in cerchi sul mare che, frustato
dalle code, spumeggia fragoroso. E approdarono
a riva: gli occhi ardenti iniettati di sangue
15 e di fuoco, lambivano con le vibranti lingue
le bocche sibilanti. Fuggiamo qua e là,
pallidi a tale vista. Senza esitare, i serpenti
puntano su Laocoonte. E anzitutto, avvinghiati
con molte spire viscide i suoi due figli piccoli,
20 ne straziano le membra a morsi. Poi si gettano
su Laocoonte che armato correva in loro aiuto
stringendolo coi corpi enormi: già due volte
in un nodo squamoso gli han circondato vita
e collo: le due teste stan alte sul suo capo.
25 Sparse le sacre bende di bava e di veleno
Laocoonte si sforza di sciogliere quei nodi
con le mani e intanto leva sino alle stelle
grida orrende, muggiti simili a quelli d'un toro
che riesca a fuggire dall'altare, scuotendo
30 via dal capo la scure che l'ha solo ferito.
Infine i due serpenti se ne vanno strisciando
sino ai templi piú alti, raggiungono la rocca
della crudele Minerva, rifugiandosi ai piedi
della Dea sotto il cerchio del suo concavo scudo.
35 Nuovo terrore s'insinua nelle anime tremanti
di tutti noi: molti dicono che meritatamente
Laocoonte ha pagato il suo grave delitto,
egli che con la lancia colpí la statua di quercia
scagliandole nel dorso la punta scellerata.
40 Gridano tutti che occorre trascinare il cavallo
a Troia, supplicando la santità di Minerva...».

Entriamo nel testo

Lo spostamento dell'obiettivo
Abbiamo appena letto la narrazione di una scena di alta tensione emotiva, raccontata da Enea con la tecnica di un abile regista che osserva quanto accade spostando lo sguardo secondo i punti in cui la scena si sviluppa: dalla riva del mare alla spiaggia, alla rocca di Troia e poi ancora sulla spiaggia. Nel brano si succedono tre momenti:
- nel primo momento (vv. 5-17) i due terrificanti serpenti emergono dal mare e avanzano sulla spiaggia non semplicemente strisciando ma formando ampie spirali; intanto, tutti i Troiani fuggono qua e là in preda al terrore;
- nel secondo momento (vv. 17-34) i due serpenti puntano direttamente su Laocoonte e l'obiettivo della scena si focalizza sul gruppo che va formandosi: i due esseri terrificanti avvolgono con i loro corpi i due figli piccoli e poi Laocoonte, che invano tenta di sciogliersi dalla stretta e intanto emette le grida animalesche che accompagnano la sua morte; infine, l'obiettivo segue i due serpenti che strisciano fino agli alti templi di Troia e vanno ad acquattarsi sotto lo scudo della dea Minerva, come se, avendo portato a compimento una loro missione, chiedessero la gratificazione divina;
- nel terzo momento (vv. 35-41) l'obiettivo è riportato verso la spiaggia, là dove giacciono i corpi degli uccisi, e si appunta sul

comportamento dei Troiani, i quali, impauriti e tremanti, ricercano una motivazione che giustifichi l'evento raccapricciante a cui hanno assistito.

La tensione emotiva dell'episodio
La tensione emotiva rimane sempre ad alto livello, e tuttavia segue un arco che ha un inizio, un culmine e una fine: comincia con l'apparizione dei due serpenti dalle acque; sale rapidamente sino a raggiungere il punto culminante, la *Spannung*, nella stretta mortale di Laocoonte; cala improvvisamente quando i serpenti si sciolgono dai corpi degli uccisi e si allontanano dalla spiaggia e dai Troiani; infine i cittadini ricercano lo scioglimento della tensione tentando, con il ragionamento, di trovare una spiegazione all'orrore, di individuare in Laocoonte una colpa meritevole di punizione divina.

Purtroppo, come anche Enea ormai – troppo tardi – sa, nel momento della narrazione Laocoonte non ha commesso alcuna colpa, se non quella di aver, in qualche modo, intuito l'inganno che si nascondeva nel cavallo di legno, e di aver mosso l'estremo appello alla saggezza contro l'accecamento che ha colto le menti di tutti i Troiani.

Virgilio fa del personaggio di Laocoonte la vittima dell'inarrestabile svolgersi del Fato, che ha stabilito la rovina di Troia e distrugge crudelmente chi si configuri come un ostacolo alla realizzazione dei suoi voleri.

Esercizi

- **Comprensione e interpretazione**

1. Che cosa sta facendo Laocoonte all'arrivo dei due serpenti?
2. Descrivi l'aspetto dei due serpenti e il modo in cui attraversano le acque del mare per dirigersi verso la riva.
3. I due serpenti uccidono nello stesso modo Laocoonte e i suoi due figli piccoli?
4. Descrivi con parole tue l'immagine evocata dalla similitudine presente nei versi 28-30 e ponila in rapporto con l'evento che da tale similitudine viene descritto.
5. I Troiani interpretano l'atroce morte di Laocoonte come una punizione divina: quale colpa viene da essi attribuita a Laocoonte?
6. Perché i Troiani, dopo la morte di Laocoonte, ritengono che il cavallo di legno debba essere portato dentro la città?

Laocoonte, II secolo a.C. Città del Vaticano, Musei Vaticani.

- **Competenza testuale**

7. Ricerca e indica nel testo le espressioni che segnalano lo stato d'animo e le reazioni dei Troiani che assistono allo svolgimento degli eventi in questo episodio.

8. In questo brano, Enea comincia la sua narrazione usando i tempi verbali del passato, il passato remoto e l'imperfetto, ma poi continua usando il tempo presente. Da quale momento comincia a usare il presente? Perché, secondo te, utilizza questo tempo verbale? Prova a sostituire le forme verbali al presente con il passato: la narrazione mantiene la medesima efficacia nel trasmettere emozioni e la medesima capacità di vedere la scena come se si svolgesse davanti ai nostri occhi?

- **Produzione**

9. Componi un testo scritto in cui racconti l'episodio di Laocoonte come se tu fossi stato presente all'evento.

L'ultima notte di Troia

- Libro II, vv. 234-267; 298-335

IN SINTESI: L'evento prodigioso che ha segnato la terribile morte di Laocoonte viene interpretata dai Troiani come l'espressione della volontà degli dèi che il cavallo di legno sia condotto dentro la città.

10. mura dardanie: le mura di Troia sono dette *dardanie* dal nome di Dardano, il piú antico re di Troia.

11. tanta guerra: questa guerra tanto lunga e pesante.

16. dentro la santa rocca: nella parte piú alta della città, la *rocca*, si trovavano gli edifici sacri dedicati al culto degli dèi. Anche nelle città greche come Atene, Micene e Tirinto c'era l'acropoli (termine che significa «sommità, roccia elevata, della città»), che con i suoi templi costituiva il cuore e il centro religioso della città.

17. Cassandra: figlia di Priamo e sacerdotessa di Apollo. Il dio, perché respinto da lei, si vendicò dandole la capacità di prevedere il futuro, ma insieme la condanna a non essere mai creduta. Per questa sua caratteristica è stata assunta come simbolo di tutti coloro che prevedono cose vere ma non vengono ascoltati. Dopo la sconfitta di

Il cavallo in città

«Apriamo una breccia nella cinta di mura
che attornia la città. Ognuno dà una mano
a sottoporre ruote scorrevoli al cavallo,
a legare al suo collo lunghe funi. La macchina
5   fatale ha già passato le mura, piena d'armi,
mentre intorno fanciulle non sposate e fanciulli
cantano gli inni, felici di toccare per gioco
le funi con le mani. La macchina s'avanza,
scivola minacciosa in mezzo alla città.
10   O patria, casa di Dèi, e voi mura dardanie
che tanta guerra ha reso famose: quattro volte
si fermò al limitare della porta e altrettante
le armi nel suo ventre tuonarono sinistre!
Noi non pensiamo a nulla e andiamo avanti, ciechi
15   nella nostra follia, finché non sistemiamo
il mostro maledetto dentro la santa rocca.
Anche Cassandra allora aprí la bocca – mai
creduta dai Troiani, per volere d'Apollo –
e ci predisse il fatale imminente destino.

Troia, Cassandra fu fatta schiava da Agamennone e condotta a Micene, dove fu uccisa per mano di Clitennestra, moglie di Agamennone.

Epica classica — L'Eneide

25. Mirmídoni: sono il popolo di Achille, ma qui il termine indica tutti i Greci in generale.
28. Tenedo: isola posta di fronte a Troia, che ha fornito il nascondiglio alla flotta greca.
32. la fiamma ... luminoso: il piano elaborato dai Greci per impadronirsi di Troia aveva previsto tutti i particolari. Dopo aver introdotto nella città il cavallo pieno di guerrieri, era importante l'opera di Sinone, che si era fatto accogliere a Troia con ingannevoli menzogne; durante la notte, con i Troiani immersi nel sonno, Sinone ha il duplice compito di creare il contatto con la flotta greca mediante segnali di fuoco e di aprire gli sportelli nel ventre del cavallo, per far uscire i guerrieri nascosti.
36. di pino: di legno, con cui era costruito il cavallo.
38-42. Tessandro ... dell'inganno: sono i nomi dei guerrieri all'interno del cavallo; secondo la tradizione erano trenta, ma ne vengono citati solo nove, tra i quali i più famosi sono Ulisse, Neottolemo, detto anche Pirro, figlio di Achille, Menelao ed Epeo, a cui era attribuita la costruzione materiale del cavallo.

20 Quel giorno per noi doveva essere l'ultimo:
ma (infelici!) adorniamo di fronde festive
i templi degli Dèi per tutta la città.
Intanto il cielo gira su se stesso, la notte
erompe dall'oceano, avvolgendo di fitta
25 tenebra terra e cielo e inganni dei Mirmídoni:
in ogni casa i Troiani esultanti si sono
taciuti, un duro sonno avvince i loro corpi.
E già l'armata greca avanzava da Tenedo
nell'amico silenzio della tacita luna
30 in ordine perfetto, avviandosi ai lidi
ben noti, e già la nave ammiraglia levava
la fiamma d'un segnale luminoso: Sinone,
protetto dagli ostili disegni degli Dèi,
furtivamente allora libera i Greci chiusi
35 nel ventre del cavallo, aprendo gli sportelli
di pino. Spalancata la macchina fa uscire
all'aperto i guerrieri: si calano con una fune,
lieti di abbandonare quella stiva, Tessandro
e Stenelo, il feroce Ulisse ed Acamante,
40 Toante e Neottolemo Pelide, Macaone
il grande e Menelao, ed infine Epeo stesso
artefice dell'inganno. Invadono la città

Giandomenico Tiepolo, *La processione del cavallo di Troia*, 1760 circa. Londra, The National Gallery.

Lorenzo Bernini, *Enea e Anchise*, 1618-1619. Roma, Galleria Borghese.

seppellita nel sonno e nel vino: massacrano
i guardiani, spalancano le porte e fanno entrare
45 come d'accordo i compagni, riunendosi con essi.

> Gli invasori cominciano a dare fuoco agli edifici e a scontrarsi con i difensori; la città è sconvolta dalle fiamme, dalle grida e dai clamori di guerra. A Enea, che sta dormendo nella sua casa, appare in sogno Ettore ricoperto di ferite e di sangue, che con grande emozione scongiura Enea di fuggire da Troia e di cercare un luogo in cui erigere una nuova città.

L'ultima battaglia

Intanto la città è dovunque sconvolta
dalla tragedia e benché la casa di mio padre
sorga in luogo appartato e protetto dagli alberi
pure il chiasso e le grida diventano sempre
50 piú chiari e s'avvicina lo strepito delle armi.
Mi riscuoto dal sonno e salgo in cima al tetto,
le orecchie tese. Come quando infuria la fiamma
tra le biade sul soffio dei venti, o un vorticoso
torrente gonfio d'acqua montana allaga i campi,
55 abbatte i coltivati, distruggendo il lavoro
dall'aratro, e trascina a precipizio alberi,
rami rotti, covoni, sassi; ignaro il pastore
trasalisce a sentire dall'alto di una rupe
quel terribile rombo. Tutto allora compresi:
60 l'inganno di Sinone e le insidie dei Greci.
E già il grande palazzo di Deífobo crolla
vinto dal fuoco, già brucia la vicinissima
casa di Ucalegonte; la vampa dell'incendio
fa risplendere il mare sigèo per largo tratto.
65 Si levano grandi urla e un clangore di trombe.
Fuori di me mi armo, senza sapere dove
correre cosí armato: ma il mio cuore è smanioso
di riunire una schiera di amici per combattere
salendo verso la rocca. Mi trascinano l'ira
70 e il furore, e ricordo che è bello morire in guerra.
In quel momento arriva Panto, gran sacerdote
del santuario di Apollo, sfuggito ai dardi greci.
Porta con le sue mani i sacri arredi, i vinti
Numi e il suo nipotino; corre fuori di sé
75 a casa mia. "Dov'è il piú grave pericolo –
gli chiedo – o figlio d'Otri? La rocca è ancora nostra?"

51. Mi riscuoto dal sonno: durante il quale a Enea è apparso in sogno Ettore.
53. tra le biade: tra le piante di grano. Propriamente il termine *biada* indica il foraggio che viene dato ai cavalli.
58. trasalisce: si stupisce.
61. Deífobo: figlio di Priamo; dopo la morte di Ettore aveva assunto il comando dell'esercito troiano e sposato Elena dopo la morte di Paride.
63. Ucalegonte: uno degli anziani della città e consigliere del re Priamo.
64. il mare sigèo: tratto di mare intorno al promontorio Sigèo, a sud di Troia.
65. clangore di trombe: il fragore degli squilli delle trombe di guerra.
70. è bello morire in guerra: Enea enuncia un principio di base della morale eroica, diffusamente presente nell'*Iliade* e in seguito nella poesia greca arcaica, legata agli antichi ideali eroici.
71. Panto: figlio di Otri, sacerdote di Apollo e custode dei templi dell'acropoli troiana, si preoccupa di mettere in salvo, insieme al nipotino, gli arredi sacri e le immagini delle divinità.
76. La rocca è ancora nostra?: Enea chiede se la rocca della città (il punto piú alto, o acropoli, con i templi degli dèi, sia stata occupata dai nemici oppure sia ancora difendibile.

Epica classica | L'Eneide

78. inevitabile: Panto esprime la consapevolezza ormai acquisita della volontà ostile degli dèi e del Fato.

79. Pergamo: il nome dell'acropoli di Troia, che qui è usato per indicare l'intera città.

80-81. Giove ... Argo: Giove, il dispensatore delle fortune e della sventure, ha deciso che le sorti di prosperità e di egemonia passino da Troia alla Grecia (il nome di *Argo* è usato per indicare tutte le città greche).

Mi risponde, gemendo: "È venuto l'estremo
giorno, l'ora fatale di Troia, inevitabile.
Fummo! Noi Teucri fummo, Pergamo fu, la grande
80 gloria troiana fu!... Ora piú nulla: Giove
crudele ha dato tutto ad Argo. I Greci dominano
sulla città incendiata; il superbo cavallo
alto in mezzo alle mura vomita gente armata;
vittorioso Sinone semina fuoco e insulti.
85 Altri sono alle porte a migliaia e migliaia,
quanti mai non ne vennero dalla grande Micene.
Altri ancora sorvegliano in armi le strettoie
dei vicoli: una siepe di ferro dalle punte
lucenti sorge ovunque, mortale. Resistono appena
90 le sentinelle alle porte, combattendo alla cieca"».

Entriamo nel testo

Il giorno che «doveva essere l'ultimo»

Nella prima macrosequenza si riconoscono chiaramente due momenti successivi con due diverse tematiche: la gioia dei Troiani, che conducono in festa il cavallo dentro la città, e l'uscita dei guerrieri Achei dal ventre del cavallo. I due temi sono accostati rapidamente, con il passaggio dall'immagine dei Troiani che si sono addormentati felici a quella dell'armata nemica che avanza da Tenedo a portare la distruzione e la morte. L'accostamento delle due immagini crea un senso di pietà per il popolo di Priamo ed evidenzia tutta la falsità e l'inganno che hanno travolto i Troiani. Quel cavallo, che essi interpretano come il simbolo della ritrovata libertà, è invece lo strumento della rovina.
Nel suo racconto Enea sottolinea con amarezza tutti i momenti in cui piange il destino avverso alla sua patria e mostra l'incapacità dei suoi concittadini di comprendere il pericolo: essi, troppo impegnati nei canti, non si accorsero quanto la macchina che trasportava il cavallo avanzasse minacciosamente; non intesero come segnale infausto il rimbombo delle armi proveniente dal ventre del cavallo; non vollero nemmeno credere alle parole di Cassandra che prevedeva l'imminente sciagura; ciechi nella loro «follia», ringraziarono gli dèi facendo penetrare il cavallo nel punto piú sacro della loro città.
Adesso Enea conosce la verità: che gli dèi tolsero la comprensione della mente ai Troiani nel giorno che per loro *doveva essere l'ultimo*.

L'epopea degli sconfitti

La volontà del destino si sta compiendo: la città di Troia vive gli ultimi momenti della sua storia e va inesorabilmente incontro alla rovina. La narrazione è giunta al punto piú doloroso e unisce la cronaca e il lamento, ed Enea mescola il racconto degli eventi con le espressioni della sua partecipazione emotiva. Sono finiti i festeggiamenti dei Troiani, addormentati con la felicità per la fine della lunga guerra; ma intanto si apre il ventre del cavallo e ne emergono gli artefici della rovina di Troia. Dal silenzio notturno – che nasconde i guerrieri che uccidono le sentinelle e aprono le porte, la flotta greca che scivola verso la costa e l'esercito che penetra dentro le mura – si passa allo strepito delle armi e degli uomini; la pacifica e diffusa luminosità della luna viene coperta dalle violente vampate delle fiamme che incendiano la città.
A distanza di poche ore, nelle strade della città non si diffondono piú gli inni di gioia ma le grida di dolore e i suoni delle trombe di guerra. Appare chiaramente che il sollievo per la fine della guerra e la gioia della vittoria erano solo una illusione, mentre la verità era costituita dall'inganno dei Greci, dall'aggressione e dall'estrema sciagura.
L'ultimo inno per Troia è un canto di dolore, pronunciato da Panto, che pone il sigillo definitivo alla storia di una grande città: essa e la sua gloria non esistono piú!
Questo secondo Libro dell'*Eneide* non è solo l'epopea di Troia, ma anche l'epopea dei vinti.
A partire da Omero, tutta la tradizione aveva raccontato questa guerra dalla parte dei vincitori

e aveva esaltato i loro valori. Il poeta romano, invece, si associa agli sconfitti, non solo perché da essi, attraverso Enea, fa discendere i Romani, ma soprattutto per la sua sensibilità umana, in cui predomina l'orrore per la guerra e per le sofferenze dalla guerra generate.

Esercizi

Competenza trasversale:

 Acquisire ed interpretare l'informazione

 Individuare collegamenti e relazioni

c Comunicare

d Comunicare nelle lingue straniere

- **Comprensione e competenza testuale**

1. Quali operazioni compiono i Troiani per condurre il cavallo in città e in quali modi manifestano la loro gioia?
2. Ricerca nel brano le espressioni in cui Enea manifesta la consapevolezza dell'inganno di cui è vittima il popolo di Troia.
3. Mediante quale espressione il poeta indica il giungere della notte?
4. In quale modo l'esercito dei Greci capisce di poter penetrare dentro la città? In che modo i guerrieri greci escono dal ventre del cavallo?
5. Dividi il testo in sequenze, indicando l'argomento di ognuna di esse.
6. Indica nel testo le espressioni che non sono narrative, ma la manifestazione emotiva del pensiero di Enea.
7. La risposta di Panto a Enea (vv. 77-90) è formulata come discorso diretto; trasformala in discorso indiretto e metti in evidenza quali elementi vengono perduti nella trasformazione.

- **Produzione**

8. Immagina di essere uno dei guerrieri greci nascosti nel ventre del cavallo: che cosa avresti pensato e quali sentimenti avresti provato? Componi per scritto il racconto di questa tua esperienza immaginaria.

  9. La vicenda dell'inganno del cavallo di legno è presente anche nell'*Odissea*: è la voce del cantore Demodoco che lo racconta nella reggia di Alcinoo, durante il banchetto in cui Odisseo, poco dopo, rivelerà la propria identità. In questo caso, gli eventi sono presentati dal punto di vista dei Greci, i vincitori, per i quali la presa di Troia rappresenta una grande gloria. Rileggi i versi 499-520 del brano *Demodoco, l'aèdo della reggia di Alcinoo* a pag. 166 e confrontali con la narrazione fatta da Enea, mettendo in evidenza da un lato le somiglianze dei fatti e dei personaggi tra i due racconti, dall'altro le differenze, che derivano dal diverso punto di vista dei due narratori. Esponi le tue osservazioni in un testo scritto.

Polidoro

• Libro III, vv. 13-68

IN SINTESI: L'eroe raduna alcuni compagni e con essi tenta una disperata difesa della città; sulla soglia del palazzo reale infuria Pirro, il figlio di Achille, che affronta il vecchio Priamo e lo uccide sotto gli occhi della regina Ecuba. Sconvolto per la morte di Priamo, Enea si ricorda del vecchio padre Anchise, della moglie Creusa e del figlio Julo che sono rimasti a casa senza difesa. Ormai convinto dell'inutilità della difesa della città, si dirige verso casa per preparare la fuga; con il vecchio padre sulle spalle, il figlio Julo per mano e seguito dalla moglie Creusa, si avvia percorrendo strade appartate; improvvisamente un rumore di passi gli fa affrettare la fuga. Quando si volta, si accorge di aver perso Creusa; tornato indietro per cercarla, la trova infine, ma essa è solo un'immagine: con dolci parole dichiara al marito che il destino ha voluto la sua morte, cosicché egli affronterà da solo le peregrinazioni che lo attendono.
I profughi troiani si radunano e, costruita una flotta, iniziano il loro lungo viaggio con la guida di Enea; dopo una breve navigazione, arrivano sulle coste della Tracia.

1-2. un paese ... abitato dai Traci: la Tracia è una regione situata a nord del mar Egeo, tra la Macedonia e il mar Nero.

6. lido ricurvo: la costa che forma un'insenatura.

13. cornioli: arbusti montani dal legno durissimo, che producono fiori gialli e frutti rossi a forma di oliva.

14. mirto: arbusto sempreverde caratterizzato da rami fitti e sottili, foglie ovali di color verde scuro e piccoli fiori bianchi. La pianta era sacra a Venere, per la quale Enea sta preparando il sacrificio.

27-28. campi getici: i Geti erano una popolazione bellicosa che abitava sulle coste nord-occidentali del mar Nero.

30. virgulto: giovane pianta.

«C'è in distanza un paese di grandi pianure
sacro a Marte, abitato dai Traci, dominato
un tempo dal feroce Licurgo. Quel paese
finché la Fortuna fu amica era legato a Troia
5 da antica ospitalità e da sacra alleanza.
Qui dunque vado a sbarcare; sul lido ricurvo
spinto da avverso destino edifico le prime mura
d'una città che chiamo Eneade, dal mio nome.
Offrivo un sacrificio agli Dèi protettori
10 dell'opera intrapresa e a mia madre, Venere,
immolando uno splendido toro al re dei Celesti
sull'alto lido. C'era per caso, lí vicino,
un monticello coperto in cima di cornioli
e di una macchia fitta di piantine di mirto.
15 Mi avvicinai ad esso pensando di strapparne
qualcuna dalla terra e coprire gli altari
coi loro rami frondosi: ma mi colpí un tremendo
miracolo, incredibile a dirsi. Appena sradico
dal suolo la prima pianta ne goccia un sangue nero
20 che macchia le zolle. Un freddo orrore mi scuote le membra,
per la paura il mio sangue si rapprende, gelato.
E mi accanisco di nuovo a svellere un altro
flessibile stelo, cercando le cause nascoste
di quell'orribile sangue; e di nuovo le gocce
25 colano e colano nere dalla rotta corteccia.
Pensando a tante cose supplicavo le Ninfe
agresti e il padre Marte, protettore dei campi
getici, perché il prodigio non fosse infausto, non fosse
annunzio di sventure. Ma mentre assalgo un terzo
30 virgulto, con sforzo maggiore, e lotto in ginocchio
contro la sabbia tenace, odo dal monticello
un gemito lagrimoso, una voce che dice:
"Perché mi strazi, Enea? Pietà di chi è sepolto;
non macchiarti le mani pietose. Non sono

37. Polidoro: il più giovane dei figli di Priamo. Il nome, in greco, significa «dai molti doni».
37-38. ferrea messe di dardi: una grande quantità (chiamata metaforicamente *messe*, «raccolta di cereali») di frecce di ferro.
39. polloni: rami che germogliano da una cicatrice del tronco e che possono essere utilizzati per la riproduzione della pianta.
46. re di Tracia: Polimnestore.
52-53. A che cosa non spingi ... maledetta!: Virgilio condanna, per bocca di Enea, l'avidità umana, a causa della quale sono violati anche i legami più sacri, come quello dell'ospitalità.
62. i Mani: le anime dei morti, che vengono divinizzate e ritenute benefiche.
65. chiudiamo l'anima nel sepolcro: doniamo all'anima pace dentro il sepolcro. Il corpo di Polidoro era stato abbandonato alle intemperie; ora, coperto di terra con una rituale sepoltura, può trovare pace e andare nel regno dei morti.

Giuseppe De Nittis, *Mare in burrasca*, 1877-1878. Barletta, Pinacoteca De Nittis.

35 straniero, ma Troiano, e il sangue che vedi colare
non esce da legno. Ah! fuggi questa terra crudele,
quest'avido lido! Io sono Polidoro: una ferrea
messe di dardi qui m'ha trafitto e è cresciuta
con tenaci radici e sottili polloni".
40 Preso da un dubbio pauroso stupii, mi si rizzarono
in testa tutti i capelli, mi si strozzò la voce.
Il povero Priamo, un tempo, non sperando ormai piú
nella vittoria troiana e vedendo le mura
assediate dai Greci, aveva mandato suo figlio
45 Polidoro con molta quantità di danaro
al re di Tracia, perché fosse allevato in pace.
Appena la potenza dei Teucri fu schiantata,
appena la Fortuna li abbandonò, costui
si schierò con le armi vittoriose, seguendo
50 la parte di Agamennone: disprezzò ogni giustizia,
uccise Polidoro, s'impadroní dell'oro
con la forza. A che cosa non spingi i cuori umani
febbre dell'oro, maledetta! Appena mi riebbi
dallo spavento narrai quel prodigio divino
55 a mio padre, anzitutto, e agli altri capitani
chiedendone il parere. La volontà di tutti
fu che si andasse via da quella terra infame
e spergiura, si dessero le vele al vento. Allora
facciamo il funerale a Polidoro. Eleviamo
60 un grande monte di terra per tomba: tristi altari
adorni di nero cipresso e di scuri drappeggi
sorgono per i Mani, e intorno agli altari
stanno le donne d'Ilio con le chiome disciolte,
come si usa. Versiamo tazze spumanti di latte
65 e coppe di sangue, chiudiamo l'anima nel sepolcro,
per l'ultima volta a gran voce le diamo l'addio supremo».

Epica classica | L'Eneide

Entriamo nel testo

Il prodigio all'inizio del viaggio di Enea
Il viaggio di Enea è appena cominciato; le navi dei profughi troiani hanno attraversato il mare Egeo volgendo verso settentrione e giungendo sulle coste della Tracia, il cui re Polimnestore era stato alleato e ospite di Priamo. I Troiani ritengono di trovarsi in una terra amica in cui progettare una nuova esistenza e Enea si prepara ai sacrifici di rito sperando di poter innalzare in quella regione le mura di una nuova città. Tuttavia, il Fato ha riservato all'eroe un futuro diverso e un terribile prodigio lo spinge ad abbandonare quel paese. Mentre cerca di sradicare dei rami da un cespuglio di mirto per ornare l'altare, vede prima colare sangue e poi sente salire dalle radici della pianta una voce dolente che lo prega di non infierire su uno sventurato. È la voce di Polidoro, il giovane figlio che Priamo, volendo sottrarlo ai pericoli della guerra, aveva invece consegnato nelle mani di un re che riteneva amico e che era divenuto il suo assassino; ne era stata causa l'avidità, grande male diffuso tra gli uomini, i quali, per il desiderio di possedere ricchezze materiali, infrangono qualunque principio morale.

La storia di Polidoro e la sua uccisione a opera del traditore re di Tracia erano già note nella tradizione greca; esse costituiscono, per esempio, un tema dominante nella tragedia *Ecuba* scritta dal poeta ateniese Euripide nella seconda metà del V secolo a.C.
È, tuttavia, un'innovazione mitica di Virgilio il seppellimento del giovane figlio di Priamo e la sua trasformazione in cespuglio sanguinante: una nuova immagine destinata a restare impressa nei posteri come simbolo della crudeltà e dell'avidità umana. Nella prima tappa del suo lungo viaggio, Enea si deve confrontare con un evento che non è solo una rappresentazione dell'aspetto meraviglioso e prodigioso che era gradito alla narrativa classica e al mondo romano, ma è anche un preavviso simbolico del futuro dell'eroe, delle perdite dolorose di persone care, delle delusioni e delle dure esperienze che saranno il carattere dominante del suo percorso fino alla meta stabilita dal Fato.

Esercizi

- **Comprensione e interpretazione**

    1. Descrivi con parole tue il prodigio da cui viene sconvolto Enea.
    2. Quali sono i pensieri di Enea nel veder sgorgare il sangue dalla corteccia del cespuglio?
    3. Quante volte Enea cerca di strappare un ramo dal cespuglio prima di udire la voce di Polidoro?
    4. Perché Polidoro definisce *avido* (v. 37) il *lido* in cui si svolge l'azione?
    5. L'espressione *messe di dardi* (v. 38) è un'espressione metaforica; spiega il suo significato e l'immagine che rappresenta.
    6. L'esclamazione *A che cosa non spingi i cuori umani, fame dell'oro, maledetta!* (vv. 52-53) esprime, secondo te, il pensiero di:

        a. Enea; **b.** Virgilio; **c.** sia Enea sia Virgilio.

        Trasforma questa domanda retorica: formula il suo significato volgendola in affermazione.
    7. Sottolinea nel testo tutte le espressioni con cui Enea racconta le proprie reazioni di stupore, di orrore, di pietà di fronte agli eventi narrati nel brano.

- **Competenza testuale**

    8. Dividi in sequenze l'episodio, mettendo in rilievo la ripetizione delle azioni e indicando il momento di massima tensione (*Spannung*).

9. La vicenda legata alla morte di Polidoro è narrata da lui stesso col discorso diretto, oppure è riferita da Enea col discorso indiretto in forma di *flashback*?

- **Produzione**

10. La sequenza di Polidoro si conclude con il rito funebre, per il quale Virgilio segue il modello in uso a Roma ai suoi tempi e lo attribuisce ai Troiani. Seguendo le indicazioni del testo, descrivi gli atti da cui questo rito è costituito.

11. Racconta la storia di Polidoro, presentando tutti gli eventi in ordine cronologico.

Le Arpie

• Libro III, vv. 209-262

IN SINTESI: Lasciata la Tracia, gli esuli si dirigono all'isola di Delo, sacra ad Apollo e sede di un oracolo del dio, che Enea interroga in merito alla futura sorte del suo popolo. La risposta dell'oracolo prescrive ai Troiani di cercare «l'antica madre», cioè la terra da cui la stirpe troiana traeva origine. Anchise interpreta l'oracolo indicando Creta, da cui proveniva l'antico re Teucro, fondatore della stirpe troiana. Gli esuli si dirigono cosí a Creta, dove iniziano a innalzare le mura, ma una pestilenza e una carestia manifestano la disapprovazione degli dèi. Tornati a Delo, appaiono in sogno a Enea le divinità protettrici di Troia, che gli indicano che «l'antica madre» è l'Esperia (come era chiamata l'Italia), da cui proveniva Dàrdano, il capostipite dei Troiani. Gli esuli riprendono il mare, ma sono costretti da una tempesta ad approdare nelle isole Stròfadi.

2. isole Strofadi: due piccole isole del mar Ionio, a ovest del Peloponneso e a sud di Zante.

4. la feroce Celeno e le altre Arpie: le Arpie, una delle quali è Celeno, erano creature che la tradizione mitica descrive con il corpo di uccello e la testa di donna e con ali enormi; erano esseri mostruosi e immondi che insozzavano tutto ciò che toccavano.

5. Fineo: re della Tracia che, a causa dei suoi misfatti, Giove aveva punito inviandogli le Arpie a tormentarlo: esse sporcavano il cibo di Fineo impedendogli cosí di mangiarlo. La tradizione narra che l'eroe Giasone, alla guida degli Argonauti, dopo essere stato ospite di Fineo, per riconoscenza, lo aveva fatto liberare dalle Arpie, le quali erano state cosí relegate nelle Stròfadi.

«**A**d accoglierci, salvi dal mare, sono i lidi
delle isole Strofadi: cosí chiamate con nome
greco. Sorgono in mezzo al grande Jonio, vi abitano
la feroce Celeno e le altre Arpie, da quando
5 dovettero lasciare la casa di Fineo,
per paura, e le antiche loro mense. Non c'è
mostro piú brutto di loro, nessun flagello divino
piú crudele di loro uscí mai dallo Stige.
Sono uccelli col viso di fanciulla, dal ventre
10 scaricano in continuazione luridissime feci,
hanno mani uncinate, faccia pallida sempre
per la fame...
Appena entrati nel porto, ecco, vediamo qua e là
nei campi begli armenti di bovi e un gregge di capre
15 disperso nell'erba alta, senza nessun guardiano.
Corriamo loro addosso col ferro, e invochiamo
gli Dèi e lo stesso Giove, offrendo una parte di preda

8. Stige: uno dei fiumi infernali.
14. armenti: mandrie.
16. col ferro: brandendo le armi.

Epica classica — L'Eneide

46. cincischiata: sciupata, perché sporcata e un po' mangiata.
50. Laomedonte: padre di Priamo, del quale i Troiani sono detti discendenti nel senso più ampio di «sudditi».
55. Furie: le Arpie furono talvolta identificate con le Furie, divinità infernali.
56. l'Onnipotente: Giove.
58. attingere: toccare, raggiungere.
61-62. v'abbia ... mense: la profezia, secondo la quale i Troiani saranno tanto malridotti che per la fame rosicchieranno le loro mense, appare terribile, ma si rivelerà (Libro VII) meno drammatica di quanto temuto. Le mense erano focacce rotonde che servivano da piatti per i cibi.
68. impetriamo: supplichiamo.

Un'arpia, particolare da un vaso greco, V secolo a.C. Londra, The British Museum.

ai Celesti; imbandiamo le mense sul lido ricurvo
e allegri banchettiamo con quella splendida carne.
20 Ma all'improvviso calando con volo orrendo dai monti
arrivano le Arpie, scuotono in aria le ali
con enorme fracasso, portano via le vivande,
insozzano ogni cosa col loro immondo contatto;
poi fuggono, resta nell'aria la loro voce selvaggia
25 in mezzo a nuvole grevi di odore nauseabondo.
Per la seconda volta prepariamo le mense
e riaccendiamo il fuoco sugli altari, scegliendo
una gola profonda sotto una concava rupe,
chiusa tutto all'intorno dagli alberi più ombrosi;
30 e una seconda volta, da un'altra parte del cielo
e da chissà mai quali nascondigli, la turba
schiamazzante, volando sulla preda, la strazia
con gli unghioni, la infetta con la lurida bocca.
Allora grido ai compagni di prendere le armi
35 per ingaggiare battaglia con quella razza feroce.
Così fanno e nascondono nell'erba alta le spade
e gli scudi. E appena le Arpie, piombando giù
fragorose dal cielo, fecero rimbombare
tutto il lido ricurvo, il trombettiere Miseno,
40 che stava di vedetta in un posto elevato,
diede uno squillo di tromba. I compagni le assalgono
e impegnano uno strano combattimento: ferire
col ferro affilato quei brutti uccelli di mare.
Ma le impenetrabili piume, le schiene invulnerabili
45 respingono ogni offesa: salve le Arpie s'involano
verso il cielo, lasciando la preda cincischiata
e coprendo ogni cosa di ripugnanti escrementi.
Solo Celeno, fermandosi su un'altissima rupe,
funesta profetessa, ci gridò: "Discendenti
50 dell'eroe Laomedonte, vi preparate forse
– dopo averci ammazzato tanti bovi e giovenchi –
a dichiararci guerra? E volete scacciare
dal patrio regno le Arpie che nulla v'han fatto di male?
Imprimetevi in cuore quanto vi dico: io,
55 la maggiore di tutte le Furie, vi rivelo
ciò che l'Onnipotente predisse ad Apollo, e Apollo
predisse a me. Andate pure in Italia, in favore
di vento ci arriverete, potrete attingere il porto;
ma non cingerete di mura la città che vi è stata promessa
60 prima che una feroce fame – giusto castigo
per averci aggredito – non v'abbia costretto
a rodere coi denti perfino le mense".
Poi levandosi a volo si rifugiò nel bosco.
Ci si agghiacciò a tutti il sangue per lo sgomento:
65 perdemmo ogni coraggio, e nessuno ormai più
vuole far guerra alle Arpie, ma anzi le invochiamo
con molti voti e preghiere, siano divinità
o solo uccelli schifosi, impetriamo pace da loro».

Entriamo nel testo

La tradizione mitica e letteraria delle Arpie

Il Libro III dell'*Eneide* è dedicato al lungo viaggio di Enea, dalla fuga da Troia sino all'arrivo a Cartagine, dove le varie avventure vengono ripercorse nel racconto fatto a Didone. Virgilio modella il viaggio di Enea su quello omerico di Odisseo, inserendo figure mitologiche e i motivi magici e folklorici che hanno caratterizzato le avventure dell'eroe greco.

Le figure mitiche delle Arpie, che non sono presenti nell'*Odissea*, derivano da un mito che lega questi mostri alla leggenda di Fineo; tale mito è oggetto di un famoso episodio del poema epico *Argonautiche* di Apollonio Rodio, composto nel III secolo a.C., che è stato, insieme a Omero, una esplicita fonte di ispirazione di Virgilio. Secondo la tradizione mitica, le Arpie, figlie di Taumante e di Elettra, avevano volto di donna e corpo di uccello rapace; viene tramandato il nome di due di esse, Aello (chiamata anche Nicotoe) e Ocipete, ma nel mito appare spesso anche una terza creatura, Celeno, che è la protagonista dell'episodio virgiliano. Originariamente le Arpie erano ritenute, come indica il loro stesso nome (*arpàzo* in greco vuoi dire «rapire») le rapitrici dei bambini e delle anime; talvolta, infatti, la loro immagine ricorre sulle tombe nell'atto di portare l'anima del morto fra gli artigli. Successivamente furono loro attribuite abitudini ripugnanti, come accade con il re Fineo, a cui le Arpie impediscono di mangiare imbrattando di escrementi il suo cibo.

Anche nell'*Eneide* esse hanno come caratteristica quella di insozzare le mense, oltre che terrorizzare con il loro aspetto i Troiani. Alla loro regina Celeno il poeta attribuisce la dote di profetizzare il futuro e a lei, pertanto, affida la funzione di fare a Enea una previsione destinata a ingenerare sfiducia e sgomento; si tratta di una minaccia che, sebbene si avvererà con minore gravità di quanto temuto, suona anche come una maledizione: i profughi troiani, giunti in Italia, conosceranno la fame fino al punto di mangiare le mense.

Queste mostruose creazioni del mito greco si ritrovano nella *Divina Commedia* di Dante (*Inferno*, XIII, 10-14), che richiama esplicitamente questo episodio dell'*Eneide*:

> Quivi le brutte Arpíe lor nidi fanno,
> che cacciar dalle Strofade i Troiani
> con tristo annunzio di futuro danno.   12
> Ali hanno late, e colli e visi umani,
> piè con artigli, e pennuto il gran ventre.

Qui (nella selva di cespugli che contengono le anime dei suicidi) *risiedono* (fanno lor nidi) *le brutte Arpie, che cacciarono i Troiani dalle isole Strofadi con triste preannuncio di danno futuro. Esse hanno grandi* (late) *ali, il collo e il viso di esseri umani, zampe* (piè, «piedi») *con artigli, il grande ventre ricoperto di penne.*

Oggi noi usiamo il termine *arpia* per indicare una donna brutta e cattiva, con un valore simile a *strega*: nel linguaggio odierno e nella cultura contemporanea sono presenti, evidentemente, le profonde tracce del mito dalle antichissime origini.

Esercizi

- **Comprensione e interpretazione**

1. Seguendo le indicazioni del testo, descrivi con parole tue l'aspetto delle Arpie durante il loro assalto contro i Troiani e il loro comportamento.
2. Che cosa fanno i Troiani quando vedono i buoi?
3. Come si svolge lo scontro con le Arpie? Riescono i Troiani a ferirle? Perché?
4. Nel brano ci sono richiami a percezioni provenienti dai cinque sensi (vista, udito, olfatto, tatto, gusto); indica a quali di essi si riferiscono tali richiami e le rispettive espressioni.

Epica classica ⋮ **L'Eneide**

233

---

5. Da chi Celeno dichiara di aver ricevuto la conoscenza del futuro che svela ai Toiani? Qual è la profezia di Celeno ai Troiani? Perché suscita in essi terrore e sgomento? In quale modo reagiscono i Troiani alle parole terrorizzanti di Celeno? Che cosa fanno?

■ **Competenza testuale**

6. Dividi in sequenze l'episodio, mettendo in rilievo la ripetizione delle azioni e indicando il momento di massima tensione (*Spannung*).

7. Nei versi 1-11 Enea introduce la descrizione delle Arpie, del loro aspetto, la loro identità e la loro storia e solo successivamente egli racconta il modo in cui i Troiani vengono a contatto con esse. Possiamo dire che questo ordine del racconto è la traccia del narratore onnisciente? Perché?

■ **Produzione**

8. Immagina di essere una delle Arpie e racconta l'episodio assumendo il suo punto di vista.

Didone innamorata

● Libro IV, vv. 1-5; 63-89

> **IN SINTESI:** Costeggiando la Sicilia orientale e meridionale, Enea e i compagni giungono a Drèpano, dove li accoglie il re Aceste, anch'egli di origine troiana. A Drèpano muore Anchise. Ripartiti dalla Sicilia, i profughi sono sorpresi da una tempesta che li sbatte sulla costa africana. Qui termina la lunga narrazione di Enea a Didone e ai Cartaginesi. Il lungo racconto sulle sue sventure e peregrinazioni ha profondamente commosso l'animo di Didone, colpito anche dall'azione del dio Amore, a cui Venere ha dato l'incarico di alimentare il sentimento della regina.

1. già da tempo piagata: ormai profondamente ferita. Il dio Amore, tenuto vicino a lei, ha infiammato l'animo della regina.

2-3. nutre ... la ferita: immagine figurata per descrivere il procedere e l'approfondirsi del sentimento d'amore.

4-6. Le ritorna ... il suo volto: i pensieri di Didone sono continuamente rivolti all'oggetto del suo amore, riproducendone di continuo l'immagine nella sua mente e ricordando le caratteristiche della sua personalità.

10-11. ne consulta ... profetiche: l'esame delle viscere degli animali sacrificati per trarre auspici era una pratica di origine

Intanto la regina, già da tempo piagata
da profonda passione, nutre nelle sue vene
la ferita e si strugge di una fiamma segreta.
Le ritorna alla mente lo splendido valore
5   dell'eroe e la sublime gloria della sua stirpe;
porta confitti in cuore le sue parole e il suo volto,
e non trova riposo, quel fuoco non le dà pace.

pensa a tutte le caratteristiche di Enea, che le creano un fuoco dentro

▮ Didone confida il suo tormento alla sorella Anna, che le consiglia di ascoltare i suoi sentimenti e cedere all'amore: in tal modo avrebbe anche rafforzato il regno avendo a fianco un guerriero cosí nobile e forte. Le parole della sorella eliminano ogni dubbio e resistenza in Didone, che si abbandona alla forza dell'amore.

Comincia la sua giornata con sacrifici e preghiere
e, in cerca d'un buon augurio, chinandosi sul fianco
10   squarciato delle bestie ne consulta le viscere

etrusca, chiamata «aruspicina», acquisita poi

dai Romani. In questo caso, Virgilio ha attribuito ai

Cartaginesi del tempo di Didone un'usanza romana.

234 Incontro con il testo... ... epico

11-12. O menti ... delirio?: l'espressione sottolinea l'incapacità degli indovini (*vati*) di prevedere il futuro perché le loro menti non sono in grado di conoscere (*ignare*), e l'inutilità delle preghiere (*preci*) e delle cerimonie religiose (*templi*) nelle questioni d'amore.

13. le tenere midolla: le delicate membra del corpo.

21-22. le balze dittèe: le rupi del monte Dicte, nell'isola di Creta.

24. sidonie: fenicie; portate dalla città fenicia di Sidone.

44. palchi: le impalcature per elevare le costruzioni.

    palpitanti, profetiche. O menti ignare dei vati!
    A che servono preci e templi a una donna in delirio?
    La fiamma le divora le tenere midolla
    e sotto il petto vive una muta ferita.
15 L'infelice Didone arde ed erra furiosa
    per tutta la città, come una cerva incauta
    che – dopo averla inseguita con le frecce – un pastore
    tra le selve di Creta di lontano ha ferito
    con un'acuta saetta, lasciando senza saperlo
20 confitto nel suo fianco il ferro alato: lei
    corre in fuga, affannata, per le foreste e le balze
    dittèe, recando infitta nel fianco la canna mortale.
    Ora conduce con sé Enea in mezzo alle mura
    facendogli ammirare le ricchezze sidonie
25 e la città già pronta: ora comincia a parlare
    e le manca la voce, si ferma a mezzo il discorso.
    Caduto il giorno chiede sempre lo stesso banchetto,
    follemente domanda sempre di udire lo stesso
    racconto, e pende sempre dalle labbra di lui.
30 Poi quando si son separati e persino la luna
    s'oscura, attenua il suo lume, e le stelle tramontano
    ed invitano al sonno, nelle sue vuote stanze
    si strugge, sola, e si getta sul giaciglio che Enea
    occupava durante la cena e ha lasciato: è lontana
35 da lui, eppure negli occhi ne ha sempre l'immagine,
    la voce di lui lontano ha sempre nelle orecchie.
    Ed a volte, incantata dalla sua somiglianza
    col padre, tiene in grembo Ascanio e cerca di illudere
    l'indicibile amore. Nella città le torri
40 incominciate rimangono a mezzo, la gioventú
    non si esercita piú nelle armi, non manda
    avanti la costruzione del porto e delle difese
    di guerra: ed interrotte rimangono le opere,
    gran muri minacciosi, palchi che toccano il cielo.

Entriamo nel testo

I temi dell'amore e del destino

Il lungo racconto fatto da Enea sulle sue sventure e peregrinazioni ha profondamente commosso l'animo di Didone, colpito anche dall'azione del dio Amore, a cui Venere ha dato l'incarico di alimentare il sentimento della regina (abbiamo visto che Amore, sotto l'aspetto di Julo, sta in grembo a Didone durante il lungo racconto di Enea).
Questo brano è totalmente incentrato sulla passione amorosa di Didone, della quale conosciamo i moti dell'animo e vediamo i comportamenti: la perdita della tranquillità e del sonno, il desiderio di stare sempre in presenza di Enea, l'affettività rivolta verso le cose toccate dall'amato (il sedile da lui usato) e verso il figlio di lui Ascanio, la perdita di interesse per la costruzione della città. Sono gli aspetti che il poeta esamina e presenta con accurata indagine psicologica e con sensibilità umana, ma anche con partecipazione emotiva; il narratore, infatti, pur mantenendosi esterno, interviene nel racconto tradendo la sua presenza attraverso l'uso frequente di aggettivi, esclamazioni e

similitudini, che accentuano in modo patetico il profilo del personaggio.

Questo Libro IV dell'*Eneide* è conosciuto anche come «il Libro di Didone» poiché essa ne è la protagonista: eroina, e al tempo stesso vittima immolata, per volontà degli dèi, perché possa attuarsi la missione di Enea. Mentre infatti il Fato ha ormai stabilito che l'eroe dovrà seguire il suo destino raggiungendo l'Italia, Venere, per garantire comunque al figlio una felice accoglienza a Cartagine, interviene pesantemente sui sentimenti della regina.

La storia di Didone, divenuta così semplice strumento del destino, potrebbe apparire una semplice digressione, o, peggio, un'inutile dimostrazione dell'utilitarismo e della crudeltà degli dèi. In realtà Virgilio, inserendo nel poema questo lungo episodio, ha voluto allargarne le tematiche verso aspetti sentimentali e patetici, compiendo un'innovazione rispetto ai poemi omerici, anche per soddisfare il gusto letterario della sua epoca. Inoltre nel creare la figura di Didone, intorno alla quale costruisce una vicenda amorosa dai forti risvolti psicologici e con un esito drammatico, dimostra la sua grande abilità poetica anche come cantore delle passioni umane e della fatalità della sorte: indubbiamente i lettori rimangono, alla fine, commossi e turbati dall'intensità della vicenda e insieme spinti alla riflessione sull'ineluttabilità del Fato, che travolge le esistenze individuali.

In tutto il componimento, inoltre, si possono cogliere di continuo – coerentemente con lo scopo del poema virgiliano – rimandi agli eventi storici, e questo in maniera duplice: in primo luogo, c'è il richiamo alle lunghe ostilità tra Roma e Cartagine, segnalato dalla maledizione che, come vedremo, Didone morente scaglierà contro la futura Roma; in secondo luogo, appare l'analogia con un'altra regina africana, Cleopatra, che in tempi più recenti aveva costituito un pericolo per le sorti di Roma combattendo a fianco di Antonio, contro Ottaviano Augusto nella battaglia di Azio: vi è dunque adombrata l'analogia tra Didone, come possibile ostacolo alla nascita di Roma, e Cleopatra, come pericolo per la sua sopravvivenza.

Stefano Amigoli, *Didone abbandonata*, 1770. Firenze, Galleria degli Uffizi.

 ## Esercizi

- **Comprensione e interpretazione**

1. Indica, tra le proposte seguenti, a chi deve essere attribuita (come emittente) l'espressione *O menti ignare dei vati! A che servono preci e templi a una donna in delirio?* (vv. 11-12):
   - **a.** Didone, che teme di non essere ascoltata dagli dèi;
   - **b.** Virgilio, che conosce l'implacabilità del destino;
   - **c.** i Cartaginesi, che non credono agli indovini.

2. Ricerca e descrivi con parole tue tutte le manifestazioni (nel comportamento, nell'aspetto fisico ecc.) dell'innamoramento di Didone.

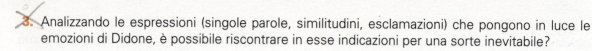

3. Analizzando le espressioni (singole parole, similitudini, esclamazioni) che pongono in luce le emozioni di Didone, è possibile riscontrare in esse indicazioni per una sorte inevitabile?

- **Competenza testuale**

4. Dividi il testo in sequenze indicando l'argomento di ognuna di esse.
5. Prendi in esame la similitudine dei versi 16-22: dopo averne fatta la parafrasi, illustra gli elementi di somiglianza su cui è impostata.

La maledizione e la morte di Didone

- Libro IV, vv. 584-631; 642-671; 700-705

IN SINTESI: Mentre a Cartagine Didone nutre nel suo animo la passione per Enea, le due dee Giunone e Venere osservano ciò che accade e si accordano tra loro perché tra l'eroe troiano e la regina vi sia un matrimonio stabile: Giunone ha come scopo quello di evitare, o almeno di rimandare, l'arrivo di Enea nel Lazio, mentre Venere sa che la volontà del Fato non può essere mutata. Accade così che, durante una caccia, un improvviso temporale fa ritrovare soli Enea e Didone in una grotta, dove avviene il segreto matrimonio. La Fama, il mostro che gode nel diffondere il male, sparge per tutta la regione la notizia dell'unione, fino alle orecchie di Iarba, re della Numidia e figlio di Giove, che aveva ceduto a Didone la terra su cui fondare Cartagine e aveva sperato inutilmente di sposare la regina; Iarba si rivolge al padre chiedendo vendetta per l'oltraggio. Il padre degli dèi ascolta questa preghiera e invia Mercurio per ricordare a Enea la missione a lui assegnata dai Fati e per ordinargli di riprendere il viaggio. L'eroe rimane addolorato e sconvolto, ma ubbidisce e dispone in segreto i preparativi per la partenza, mentre pensa al modo per affrontare la regina, di cui teme la reazione. Tuttavia, i preparativi non sfuggono a Didone che assale con sdegno Enea e cerca di convincerlo a desistere dal suo proposito; in un dialogo di forte intensità emotiva, mentre la regina alterna preghiere e accuse di tradimento e ingratitudine, l'eroe sostiene di non partire volentieri, ma di dover ubbidire alla volontà degli dèi. Mentre Enea porta a termine i suoi preparativi, Didone capisce che la sua illusione d'amore è finita e che le resta solo la morte. Durante la notte Mercurio ordina a Enea di partire subito: l'eroe obbedisce, sveglia i compagni e con la flotta si allontana da Cartagine. Il sorgere del sole segna l'inizio dell'ultimo giorno di vita per la regina e il drammatico epilogo della vicenda d'amore di Didone.

E già la prima Aurora spargeva nuova luce
sulla terra, lasciando il letto color del croco
dell'antico Titone. Appena la regina
vide da un'alta torre biancheggiare la luce
5   e allontanarsi la flotta a vele spiegate, e il lido
deserto e il porto vuoto senza più marinai,
si percosse il bel petto con le mani, furente,
tre volte, quattro, si strappò i biondi capelli:
«O Giove – disse – Enea se ne andrà, uno straniero
10   si sarà preso gioco impunemente di me

---

2. color del croco: colore dell'oro, giallo come il croco o zafferano.

3. Titone: sposo dell'Aurora, che dormiva con lui fino al sorgere del sole.

5-6. allontanarsi ... marinai: nella notte Enea è partito, e adesso si vede la flotta che si allontana dalle spiagge libiche, rimaste vuote, senza le navi e i marinai troiani.

10. si sarà ... me: Didone si sente tradita nel suo amore e nel suo orgoglio, per aver offerto il suo cuore e la sua ospitalità a uno straniero che l'ha abbandonata fuggendo. Il suo primo impulso è quello di rivolgersi a Giove per ottenere con la forza ciò che non ha ottenuto con l'amore e, in qualche modo, trarre vendetta punendo l'ingrato.

Epica classica — L'Eneide

William Morris, *Didone si dà la morte*, apertura del IV libro dell'*Eneide*; XIX secolo. Collezione privata.

16-17. Ma ... Didone?: dopo l'ira, segue il ripensamento nell'animo di Didone che, in preda a una lucida follia, è cosciente del totale fallimento e fa amare considerazioni sulle sue aspirazioni d'amore risultate irrealizzabili.

20. nell'ora ... scettro: offrendo il matrimonio a Enea, Didone gli offriva anche il regno di Cartagine.

21-23. dicono ... anni: con sarcasmo, causato dal dolore, Didone mette in dubbio i sentimenti morali e religiosi di Enea, dimostrati dal fatto di condurre con sé i Penati della sua patria e di aver portato nella fuga da Troia il vecchio padre sulle spalle. Sono fatti che lo stesso Enea aveva raccontato a Didone e che, come in precedenza avevano contribuito a rendere piú pregevole l'eroe agli occhi della regina, adesso sono da lei disprezzati per primi.

35. Ecate: Diana, nota con questo nome nel suo aspetto notturno; le erano sacri gli incroci delle strade (*trivi*), dove erano poste edicole a lei dedicate davanti alle quali i passeggeri di notte invocavano la protezione.

37. vendicatrici Furie: le dee della maledizione e della vendetta, chiamate Erinni dai Greci; esse perseguitavano senza tregua i colpevoli di delitti soprattutto nei riguardi dei parenti.

38. Elissa: Elissa, o Elisa, altro nome di Didone.

    e del mio regno? Nessuno impugnerà le armi
    per inseguirlo da tutta la città, nessuno
    farà uscire le navi dagli arsenali? Andate,
    miei fedeli, correte, portate veloci le fiamme,
15 munitevi di frecce, fate forza sui remi!
    Ma cosa dico, dove sono? Quale pazzia
    ti sconvolge la mente o infelice Didone?
    Soltanto adesso ti offendono i mali che hai commesso?
    Sarebbe stato assai meglio che ti fossi sentita
20 offesa cosí nell'ora in cui gli affidavi lo scettro.
    Eccola la lealtà di uno che dicono rechi
    con sé i patrii Penati, di uno che avrebbe portato
    sulle spalle, pietoso, il padre vinto dagli anni!
    Sarebbe stato meglio se lo avessi ammazzato
25 e fatto a pezzi, gettando quei pezzi nel mare;
    meglio sarebbe stato gli avessi ucciso i compagni,
    gli avessi fatto mangiare il corpo di suo figlio.
    Dura la lotta, d'esito incerto? Tanto meglio:
    che cosa potevo temere dovendo morire? Avrei dato
30 fuoco all'accampamento, avrei riempito di fiamme
    le navi, ucciso padre, figlio, tutta la stirpe,
    e su quei morti io stessa sarei caduta morta!
    O sole, tu che illumini coi raggi le opere tutte
    del mondo, e tu Giunone che conosci e sei complice
35 di questi duri affanni, e tu Ecate chiamata
    con lunghe grida, a notte, nei trivi cittadini,
    e voi vendicatrici Furie, e voi Dèi protettori
    della morente Elissa, ascoltate e esaudite

42-49. almeno sia ... sabbia!: queste parole di Didone costituiscono in realtà un'anticipazione di quanto, secondo la tradizione romana, accadrà nel futuro: Enea sosterrà una dura guerra nel Lazio, si separerà dal figlio, farà un trattato *iniquo* (i Troiani, seppure vincitori, dovranno rinunciare al loro nome, chiamandosi Latini, e alla loro lingua), dopo tre anni di regno morirà in battaglia e il suo corpo non sarà ritrovato.

50. quest'ultima voce esalo: pronuncio, emetto queste ultime parole.

51-53. E infine ... inestinguibile: la maledizione di Didone si estende a tutti i discendenti di Enea ed è il momento culminante dell'espressione del suo dolore. Essa costituisce insieme l'anticipazione degli eventi storici legati alle guerre puniche e la creazione mitica della causa dei rapporti lungamente ostili tra Roma e Cartagine. – **Tiri:** Cartaginesi, che provenivano dalla città fenicia di Tiro.

54. alla mia povera cenere: alla mia tomba.

56-58. sorga ... sempre: è possibile che Virgilio abbia voluto ricordare Annibale, il comandante cartaginese che fu mosso da indomabile odio verso Roma e, nella seconda guerra punica, invase l'Italia e fu causa di profondo terrore nei Romani e di ripetute distruzioni di loro interi eserciti. – **i coloni troiani:** i discendenti dei profughi troiani.

60. che i lidi ... flutti: vi sia inimicizia tra le opposte sponde del mar Mediterraneo, cioè tra la riva del Lazio e quella libica dove sorge Cartagine.

64-65. esasperata ... disegno: stravolta e decisa nel suo atroce proposito (di uccidersi).

69. sale ... rogo: Didone ha fatto costruire un rogo con la motivazione di bruciarvi tutto ciò che poteva ricordare Enea, come le armi, le vesti e il letto matrimoniale. In realtà, diverso era il suo proposito,

le mie preghiere, volgendo sui Teucri la vostra potenza.
40 Se è scritto nel destino che quell'infame tocchi
terra e approdi in porto, se Giove vuole cosí
se la sua sorte è questa; oh, almeno sia incalzato
in guerra dalle armi di gente valorosa
e, in bando dal paese, strappato all'abbraccio di Julo,
45 implori aiuto e veda la morte indegna dei suoi,
e, dopo aver firmato un trattato di pace
iniquo, non goda il regno né la desiderata
luce, ma muoia, in età ancora giovane
e rimanga insepolto su un'arida sabbia!
50 Questo prego, quest'ultima voce esalo col sangue.
E infine voi, miei Tiri, perseguitate la stirpe
di lui, tutta la sua discendenza futura
con odio inestinguibile; offrite questo dono
alla mia povera cenere. Nessun amore ci sia
55 mai tra i nostri due popoli, nessun patto. Ah, sorga,
sorga dalle mie ossa un vendicatore, chiunque
egli sia, e perseguiti i coloni troiani
col ferro e col fuoco, adesso, in avvenire, sempre
finché ci siano forze! Io maledico, e prego
60 che i lidi siano nemici ai lidi, i flutti ai flutti,
le armi alle armi: combattano loro e i loro nipoti».
Cosí disse, pensando a tante cose, cercando
come morire al piú presto. [...]
Allora Didone, tremante, esasperata
65 per il suo scellerato disegno, volgendo
attorno gli occhi iniettati di sangue, le gote sparse
di livide macchie e pallida della prossima morte,
irrompe nelle stanze interne della casa
e sale furibonda l'alto rogo, sguaina
70 la spada dardania, regalo non chiesto per simile scopo.
Dopo aver guardato le vesti lasciate da Enea
e il noto letto, dopo aver indugiato un poco
in lagrime e pensieri, si gettò su quel letto
lunga distesa e disse poche, estreme, parole:
75 «O reliquie, che foste cosí dolci finché
lo permettevano i Fati e un Dio: ora accogliete
quest'anima, scioglietemi da tutti i miei tormenti.
Vissi, ho compiuto il cammino concessomi dalla Fortuna,
e adesso un'immagine grande di me se ne andrà sottoterra.
80 Fondai una grande città, vidi sorgerne alte le mura,
vendicai mio marito, inflissi al fratello nemico

che adesso mette in atto salendo sul rogo essa stessa, per trovarvi la morte.

70. la spada ... scopo: la spada troiana che Enea le aveva regalato non certamente per lo scopo per cui sta per essere usata.

75. reliquie: le cose che rimangono di Enea e che essa ha fatto porre sopra il rogo.

78. Vissi ... Fortuna: Didone si accinge a un rapido bilancio della sua vita, ripercorrendo gli eventi fondamentali che la hanno caratterizzata, con la

consapevolezza di avere avuto un'esistenza memorabile e fortunata, ma distrutta da un amore divenuto causa di sciagura.

81-82. vendicai ... pene: il riferimento è alle vicende di Didone prima del suo arrivo

Epica classica — L'Eneide

sulla costa libica. Pigmalione, fratello di Didone, le aveva ucciso il marito, Sicheo re di Tiro, per impadronirsi dei suoi beni e del regno, e ne aveva nascosto il corpo; ma l'ombra del marito insepolto era apparsa a Didone rivelandole l'accaduto ed esortandola a fuggire da Tiro con tutte le ricchezze del regno.
87-88. Il crudele ... morte: a conclusione del suo monologo, Didone evoca le fiamme che si alzeranno dal suo rogo e dalle quali Enea dovrà comprendere che la regina si è uccisa per lui. Seppure piccolo, è conforto per Didone il pensiero che Enea soffrirà per lei. In realtà, da lontano l'eroe vedrà le fiamme alzarsi da Cartagine e, nonostante un triste presentimento, non giungerà a dedurne la morte di Didone.
95-97. come se ... templi: la tragica morte della regina causa dolore e panico nella città, per la quale Didone era non solo la regina, ma anche la capostipite, l'autorità e – secondo i costumi orientali – la rappresentazione terrena della divinità.
98. La rugiadosa ... croco: Iride, personificazione dell'arcobaleno e messaggera degli dèi, è umida di rugiada e

giuste pene: felice, ahi, troppo felice se solo
non fossero mai arrivate ai nostri lidi sabbiosi
navi dardanie!». Disse e preme la bocca sul letto.
85 «Moriamo senza vendetta – riprese. – Ma moriamo.
Cosí, anche cosí giova scendere alle Ombre.
Il crudele Troiano vedrà dall'alto mare
il fuoco e trarrà funesti presagi dalla mia morte».
Tra queste parole le ancelle la vedono abbandonarsi
90 sul ferro e vedon la lama spumante di sangue,
vedono sporche di sangue le mani. Un grido si leva
per tutta la reggia, la fama s'avventa
infuria per la città, le case fremono d'urla,
di lamenti e di gemiti di donne, l'aria suona
95 di grandi pianti, come se Cartagine o Tiro
invase dai nemici crollassero, e rabbiose
le fiamme s'attorcessero tra le case ed i templi. [...]
La rugiadosa Iride con le sue penne di croco
brillanti contro sole di mille varii colori
100 volò attraverso il cielo e si fermò su di lei.
«Questo capello – disse – porto e consacro a Dite
per ordine divino, e ti sciolgo da queste
tue membra». Con la destra strappò il capello: insieme
si spense il calore nel corpo, la vita svaní nel vento.

con le ali color d'oro (*penne di croco*) che alla luce del sole brillano di molti colori diversi. Viene inviata da Giunone, impietosita per il dolore della sventurata, ad abbreviarne l'agonia.
101. Questo capello ... Dite: gli antichi credevano che la vita finisse quando Proserpina, moglie di Plutone e regina dell'oltretomba, strappava dalla testa un capello biondo che ognuno aveva. Iride strappa questo capello di Didone pronunciando parole che si configurano come una formula religiosa. *Dite* è il nome usato per indicare sia Plutone sia il suo regno, l'oltretomba.
104. la vita svaní nel vento: secondo la dottrina pitagorica, l'anima di un individuo dopo la morte si dissolveva e tornava a far parte dell'anima universale.

Entriamo nel testo

La struttura del testo

Il racconto della morte di Didone, che costituisce il culmine drammatico di tutta la vicenda, è costruito con grande finezza nella ricerca psicologica e si presenta piuttosto complesso nella struttura. Il poeta analizza lo svolgersi delle reazioni e dei sentimenti della donna innamorata che vede definitivamente perduta ogni speranza; si succedono la furiosa collera per l'abbandono, il pentimento per aver ceduto all'amore, l'odio che chiede vendetta e scaglia maledizioni, il rimpianto delle illusioni perdute, il desiderio di morte. La massima efficacia è raggiunta dal poeta nei due monologhi della protagonista: il lettore può ripercorrere i moti dell'animo del personaggio dall'interno, partecipando alle sue esplosioni di emotività attraverso le esclamazioni, le domande e le invocazioni. Il primo dei discorsi di Didone è il piú complesso strutturalmente, perché caratterizzato da toni e motivi diversi. Si tratta di un ampio monologo che esprime tutta la disperazione di Didone, manifestata prima nell'ira e poi nell'odio e nel rancore verso Enea, nella maledizione scagliata contro l'eroe e i suoi discendenti, nella compassione per se stessa e nella decisione di uccidersi.

Il suicidio di Didone non si configura, però, come frutto di una cieca disperazione e accecamento dei sentimenti: appare invece come una lucida ed eroica decisione, per la consapevolezza di aver svolto un ruolo importante e di non poter impedire il compiersi dei Fati nella missione di Enea, ma anche di non poter piú sopportare la vita senza il suo amato, di non poter essere mai piú felice.

Il prezzo della Storia

La vicenda d'amore tra Didone ed Enea ha conosciuto momenti di grande intensità ed è stata felice finché i due personaggi sono rimasti in una dimensione normalmente umana. Da un lato vi è una donna nel pieno della sua femminilità, regina di un popolo e fondatrice di una città, protagonista di una vita memorabile e dotata di un animo sensibile e appassionato; dall'altro, vi è un eroe reduce dalle tremende esperienze di perdita della patria e di pericolose peripezie, nobile e valoroso, rispettoso degli dèi e della famiglia. È l'incontro tra due figure imponenti per condizioni e per caratteristiche personali. Tuttavia, la vicenda assume presto le sembianze di tragedia, perché i due personaggi sono inseriti in un contesto di portata molto piú ampia rispetto ai limiti dell'esistenza umana: Enea porta il carico di una missione storica che gli è stata attribuita dal Fato e che deve trovare compimento a prezzo di qualunque sacrificio. L'amore di Didone, anche se sostenuto dall'intervento di Venere, è profondo e totale; anche i sentimenti di Enea (sebbene nel poema non siano descritti in modo cosí esteso come quelli di Didone) appaiono reali e sinceramente partecipati, ma dal destino è stata decretata una sorte contraria a questo amore. Giove richiama l'eroe ai suoi doveri e l'obbedienza è obbligatoria.

Il personaggio di Enea è stato variamente interpretato e discusso per il suo comportamento nei riguardi di Didone: talvolta è stato definito egoista e insensibile, e giudicato cinico per aver approfittato dei sentimenti della regina finché ha potuto trarne vantaggio; altre volte è stato giustificato in nome della reverenza e obbedienza verso gli dèi, e anche commiserato per aver dovuto abbandonare la donna amata. Al di là delle valutazioni che ognuno può esprimere, rimane il problema tratteggiato da Virgilio: qual è il prezzo che gli individui devono pagare perché la Storia comunque si realizzi? In quale modo può regolarsi un essere umano se posto davanti alla scelta tra il bene personale e il compito storico che gli viene assegnato? La vicenda di Didone, ambientata proprio in quella Cartagine che, come la storia futura mostrerà, sarà il piú temibile nemico di Roma, è volutamente scelta dal poeta come un simbolo: l'abbandono di Didone e la maledizione da lei scagliata contro Enea e i suoi discendenti preannunciano la storia futura di una lunga guerra che si concluderà con la distruzione di Cartagine a opera di Roma.

Esercizi

Competenza trasversale:

- **a** Acquisire ed interpretare l'informazione
- **b** Individuare collegamenti e relazioni
- **c** Comunicare
- **d** Comunicare nelle lingue straniere

■ **Comprensione e interpretazione**

1. Indica il motivo per cui Didone usa l'avverbio *impunemente* nel verso 10: quale significato aggiunge all'intera espressione (vv. 9-11)?

2. Trasforma la domanda che trovi ai versi 11-13 (*Nessuno impugnerà... le navi dagli arsenali?*) nella forma affermativa; per fare ciò dovrai riconoscere il vero significato dell'espressione di Didone (dubbio, comando, desiderio ecc.).

Epica classica | L'Eneide

3. Indica a chi si rivolge Didone usando la seconda persona singolare nell'espressione *ti offendono i mali che hai commesso?* (v. 18).
4. Spiega il significato dell'espressione *che cosa potevo temere dovendo morire?* (v. 29).
5. Nell'espressione *che avrebbe portato sulle spalle... il padre* (versi 22-23) Didone utilizza il modo condizionale perché:
    a. esprime la possibilità che l'evento accada;
    b. mette in dubbio che l'evento sia accaduto.
6. Nell'espressione *Sarebbe stato meglio se lo avessi ammazzato* (v. 24) il modo condizionale è usato perché:
    a. indica la conseguenza di un'azione che non si è realizzata;
    b. mette in dubbio che l'evento sia accaduto.
7. Poni a confronto i due monologhi di Didone, mettendo in evidenza le differenze negli argomenti, nei sentimenti e nel tipo di espressioni presenti in ciascuno di essi.
8. Qual è il contenuto della maledizione, che si configura come una profezia, che Didone rivolge contro i discendenti di Enea?
9. Indica le divinità invocate da Didone nei versi 33-39. Per quale motivo, secondo te, ha scelto queste divinità?

- **Competenza testuale**

10. Dividi il brano in sequenze, distinguendo le parti narrative dai discorsi diretti.
11. Indica, nel loro ordine, gli argomenti che compongono il primo discorso di Didone.
12. Prendi in esame le proposizioni interrogative presenti nel testo; una gran parte di esse possono, per il loro significato, essere trasformate in affermazioni oppure in esclamazioni: ricercale e quindi riscrivile in forma di affermazione o di esclamazione.

- **Produzione**

  13. Esponi in un testo scritto le tue opinioni sul comportamento di Enea, soffermandoti sulle motivazioni della decisione di partire da Cartagine e abbandonare Didone.

L'ultimo incontro con Didone

• Libro VI, vv. 450-476

IN SINTESI: Partiti da Cartagine, dopo una sosta in Sicilia, i Troiani giungono a Cuma. Qui Enea si dirige al tempio di Apollo per interrogare la profetessa Sibilla e farsi da lei accompagnare nell'Ade, come gli ha suggerito in sogno il padre Anchise. Entrato nell'Ade, Enea giunge nei Campi del Pianto, dove si trovano le anime di coloro che si sono uccisi perché consumati da una passione d'amore: tra queste anime vi è quella di Didone.

1. la ferita ancor fresca: Didone è morta da poco tempo e la ferita che si è inflitta per uccidersi è *ancora fresca*.
2. s'aggirava nel bosco: la zona dell'Antinferno in cui si trovano i suicidi per amore è una pianura con un bosco di mirti, pianta sacra a Venere.
8. la voce: la notizia.

La fenicia Didone con la ferita ancor fresca
s'aggirava nel bosco. Quando l'eroe troiano
le fu vicino, e la vide, e la riconobbe, oscura
nell'ombra, come chi vede o crede di vedere
5   un'esilissima falce di luna all'inizio del mese
sorgere tra le nubi, si sciolse in pianto e le disse
con dolce amore: «Infelice Didone, dunque era vera
la voce che eri morta, che avevi obbedito al tuo estremo
destino col ferro. Ahimé, io sono stato la causa
10 della tua morte? Lo giuro per le stelle e i Celesti,
per quel che c'è di piú sacro sotto la terra profonda,
ho lasciato il tuo lido, regina, mio malgrado.
Mi spinsero a fuggire gli ordini degli Dèi,
che m'obbligano adesso a andare attraverso le Ombre
15 per un cammino spinoso e un'altissima notte;
non avrei mai creduto di darti un tale dolore

Francesco Maffei, *Enea nell'Ade*, 1469-1450. Roma, Galleria Corsini.

Epica classica • L'Eneide

25. un'aspra selce: una dura pietra. – **Marpesso**: un monte dell'isola di Paro, nel mar Egeo, famoso per il suo marmo bianco.
27. il primo marito Sicheo: il primo marito di Didone; si trova nell'Antiferno, in quanto morto anzitempo, assassinato da Pigmalione, fratello di Didone.
30. dolente della sua sorte: addolorato per la sorte di Didone.

partendo da Cartagine. Fermati, non sottrarti
alla mia vista! Chi fuggi? Questa è l'ultima volta,
per volere del Fato, che io posso parlarti».
20 Cosí Enea cercava di calmare quell'anima
ardente di furioso dolore, dagli sguardi
torvi, e volgerla al pianto. Ma Didone, girando
la testa, teneva gli occhi fissi sul suolo,
senza commuoversi in volto per quel discorso, piú
25 che fosse un'aspra selce o una rupe di Marpesso.
Infine scappò via, si rifugiò sdegnata
nel bosco ombroso, dove il primo marito Sicheo
condivide i suoi affanni e ricambia il suo amore.
Ma Enea la seguí in lagrime per lungo tratto, mentre
30 s'allontanava, pietoso, dolente della sua sorte.

Entriamo nel testo

Le lacrime di Enea

Virgilio assegna al viaggio di Enea nell'oltretomba lo scopo di illustrare la gloria futura di Roma e dei suoi protagonisti; tuttavia il poeta si appropria anche di alcuni spunti che sono già presenti nell'*Odissea*, quando l'eroe omerico si affaccia nel regno dei morti e incontra le anime di persone conosciute in vita. E cosí, come Odisseo conosce nell'Ade il destino di morte di Achille, Agamennone e della madre Anticlea, anche Enea vi incontra Didone, che aveva abbandonato e di cui non conosceva la triste fine. La vicenda terrena dell'amore tra i due è ormai definitivamente conclusa; tuttavia il poeta vi ha aggiunto questo episodio non solo in omaggio a una tradizione letteraria, ma come se volesse gratificare la sua eroina di una compensazione, una piccola vendetta nei riguardi di colui che aveva maledetto morendo. Se è vero, infatti, che dopo il termine della vita non è piú possibile modificare gli eventi, rimangono però nel cuore dei sopravvissuti la memoria e il dolore: a Didone spetta il diritto di infliggere l'ultima ferita a Enea, mediante il rifiuto e il disprezzo. Enea e Didone sono di fronte in un estremo incontro: l'uomo che ha offeso e sembra l'artefice degli eventi, la donna che ha subito la decisione e ne ha sofferto fino alla morte. In realtà, da questa vicenda Enea non emerge come vincitore: le parole che esprime nell'Ade sono profondamente sincere e nella loro breve semplicità contengono tutto il suo destino, fatto di obbedienza al Fato e di sacrificio dei propri sentimenti. Egli si scioglie in pianto, si rivolge a Didone *con dolce amore*, la implora – lui che era stato inutilmente implorato – di ascoltarlo, porta le sue giustificazioni per l'abbandono e fa giuramento di non aver agito liberamente. Nell'arco dei secoli, i lettori dell'*Eneide* hanno per lo piú attribuito a Enea la colpa di un comportamento spietato nei riguardi di Didone, configurando la possibilità di un suo atteggiamento piú morbido o anche di un diverso esito per la storia d'amore, e cosí considerando troppo tardive le lacrime da lui versate nell'oltretomba. Altri lettori, meno coinvolti emotivamente e piú attenti alle necessità creative di Virgilio, hanno giustificato i comportamenti di Enea in nome della necessità del Fato e ne hanno evidenziato, invece, il sacrificio e la mortificazione dei propri sentimenti umani.
Ma non è lecito al lettore fare vivere i personaggi fuori del contesto in cui l'autore li ha posti; accettiamo dunque l'eroe virgiliano per quello che è nel poema: caricato di tutti i significati e le responsabilità che il Fato gli ha assegnato, e, entro i limiti che la sua *pietas*, il suo rispetto della volontà degli dèi, gli consentono, ricco di una sua dolorante dimensione umana.

Esercizi

Competenza trasversale:

a Acquisire ed interpretare l'informazione

b Individuare collegamenti e relazioni

c Comunicare

d Comunicare nelle lingue straniere

- **Comprensione e interpretazione**

1. Spiega il significato della similitudine nei versi 4-6.
2. Indica le espressioni che descrivono l'atteggiamento di Didone verso Enea nell'oltretomba.
3. Descrivi le giustificazioni presentate da Enea per spiegare la sua partenza da Cartagine.
4. Nel testo sono presenti espressioni che indicano i sentimenti di Enea nei riguardi di Didone? Ci sono elementi per dedurre che egli si sente in colpa verso di lei?

- **Competenza testuale**

5. Dividi il testo in sequenze indicando l'argomento di ognuna di esse.
6. Esamina le proposizioni interrogative presenti nel testo: indica quali di esse sono interrogative retoriche, quindi trasformale, secondo il loro significato, in affermazioni oppure in esclamazioni.

- **Produzione**

c 7. Esponi le tue opinioni sulle motivazioni che, in questo estremo incontro tra loro, Enea porta per giustificare il suo abbandono di Didone.

c 8. Esponi le tue opinioni sulla figura di Didone nell'oltretomba: ritieni che abbia fatto bene a sottrarsi al colloquio con Enea? Ritieni che il suo silenzio sia stato per Enea più doloroso che accettare il dialogo?

c 9. Componi un testo in cui racconti la vicenda di Didone e le considerazioni che suscita in te.

10. Immagina di essere Didone: scrivi una lettera a Enea esprimendo i tuoi pensieri e sentimenti nei suoi riguardi.
11. Immagina di essere un pittore e di illustrare in un quadro l'incontro tra Enea e Didone nell'oltretomba: che cosa metti maggiormente in evidenza? In quale posa mostri Enea e in quale Didone? Quali colori usi? Quale paesaggio raffiguri?

Epica classica · L'Eneide

Anchise e la futura gloria di Roma

• Libro VI, vv. 756-759; 788-797; 806-807; 847-853; 868-885

IN SINTESI: Poco oltre i Campi del Pianto si trovano, in un luogo appartato, le ombre dei guerrieri famosi: tra esse Enea scorge Deífobo, figlio di Priamo, che gli racconta della propria orribile morte la notte della presa di Troia per mano di Ulisse e Menelao. Quindi Enea oltrepassa il Tartaro, in cui sono puniti i colpevoli dei delitti piú orrendi, e arriva ai Campi Elisi, dove risiedono le anime dei pii e dei giusti: profeti, eroi, sacerdoti, artisti e benefattori. Qui l'eroe incontra suo padre Anchise. Questi, dopo aver tentato invano di abbracciare il figlio, gli illustra la teoria della reincarnazione delle anime: esiste un'anima universale che si incarna nei singoli esseri umani; siccome durante la vita l'anima si contamina, dopo la morte ha bisogno di purificarsi nell'oltretomba; passato un lungo arco di tempo, le anime purificate, dopo aver bevuto l'acqua del fiume Lete per dimenticare la vita precedente, sono pronte per cominciare una nuova vita.
Anchise mostra a Enea le anime che sono pronte a incarnarsi per divenire i protagonisti e gli artefici della futura storia di Roma, la nuova Troia nata dalla fusione dei Latini con i Troiani. La rassegna inizia con i re di Alba Longa e giunge fino a Augusto, l'imperatore contemporaneo di Virgilio, elogiato come il restauratore della pace e della prosperità. Successivamente, Anchise esprime in pochi versi l'elogio appassionato della grandezza di Roma, della sua civiltà e della sua missione storica.

---

2. la stirpe di Dardano: i Troiani, il cui capostipite fu Dardano, figlio di Giove e di Elettra.
3. l'Italia: la stirpe troiana mescolatasi a quella latina.
3-4. grandi ... nome: anime di uomini illustri i quali, per volere del Fato, sono predestinati a essere chiamati nostri discendenti.
6. I tuoi Romani!: l'espressione trasmette il senso di orgoglio su due differenti livelli: dentro la narrazione, Anchise infonde in Enea l'orgoglio della futura gloriosa stirpe; fuori della narrazione e nel contesto della composizione del poema, Virgilio solletica in Augusto la fierezza e il compiacimento di essere il signore dei Romani. – **Cesare**: l'imperatore Augusto, il cui intero nome è Cesare Ottaviano Augusto.
6-7. tutta la progenie di Julo: il legame dei futuri Romani con i Troiani è segnato dal nome di Julo, il figlio di Enea, da cui è derivata la denominazione di *Iulia* (Giulia) alla stirpe di Augusto. Il nome completo del padre adottivo dell'imperatore, solitamente citato soltanto come Cesare (il conquistatore della Gallia, ucciso da alcuni congiurati nel 44 a.C.), era *Caius Iulius Caesar*, Caio Giulio Cesare.

« **V**ia, ti racconterò la gloria futura
della stirpe di Dardano, ti mostrerò i nipoti
che ci darà l'Italia: grandi anime fatali
destinate a portare un giorno il nostro nome».

Anchise passa in rassegna i futuri gloriosi discendenti iniziando con i re di Alba Longa e giungendo fino ad Augusto.

5 «Ora guarda laggiú, osserva i tuoi Romani.
I tuoi Romani! C'è Cesare e tutta la progenie
di Julo, che un giorno uscirà sotto la volta del cielo.
Questo è l'uomo promessoti sempre, da tanto tempo:
Cesare Augusto divino. Egli riporterà
10 ancora una volta nel Lazio l'età dell'oro, pei campi
dove un tempo regnava Saturno; estenderà
il suo dominio sopra i Garamanti e gli Indi,
dovunque ci sia una terra, fuori delle costellazioni
fuori di tutte le strade dell'anno e del sole,
15 dove Atlante che porta il cielo fa roteare
sulla sua spalla la volta ornata di stelle lucenti. [...]
E tu esiti ancora a accrescere di tanto
la nostra forza, temi di fermarti in Italia?».

10-11. l'età dell'oro ... Saturno: Augusto segnerà il ritorno dell'età dell'oro, mitica età del mondo in cui regnava la pace e la terra produceva i suoi frutti senza il lavoro degli uomini; questa età prende il nome da Saturno che,

cacciato dal figlio Giove, fondò nel Lazio un regno di benessere e prosperità.
12. i Garamanti e gli Indi: i primi abitavano l'Africa, i secondi l'Asia; indicano qui i confini del mondo entro cui Roma estendeva il suo potere.

15-16. Atlante ... lucenti: secondo il mito, il titano Atlante sosteneva sulle spalle la terra e la volta celeste; era immaginato all'estremità occidentale delle terre, oltre le quali nessuno si era mai spinto.

25. o Romano: il singolare è usato, con espediente retorico, per indicare tutti i Romani.

30-31. Il Fato ... oltre: il referente del pronome *lo* è il giovane Marcello, che il destino (il *Fato*) mostrerà al mondo per breve tempo (*appena*) e non gli consentirà una vita più lunga. Il suo nome viene pronunciato solo alla fine dell'intensa ed emozionata celebrazione, al verso 46, creando sapientemente l'attesa e la tensione emotiva. Questo ampio numero di versi (29-50) è dedicato a Marco Claudio Marcello, figlio di Ottavia, sorella di Augusto, che lo aveva adottato e designato come suo successore. Il giovane, tuttavia, morí prematuramente a 19 anni nel 23 a.C., suscitando grande dolore nell'imperatore e profondo turbamento in tutta Roma.

31-33. Dèi ... lungo: il tono alto e solenne di questa celebrazione poggia anche sull'uso di espedienti retorici, come questa invocazione fittizia agli dèi che esprime un concetto tipico della «consolazione» per un lutto: a un giovane cosí straordinario ed eccellente (*un simile miracolo*) gli dèi non hanno consentito una vita più lunga, che avrebbe reso troppo grande la stirpe dei Romani.

34-35. Quanti ... Marte: da parte di tutti gli abitanti di Roma (*la città di Marte*) si eleveranno i pianti durante i funerali celebrati nel Campo Marzio. Il Campo Marzio era una grande area erbosa sulla riva sinistra del Tevere in cui si svolgevano gli esercizi militari; vi fu celebrata la solenne cerimonia funebre per Marcello, che vide la partecipazione di una folla immensa e lo stesso imperatore lesse l'elogio funebre.

40-41. O pietà ... combattente!: è una forma solenne e retorica per indicare le virtú possedute da Marcello, virtú che coincidono con quelle che,

---

Dopo aver concluso la rassegna dei grandi uomini romani, Anchise indica, con grande partecipazione emotiva, quale dovrà essere attraverso i secoli la missione di Roma.

«Altri (io non ne dubito) sapranno meglio plasmare
20 statue di bronzo cha paiano respirare, o scolpire
immagini viventi nel marmo, sapranno
difendere con oratoria piú acuta le cause legali,
sapranno tracciare i moti del cielo
col compasso e predire il sorgere degli astri:
25 ma tu, o Romano, ricorda di governare i popoli
con ferme leggi (queste saranno le tue arti),
imporre la tua pace al mondo, perdonare
agli sconfitti, ai deboli e domare i superbi!».

Enea chiede ad Anchise l'identità di un giovane bellissimo, ma scuro in volto e con gli occhi bassi e privi di gioia; segue la risposta, piena di dolore e di tristezza, che rappresenta la celebrazione del giovane Marcello, nipote di Augusto, morto prematuramente.

«Non domandarmi di questo futuro immenso lutto.
30 Il Fato lo mostrerà appena al mondo e vorrà
che non viva piú oltre. Dèi, la stirpe romana
vi sembrerebbe forse troppo grande e potente
se un simile miracolo dovesse durare a lungo.
Quanti pianti dal Campo Marzio si leveranno
35 alla città di Marte! E quali funerali
vedrai, o padre Tevere, scorrendo davanti al nuovo
sepolcro! Nessun altro figlio di gente troiana
farà sperare tanto gli avi latini; e la terra
di Romolo mai piú potrà un giorno vantarsi
40 altrettanto. O pietà, fede antica, invincibile
mano di combattente! Nessuno avrebbe potuto
impunemente affrontarlo in armi, sia che andasse
contro il nemico a piedi, sia che desse di sprone
a un focoso cavallo. Ohimè, fanciullo degno
45 di pietà, se potrai forzare in qualche modo
il destino crudele, sarai un degno Marcello!
Spargete a piene mani gigli candidi, datemi
fiori purpurei, che io possa gettarli ai suoi piedi
ed almeno con questi doni colmare l'anima
50 del mio nipote, rendendogli un inutile omaggio».

---

per antica tradizione, caratterizzavano il buon cittadino Romano: la religiosità, la lealtà e l'onestà, il valore militare.

44-46. fanciullo ... Marcello!: è il momento culminante della celebrazione del giovane; dopo l'augurio ipotetico (*se potrai forzare il destino*

crudele) ma vano e irrealizzabile (Anchise sa che il destino non potrà essere forzato, vinto), viene infine pronunciato il nome di Marcello, preparato dalla lunga attesa emotiva. Gli scrittori antichi raccontano che, durante la lettura di questi versi in presenza di

Augusto, quando Virgilio pronunciò le parole «*Tu Marcellus eris*» («Tu sarai Marcello») Ottavia, la madre del giovane, svenne.

50. un inutile omaggio: l'omaggio, rappresentato dai doni floreali dei riti funebri, è *inutile* perché non potrà impedire che il Fato si compia.

Entriamo nel testo

Il viaggio di Enea nell'oltretomba

La discesa di Enea nell'Ade è, tra le peripezie dell'eroe, di natura particolare e riveste nel poema un'importanza centrale per il suo significato: essa è la chiave di lettura dell'opera e l'occasione in cui il poeta rivela direttamente lo scopo primario della sua creazione, e cioè la glorificazione dell'imperatore e della storia di Roma.
Per soddisfare il desiderio di Augusto il poeta ha creato un'opera di grande valore artistico e letterario, degna di stare alla pari con i due grandi modelli omerici. L'*Eneide* non è, infatti, né uno scritto di propaganda imperiale e neppure un poema storico incentrato sulle gloriose vicende di Roma, e tuttavia è in grado di appagare l'ambizione di Augusto, che desiderava conquistare fama immortale attraverso la poesia. Nel Libro VI del poema Virgilio ha trovato la soluzione per fondere la narrazione mitica e la figura storica dell'imperatore ricorrendo alla teoria della reincarnazione, o *metempsicosi* (dal termine greco – formato dall'unione di due preposizioni *metà-en*, che segnalano il «passaggio verso una sede», e *psyché*, «anima», che significa letteralmente «passaggio dell'anima da una nuova sede»). Secondo questa teoria, allora diffusa nella cultura romana, l'anima di un defunto è destinata a reincarnarsi in un nuovo individuo, dopo un lungo periodo nell'oltretomba dedicato alla purificazione e alla dimenticanza della vita precedente. Pertanto, Virgilio ha immaginato che l'eroe Enea nell'oltretomba incontri non solo le anime di coloro che sono morti da poco, ma anche – grazie appunto alla metempsicosi – le anime pronte a incarnarsi di nuovo ed essere, nell'esistenza futura, i suoi discendenti.
Nell'*Odissea* vi era un episodio simile, che costituisce un precedente letterario e un ulteriore legame tra Virgilio e il poeta greco: anche Odisseo nelle sue peregrinazioni aveva avuto accesso all'Ade, incontrando le anime di persone che aveva conosciuto da vive. Il viaggio di Enea nell'oltretomba è costruito, però, con maggiore complessità, per alcuni motivi. In primo luogo, l'eroe troiano effettua un vero percorso nell'Ade, mentre Odisseo era rimasto sull'entrata. In secondo luogo, Enea incontra non solo le anime di persone che aveva conosciuto da vive, come aveva fatto Odisseo, ma anche, come abbiamo visto, le anime di coloro che vivranno nel futuro e che saranno i suoi discendenti. Infine, il viaggio tra i defunti nell'*Eneide* occupa un posto centrale sotto il valore simbolico, perché con esso Enea riceve la consacrazione della sua missione che si concretizzerà in una stirpe gloriosa, e risponde in modo esplicito al desiderio di Augusto di glorificazione di sé e della struttura imperiale di Roma. Inoltre, con questo episodio, Virgilio rende chiaro il legame da lui istituito nella concezione del poema tra la leggenda di Enea e il suo arrivo nel Lazio con i reali fatti storici, e cioè con le vicende che hanno reso grande Roma e soprattutto con il destino che ha determinato l'impero di Augusto, discendente da Enea. Attraverso le parole di Anchise, Augusto ottiene un duplice riconoscimento: con l'esaltazione diretta ed esplicita del suo impero, e con l'omaggio alla memoria del giovane Marcello, destinato a succedergli sul trono ma stroncato da una morte prematura.
I versi 19-28 sono tra i più famosi del poema; con essi Virgilio espone il senso della civiltà dei Romani e indica il valore della missione storica di Roma. La civiltà romana è vista in contrapposizione a quella greca, che non è citata in modo esplicito ma che costituiva il punto di riferimento culturale per i Romani: ai Greci viene riconosciuta l'indiscussa superiorità nelle arti, nella retorica e nelle scienze, àmbiti culturali che hanno reso grande quel popolo; ai Romani, invece, il destino ha affidato un compito storico, quello di conquistare e assoggettare il mondo, governare gli altri popoli con le proprie leggi ed estendere l'ordine e la pace, esercitando generosità e clemenza per chi si sottomette, ma anche rigore e severità in chi si ribella al dominio romano. Con questi versi Virgilio non solo decreta la superiorità militare

Busto di Cesare, 30-20 a.C.
Città del Vaticano, Musei Vaticani.

dei Romani, ma attribuisce anche valore morale all'espansionismo e alla politica imperialistica di Roma, presentando come un beneficio e un vantaggio l'esserle sottomessi. Su questi versi, che dichiarano legittimo e giusto l'imperialismo romano, poiché voluto dal Fato, si fonda il valore storico dell'*Eneide* come poema nazionale dei Romani.

Esercizi

- **Comprensione e interpretazione**

1. Descrivi con parole tue per quali atti viene elogiato Augusto nei versi 8-16.
2. La glorificazione dell'imperatore Augusto fatta da Virgilio nell'*Eneide* è dovuta principalmente al fatto che:
    a. egli si è dimostrato valoroso in guerra piú degli altri condottieri;
    b. ha vinto in battaglia un grande numero di nemici;
    c. è diventato il primo imperatore;
    d. ha riportato la pace e la prosperità nell'Impero romano.
3. Indica quali sono le abilità che, nelle parole di Anchise (vv. 19-24), erano possedute ed esercitate da altri popoli ma non dai Romani.
4. Fai la parafrasi dei versi 25-28, quindi spiega con parole tue il loro contenuto.
5. L'espressione *Nessun altro figlio di gente troiana farà sperare tanto gli avi latini* (vv. 37-38) significa che:
    a. nessuno dei Troiani potrà destare tante speranze di gloria quanto Marcello;
    b. tra tutti i discendenti dei Troiani Marcello desterà le maggiori speranze di gloria;
    c. gli antenati di stirpe latina non porranno grandi speranze di gloria in un discendente della stirpe troiana;
    d. gli antenati di stirpe latina porranno grandi speranze di gloria nei discendenti dei Troiani.
6. A chi si riferisce Anchise con l'espressione *del mio nipote* nel v. 50? ASCANIO MARCELLO

- **Produzione**

7. Componi un testo esponendo qual è la missione storica di Roma indicata da Virgilio nell'*Eneide*.

Epica classica : L'Eneide

Eurialo e Niso

- Libro IX, vv. 176-223; vv. 367-449

IN SINTESI: Ripreso il viaggio, i Troiani giungono alle foci del Tevere e, risalita la corrente per un breve tratto, si accampano. Si trovano nel Lazio, dove regna il re Latino. Questi ha una unica figlia, Lavinia, che dalla madre è stata destinata in moglie a Turno, re dei Rutuli, ma senza l'accordo del padre: un oracolo, infatti, gli aveva predetto che la figlia avrebbe sposato un eroe venuto da lontano e che i suoi discendenti avrebbero dominato sul mondo. Intanto i Troiani si trovano costretti per la fame a divorare le loro mense: comprendono cosí che la profezia di Celeno si è avverata e che sono arrivati nel Lazio.

Il re Latino accoglie benevolmente Enea e, insieme all'ospitalità e all'alleanza, gli offre in moglie la figlia Lavinia. Questo fatto indispettisce Giunone, l'eterna nemica di Enea, la quale scatena la guerra tra le popolazioni latine, guidate da Turno, e i Troiani. Consapevole della inadeguatezza delle proprie forze, Enea risale il corso del Tevere per chiedere aiuto a Evandro, re degli Arcadi; questi, proveniente da una regione della Grecia, l'Arcadia, era venuto in Italia e aveva fondato la città di Pallantèo. Accolto Enea con grande benevolenza, gli mette a disposizione 400 cavalieri sotto la guida del giovane figlio Pallante e inoltre gli consiglia di andare a cercare aiuti anche tra gli Etruschi.

Durante l'assenza di Enea, Turno assale il campo dei Troiani, i quali senza accettare lo scontro diretto si chiudono dentro il campo che viene cinto d'assedio. Durante la notte, due giovani, Eurialo e Niso, amici inseparabili, stanno a guardia di una delle due porte; Niso propone all'amico di fare una sortita per andare ad avvertire Enea dell'attacco.

1. Presidiava una porta Niso: Niso era posto come sentinella di una porta dell'accampamento dei Troiani.

5. Eneadi: i compagni di Enea, dei quali Eurialo era il piú bello e il piú giovane.

6. il piú ragazzo: il piú giovane.

13. diventa Dio: acquista l'aspetto di una divinità, sentito come qualcosa di irresistibile.

17. i Rutuli: che assediano il campo dei Troiani. Il loro re, Turno, guida l'esercito delle popolazioni laziali ostili a Enea.

18. Pochi fuochi: i fuochi dell'accampamento rutulo.

28. muri pallantei: le mura della città di Pallantèo, dove Enea si è recato per chiedere l'alleanza e gli aiuti del re Evandro.

Presidiava una porta Niso, il forte guerriero
figlio d'Irtaco, maestro nel lancio del giavellotto
e delle rapide frecce, mandato con Enea
da sua madre Ida, ninfa cacciatrice. Con lui
5   c'era Eurialo, il piú bello di tutti gli Eneadi,
il piú ragazzo di quanti portarono armi troiane,
dal volto appena fiorito d'una peluria leggera.
E tutti e due s'amavano d'un identico affetto,
stavano sempre insieme, correvano insieme a battaglia;
10 anche allora montavano di guardia alla stessa porta.
Dice Niso: «I Celesti forse infondono all'anima
dell'uomo quest'ardore che sento, Eurialo, o forse
per ognuno diventa Dio la propria violenta
passione? Da tanto il cuore mi sospinge
15 a combattere o a fare qualche cosa di grande,
non vuole accontentarsi della placida quiete.
Guarda i Rutuli, come sono sicuri di sé
e della situazione. Pochi fuochi risplendono,
i soldati riposano in preda al sonno e al vino,
20 c'è un gran silenzio intorno. Senti allora che idea
s'è levata improvvisa nella mia mente. Tutti,
i capi come il popolo, vorrebbero che Enea
venisse richiamato, che un messaggero vada
a dirgli quanto accade. Se mi daranno quello
25 che chiederò per te (a me basta la gloria
dell'impresa) andrò io: laggiú, sotto quel poggio,
mi sembra di riuscire a trovare una strada
che conduca alla rocca e ai muri pallantei».
Eurialo, pensoso, posseduto da immenso
30 desiderio di gloria, stupí; all'ardente amico

41. Non temevo quello che credi: non temevo che tu fossi vile o indifferente alla gloria.

55. Aceste: il re di Drepano, in Sicilia, presso il quale erano rimaste tutte le donne troiane, alla partenza di Enea verso il Lazio, eccetto la madre di Eurialo (e la nutrice di Enea, Caieta, morta nel tragitto verso l'Italia), che non aveva voluto separarsi dal figlio.

60. il re Ascanio: mentre Enea è assente, lo sostituisce Ascanio (o Julo), che è perciò chiamato re.

61-62. Alcuni cavalieri ... latina: cavalieri latini, quindi nemici dei Troiani.

66. al campo: all'accampamento dei Rutuli, da cui si stanno allontanando i due giovani.

68. l'elmo: quello che Eurialo aveva preso nel campo dei Rutuli e che luccica ai raggi della luna.

risponde: «Forse, Niso, non vuoi che ti accompagni
in questa splendida azione? Credi che io ti lasci
andare solo incontro a un pericolo estremo?
Mio padre Ofelte, avvezzo alla guerra, non m'ha
35 educato da vile, indurendomi in mezzo
ai travagli di Troia, nel terrore dei Greci;
e non ho agito mai cosí con te, seguendo
il magnanimo Enea e la sua sorte ultima.
Ho un cuore che disprezza la vita e crede bene
40 pagare con la vita la gloria che tu cerchi».
E Niso: «Non temevo quello che credi, no,
non l'avrei mai potuto; cosí il gran Giove, o chi
dei Celesti rivolge un occhio favorevole
ai miei progetti possa riportarmi in trionfo,
45 e salvo, a te! Ma se il caso (come succede spesso,
lo sai, in simili imprese) o un Dio mi trascinassero
alla rovina, vorrei che tu sopravvivessi:
la tua tenera età è piú degna di vivere.
Avrò cosí qualcuno che affiderà alla terra
50 il mio corpo, una volta sottratto alla mischia
o riscattato: o almeno – se il Fato non vorrà –
qualcuno che onori d'un sepolcro e di offerte
funebri l'ombra assente. Non voglio essere causa
di dolore a tua madre, la sola che abbia osato
55 seguirti, abbandonando il regno del grande Aceste».
«Che pretesti da nulla! – Eurialo gli rispose.
– Ho deciso; impossibile farmi cambiar parere.
Affrettiamoci!». Subito sveglia le sentinelle,
che danno loro il cambio. Lasciato il posto di guardia
60 Eurialo e Niso vanno a cercare il re Ascanio.

> I due giovani si presentano ai capi riuniti in consulto ed espongono la loro intenzione; i capi approvano commossi e in particolare Julo promette ricche ricompense al loro ritorno. Eurialo e Niso escono dal campo protetti dall'oscurità e si avviano attraverso l'accampamento dei Rutuli immersi profondamente nel sonno dopo aver bevuto vino in abbondanza: i due giovani fanno strage di nemici senza incontrare alcuna reazione. Avvicinatasi l'alba, Niso esorta l'amico a partire; Eurialo obbedisce ma si porta con sé, come bottino, ornamenti militari, un cinto con borchie d'oro e uno splendido elmo tolti ai nemici uccisi.

Alcuni cavalieri spediti in avanguardia
dalla città latina, mentre il grosso attendeva
schierato per i campi, venivano a portare
un messaggio al re Turno: eran trecento giovani,
65 tutti armati di scudo, guidati da Volcente.
S'avvicinavano al campo, erano sotto le mura,
e vedono da lontano i due prendere in fretta
un sentiero a sinistra: l'elmo tradí l'incauto
Eurialo nell'ombra pallida della notte
70 splendendo a un raggio di luna. Quel brillío fu notato.
Volcente d'in mezzo ai suoi grida forte: «Alto là!

78. lecci d'inchiostro: lecci neri; il leccio è una specie di quercia delle regioni mediterranee con la corteccia e le foglie di color scuro.
103. palleggiato: bilanciato, per preparare il lancio.
104. Luna: identificata con la dea Diana, figlia di Latona e di Giove.
108. Irtaco: il padre di Niso.
115-122. Sulmone ... Tago: nomi di due dei cavalieri nemici.

Dove andate? Perché siete in marcia a quest'ora?
Chi siete?». Nessuna risposta: i due corrono in fretta
verso il bosco, sperando nel buio. I cavalieri
75 si gettano qua e là verso i noti sentieri
bloccandone ogni sbocco con sentinelle armate.
Era un bosco foltissimo, per tutta la sua larghezza
orrido di cespugli e di lecci d'inchiostro,
gremito da ogni parte di fittissimi rovi.
80 Solo pochi sentieri s'aprivano nella macchia.
L'ombra densa dei rami e il carico del bottino
impacciano Eurialo, la paura lo inganna;
perde la strada. Intanto Niso se ne va via
senza pensare a nulla. Ed era già sfuggito
85 ai nemici lasciando quei luoghi, detti in seguito
dal nome di Alba albani (allora il re Latino
vi aveva dei profondi pascoli), quando attonito
si ferma, rivolgendosi a cercare l'assente
amico. «Eurialo infelice dove mai t'ho lasciato?
90 Dove ti cercherò?». Percorrendo di nuovo
i sentieri intricati di quel bosco ingannevole
subito segue a ritroso le tracce dei suoi passi
ed erra tra i cespugli silenziosi. Poi sente
i cavalli, il rumore, i richiami che lanciano
95 gli inseguitori. Dopo non molto gli perviene
un clamore di grida e vede Eurialo, tradito
dal luogo e dalla notte, sgomento dal tumulto
improvviso, serrato in mezzo a una squadra
nemica e portato via nonostante i suoi sforzi.
100 Che fare? Con quali armi osare liberarlo?
Forse è meglio gettarsi nel fitto dei nemici
cercando in fretta una morte gloriosa in battaglia?
Rapido, tratto indietro il braccio e palleggiato
il giavellotto, guardando l'alta Luna la prega:
105 «O Dea, sii favorevole alla mia impresa, tu
che sei lo splendore del firmamento e proteggi,
silenziosa figlia di Latona, le selve.
Se Irtaco ti portò delle offerte, pregando
per me, se ne portai molte volte io stesso
110 – prede delle mie cacce – appendendole in cima
alla facciata del tempio o alla volta: deh, lascia
che scompigli il nemico, dirigimi quest'arma!».
Con tutta la forza del corpo avventa il giavellotto:
l'asta volando sferza le ombre della notte
115 e penetra nel corpo di Sulmone, si spezza
trafiggendogli il cuore con una scheggia di legno.
Il guerriero già freddo rotola a terra, sprizzando
caldo sangue dal petto, con un rantolo lungo.
Smarriti si guardano attorno. Fiero del suo successo
120 Niso libra un secondo giavellotto all'altezza
dell'orecchio. I Latini son lí, tremanti: l'asta
sibilando attraversa le tempie di Tago,

136-143. La nuda spada ... colpisce: la morte di Eurialo è descritta mediante elementi lirici, che trovano nella delicata similitudine la sua forma più alta. Ciò spicca ancora di più dalla vicinanza con la descrizione delle uccisioni dei guerrieri rutuli, fatte con termini crudi e immagini cruente.

149-150. cosí morendo ... nemico: cosí Niso, mentre sta per morire, toglie l'anima al nemico uccidendolo.

153-158. Se valgono ... mondo: Virgilio, intervenendo in prima persona, depone il proprio ruolo di narratore per esprimere la sua partecipazione emotiva per personaggi che sono tuttavia creati dalla fantasia poetica. Il poeta, consapevole del potere immortalante della sua poesia, affida alla memoria perenne non personaggi appartenenti alla storia (come aveva fatto nel Libro VI assegnando il racconto alle previsioni di Anchise), ma da lui stesso creati e resi concreti come se fossero realmente esistiti.

tiepida resta infissa nel cervello trafitto.
Il feroce Volcente s'adira ma non riesce
125 a vedere l'autore del colpo e a capire
con chi prendersela. «Tu, intanto, mi pagherai
col sangue caldo la morte dei miei compagni!» dice
lanciandosi su Eurialo, la spada sguainata.
Allora Niso, atterrito, fuori di sé, non può
130 nascondersi piú a lungo nell'ombra e sopportare
tanto dolore. Grida: «Io! Sono io il colpevole!
Volgete quelle armi contro di me: l'inganno
è stato mio. Costui non ha colpa di nulla,
ne chiamo a testimoni il cielo e le stelle che sanno:
135 ha solo amato troppo il suo amico infelice!».
Tardi. La nuda spada violenta ha già squarciato
le costole e trafitto quel petto bianco, puerile.
Eurialo è travolto dalla morte, va il sangue
giú per le belle membra e il collo senza forza
140 ricade sulle spalle; come un fiore purpureo
reciso dall'aratro morendo illanguidisce,
come abbassano il capo i papaveri, stanchi
sul loro stelo, quando la pioggia li colpisce.
Ma Niso si precipita tra i nemici, di tutti
145 vuole solo Volcente, cerca solo Volcente.
Intorno a lui i guerrieri premono, da ogni parte
lo stringono, fittissimi. Egli insiste, ruotando
la spada come un fulmine, finché l'immerge in gola
all'urlante Volcente; cosí morendo ruba
150 l'anima al suo nemico. Poi trafitto si getta
sul corpo dell'amico esanime e qui infine
trova eterno riposo nella placida morte.
Tutti e due fortunati! Se valgono i miei versi,
se hanno qualche potere, nessun giorno che scorra
155 lungo il fiume del tempo mai vi cancellerà
dalla memoria, finché l'alta stirpe di Enea
abiterà sul solido sasso del Campidoglio
e il Padre della patria, impererà sul mondo.

Jean-Baptiste Roman, *Eurialo e Niso*, 1822-1827 circa. Parigi, Museo del Louvre.

Entriamo nel testo

La forza dell'amicizia

Questo episodio è sicuramente uno dei piú famosi dell'*Eneide*: Eurialo e Niso nel corso dei secoli sono divenuti il simbolo di un'amicizia che non si spezza fino alla morte, e che anzi la morte suggella come valore incrollabile.

Virgilio ha già presentato questa caratteristica del rapporto che lega i due giovani amici. Quando, nel Libro V del poema, si svolgono a Drèpano i giochi funebri per onorare la memoria di Anchise, Eurialo e Niso partecipano alla gara di corsa; in piena gara, Niso è in testa ma scivola sul sangue delle vittime sacrificate; non potendo piú aspirare alla vittoria, allora, provoca la caduta del concorrente che lo seguiva in seconda posizione, allo scopo di far vincere l'amico Eurialo che si trova in terza posizione. I due giovani, dunque, hanno già dato testimonianza del senso profondo della solidarietà e lealtà reciproca. In questo brano vengono raffigurate sia le caratteristiche dei due giovani sia le motivazioni che li spingono ad affrontare la prova piú ardua della loro esistenza. In tal modo emergono in loro i sentimenti che caratterizzano l'entusiasmo della gioventú: il sentimento della solidarietà nell'amicizia, il desiderio di gloria, il valore dell'eroismo, l'ideale della dedizione di sé per il bene comune sino alla morte.

Inoltre, essi sono anche un esempio dei vari sentimenti che caratterizzano la gioventú. Da un lato, Niso, il maggiore di età tra i due, ha l'idea dell'impresa piena di pericoli, ma utile per il bene del suo esercito e dei suoi compagni; egli ritiene che sia necessario avvertire Enea dei pericoli che incombono sull'accampamento troiano e con sentimento di genuina generosità mette a disposizione il suo coraggio per adempiere a questa necessità, consapevole del grande rischio per la propria vita. Egli è l'emblema del valore puro e della forza interiore che i giovani possiedono nel perseguire gli ideali. Accanto a lui, il piú giovane Eurialo non si mostra minore nel possesso di uguali impulsi alla generosità, tanto piú che è intenzionato a condividere con l'amico sia i pericoli sia la gloria. Tuttavia, è proprio l'entusiasmo giovanile a tradire Eurialo, quando si lascia abbagliare dalla bellezza delle armi che può sottrarre ai nemici. È una fatale imprudenza destinata a causare la rovina di entrambi i giovani. Infatti, è proprio il brillante elmo rubato ad attirare l'attenzione dei cavalieri nemici, è l'ingombro delle prede sottratte a impedire la sua corsa e a farlo catturare dai veloci cavalieri latini. A questo punto l'episodio si risolve in una travolgente manifestazione di sentimenti e trasforma i due giovani in figure immortali: Niso non rimane nascosto né abbandona l'amico ma, sebbene consapevole di andare verso la morte, si scaglia contro gli assalitori di Eurialo e si immola per vendicarsi del suo uccisore.

L'ultima impresa della breve esistenza dei due giovani troiani è divenuta celebre perché è l'esaltazione dell'ardimento giovanile, della generosità, dell'amicizia appassionata, ma anche per la sua tragica conclusione, che gli conferisce tanta gloria quanta non ne sarebbe venuta da un esito fortunato dell'impresa.

L'immortalità attraverso la poesia

Perfino lo stesso poeta, che pure sa di esserne stato il creatore, si lascia vincere dalla compassione per i due sventurati giovani e intende ricompensarli per l'ingiustizia di una morte prematura: se a loro la gloria non è venuta per il compimento dell'impresa, abbiano in cambio una gloria immortale attraverso l'immortalità della poesia.

La vicenda di Eurialo e Niso ha ispirato, molti secoli dopo, Ludovico Ariosto, che nel poema epico *Orlando furioso* (Canto XIX) ha raccontato in un lungo episodio la storia di Cloridano e Medoro, due giovani arabi uniti da grande amicizia, i quali, per recuperare il corpo insepolto del loro signore, entrano nel campo dei cristiani, loro nemici. Li accomuna ai due giovani troiani l'aver compiuto una strage tra i nemici addormentati, e poi, dopo aver raccolto il cadavere del loro signore, l'incontro con un drappello di cristiani da cui vengono inseguiti. Cloridano, piú maturo e responsabile, abbandona il cadavere per non aver impaccio nella fuga, ritenendo che il compagno faccia altrettanto; invece Medoro, giovane e bello al pari di Eurialo, non vuole abbandonare il cadavere ed è presto circondato dai nemici. Cosí lo vede l'amico, tornato a cercarlo, e uccide con una freccia un cavaliere cristiano; Medoro allora viene ferito ma non ucciso, tuttavia è creduto morto dall'amico, che esce allo scoperto e attacca battaglia fino a che viene ferito a morte e cade accanto al corpo di Medoro.

Incontro con il testo... ... epico

Esercizi

- **Comprensione e interpretazione**

1. Nella descrizione dei due personaggi, quali aspetti fisici e quali caratteristiche di ognuno vengono presentati?
2. In quale luogo si svolge l'episodio narrato nel brano?
3. Quale progetto Niso comunica a Eurialo di voler mettere in atto? Quale scopo egli vuole raggiungere? Quale ricompensa pensa di ottenerne?
4. Quale motivazione interiore spinge Eurialo a seguire Niso nella sua impresa? Indica la tua risposta scegliendo tra le proposte seguenti:
   a. non vuole lasciare solo l'amico nel pericolo;
   b. desidera agire in modo da conquistare la gloria;
   c. non è stato educato per apparire un vile.
5. Con quali argomenti Niso tenta, seppure invano, di dissuadere Eurialo a seguirlo nella sua impresa (vv. 41-55)?
6. Da quanti soldati nemici è formata la schiera in cui si imbattono Eurialo e Niso? Chi ne è a capo? A quale scopo stanno passando in quel luogo?
7. Che cosa rivela ai nemici la presenza dei due giovani troiani?
8. Perché Eurialo rimane indietro nella fuga perdendo il contatto con Niso?
9. Quando Niso, dopo averlo cercato nella selva, rivede l'amico, in quale situazione si trova Eurialo?
10. Le domande espresse nei vv. 100-102 devono essere attribuite:
    a. a Niso;   b. al narratore;   c. ai lettori.
11. Niso, prima di lanciare il giavellotto, a chi e con quali preghiere si rivolge?
12. Quante volte Niso scaglia le sue armi contro i nemici? Chi colpisce? Con quali espressioni vengono descritti dal poeta i guerrieri colpiti?
13. Qual è la reazione di Niso vedendo che Eurialo sta per essere colpito dall'arma di Volcente?
14. Quale immagine del corpo di Eurialo viene data dal poeta per indicarne le ferite mortali? Mediante quali similitudini essa viene sottolineata? Di quale colore sono i fiori che in esse sono evocati? Perché, secondo te, è stato scelto questo colore?
15. In quale modo muore Niso? Riesce a vendicare l'amico prima di cadere sotto i colpi nemici?
16. Perché il poeta definisce *fortunati* (v. 93) i due sventurati giovani?
    a. perché il coraggio della loro impresa li ha resi meritevoli di memoria per sempre;
    b. perché i versi del poeta renderanno immortale il loro ricordo;
    c. perché Enea nel futuro farà ricordare a tutti il loro coraggio.

- **Competenza testuale e produzione**

17. Trasforma il discorso diretto contenuto nei versi 11-28 in discorso indiretto.
18. Qual è la *Spannung* (ovvero, il momento di massima tensione) dell'episodio?
19. Ricostruisci la vicenda narrata in questo episodio, enucleando gli elementi narrativi fondamentali, cioè indispensabili alla comprensione degli eventi.
20. Eurialo e Niso, pur accomunati dall'età e dalla salda amicizia, sono diversi per alcuni aspetti della personalità e, di conseguenza, per certi comportamenti. Descrivi in un testo scritto gli aspetti che caratterizzano ciascuno dei due giovani.

Epica classica | L'Eneide

La morte di Pallante

• Libro X, vv. 441-509

IN SINTESI: Il giorno successivo alla morte di Eurialo e Niso, Turno muove all'assalto del campo troiano: su due lance sono infisse le teste dei due giovani; a quella vista, terribile e straziante è la disperazione della madre di Eurialo.
Infuria la battaglia che vede i Rutuli e Turno penetrare momentaneamente dentro il campo troiano. Durante la notte che segue ritorna Enea, che giunge per nave insieme a una schiera di Etruschi e si ricongiunge al manipolo di Arcadi guidato dal giovane Pallante. Si accende un duro scontro tra lo schieramento di Enea e l'esercito dei Latini, in cui emerge la forza e la furia omicida di Turno. Nella furibonda battaglia, mentre Enea fa strage degli Italici, anche Pallante compie azioni valorose ma attira l'attenzione di Turno, che decide di affrontare da solo il giovane guerriero.

1-2. vede ... dice: il soggetto è Turno.

4-5. vorrei che fosse ... vederci!: invece del rituale scambio di provocazioni prima del duello, il discorso di Turno è breve ma esprime grande senso di crudeltà: egli godrebbe nel vedere il dolore del vecchio padre davanti alla morte del figlio, perché Evandro, oltre a essere sempre in stato di guerra con i Rutuli, adesso è anche colpevole per la sua alleanza con Enea.

11. O re ... minacciarmi: le parole di Pallante esprimono, di fronte alla crudele arroganza dell'avversario, un atteggiamento di ferma dignità, il coraggio di affrontare senza timore il duello con un nemico più esperto e aguerrito di lui.

12-13. le ricche ... levarti: era normale consuetudine che al nemico ucciso in duello fossero tolte le armi, che per il vincitore costituivano motivo di vanto.

27. Alcide: Ercole, l'eroe figlio di Alcmena e di Giove, detto *Alcide* in quanto nipote di Alceo, e dai Greci chiamato Eracle. Pallante lo invoca in nome dell'amicizia con il padre Evandro, del quale l'eroe era stato ospite quando, passando per il Lazio, lo aveva liberato della crudele presenza del gigante Caco.

35-39. C'è un giorno ... la morte: le parole di Giove sono consolatorie nei riguardi del

Come vede i compagni
dice: «È tempo per voi di cessare la lotta:
vado da solo contro Pallante, che a me solo
è dovuto. Ah, vorrei che fosse qui suo padre
5   in persona a vederci!» E subito i compagni
arretrano lasciandogli spazio quanto ne vuole.
Dopo la ritirata dei Rutuli, Pallante
stupito da tali ordini arroganti, contempla
con meraviglia Turno. Percorre quel gran corpo
10 con uno sguardo feroce, senza paura, e ricambia
le sue parole. «O re, cessa di minacciarmi.
Avrò lode – gli grida – o per le ricche spoglie
che riuscirò a levarti o per la morte gloriosa.
Mio padre affronterà di buon animo entrambe
15 le due sorti». Ed avanza in mezzo alla pianura.
Freddo il sangue s'arresta nel cuore dei guerrieri
d'Arcadia. Turno balza giú dalla biga, pronto
a combattere a piedi: simile ad un selvaggio
leone che, veduto da un alto osservatorio
20 laggiú nei campi un toro prepararsi a combattere,
si precipita ardente. Pallante, appena crede
che il nemico sia a tiro di lancia, lo attacca
per primo sperando che la Fortuna aiuti
l'audacia di chi osa affrontare con forze
25 diseguali il duello, e volto al cielo dice:
«Per l'ospitalità e la mensa paterna
che un tempo ti hanno accolto, forte Alcide, ti prego,
assisti la mia impresa terribile. Costui
moribondo mi veda strappargli di dosso
30 le armi insanguinate, i suoi occhi con l'ultima
luce scorgano me vittorioso!». Il grand'Ercole
udita la preghiera del giovane, reprime
un profondo sospiro nel profondo del cuore
e versa vane lagrime. Giove, suo padre, parla
35 al figlio con parole affettuose: «C'è un giorno
stabilito per tutti i mortali: per tutti

figlio che non può contrastare il destino e aiutare il giovane. Insieme esse tradiscono il senso di malinconia del poeta di fronte all'ineluttabilità della morte che rende misera la condizione umana; se è vano sperare di prolungare la propria vita, è possibile darle valore meritando il premio della fama oltre la morte mediante le imprese gloriose.

41. Pergamo: Troia, la cui acropoli era chiamata Pergamo. – **Sarpedonte**: o Sarpedone, è il re del Lici alleato dei Troiani, che fu ucciso da Patroclo.

42-44. Il suo destino ... concessigli: è il preannuncio della morte di Turno, che entro breve tempo verrà ucciso da Enea.

47-48. spallacci di bronzo: i bordi della corazza di bronzo sulla spalla.

52-53. Ora guarda ... penetrante!: l'espressione di tracotanza dell'eroe mentre sta vibrando il colpo è una pratica diffusa nei duelli dell'*Iliade*; in questo caso particolare evidenzia la grande differenza tra l'atteggiamento dignitosamente valoroso di Pallante e la violenza feroce di Turno.

60-61. le armi risuonano sul suo corpo: il rimbombo delle armi che accompagna la caduta dell'eroe è un particolare dell'epica omerica: anche Patroclo, canta Omero (*Iliade*, XVI, v. 22), *rimbombò rotolando*.

63. Arcadi: il popolo di Evandro e di Pallante.

67. L'aver ospitato ... molto caro: Turno – seppure apparentemente magnanimo perché restituisce il cadavere – non solo esprime il vanto per la vittoria sull'avversario, ma rivela la profonda motivazione della sua ostilità verso il giovane caduto: è la punizione di Evandro per l'appoggio offerto all'odiato Enea.

69-70. strappandogli ... d'oro pesante: il gesto di appropriarsi delle armi dell'avversario ucciso è usualmente praticato dagli eroi nei duelli dell'*Iliade*.

il tempo della vita è breve e irrevocabile.
Compito del valore è estendere la fama
di chi bene ha operato oltre la morte. Caddero
40   tanti figli di Dèi sotto le alte muraglie
di Pergamo! E tra gli altri mio figlio Sarpedonte.
Il suo destino chiama a morire anche Turno,
è arrivato anche lui al traguardo degli anni
concessigli». E distoglie gli occhi dai campi rutuli.
45   Pallante avventa l'asta con moltissima forza
e cava dalla guaina la spada lucente.
Il ferro vola e colpisce l'attacco degli spallacci
di bronzo, perforando il bordo dello scudo,
ferendo appena di striscio il gran corpo di Turno.
50   Allora Turno, a lungo palleggiata la lancia
di quercia dall'acuta punta d'acciaio, avventa
a Pallante un gran colpo, e gli dice: «Ora guarda
se la mia lama è piú penetrante!». La punta
attraversa vibrando il centro dello scudo
55   malgrado i tanti strati di ferro, i tanti strati
di bronzo, i molti strati di cuoio duro, e fora
la corazza e il gran petto. Pallante invano strappa
il ferro intiepidito dalla ferita: sangue
e anima fuggono insieme per la medesima via.
60   Cade sulla ferita; le armi risuonano
sul suo corpo; morendo morde la terra nemica
con la bocca insanguinata. Alto sopra di lui
Turno: «O Arcadi – disse – riportate ad Evandro
le mie parole: gli mando Pallante morto, come
65   si meritava. Gli accordo tutti gli onori funebri
e la consolazione di seppellire il figlio.
L'aver ospitato Enea gli costerà molto caro».
Poi calpestò il cadavere con il piede sinistro
strappandogli dal fianco una cintura d'oro
70   pesante, lavorata da Clono figlio d'Eurite,
il quale vi aveva cesellato il delitto
delle Danaidi, i cinquanta giovani uccisi e i letti
macchiati di sangue nella notte di nozze.
Turno adesso trionfa, lieto della sua spoglia.
75   O mente umana, ignara del futuro destino,
che non sai conservare una giusta misura

71-73. il delitto ... notte di nozze: sulla cintura di Pallante è raffigurato un episodio della tradizione mitica greca. Le figlie di Danao (le *Danaidi*), costrette a sposare i cinquanta figli di Egitto, loro cugini, li uccisero la sera stessa delle loro nozze; dall'unica di esse che si rifiutò di macchiarsi del delitto nacque un figlio, da cui discese Danae, progenitrice di Turno. Per questo motivo il rutulo, vedendovi istoriate le gesta dei suoi avi, lascia intatte tutte le altre armi ma prende la cintura, lieto per questa spoglia che evidentemente interpreta come buon augurio. Al contrario, essa sarà la causa della sua morte, scatenando la vendetta di Enea.

75-77. O mente umana ... ti esalta: è l'intervento diretto del poeta che oltrepassa il limite del narratore e si lascia coinvolgere dall'emozione e dalla pietà per il destino di un personaggio che lui stesso ha creato. Nel commiserare il giovane caduto, egli

Epica classica | L'Eneide

riconosce nella crudele arroganza di Turno un deplorevole aspetto dei comportamenti umani: a causa della propria ignoranza l'uomo è spesso propenso a esaltarsi negli eventi favorevoli oltrepassando la misura e dimenticando la moderazione e gli angusti limiti della sorte umana.

77-80. Verrà il tempo ... questo giorno!: dopo la profezia di Giove, anche il poeta, in forma emotivamente più partecipe, preannuncia la morte di Turno, che viene posta in relazione con l'uccisione di Pallante: verrà il momento in cui il Rutulo preferirà aver risparmiato la vita del giovane e si accorgerà di pagare caro l'avergli sottratto il cinturone d'oro. Seppure differentemente strutturata, la profezia della morte di Turno richiama la predizione dell'eroe morente che si riscontra nell'*Iliade*, quando Patroclo profetizza a Ettore la morte per mano di Achille (XVI, vv. 851-854; vedi pag. 124) e Ettore profetizza la morte di Achille per mano di Paride ed Apollo (XXII, vv. 358-360; vedi pag. 133).

se il successo ti esalta. Verrà il tempo in cui Turno
desidererà ricomprare a gran prezzo
la vita di Pallante, e odierà questa spoglia
80 e questo giorno!
Intanto i compagni piangendo
recuperano il cadavere e lo portano via
disteso sul suo scudo. E tu ritornerai
a tuo padre, Pallante, recandogli infinito
85 dolore e gloria immensa. Questa prima giornata
di battaglia è anche l'ultima della tua breve vita;
ma lasci mucchi enormi di cadaveri rutuli.

Entriamo nel testo

La struttura del testo
La narrazione di questo scontro è frammista di immagini epico-guerresche e di componenti emotive; da un lato richiama i cruenti duelli dell'*Iliade*, dall'altro propone la partecipazione dolorosa agli eventi e la riflessione sulle fragili condizioni umane. Da ciò deriva la particolare struttura del racconto, che potremmo paragonare a una sequenza cinematografica; è infatti caratterizzato da un continuo susseguirsi di mutamenti delle inquadrature e mette a fuoco ora l'uno, ora l'altro dei contendenti, ora gli astanti, creando sulla pagina un rapido ritmo dinamico. Le immagini dirette su un personaggio si alternano a quelle allargate agli spettatori e a quelle rivolte verso le sedi celesti, sino a coinvolgere il poeta che interviene concludendo l'episodio.
Il brano, tra i più famosi del poema virgiliano, presenta un duello caratterizzato da crudeltà ed emozioni. L'immagine del giovane Pallante, che nel suo primo giorno da guerriero si trova ad affrontare un avversario tanto più forte e agguerrito e a incontrare la morte, desta la compassione nei lettori e perfino nel suo stesso creatore; è il poeta che, con un intervento diretto nel testo, pone il suo canto funebre a suggello della giovane vita immolata sull'altare dell'eroismo e della gloria.

I personaggi
Tutto l'episodio ruota intorno ai due protagonisti, Pallante e Turno. Il figlio di Evandro possiede tutto ciò che può destare ammirazione e compassione: la giovane età, il coraggio e la dignità di fronte a uno stupefacente avversario, la consapevolezza dei propri limiti, la toccante e ingenua fede in Ercole, ma soprattutto il fatto di essere la vittima voluta dal Fato per predisporre la morte di Turno per mano di un implacabile Enea. Ai fini della concatenazione degli eventi, infatti, la morte di Pallante e la conquista del suo cinturone costituiscono – come vedremo – il necessario presupposto per la scena finale del poema, in cui la vista del cinturone offrirà a Enea la spinta definitiva e il motivo morale per uccidere Turno. Quanto a Turno, la sua figura ci appare qui ben diversa da come la vedremo (vedi pag. 260) nel momento in cui anch'egli è di fronte alla morte. Caratterizzato da arroganza e ferocia fin dalle prime parole, paragonato a un *selvaggio leone*, compie sino alla fine solo atti violenti e pronuncia parole crudeli e disumane. Virgilio, sottolineando questi suoi atteggiamenti eccessivi, mira a raggiungere un duplice scopo artistico: da un lato, contrapporre alla ferocia di Turno la genuinità di Pallante, destando in tal modo nel lettore maggiore pietà; dall'altro preparare la prossima morte del Rutulo,

che troverà per mano di Enea la giusta punizione per la sua mancanza di moderazione e di umanità. Infatti Turno, pur consapevole della disparità delle forze e quindi della facilità nel sopraffare il giovane avversario, si accanisce contro di lui per colpire il padre Evandro, reo di essersi alleato con lo straniero. Il cinturone, piú che simbolo di vittoria, diventa per lui il legame con la propria morte.
La digressione che presenta il pianto di Ercole e le parole di Giove ha la funzione di introdurre due concetti molto importanti per il poeta: in primo luogo che il tempo della vita umana è irreparabilmente breve e non è possibile sottrarsi al destino; quindi, che le virtú dimostrate hanno un grande valore, perché prolungano la vita dell'uomo mediante la fama dopo la morte.
Infine, il poeta stesso, come voce «fuori campo», offre la chiave di lettura dell'episodio: Turno è qui il simbolo della follia degli uomini, che nei momenti favorevoli della loro vita, credendoli duraturi, non temono la sorte futura e superano i necessari limiti della moderazione e dell'equilibrio; Pallante merita il nostro pianto perché, morendo, è vittima e strumento di una volontà superiore che decide delle sorti degli uomini e della storia.

Il tema della morte

La morte è un tema ricorrente nel poema virgiliano, e ne segna eventi e personaggi significativi. Essa si configura come un sacrificio necessario, finalizzato alla realizzazione di un progetto superiore, decretato dal Fato, il Destino che travolge la stessa volontà degli uomini, anzi, che è superiore perfino agli dèi. Così Laocoonte viene ucciso dai serpenti perché, proponendo la distruzione del cavallo di legno, è un ostacolo alla caduta di Troia; Didone si uccide per l'abbandono da parte di Enea, il quale è obbligato ad allontanarsene, facendo violenza ai suoi stessi sentimenti, per il compimento della sua missione. Infine la morte di Pallante, giovane vittima immolata, accelera il compimento del destino di Turno, ultimo atto della lunga vicenda che vedrà Enea insediarsi nel Lazio per dare l'avvio al nuovo corso della storia che vedrà Roma *caput mundi*.
Grazie a questo sottile *fil rouge* che percorre il poema, coincidono senza alcuna forzatura in Virgilio il poeta elegiaco cantore dei sentimenti e dei drammi umani e il profetico poeta celebrativo della grandezza di Augusto.

Esercizi

 Competenza trasversale:

- **a** Acquisire ed interpretare l'informazione
- **b** Individuare collegamenti e relazioni
- **c** Comunicare
- **d** Comunicare nelle lingue straniere

- **Comprensione e interpretazione**

1. Per volontà di quale personaggio il duello non si svolge in mezzo alla mischia ma sotto gli occhi dei due eserciti, che diventano spettatori dell'azione?
2. Indica gli aspetti di Turno che suscitano lo stupore e la meraviglia di Pallante.
3. Illustra il significato della similitudine nei vv. 18-21 mettendo in evidenza le relazioni tra le due immagini confrontate.
4. Perché, secondo te, Pallante decide di effettuare per primo il lancio dell'arma contro l'avversario?
5. Il poeta formula l'espressione *sperando che la Fortuna aiuti l'audacia di chi osa affrontare con forze diseguali il duello* (vv. 23-25) perché:
   a. riflette sul fatto che la Fortuna aiuta solitamente gli audaci;
   b. evidenzia l'iniquità di Turno nello sfidare chi è piú debole di lui;

Epica classica · L'Eneide

  c. indica che Pallante è consapevole della propria inferiorità di forze;
  d. segnala il desiderio di Pallante di farsi apprezzare per la sua audacia.
6. Per quale motivo Ercole, dopo la preghiera di Pallante, sospira e versa lacrime (vv. 31-34)? Perché le sue lacrime sono definite *vane*?
7. Spiega con parole tue il significato espresso dalle parole di Giove nei versi 35-41. Quale rapporto esiste tra questo significato e il destino che attende Turno?
8. Per quale motivo, secondo te, la terra su cui cade Pallante è definita *nemica* (v. 61)?
9. Sulla base del contesto in cui si inserisce l'episodio, spiega il significato dell'espressione di Turno *L'aver ospitato Enea gli costerà molto caro* (v. 67). A chi si riferisce? Perché fa questa affermazione?
10. Quali gesti compie Turno nei riguardi del corpo del caduto Pallante?
11. Perché Virgilio dice che il ritorno di Pallante morto recherà al padre, oltre che *infinito dolore*, anche *gloria immensa* (vv. 84-85)?

■ **Competenza testuale**

12. Dividi il testo in sequenze indicando l'argomento di ognuna di esse e sottolineando i personaggi su cui si focalizza progressivamente l'attenzione.
13. L'apertura sul mondo degli dèi, che segue la preghiera di Pallante, costituiscono una dilazione del duello, in quanto rallentano l'azione e ne ritardano la conclusione; questa dilazione ha, secondo te, lo scopo di:
    a. accrescere l'aspettativa nei lettori;
    b. rendere solenne l'episodio con la partecipazione degli dèi;
    c. interrompere la partecipazione emotiva dei lettori.

■ **Produzione**

14. Poni a confronto la predizione di Giove (vv. 42-44) e quella di Virgilio (vv. 77-80) sulla morte di Turno, mettendo in evidenza le differenze nelle espressioni, negli argomenti e nell'atteggiamento dei due emittenti.

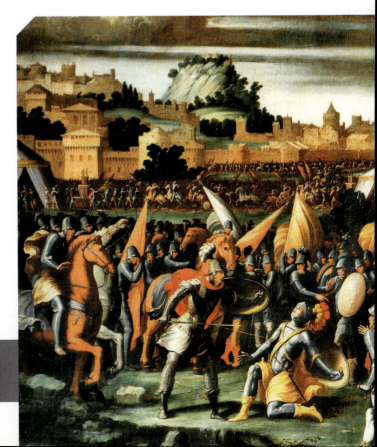

Nicolò dell'Abate, *Le schiere di Turno attaccano il campo dei troiani*, 1540. Modena, Galleria Estense (in origine Scandiano, Rocca Boiardo).

La morte di Turno

• Libro XII, vv. 887-952

IN SINTESI: Enea è sconvolto e infuriato per la morte di Pallante; allo scopo di vendicarlo, cerca lo scontro con Turno, il quale, però, viene sottratto alla battaglia da Giunone. Il giorno seguente, Enea invia con una scorta armata il corpo di Pallante a Evandro, che è straziato dal dolore e invoca la vendetta e la morte di Turno per mano di Enea. Viene concordata fra i Troiani e i Latini una tregua di dodici giorni per seppellire i morti; il re Latino convoca nella sua reggia a Laurento gli anziani e i capi degli alleati per discutere la situazione, che si presenta grave; quando, poi, vengono a sapere che i Troiani avanzano verso la città, si preparano a combattere. Tra i Latini vi è la schiera dei Volsci, guidati dalla giovane Camilla: essa chiede di poter affrontare per prima la cavalleria degli Etruschi. La guerriera dà prova di grande valore, ma richiama l'attenzione dei nemici e un combattente etrusco la colpisce a morte approfittando di un suo momento di distrazione.

La scomparsa di Camilla disorienta i Latini, che si ritirano tra le mura di Laurento. L'indomani viene stabilito tra le parti di decidere le sorti della guerra mediante un duello tra Turno ed Enea: in caso di vittoria di Enea, il popolo troiano vivrà nel Lazio ed Enea sposerà Lavina; con la vittoria di Turno, invece, i Troiani si ritireranno nel regno di Evandro. La tregua stabilita per lo svolgersi del duello viene rotta perché un Latino, su istigazione di Giunone, uccide un nemico, cosicché si riaccende la mischia e i Latini cominciano a cedere; la regina Amata, moglie di Latino, alla falsa notizia della morte di Turno, si uccide. Turno si dichiara pronto al duello decisivo con Enea. Mentre i due guerrieri iniziano lo scontro, gli dèi seguono gli eventi dall'alto dei cieli: Giunone, comprendendo che è destino che Turno soccomba e che i Fati si stanno compiendo, chiede a Giove che almeno i Troiani vittoriosi non impongano ai vinti la loro lingua e i loro costumi, ma al contrario accettino quelli dei Latini. Dopo il primo assalto, entrambi i contendenti perdono la loro arma, sicché Turno riceve una nuova spada dalla sorella, la ninfa Giuturna, mentre Enea riceve una nuova lancia dalla madre Venere. Giove invia sul campo di battaglia la Furia sotto l'aspetto di un gufo come messaggera di morte: l'uccello malaugurante svolazza davanti al volto di Turno, che comprende il sinistro segnale; anche Giuturna interpreta il messaggio inviato dagli dèi, intuisce la fine ormai prossima del fratello e si allontana dal campo. Turno vede il suo destino segnato e si lancia contro Enea con la forza della disperazione: il duello sta per giungere al momento piú drammatico.

---

3. perché indugi e ti attardi?: Turno ha appena visto il gufo, che interpreta come un segno contrario del Fato e, in un momento di fremito interiore, comincia a intuire il suo destino; a Enea sembra che l'avversario sia inutilmente esitante.

9-10. Non sono ... avverso: Turno è ormai consapevole del proprio destino, segnato dalla volontà a lui contraria degli dèi.

19-21. né nel correre ... se stesso: Turno non ritrova in se stesso la forza e l'agilità che solitamente possedeva per compiere i movimenti del corpo necessari in uno scontro.

22. per il freddo: il raggelamento derivante dalla paura.

Enea avanza, vibrando l'enorme lancia simile
a un albero, e con animo feroce grida: «O Turno,
perché indugi e ti attardi? Non si tratta di correre
ormai, ma di combattere corpo a corpo, con armi
5 brutali. Assumi pure tutte le forme che vuoi,
raduna tutto il coraggio e le astuzie che puoi:
spera magari di alzarti con le ali sino alle stelle,
o chiuderti al sicuro nella terra profonda...».
E Turno, scuotendo il capo: «Non sono le tue parole
10 a atterrirmi, o crudele, ma i Numi e Giove avverso».
Non disse altro. Volgendosi scopre un enorme, antico
macigno, che giaceva in mezzo alla pianura,
messo lí per segnare il confine d'un campo
contro eventuali liti. Dodici uomini quali
15 produce oggi la terra lo reggerebbero a stento
sulle spalle, ma Turno lo solleva con mano
febbrile e a tutta corsa, levandosi piú in alto
che può, riesce a scagliarlo contro il nemico. Eppure
né nel correre, né nel camminare, né
20 nell'alzare e avventare quell'enorme macigno
riconosce se stesso: le ginocchia gli tremano,
il sangue è intorpidito per il freddo. La pietra

Epica classica | L'Eneide

23-24. non supera ... il colpo: non percorre tutto lo spazio tra Turno ed Enea e non raggiunge la meta, cioè il corpo dell'avversario.

30. la Dea terribile: la Furia, che è stata mandata da Giove per atterrire Turno.

33-34. sentimenti contraddittorii: il desiderio di combattere si scontra contro il timore della morte e il desiderio di sfuggirle.

35. lo attarda: lo rende lento nei movimenti e nella riflessione.

37-38. non vede ... auriga: la sorella di Turno è Giuturna, ninfa delle fonti e dei fiumi, una volta amata da Giove che le ha concesso l'immortalità. Durante l'ultima battaglia ha preso l'aspetto di auriga, conducendo il carro di guerra di Turno e operando in difesa del fratello. Adesso, poiché è stata costretta dalla Furia ad allontanarsi, Turno si accorge che essa non è più vicina a lui per aiutarlo.

rotolando nel vuoto non supera l'intero
spazio né porta a segno il colpo. Come in sogno,
di notte, quando una languida quiete ci ha chiuso gli occhi, 25
ci sembra di volere inutilmente correre,
correre a perdifiato, e in mezzo ai nostri sforzi
crolliamo giú, impotenti: senza moto la lingua,
spento il noto vigore del nostro corpo, privi
di parole e di voce. Cosí la Dea terribile 30
rifiuta ogni speranza, ogni successo a Turno
dovunque il suo valore tenti una strada. Allora
nel fondo del suo petto s'agitano sentimenti
contraddittorii. Guarda i Rutuli e la città,
la paura lo attarda, trema all'avvicinarsi 35
della morte; e non sa come fuggire o come
affrontare il nemico, non vede in nessun luogo
il carro e la sorella trasformata in auriga.
Enea, mentre egli indugia, agita in aria il lampo
della lancia fatale: colto con gli occhi il punto 40
preciso, vibra il colpo da lungi, a tutta forza.
Mai stridono cosí i macigni lanciati
da macchine d'assedio, mai cosí fragorosa
scoppia la folgore. L'asta volando come un turbine
porta con sé la morte: sibilando attraversa 45
gli orli della corazza e dello scudo fatto
di sette strati di cuoio, si pianta nella coscia.
Il grande Turno cade, piega il ginocchio a terra.

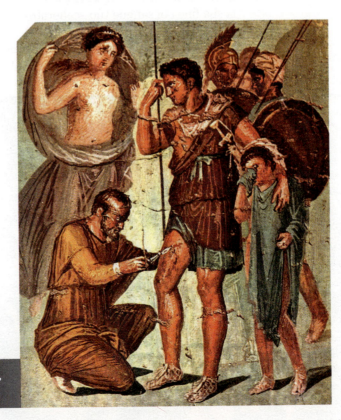

Enea ferito, I secolo a.C. Napoli, Museo Archeologico Nazionale.

58. **Dauno**: il padre di Turno.
60. **gli Ausoni**: gli Italici.
61. **Lavinia**: la figlia del re Latino, che Turno aveva sperato di sposare e che invece sposerà Enea.
63. **ristette**: si fermò esitando e in dubbio se risparmiare la vita del rivale oppure infliggere il colpo mortale.
67-69. **il disgraziato ... ucciso**: il cinturone che Turno ha tolto al giovane Pallante dopo averlo ucciso.
70. **di cui ... la spoglia**: del quale (Pallante) Turno indossava come un trofeo l'oggetto depredato (*la spoglia*: l'oggetto di cui è spogliato un morto).
71-72. **Vista ... d'ira**: l'uccisione di Pallante e l'oltraggio commesso da Turno nei riguardi del corpo del giovane hanno destato in Enea un dolore profondo oltre a una rabbia smisurata, sicché adesso la vista della cintura, indossata da Turno come un trofeo, dissolve nell'eroe ogni esitazione e lo spinge a infierire contro l'avversario.

Balzano in piedi i Rutuli gridando, la montagna
50 tutt'intorno ne echeggia, le profonde foreste
ripercuotono il suono per lungo tratto. Turno
supplichevole, umile, rivolgendosi a Enea
con gli occhi e con le mani in atto di preghiera,
gli dice: «Ho meritato la mia sorte e non chiedo
55 perdono: segui pure il tuo destino. Solo,
ti prego, se hai pietà di un infelice padre
(come Anchise lo fu) sii misericordioso
della vecchiaia di Dauno, restituisci ai miei
me vivo o il mio corpo privato della vita,
60 come ti piace. Hai vinto, gli Ausoni hanno veduto
Turno sconfitto tenderti le mani: già Lavinia
è tua, non andar oltre nella vendetta!». Enea
fiero nelle sue armi ristette, pensieroso,
guardando l'avversario e trattenendo il colpo.
65 E quasi le preghiere riuscivano a commuoverlo,
già dubitava, quando gli apparve, sulla spalla
del vinto, il disgraziato cinturone, fulgente
tutto di borchie d'oro, del giovane Pallante,
che Turno aveva ucciso con un colpo mortale
70 e di cui indossava come trofeo la spoglia.
Vista quella cintura, ricordo d'un dolore
terribile, infiammato di rabbia, acceso d'ira:
«Tu forte, che hai indossato le spoglie dei miei amici,
vorresti uscirmi vivo dalle mani? Pallante –
75 disse – solo Pallante ti sacrifica, e vendica
la sua fine col sangue tuo scellerato». Pianta
furibondo la spada nel petto avverso. Il corpo
di Turno si distende nel freddo della morte,
la sua vita sdegnosa cala giú tra le Ombre.

Giacomo del Po, *Duello fra Enea e Turno*, 1700 circa. Los Angeles, The Los Los Angeles Country Museum of Art.

Entriamo nel testo

L'umanità degli eroi epici

L'ultimo duello rappresenta l'evento decisivo e conclusivo del lungo ciclo di peripezie che conducono Enea a stabilirsi nel Lazio, in rispetto della volontà del Fato. Lo scontro finale tra i due combattenti non è caratterizzato da una serie cruenta di colpi, come accade in tanti scontri omerici, ma i colpi inflitti sono solo due: il primo tiro della *lancia fatale* di Enea che giunge a segno nella coscia di Turno e il colpo di spada che porta la morte. Ma ugualmente, per la particolare scelta espressiva dei termini, per le forti immagini descrittive, per la potenza delle rapide similitudini (nei vv. 42-44) e per l'eco del grido tremendo dei Rutuli, l'episodio assume toni altamente epici che segnano la progressiva ascesa drammatica verso la *Spannung*, il momento culminante dell'uccisione di Turno. In tutto il contesto narrativo, però, ciò che emerge piú nettamente è la dimensione umana ed emotiva dei due eroi, ognuno dei quali affronta la sua dura esperienza interiore in un rapido accavallarsi e trasformarsi dei sentimenti.

Da un lato vi è Enea, forte della sua energia interiore, che è sostenuta dalla consapevolezza di compiere una missione voluta dal Fato e che si è consolidata attraverso il superamento di tante difficoltà: egli è protetto dagli dèi, il cui volere ha allontanato dal campo del duello ogni altro intervento soprannaturale. L'eroe si accinge allo scontro con espressioni di provocazione che rispondono a un rituale epico e hanno la funzione di rinvigorire l'energia del combattente. Ma Enea incarna l'etica romana già espressa da Anchise nell'oltretomba, e cioè abbattere i superbi e risparmiare chi si assoggetta: cosí, dopo che ha abbattuto l'avversario con una profonda ferita e questi ne ha riconosciuto la vittoria, lascia emergere i sentimenti di compassione umana, disposto a farsi piegare dalla richiesta di pietà di Turno. Tuttavia, un nuovo moto dell'animo travolge l'eroe alla vista del cinturone di Pallante e l'ira prende il sopravvento sulla misericordia, sicché in un immediato e rapido gesto egli affonda la spada nel corpo di Turno. Enea riecheggia in tal modo l'eroe dell'*Iliade* Achille il quale, uccidendo Ettore, compie la sua vendetta per la morte del giovane Patroclo.

L'antagonista è Turno, che si accinge allo scontro già turbato perché ha intuito che gli dèi ormai gli sono contrari: alle parole di provocazione di Enea non risponde con uguale atteggiamento di sfida ma chiama in campo l'ostilità divina, a sottolineare che il vero avversario è al di sopra di lui, cosí da sminuire la gloria di Enea nella possibile vittoria. Subito dopo Turno vive il momento piú alto del suo dramma quando si accorge di non possedere piú la sua forza fisica: i suoi muscoli e le sue fibre non rispondono quando cerca di scagliare contro il nemico il macigno, che è pesante ma pari alla sua usuale energia. Lo sgomento lascia il posto alla paura e alla nostalgia: paura della morte, che appare inevitabile, e nostalgia per il suo popolo e la sua città, che sono ormai perduti. Il colpo di Enea che giunge a segno colpisce un uomo che indugia perché ha perduto ogni speranza; le parole rivolte da Turno al vincitore che incombe sono di un guerriero infelice che riconosce il proprio fallimento, non prega di ricevere il perdono, ma si appella alla sensibilità filiale di Enea: solo per pietà verso suo padre chiede salva la vita oppure la restituzione del proprio cadavere. Le sue ultime parole, dopo aver ammesso la vittoria totale di Enea, sono un accorato appello alla moderazione e alla misura, cioè quanto di meglio vi è nell'animo umano: *non andar oltre nella vendetta!* Virgilio nella sua creazione poetica ha fatto di Turno, il guerriero forte e feroce che costituiva l'ultimo grande ostacolo al compiersi della missione di Enea, una figura esemplare sotto il profilo umano e artistico. A lui sono riservati i versi conclusivi del poema: a fronte di un Enea uccisore *furibondo*, il corpo di Turno si distende e la sua anima si allontana verso il regno delle ombre, portando con sé lo sdegno di una sconfitta voluta dal destino e la consapevolezza di un sacrificio necessario per dare un nuovo corso alla storia.

Enea e Achille: due eroi simili e differenti

Nel duello tra Turno ed Enea l'influsso del modello omerico è evidente non solo nella collocazione dell'episodio a conclusione dell'opera, ma anche nella sua articolazione interna, scandita dai motivi della fuga dell'eroe perdente, della supplica e dell'uccisione finale dettata dal desiderio di vendetta. Tuttavia, l'inserimento del brano nella piú ampia dimensione dell'opera e nel contesto storico-culturale dell'opera ci consente di cogliere alcune sostanziali differenze.

Virgilio vive in un'epoca che ha subito le nefaste conseguenze delle guerre civili e che da poco gode di un periodo di pace garantita dall'Impero e pagata a prezzo della libertà. Per il poeta latino, dunque, la guerra non è l'occasione offerta all'eroe per mettere in luce il proprio valore e conquistare il bottino, ma piuttosto un tragico errore voluto da potenze demoniache, è una lotta fratricida, ma al tempo stesso necessaria. Necessaria è la morte di Turno, preparata dall'uccisione di Pallante, come nell'*Iliade* quella di Ettore era stata preparata dall'uccisione di Patroclo. Ma – come scrive lo storico della letteratura latina Gian Biagio Conte – «Virgilio non fa nulla per rendere facile questa scelta. Turno è disarmato, ferito e chiede pietà. Enea ha imparato da suo padre a battere i superbi e a risparmiare chi si assoggetta: Turno è un eroe superbo, ma è anche *subiectus* («sottomesso»). La scelta è difficile. Enea uccide solo perché in quell'attimo cruciale la vista del cinturone di Pallante lo travolge in uno slancio d'ira funesta. Cosí, nell'ultima scena del racconto, il pio Enea assomiglia al terribile Achille che fa vendetta su Ettore».

Tuttavia, laddove nell'*Iliade* alla ferocia segue la pietà (Achille, infatti, restituirà a Priamo il cadavere del figlio), nel poema latino l'ultimo gesto è un atto di crudeltà.

È forse un invito a riflettere sugli effetti sconvolgenti e alienanti della guerra? Evidentemente il mondo dell'*Eneide* è piú complesso di quello dell'*Iliade*: Virgilio vuole far intendere la necessità fatale della guerra che porta alla vittoria, ma al tempo stesso non può fare a meno di ricordare le ragioni degli sconfitti.

Esercizi

Competenza trasversale:

a Acquisire ed interpretare l'informazione

b Individuare collegamenti e relazioni

c Comunicare

d Comunicare nelle lingue straniere

■ Comprensione e interpretazione

1. Per quale motivo Turno interrompe le parole di Enea (vv. 9-10)? Quale significato hanno le sue parole?

2. Con quali espressioni il poeta descrive il peso del macigno sollevato da Turno? Perché il poeta ricorre, secondo te, a questa descrizione invece di usare un semplice attributo (come, ad esempio, «pesante», «gigantesco», «enorme» ecc.)?

3. Per quali cause Turno non riesce a scagliare il macigno contro Enea?

4. Illustra con parole tue il significato della similitudine nei versi 24-30, accostandola all'elemento della narrazione a cui viene paragonata (ad esempio: «Come quando ci capita in sogno... cosí adesso succede a Turno che...»).

5. I versi 42-44 contengono una similitudine di tipo particolare: essa, infatti, piú che istituire una uguaglianza, serve a descrivere un fatto mediante un paragone di maggioranza. Ricostruisci l'evento che viene descritto esprimendo per intero il paragone tra questo e il contenuto della similitudine.

6. In quale punto del corpo viene ferito Turno? Si tratta di un colpo mortale?

7. La trasformazione dello stato d'animo di Enea dalla commozione all'ira (vv. 63-72) è sottoli-

Epica classica | L'Eneide

neata dalle scelte lessicali del poeta; ricerca e poni in evidenza i termini e le espressioni che caratterizzano i due differenti momenti emotivi.

8. Anche se l'attenzione del racconto si focalizza sui due contendenti, lo scontro si sta svolgendo davanti al resto degli eserciti. Ricerca nel testo le espressioni che ce ne segnalano la presenza.

- **Competenza testuale**

9. Dividi il testo in sequenze indicando l'argomento di ciascuna di esse.
10. Ricerca tutte le similitudini presenti nel brano.
11. Ricerca nel testo le proposizioni interrogative, indicando se sono dirette o indirette. Inoltre, esaminandole con attenzione, individua tra di esse le interrogative retoriche e trasforma queste ultime, secondo il loro significato, in affermazioni oppure in esclamazioni.

- **Produzione**

12. Racconta con parole tue lo scontro tra Enea e Turno, mettendo in evidenza anche lo stato d'animo dei due contendenti.
13. Costruisci il racconto dell'episodio in prima persona, fingendo di essere Turno; per fare ciò devi osservare i luoghi, gli eventi e le azioni dal punto di vista di Turno, attraverso i suoi occhi, e devi esprimere le emozioni e i sentimenti come se fossero vissuti dall'interno dell'animo di Turno.

 14. Il duello tra Enea e Turno corrisponde, anche nella volontà creativa dell'autore, a quello tra Achille ed Ettore, nel Libro XXII dell'*Iliade*, sia per la collocazione dell'episodio alla fine dell'opera sia per l'articolazione della vicenda. Poni a confronto le due narrazioni (il duello tra Achille ed Ettore è a pag. 127) mettendo in evidenza e discutendo gli elementi in cui riscontri la somiglianza e quelli per i quali individui le differenze.

 ON LINE: **L'Eneide**

Testi: *La protezione di Venere e la garanzia di Giove* (Libro I, vv. 223-242; 254-296) • *Achemenide e i Ciclopi* (Libro III, vv. 568-683) • *Enea nell'Ade: Caronte, Cerbero e Minosse* (Libro IV, vv. 295-332; 417-444) • *Camilla, la giovane guerriera* (Libro XI, vv. 768-831)
Schede: *Che succede dopo? Uno sguardo al racconto epico nel Medioevo; Virgilio e Dante*

Leggiamo insieme...
Anonimo
Il Cantare dei Nibelunghi

L'opera

Il *Cantare dei Nibelunghi* (in tedesco *Nibelungenlied*, tradotto in italiano anche col titolo *I Nibelunghi*), che in origine era costituito da anonime composizioni distinte, tramandate oralmente da una generazione all'altra, nacque in epoca medievale, all'interno del mondo germanico. Era basato su temi eroici germanici e sulla narrazione di eventi storici realmente accaduti nel V secolo, come lo sterminio dei Burgundi per intervento di Attila nell'anno 437. Agli inizi del XIII secolo, un ignoto poeta vissuto nelle regioni austriache rielaborò queste composizioni dando loro forma unitaria.

Il titolo trae origine dai Nibelunghi, il cui nome significa «uomini del paese della nebbia», da *nebel*, «nebbia», e fu dato dalla tradizione germanica a una stirpe mitologica di nani che viveva sotto terra e custodiva un favoloso tesoro, e successivamente a tutti i forti guerrieri custodi del tesoro. Il tema fondamentale della leggenda è quello dell'oro dei Nibelunghi, che porta sventure e lutti a chi lo possiede. Questa leggenda è presente in vari poemi, dei quali il *Cantare dei Nibelunghi* è il piú famoso; esso racconta la tragica storia di amore e di morte che si svolge intorno al possesso dell'oro maledetto dei Nibelunghi che, come ha condotto alla rovina quelli che l'hanno avuto prima di lui, cosí porta alla sventura l'eroe Sigfrido e i Burgundi, che se ne impadroniscono dopo di lui.

Il poema, in cui si intrecciano vicende storiche e narrazioni fantastiche, è nella caratteristica strofa «nibelungica», composta di quattro versi con rima accoppiata. Il traduttore italiano da cui abbiamo tratto i brani alterna alla prosa alcune strofe, nei punti piú notevoli, per rendere almeno approssimativamente l'armonia della forma arcaica, che suona un po' dura per le nostre orecchie.

La storia si sviluppa in due vicende successive, corrispondenti a due parti. La prima, che occupa le prime 18 Avventure; riguarda Sigfrido e le sue gesta alla corte dei Burgundi, fino alla morte dell'eroe per mano del traditore Hagen; in essa sono presenti motivi di origine fiabesca ed è evidente l'influenza del mondo cortese e delle aspirazioni cavalleresche proprie dell'epica francese. La seconda vicenda, che occupa le ultime 21 Avventure, svolge il tema della vendetta di Crimilde contro coloro che si sono macchiati dell'assassinio del marito Sigfrido; qui si configurano immagini di ferocia selvaggia che si conclude con una strage sanguinosa. Con la nostra lettura seguiremo la prima parte, con le prime Avventure.

ecchie leggende narrano fatti meravigliosi
di guerre e di battaglie, di eroi forti e virtuosi,
di giubilo e di feste, di gemiti e di pianto;
di cavalieri arditi udrete meraviglie nel mio canto.

Segue la presentazione della bella Crimilde, che, insieme a Sigfrido, ne è la protagonista; infatti l'amore di Crimilde e la sua vendetta formano il grande tema dell'epopea, dal quale si sviluppa tutto il tragico e tutto l'eroico della storia.

In Burgundia cresceva una fanciulla tanto bella, tanto leggiadra, che in nessun paese ce n'era un'altra che la eguagliasse.
Si chiamava Crimilde e era veramente un prodigio. Per causa sua molti eroi dovevano perdere la vita. Nessuno si vergognava di amare quella amabile fanciulla. Nessuno era verso di lei indifferente. Era a vedere bella oltre misura la nobile donzella. I costumi cortesi della giovinetta avrebbero ornato qualunque donna.
Tre re, nobili e ricchi, la custodivano: Gunther e Gernot, guerrieri senza pari, e Giselher, il piú giovinetto, uno scelto guerriero. La giovinetta era loro sorella, e quei principi vegliavano su di lei. I signori erano miti e di nobile stirpe, smisuratamente arditi e forti, cavalieri degni di stima. Il loro paese era chiamato dei Burgundi. Fecero cose meravigliose piú tardi anche nel paese di Attila.
I signori nella loro potenza abitavano a Worms, sul Reno. Molti superbi cavalieri dei loro paesi li servirono per tutta la vita con grandi onori, finché perirono miseramente per il litigio di due nobili donne.
La loro madre si chiamava Ute, la ricca regina, e il padre Dankwart, che lasciò loro, morendo, tutta la sua eredità, e era stato un uomo forte, che anche nella sua gioventú aveva conquistato molta fama.

Crimilde fa un sogno, che racconta alla madre: un falcone selvaggio, bello e forte, da lei allevato, veniva sbranato da due aquile davanti ai suoi occhi, causandole un profondo dolore. La madre interpreta il sogno come la promessa di un nobile sposo, che per causa sua avrebbe corso grandi pericoli. Ma la figlia dichiara che non vorrà mai sposarsi, e cosí vive parecchi anni, finché non incontrerà Sigfrido.
L'eroe Sigfrido (in tedesco Siegfried, da leggere «Sigfrid») è un principe fortissimo e invulnerabile, che va alla conquista della bellissima principessa Crimilde sorella del re dei Burgundi, della quale si è innamorato pur senza averla mai vista, colpito dalla fama che la circondava.

A quei tempi cresceva nel Niederland[1] il figlio di un nobile re (suo padre si chiamava Siegmund e sua madre Sieglinde[2]) in una fortissima città, conosciuta in tutto il paese situato presso il Reno; la città si chiamava Xanten[3].
Io vi dirò quanto era bello quel guerriero. Il suo corpo era assolutamente immune da qualunque danno. Piú tardi divenne forte e famoso quest'uomo ardito. Oh, quanta gloria si acquistò nel mondo!
Quel bravo guerriero si chiamava Siegfried. Egli visitò molti regni, mediante la sua forza indomita e con il suo braccio combatté con molti cavalieri.
Oh, quali rapidi guerrieri trovò fra i Burgundi!
Prima che l'ardito guerriero divenisse uomo, egli compí con la sua propria mano tali prodigi, dei quali sempre si parlerà e si canterà; molte cose al giorno d'oggi dobbiamo di lui tacere. Nel suo tempo migliore, nei suoi anni giovanili, molte meraviglie si potevano dire di Siegfried, quanto onore egli acquistasse, quanto egli fosse bello, per cui molte vezzose donne ne erano innamorate.
Lo allevarono con la cura che si conveniva al suo stato, ma da se stesso guadagnava in buoni costumi e gentilezza; egli divenne un ornamento del regno di suo padre, tanto era compito in tutte le cose.
Era dunque giunto in età[4] di poter frequentare la corte. Tutti lo guardavano con compia-

---

1. Niederland: leggi «Niderland», gli attuali Paesi Bassi o Olanda.
2. Siegmund ... Sieglinde: nomi in tedesco che si leggono «sighmund» e «sighlinde».
3. Xanten: la città esiste ancora e, nella Germania settentrionale, si trova sul fiume Reno, presso il confine con i Paesi Bassi. Fu una colonia romana a partire dai primi secoli d.C.; trae il suo nome dal latino *ad santos*, «presso i santi», per indicare un sepolcro di martiri cristiani del IV secolo.
4. Era dunque giunto in età: si conclude qui la parte della descrizione generale dell'eroe che precede l'avvio della narrazione. Da questo punto, la descrizione si appunta sul tema dell'amore e serve a

cenza, molte donne e fanciulle belle desideravano che egli tornasse spesso vicino a loro. Molte l'amavano, e il giovane guerriero se ne accorgeva benissimo.

Assai raramente il fanciullo cavalcava senza uno scudiero.

Sua madre Sieglinde gli fece fare ricchi abiti. Molti saggi uomini, che conoscevano l'onore, si curavano di lui; perciò poté ben meritare i sudditi e il paese.

Quando fu nella forza di poter portare armi, gli fu dato in abbondanza tutto quello che gli era necessario. Già pensava di chiedere qualche bella fanciulla; e ognuna avrebbe volentieri amato il bel Siegfried.

Il signore non aveva che ben raramente pene di cuore.

Egli udí parlare di una bella fanciulla, che era dai Burgundi[5], fatta a meraviglia, dalla quale ebbe poi molte gioie ma pur molti dolori.

Dappertutto si diceva della sua grande bellezza, e le ragazze vantavano agli eroi anche la nobiltà del suo animo; perciò vi erano sempre molti ospiti nel paese di Gunther[6].

Ma per quanti fossero gli aspiranti al suo amore, Crimilde non era disposta a dire sí, e a sceglierne uno per suo caro marito: colui al quale presto si sarebbe sottomessa le era ancora straniero.

Allora il figliuolo di Sieglinde pensò a questo nobile amore.

Ogni altra donna era nulla per lui. Poteva ben meritare una cosí eletta fanciulla; presto Crimilde sposerebbe l'ardito Siegfried.

I suoi amici e vassalli lo consigliarono di perseverare nella sua intenzione, e di chiedere la sposa; non avrebbe a vergognarsi della sua scelta.

E il nobile Siegfried disse:

«Io voglio prendere Crimilde, la bella figlia di re del paese dei Burgundi, per la sua grande bellezza. Lo so bene, anche al piú potente imperatore che volesse sposarsi converrebbe l'amore di questa ricca regina».

Il re Siegmund seppe questa notizia. Ne parlarono i suoi servi, cosí egli apprese la volontà di suo figlio. Gli spiacque altamente che egli volesse chiedere la magnifica fanciulla.

Anche la regina, la nobile Sieglinde, lo seppe. Ella fu molto preoccupata per suo figlio; conosceva Gunther e quelli del suo esercito; entrambi si affannarono a distogliere il cavaliere dal suo proposito.

L'ardito Siegfried disse:

«Caro padre mio, starei per sempre senza l'amore di una nobile donna, se non potessi scegliere secondo il mio cuore».

E, qualunque cosa gli dicessero, egli rimase fermo nella sua decisione.

Disse allora il re:

«Se tu non vuoi lasciarti persuadere io farò con tutto il cuore la tua volontà, e ti aiuterò a riuscire con ogni mio potere. Re Gunther ha parecchi vassalli superbi, non fosse altri che Hagen[7], il guerriero. Nel suo orgoglio egli potrà eccedere, cosí che io temo che ce ne venga danno dal pretendere alla splendida fanciulla».

«Che cosa ci può nuocere?», disse Siegfried, «se non l'otterrò con le buone, la conquisterò col mio forte braccio; conquisterò la gente insieme al paese».

I genitori assegnarono a Sigfrido dodici guerrieri come compagni della sua impresa, e a tutti dettero vesti pregiate, armature, splendide armi e bellissimi cavalli. Cosí addobbato e scortato egli giunge alla corte burgunda di Worms. Qui viene accolto dal re come amico e alleato, per consiglio del potente vassallo Hagen, che racconta al re le imprese favolose compiute dall'eroe.

motivare la partenza di Sigfrido verso la terra dei Burgundi.
5. udí parlare ... Burgundi: la storia d'amore che segnerà l'esistenza di Sigfrido comincia in modo indiretto: a lui giunge la fama della bellezza di una principessa dei Burgundi che non ha mai visto.
6. Gunther: il re dei Burgundi che, come stiamo per apprendere, è fratello della bellissima Crimilde.
7. Hagen: leggi «haghen», fedele vassallo di Gunther, nel poema riveste un importante ruolo a fianco del re e poi della regina Brunilde.

Epica classica | 📖 Il Cantare dei Nibelunghi

Quando giunsero a Worms[8], il re si meravigliò di dove potessero venire quegli splendidi cavalieri, con le vesti cosí brillanti e con cosí buoni scudi, nuovi e larghi, e gli dispiaceva che nessuno sapesse dirglielo.

Il signor Ortwein di Metz, forte e ardito, diede al re questa risposta:

«Poiché noi non li conosciamo, comandate a qualcuno di chiamare mio zio Hagen, e li mostrerete a lui. Gli sono noti i regni ed i paesi stranieri. Se egli li conosce, ce lo dirà».

Il re lo fece chiamare, lui e i suoi vassalli. Allora lo si vide venire a corte, splendido, coi suoi cavalieri. Hagen domandò al re perché lo avesse fatto chiamare.

«Ci sono nella mia casa guerrieri stranieri, che nessuno conosce. Li avete voi forse veduti in paesi stranieri? Questo fatemi noto, Hagen».

«Lo farò», disse Hagen, e andò verso la finestra, donde poté scorgere liberamente gli stranieri.

Ben gli piacquero le loro armi e le loro vesti, ma non li aveva mai veduti nel paese dei Burgundi.

Egli disse che da qualunque parte quei guerrieri fossero venuti fino al Reno, dovevano certo essere principi o messaggeri di principi.

«Belli sono i loro cavalli, e buoni i loro abiti. Da qualunque paese vengano sono eroi di grande animo».

Poi disse Hagen:

«Per quanto io possa intendermene, io, in vita mia non vidi mai Siegfried, eppure sarei per credere, sia pur come si voglia, che quell'eroe che sta là cosí magnifico non sia altri che lui!

«Egli reca novelle nel nostro paese. La mano di questo eroe ha abbattuto gli arditi Nibelunghi, i due ricchi figli di re, Schilbung e Nibelung[9], grandi prodigi ha fatto egli con la forza del suo braccio. Mentre l'eroe cavalcava, solo senza aiuti, io udii raccontare che incontrò sopra un monte molti uomini arditi, presso al tesoro dei Nibelunghi; egli non li conosceva prima di allora. Il tesoro del re Nibelung era stato portato fuori dalle grotte della montagna.

«Ascoltate ora il fatto meraviglioso. Mentre i Nibelunghi stavano per dividerselo, Siegfried li vide e incominciò a meravigliarsi.

«Venne tanto vicino a loro che vide i guerrieri e i guerrieri videro lui. Uno di loro disse: "Ecco il forte Siegfried, l'eroe del Niederland!".

«Strane avventure trovò egli presso i Nibelunghi.

«Schilbung e Nibelung accolsero bene il cavaliere, e d'accordo i due giovani principi pregarono l'ardito guerriero, il nobile capo, il bellissimo giovane, di spartire fra loro[10] il tesoro. E tanto insistettero che egli finí col prometterlo.

«Egli vide tante pietre preziose, come abbiamo udito dire, che cento carri a quattro ruote non avrebbero potuto portarle. E ancora piú oro, l'oro rosso del paese dei Nibelunghi; tutto questo doveva spartire la mano dell'ardito Siegfried.

«In premio essi gli diedero la spada del re Nibelung[11].

«Ma non erano soddisfatti del servigio che il buon eroe Siegfried doveva loro rendere; egli non poté compierlo; essi avevano l'umore feroce. [...]

«Essi avevano seco come amici dodici uomini audaci; che erano forti giganti, ma a che serviva ciò? Nella sua collera la mano di Siegfried li abbatté e vinse settecento guerrieri del paese dei Nibelunghi, con la buona spada chiamata Balmung.

«Piú di un giovane guerriero fu vinto dalla paura dell'eroe e della sua spada. Il paese e le castella si sottomisero a lui.

---

8. Worms: la capitale del regno dei Burgundi, situata sul Reno nella Germania sud-occidentale, regione Renania-Palatinato.

9. Schilbung e Nibelung: i principi che guidavano i Nibelunghi, che Sigfrido ha vinto nel modo che sta per essere raccontato (Schilbung si legge «Scilbung»).

10. spartire fra loro: fare le parti da assegnare a ognuno di loro.

11. la spada del re Nibelung: la spada chiamata Balmung, molto tagliente e di eccellente materiale, con la quale Sigfrido compirà mirabili imprese. Nei poemi epici medievali e rinascimentali i grandi eroi usano spade famose, come, per esempio, la Durindarda di Orlando.

Leggiamo insieme...

Arthur Rackham, *Brunilde e Hagen*, dal *Sigfrido e il crepuscolo degli dei*, 1911. Arthur Rackham Collection.

«I due re furono da lui uccisi. Ma fu posto in grande pericolo da Alberico[12]. Egli voleva vendicare i propri signori, perchè non aveva ancora provato la grande forza di Siegfried. Il robusto nano non poté resistergli nel combattimento. Come leoni selvaggi corsero alla montagna, dove Siegfried tolse a Alberico anche il suo cappuccio magico, il cappuccio che rendeva invisibile chi lo portava.

«Cosí divenne padrone del tesoro, Siegfried, il terribile uomo. Quelli che osarono combattere con lui giacquero tutti morti. Fece trasportare nuovamente il tesoro nella montagna, nello stesso luogo dove lo avevano tolto gli uomini dei Nibelunghi. Alberico, il forte, ne divenne il custode. Dovette fare giuramento di servirlo come fante[13], e gli tornò utile, in molte occasioni».

Cosí parlò Hagen di Tronje:

«Tutto ciò ha fatto l'eroe. Mai un guerriero non ebbe una simile forza.

«Ancora una sua avventura mi è nota. La mano dell'eroe uccise un drago. Egli si bagnò nel suo sangue, e la sua pelle divenne invulnerabile[14]. Cosí nessun'arma lo ferisce, e ciò si è veduto piú volte.

«Dobbiamo accoglierlo bene, questo è il mio consiglio, per non meritare il suo odio. Egli è tanto ardito, che lo si guarda volentieri; con le sue forze egli ha compiuto cose meravigliose».

Allora parlò il possente re:

«Sia il benvenuto fra noi, egli è nobile e prode, l'ho ben udito, e ciò gli servirà nel paese dei Burgundi».

E il re Gunther andò là dove era Siegfried.

L'ospite reale e i suoi uomini accolsero l'eroe con saluti che non si potrebbero superare. Il guerriero eletto s'inchinò dinanzi a loro, e si vedevano lui e i suoi cavalieri stare in atteggiamento di grande rispetto.

Sigfrido ottiene la mano di Crimilde dopo aver aiutato con i suoi mezzi magici Gunther a conquistare e sposare Brunilde, regina di Islanda. Sigfrido conduce Crimilde nella sua terra, i Paesi Bassi. Dopo dieci anni, essi sono invitati a Worms per richiesta di Brunilde, che nutre una segreta gelosia per la felicità dei cognati. Durante un banchetto, nasce un aspro litigio tra le due regine; Brunilde per vendetta chiede la morte di Sigfrido e persuade Hagen a ucciderlo. Cosí Sigfrido, durante una battuta di caccia, è colpito da Hagen nell'unico punto in cui è vulnerabile e muore.

Egli sente le forze mancargli e già l'assale
languor di morte[15], gelo sente di morte; ahi, quanto

---

12. Alberico: il nano che possedeva il cappuccio magico.
13. fante: scudiero.
14. la sua pelle divenne invulnerabile: sebbene non lo dica, Hagen sa che c'è un punto in cui il corpo di Sigfrido può essere ferito. Infatti, quando il sangue del drago gli colò addosso rendendolo invulnerabile, non poté bagnare la parte della sua pelle su cui si era posata una foglia di tiglio; adesso Hagen ignora quale sia questa parte vulnerabile, ma in seguito lo conoscerà mediante un vile inganno e proprio in quel punto a tradimento colpirà a morte Sigfrido.
15. languor di morte: la debolezza del corpo che sente vicina la morte.

Epica classica — **Il Cantare dei Nibelunghi**

sarà presto da belle donne il nobile eroe pianto!
Lo sposo di Crimilde cadde tra i fiori. Usciva
a fiotti a fiotti il sangue da la ferita viva.
Allora, ne l'angoscia del suo cuore, il colpito
prese a ingiuriar coloro che l'avevano tradito.
Diceva il moribondo: «O falsi traditori!
Cosí mi ripagate i servigi, i favori?
Sempre vi fui fedele, e voi morte mi date.
Gli amici affezionati assai male voi trattate.
«Ma biasimo[16] cadrà su quei che nasceranno
di voi, da questo giorno, pel[17] vostro atroce inganno.
Dal numero dei buoni cavalier voi ancora
sarete cancellati per sempre dopo quest'ora».

---

16. biasimo: oltre al suo significato proprio, cioè rimprovero, il termine qui invoca anche la condanna morale nei riguardi dei traditori.

17. pel: per il.

Guida alla lettura

Sicuramente un poema epico non si può leggere per intero, specie alla vostra età. La proposta di lettura di questo poema medievale non è, tuttavia, senza ragione. Come ogni opera che costituisce una pietra miliare nella storia letteraria e che occupa un posto privilegiato nelle tradizioni di un Paese (si pensi che è divenuto il poema nazionale delle genti germaniche), i *Nibelunghi* hanno avuto una lunga storia e continuano ad avere una loro attualità e a vivere di molte vite. La sua grande fortuna fiorí nell'Ottocento (periodo letterario del Romanticismo), quando divenne molto noto e fu anche fonte di ispirazione per letterati e artisti, tra cui il grande musicista Richard Wagner, che su di esso basò la sua celebre tetralogia *L'anello del Nibelungo*, un ciclo di quattro drammi musicali (composti tra il 1848 e il 1874). Ma la diffusione dei *Nibelunghi* ha raggiunto il grande pubblico anche in tempi molto recenti: ad esempio, nel 1989 ne è stata pubblicata dalla Disney una parodia a fumetti, composta in tre puntate, chiamata *La Trilogia di Paperin Sigfrido e l'oro del Reno*.
Molti sono i punti di forza di questo magnifico poema; tra questi anzitutto il suo intreccio avventuroso che rispetta il modello eroico delle leggende di eroi e cavalieri, prevedendo l'unione di eventi storici autentici ai miti dell'epos nazionale germanico, e non ultima la fortunata scelta poetica dettata dai canoni letterari dell'epoca permette una narrazione, e quindi una lettura, piú immediata e musicale, adatta alla trasmissione orale cosí in voga nel Medioevo.

Il *Cantare dei Nibelunghi* è nato in un'epoca cristiana e feudale ma non è un poema cristiano; esso rispecchia le consuetudini cavalleresche e riflette le caratteristiche essenziali delle antiche stirpi germaniche: la ferocia barbara, l'ammirazione per la forza e la violenza, la fedeltà verso il capo, lo spirito di vendetta, il desiderio di dominio.
Alla base del racconto c'è la concezione cupa e drammatica dell'esistenza, per cui la brama della conquista e del potere conduce inevitabilmente alla morte e alla rovina. I protagonisti operano in maniera libera e autonoma, mossi unicamente dalle loro umane passioni, senza dipendere da una volontà superiore né, tanto meno, da una morale religiosa. Cosí, la storia d'amore di Sigfrido e Crimilde, che è iniziata come una fiaba romantica, fiorirà in un groviglio di passioni, invidie e bramosia di ricchezze e di potere che porteranno alla distruzione non solo il bel sogno d'amore, ma anche la potenza e il regno dei Burgundi.
Ricordiamo, infine, che l'Unesco ha inserito il manoscritto *Il Canto dei Nibelunghi* nella lista «Memoria del mondo», programma fondato nel 1992 per la tutela degli archivi e dei documenti storici di grande valore.

Testi conchiglia

Un altro modo di leggere

«*Le parole del dizionario sono conchiglie, sembrano vuote ma dentro ci puoi sentire il mare*»

Erri De Luca

In questa sezione:

- L'incanto delle sirene

Quando il testo è una conchiglia

«Le parole del dizionario sono conchiglie, sembrano vuote ma dentro ci puoi sentire il mare». Questa frase dello scrittore Erri De Luca può essere applicata non solo al dizionario, ma al libro in generale, piú specificamente ai testi narrativi e poetici perché ciascuno di essi, come una conchiglia, racchiude in sé la voce del mare, ovvero **un mondo piú vasto** nel quale possiamo immergerci senza paura, spinti dalla voglia di **esplorare e conoscere**.

Quelle parole, quelle righe, aprono la nostra mente e ci conducono lontano, perché, come dice un altro grande scrittore, il poeta turco Nazim Hikmet, «il libro dev'essere vento e aprire le tende».

È con questo spirito che ci accostiamo a un piccolo campionario di testi che ci permettono di uscire dall'ambito della storia che raccontano e ci fanno entrare in altre storie, narrate ora con le parole ora con le immagini, le linee, i colori. Un viaggio attraverso i testi, ma anche attraverso altre forme espressive, che ci aiuta a capire la molteplicità e le innumerevoli sfaccettature della letteratura e dell'arte.

Ci sono due modi per «aprire le tende» e uscire dal testo.

- Il primo è quello che ci viene **suggerito dal testo** stesso quando esso contiene riferimenti espliciti ad altre opere che sollecitano la curiosità del lettore e lo spingono a documentarsi su di esse. Le citazioni, insomma, diventano «parole calde», su cui cliccare per aprire nuove finestre, come in uno di quei viaggi ipertestuali a cui ci hanno abituato i moderni mezzi di comunicazione.

- Il secondo è un itinerario piú raffinato e complesso nel quale svolge un ruolo di primo piano la competenza del lettore. Un testo, infatti, può richiamarne un altro per «affinità tematiche» e questo ancora un altro e un altro, in **un itinerario che il lettore consapevole si costruisce da solo**, sulla base della sua esperienza, e che quindi può variare a seconda delle letture, delle conoscenze, degli interessi individuali.

In entrambi i casi il libro sembra rivolgere al lettore l'invito a porsi in ascolto della voce del mare che la conchiglia racchiude e riecheggia.

L'incanto delle sirene

Heinrich Heine
Lorelei

• *Das Lied der Lorelei*, *Buch der Lieder* (1827), trad. di Diego Valeri, in www.viaggio-in-germania.de/lorelei.html (sito consultato nel novembre 2013)

IN SINTESI: Questo triste racconto di antica origine narra di una bionda fanciulla che siede su un'alta rupe a strapiombo sul Reno; essa, pettinando i suoi capelli fluenti, canta con una voce cosí melodiosa che i marinai che solcano il fiume si lasciano incantare e, dimenticando ogni prudenza, naufragano contro gli scogli.

genere: poesia *epoca:* 1827 *luogo:* Germania *lingua originale:* tedesco

7. raggia: dirige i suoi raggi verso la terra.
8. declinando all'occidente: mentre tramonta a occidente.

Io non so che voglia dire
che son triste, cosí triste.
Un racconto d'altri tempi
nella mia memoria insiste.

Fresca è l'aria e l'ombra cala,
scorre il Reno quetamente;
sopra il monte raggia il sole
declinando all'occidente.

La bellissima fanciulla
sta lassú, mostra il tesoro

Ich weiß nicht, was soll es bedeuten,
Daß ich so traurig bin;
Ein Märchen aus uralten Zeiten,
Das kommt mir aus dem Sinn.

Die Luft ist kühl, und es dunkelt, 5
Und ruhig fließt der Rhein;
Der Gipfel des Berges funkelt,
Im Abendsonnenschein.

Die schönste Jungfrau sitzet
Dort oben wunderbar, 10

Edward Jakob von Steinle, *Lorelei*, particolare, 1864. Monaco di Baviera, Galleria Shack.

L'incanto delle sirene

dei suoi splendidi gioielli, liscia i suoi capelli d'oro.	Ihr goldenes Geschmeide blitzet, Sie kämmt ihr goldenes Haar.	**14. malia**: incantesimo, sortilegio.
Mentre il pettine maneggia, canta, e il canto ha una malia strana e forte che si effonde con la dolce melodia.	Sie kämmt es mit goldenem Kamme Und singt ein Lied dabei; Das hat eine wundersame Gewaltige Melodei. 15	**18. non sa che mal l'opprima**: non capisce quale sia il male che lo colpisce, cioè non capisce quale sia la causa del suo malessere. **23-24. Questo ha fatto ... Lorelei**: questo è l'effetto del canto ammaliatore diffuso dalla bella Lorelei.
Soffre e piange il barcaiolo, e non sa che mal l'opprima, piú non vede scogli e rive, fissi gli occhi ha su la cima.	Den Schiffer im kleinen Schiffe, Ergreift es mit wildem Weh; Er schaut nicht die Felsenriffe, Er schaut nur hinauf in die Höh'. 20	
Alla fine l'onda inghiotte barcaiolo e barca... Ed ahi! Questo ha fatto col suo canto la fanciulla Lorelei.	Ich glaube, die Wellen verschlingen Am Ende Schiffer und Kahn; Und das hat mit ihrem Singen Die Loreley getan.	

L'OPERA

La ballata *Lorelei* è tratta dal *Libro dei Canti* (*Buch der Lieder*), pubblicato nel 1827. Essa trae ispirazione da una leggenda diffusa nella valle del Reno e legata alla bella Lorelei, una maga che risiedeva sulla rupe che da lei trae il nome. Il fiume Reno, nascendo dalle Alpi, percorre la parte occidentale della Germania fino a sfociare, in Olanda, nel mare del Nord; è un fiume navigabile, usato fin dai tempi antichi per il trasporto delle merci dal mare sino al cuore del continente. Nei pressi della città di Sankt Goarshausen, a sud di Coblenza, il letto del fiume si restringe facendo una curva intorno a una ripida roccia alta 133 metri, sicché le acque formano correnti e gorghi che rendevano estremamente pericolosa la navigazione: prima di passare in questo punto, l'equipaggio era esortato a pregare con tre tocchi di campana. La parete rocciosa, inoltre, era nota fin dall'inizio del Medioevo per la sua ottima eco che si riteneva fosse la voce dei fantasmi. Questo ambiente era ideale perché intorno a esso si creasse la leggenda di una creatura fantastica che, come le Sirene dell'*Odissea*, dimorava sulla rupe incantando con la sua voce melodiosa i marinai e spingendoli a sfracellarsi contro la roccia.
Oggi, dopo la bonifica del letto del fiume e grazie all'uso di imbarcazioni piú grandi e robuste, questo pericolo non esiste piú.

La rupe di Lorelei in una fotografia di inizio Novecento.

L'autore

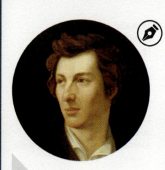

Heinrich Heine è un poeta tedesco che nacque a Düsseldorf nel 1797; portò a termine gli studi giuridici, ma poi preferí la letteratura, divenendo scrittore e poeta. Lasciata la Germania per motivi politici, dopo aver soggiornato a Londra e in Italia, nel 1831 si stabilí a Parigi, dove frequentò i piú importanti intellettuali dell'epoca partecipando attivamente alla vita culturale parigina. Morí nel 1856 e fu sepolto nel cimitero di Montmartre. Ottenne vasta celebrità grazie ai quattro volumi dei *Reisebilder* («Impressioni di viaggio»), in prosa con l'inserimento di poesie, pubblicati tra il 1826 e il 1831, e alla raccolta di poesie *Buch der Lieder* («Libro dei Canti»), ritenuto uno dei canzonieri piú preziosi di tutta la letteratura europea. Nel periodo vissuto a Parigi si dedicò soprattutto a opere di saggistica e di politica. Interprete del passaggio dal romanticismo al realismo e all'apertura alle problematiche sociali, Heine usò la lingua tedesca per comporre versi melodiosi conquistandosi la fama di maggiore poeta tedesco della generazione successiva a J. Wolfgang von Goethe (1749-1832). Espresse un nuovo modo di poetare, ancora romanticamente sognante, ma distaccato da eccessi emotivi, con un linguaggio volutamente semplice, ma ritmato su cadenze molto musicali, sicché molti suoi canti ispirarono alcune composizioni del musicista tedesco Robert Schumann (1810-1856).

La voce del mare

La leggenda di Lorelei e del suo canto distruttivo affonda sicuramente le radici nella tradizione popolare germanica, in cui sono presenti delle creature acquatiche chiamate ondine. Di solito si trovano nei laghi delle foreste, nei fiumi e nelle cascate, hanno una voce meravigliosa, che si sovrappone allo scrosciare dell'acqua e sono raffigurate come bellissime donne con la coda di pesce, le quali spesso attirano gli uomini con il loro canto allo scopo di farli annegare nelle loro acque. In questa tipologia sembra rientrare, almeno per certi aspetti, il personaggio di Lorelei, la cui leggenda è narrata con diverse varianti, tutte però accomunate dalla conclusione, che vede Lorelei scomparire per sempre nelle acque del fiume.
La tradizione piú diffusa è stata immortalata dallo scrittore tedesco Clemens Brentano (1778-1842) che, nel 1801, compose la *Ballata di Lorelei* inserendola nell'opera narrativa *Godwi*. Egli racconta che nella città di Bacharach, sul Reno, viveva Lorelei, una bellissima fanciulla che faceva innamorare di sé chiunque la vedesse, ma conduceva i malcapitati alla morte. Il vescovo del luogo la fece venire per punirla, ma scoprí che essa desiderava solo la morte: l'uomo amato l'aveva abbandonata causandole non solo grande dolore ma anche il bisogno di portare alla rovina tutti gli uomini. Cosí il vescovo decise di farla chiudere in un convento, ordinando che vi fosse accompagnata da tre cavalieri. Durante il viaggio, passarono presso un'alta rupe sul fiume e Lorelei chiese ai soldati di poter contemplare da lontano, per l'ultima volta, il castello dell'amato sulla riva del Reno. I tre accolsero la sua richiesta e la accompagnarono sulla rupe; lí Lorelei vide un battello e, scambiatolo per quello del suo amante, si gettò nel fiume, trascinando nella morte anche i tre cavalieri che l'accompagnavano. Di Lorelei rimase solo l'eco presso la rupe sul Reno.
A questa leggenda si è ispirato anche Heine, che ha però immaginato solo due figure: la bellissima donna che pettina i suoi capelli biondi e fluenti e intanto diffonde ovunque il suo canto ammaliatore, e il barcaiolo il quale, avvolto dall'incantesimo, perde il controllo dei suoi sensi, si lascia affascinare dalla magica melodia e non governa piú l'imbarcazione che si dirige contro la roccia. La ballata di Heine è divenuta uno dei componimenti piú famosi della letteratura tedesca, soprattutto nella versione musicata da Friedrich Silcher nel 1837.

L'incanto delle sirene

Usciamo dal testo

Il mito di questa «sirena del Reno», nato verosimilmente nei secoli medievali e immortalato nell'opera letteraria di von Brentano e in quella di Heine, si presta a un duplice viaggio. Da un lato nella mitologia greca da cui gli autori tedeschi hanno sicuramente tratto ispirazione; dall'altro nell'opera letteraria di scrittori moderni che si sono ispirati al mito delle sirene e ai loro ambigui rapporti con il mondo degli uomini per riflettere sull'eterno tema dell'amore.

Le Sirene di Omero (vedi pag. 180)

Originate in una età pre-letteraria nell'area mediterranea dalla fantasia dei naviganti e dai pericoli della navigazione antica, le Sirene vengono immortalate per la prima volta da Omero nell'*Odissea* dove viene evidenziato il potere ingannatore e malefico del canto di queste creature. Adagiate su un prato fiorito, circondato da mucchi di ossa, esse, con il loro limpido canto, infondono l'oblio e danno la morte ai marinai che, affascinati, si avvicinano pericolosamente alla costa rocciosa e si schiantano contro di essa. Con voce dolcissima e ammaliante, le Sirene promettono a Ulisse fama e conoscenza, toccando abilmente le corde piú sensibili del suo animo. Ma l'eroe, che prudentemente si è fatto legare all'albero della nave e ha tappato con la cera le orecchie dei suoi marinai, riesce a sfuggire alla loro pericolosa fascinazione e supera indenne anche questo pericolo.

Va ricordato che le sirene omeriche, come si deduce da un vaso del V secolo a.C. che rievoca il famoso episodio dell'*Odissea*, hanno il volto di donna e il corpo di uccello. Omero però non ne descrive l'aspetto, probabilmente perché nell'età micenea era già diffusamente conosciuto e quindi risultava superfluo soffermarvisi.

Le Sirene di Apollonio Rodio (vedi pag. 82)

A Omero si è ispirato Apollonio Rodio, poeta greco del III secolo a.C. vissuto ad Alessandria d'Egitto e autore del poema *Argonautiche*, in cui racconta l'impresa di Giasone e dei suoi compagni, chiamati Argonauti dal nome della loro nave Argo, i quali attraversano il mare per recarsi nella Colchide, sulla costa orientale del Mar Nero, alla conquista del vello d'oro. Ripercorrendo i luoghi delle avventure di Odisseo, gli Argonauti incontrano le Sirene, delle quali il poeta descrive l'aspetto, rappresentandole come tremende creature, *in parte uccelli, in parte giovani donne*. Gli eroi si sottraggono al potere delle terribili creature grazie al canto di un loro compagno, il poeta Orfeo, che intona una melodia piú dolce e armoniosa di quella delle Sirene.

Dalla mitologia latina all'epoca cristiana

Nella mitologia latina le Sirene continuano a essere rappresentate come donne uccello dalla voce ammaliatrice. Cosí le descrive in un passo delle *Metamorfosi* il poeta latino Ovidio (I secolo d.C.):

… Ma perché voi, Sirene,
avete penne e zampe di uccello, con volto di fanciulla?
Forse perché quando Proserpina coglieva fiori in primavera,
voi, sapienti figlie di Acheloo, foste fra le sue compagne?
Dopo averla cercata invano per tutta la terraferma,
perché anche il mare sapesse quanto eravate angosciate, ecco che
desideraste di potervi reggere sui flutti remigando
con le ali e, trovati gli dei ben disposti, d'un tratto
vi vedeste gli arti farsi biondi di penne.
Ma perché al vostro famoso canto, fatto per ammaliar l'udito,
perché al talento delle vostre labbra non mancasse l'espressione,
vi rimasero volto di fanciulla e voce umana.

Ovidio, *Metamorfosi*, V, 551-563, trad. di M. Ramous, Garzanti, Milano, 1995, pp.214-215

Egli immagina che le Sirene fossero un tempo delle bellissime fanciulle compagne di Persefone. Quando questa venne rapita da Ade, mentre coglieva dei fiori insieme con le sue amiche, esse, dopo averla cercata inutilmente per tutta la terraferma, chiesero di essere trasformate in uccelli per poter cercare in volo l'amica perduta, ma mantennero il volto e la voce di donna perché al loro canto non mancasse l'intensità espressiva.

In epoca cristiana le Sirene subiscono una trasformazione: diventano simbolo della tentazione e «perdono le ali» per conquistare una coda di pesce. Questa mutazione può avere una duplice spiegazione. Secondo alcuni, le sirene non vennero piú raffigurate come donne uccello perché la Chiesa riteneva che solo gli angeli fossero degni di avere le ali e di poter volare. Secondo altri il passaggio dalle *penne* alle... *pinne* sarebbe la conseguenza di un errore di trascrizione: infatti in latino, come in italiano, tra *penna* («penna, ala») e *pinna* (che vuol dire sia «ala» sia «pinna») c'è solo una vocale di differenza, per cui è probabile che l'errore abbia indotto un disegnatore medievale a raffigurare le sirene con una coda di pesce piuttosto che con le ali.

Una sirena trascina un marinaio in mare, XIV secolo. Londra, The British Library.

Le sirene e l'amore: dalla *Sirenetta* a *Lighea*

Nelle leggende popolari non mancano appassionate storie d'amore tra l'uomo e la sirena. Esse però finiscono sempre male: l'uomo, accompagnato nelle profondità degli abissi in palazzi sottomarini, non può piú liberarsi dal vincolo di quell'amore. A questa tematica si sono ispirati due autori assai diversi tra loro per epoca e provenienza: il danese Hans Christian Andersen e il siciliano Giuseppe Tomasi di Lampedusa. Andersen fa sacrificare all'amore la dolce e delicata sirenetta; Giuseppe Tomasi immagina una sirena piú carnale e sensuale, ma sempre misteriosa e sfuggente.

- **LA SIRENETTA di Hans Christian Andersen** (volume di Narrativa e testi non letterari)

    Attingendo a leggende popolari di origine nordica, alcune delle quali erano state rivisitate in chiave fiabesca dai fratelli Grimm, lo scrittore danese trasforma la donna-pesce in una romantica fanciulla pronta a sacrificarsi per amore. Dalla sirena, ammaliatrice e pericolosa, si passa cosí alla sirenetta, simbolo dell'amore giovane, ingenuo e profondo.

    Nel 1989 la sirenetta di Andersen ha fatto il suo ingresso nel mondo dei cartoon grazie

L'incanto delle sirene

all'omonimo film di Walt Disney (ON LINE), che modifica in senso positivo il finale della fiaba. Non possiamo infine dimenticare la statua della Sirenetta collocata nel 1913 all'ingresso del porto di Copenaghen e divenuta simbolo della città.

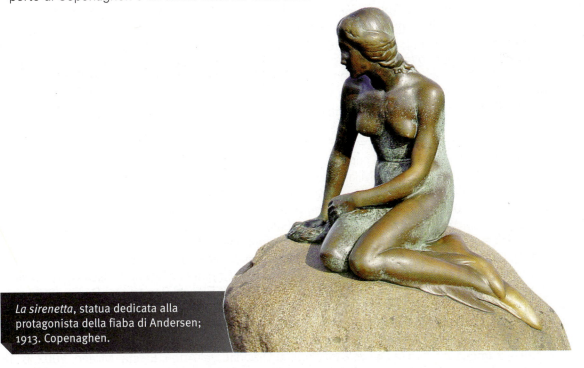

La sirenetta, statua dedicata alla protagonista della fiaba di Andersen; 1913. Copenaghen.

- LIGHEA di Giuseppe Tomasi di Lampedusa (ON LINE)
  Elementi presenti nella favola di Andersen intrecciati con echi della tradizione omerica si ritrovano nel racconto *Lighea* di Tomasi di Lampedusa, in cui riprende vita l'immagine della sirena in quel mare siciliano in cui sono ambientati molti miti greci.
  Un anziano professore, studioso dell'antica Grecia, racconta a un giovane, incontrato casualmente in un caffè, la sua storia d'amore con una sirena.
  In un giorno d'estate il professore, allora giovane, allontanatosi dalla riva in barca, incontra una fanciulla bellissima che, gettandosi nella barca, rivela la sua coda di pesce. È una sirena, che lo alletta con il suo fascino misterioso e continua a incontrarlo per tre settimane. All'arrivo della prima tempesta marina, però, essa si getta tra le onde agitate scomparendo per sempre.

Esercizi

1. Proponi altri collegamenti con opere letterarie, musicali, artistiche di tua conoscenza, che si richiamino alla *Ballata di Lorelei* o piú in generale al mito delle sirene.
2. Quale tra le storie sopra citate ti ha particolarmente colpito e perché?
3. Prova a scrivere un racconto che abbia per protagonista una sirena.

Referenze fotografiche

Alma-Tadema e la nostalgia per l'antico, Mondadori Electa, Milano, 2007: p. 3 – Digital Image 2008 © Foto Scala, Firenze: p. 7 – BPK/Hamburger Kunsthalle/Elke Walford/Foto Scala, Firenze: p. 8 – Archivio D'Anna: p. 13, 21, 30, 34, 36, 48, 56, 58, 61, 68, 77, 82, 83, 85, 88, 95, 96, 97, 98, 102, 103, 115, 121, 124, 125, 142, 144, 148, 155, 160, 166, 181, 194, 200, 201, 202, 203, 205, 207, 223, 228, 242, 247, 252, 261, 262, 275, 276, 278, 279 – «Civiltà del Rinascimento», anno II, n. 11, De Agostini Rizzoli Periodici, Novara, novembre 2002: p. 25, 231 – Foto Scala, Firenze: p. 27, 32, 75, 108, 153 – *La Grande Storia dell'Arte. Il Vicino Oriente*, vol. 12, E-ducation.it, Firenze, 2006: p. 37, 44 – H. Stierlin, *Splendori dell'Antica Persia*, Edizioni White Stars, Vercelli, 2006: p. 38 – AA.VV., *La pittura senese nel Rinascimento. 1420-1500*, Monte dei Paschi di Siena, 1989: p. 53 – P. Boccardo (a cura di), *L'Età di Rubens*, Skira, Milano, 2004: p. 54 – M. Falomir, *Tiziano*, Museo Nacional del Prado, Madrid, 2003: p. 63 – G.S. Chiesa, E.A. Arslan (a cura di), *Miti greci. Archeologia e pittura dalla Magna Grecia al collezionismo*, Mondadori Electa, Milano, 2004: p. 72 – *La Grande Storia dell'Arte. Il Novecento/II*, vol. 10, E-ducation.it, Firenze, 2005: p. 81 – *J.W. Waterhouse. The Modern Pre-Raphaelite*, Royal Academy of Arts, Londra, 2008: p. 89, 188 – 2004, Photo Austrian Archive/Scala, Firenze: p. 92 – *I tesori del mare. Suggestioni Miti Trasparenze*, Comune di Livorno, 2004: p. 93, 174, 262, 266 in alto – G. Mori, *De Chirico metafisico*, «Art e Dossier», Giunti, Firenze-Milano, 2007: p. 94 – E. Riccòmini, C. Bernardini (a cura di), *Donato Creti. Melanconia e Perfezione*, Olivares, Milano, 1998: p. 132 – A. Pinelli, *David*, «Galleria delle Arti», 5 Continents, Milano, 2004: p. 140 – *La pittura di Pompei*, Jaca Book, Milano, 1999: p. 143 – White Images/Foto Scala, Firenze: p. 146 – R. Bianchi Bandinella, *Roma. L'arte nel centro del potere*, «Grandi Civiltà», vol. 1, RCS Libri S.p.A., Milano, 2005: p. 149 – *La grande storia dell'arte. Il Cinquecento*, vol. 4, E-ducation.it, Firenze, 2005: p. 173 – A. Rosenthal, *Angelica Kauffman. Art and Sensibility*, The Paul Mellon Centre for Studies in British Art, New Haven and London, 2006: p. 178, 198 – L. Impelluso, *Eroi e Dei dell'Antichità*, «I Dizionari dell'Arte», Electa, Milano, 2002: p. 182, 191 – Mary Evans/Scala, Firenze: p. 185 – *La grande storia dell'arte. L'Ottocento/II*, vol. 8, E-ducation.it, Firenze, 2005: p. 154 – *Nicolò dell'Abate. Storie dipinte nella pittura del Cinquecento tra Modena e Fontainebleau*, Silvana Editoriale, Milano, 2005: p. 197, 259 – G. Gentili, *Giulio Cesare. L'uomo, le imprese, il mito*, Silvana Editoriale, Milano, 2008: p. 206 – F. Pedrocco, *Giambattista Tiepolo*, Rizzoli libri illustrati, Ginevra-Milano, 2002: p. 208 – *Musei Capitolini*, «I Grandi Musei del Mondo», Rizzoli | Skira, Milano, 2006: p. 210 – © Foto Scala, Firenze - per gentile concessione del Ministero per i Beni e le Attività Culturali: p. 214 – Photoservice Electa/AKG Images: p. 221 – *Galleria Borghese*, «I Grandi Musei del Mondo», Rizzoli | Skira, Milano, 2006: p. 224 – «Art e Dossier», n. 257, Giunti, Firenze, luglio-agosto 2009: p. 203 – *Il fasto e la ragione. Arte del Settecento a Firenze*, Giunti, Firenze, 2009: p. 235 – Photo © Christie's Images/The Bridgeman Art Library/Archivi Alinari, Firenze: p. 237 – J. Hamilton, *Arthur Rackham. A Life with Illustration*, Pavilion, Londra, 2004: p. 270 – Per gentile concessione di Anna Maria Kappler: p. 272 – R. Toman (a cura di), *Neoclassicismo & Romanticismo. Architettura, scultura, pittura, disegno*, Könemann, Köln, 2000: p. 274